만약 당신이 '피플 플리저people pleaser(타인을 기쁘게 하려는 강박에 사로잡힌 사람)'라면, 언제나 다른 사람의 편안함을 자신보다 우선시한다면, 거절하는 게 어렵다면 이 책이 필요하다. 저자의 솔직한 경험담과 흥미로운 사례들, 수년간의 연구는 당신이 스스로의 욕구를 파악하고 이를 효과적으로 전달할 수 있는 언어를 습득하게 해준다. 책을 덮을 즈음이면 관계와 자존감을 한 단계 성장시킬 수 있는 힘을 얻게 될 것이다.
– **사라 큐브릭**, 심리상담사, @millennial.therapist 운영자

나는 항상 내담자들에게 바운더리가 관계에 신뢰, 편안함, 안전감을 준다고 말해왔다. 그러면 많은 사람들은 '내 바운더리를 상대에게 어떻게 효과적으로 전달할 수 있을까'에 대해 고민하기 시작했다. 이 책은 바운더리를 설정하기 위해 필요한 말들과 실행 가능한 스크립트를 제공하며, 사람들이 자신감을 가지고 자신의 경계선을 유지함으로써 더 자유롭게 살 수 있게 돕는다.
– **로리 고틀립**, 심리상담사, 뉴욕타임스 베스트셀러 《마음을 치료하는 법》 저자

저자가 알려주는 '바운더리의 말들'은 연결을 만들고, 평화를 지키고, 삶을 확장하는 각본이 된다. 깊이가 있으면서도 유쾌하고, 개인적이면서도 직접적인 이 책은 타인과 관계를 맺고 있는 모든 사람을 위한 필독서다.
– **엘런 보라**, 정신 건강 의학과 의사, 아마존 베스트셀러 《내 몸이 불안을 말한다》 저자

인간관계에서 진정한 자기 모습을 보여주고 싶다면 이 책을 읽어야 한다. 저자는 이전에 경험해보지 못한 바운더리의 세계로 우리를 초대한다. 놀랍도록 정직한 스크립트, 고개를 끄덕이게 만드는 사연, 관계의 곤경을 우아하게 탐색하는 조언을 통해 우리는 그토록 갈망하는 나만의 경계선을 확보할 수 있다.

**– 마라 그라첼**, 팟캐스트 니디Needy 진행자

사랑스럽게 직설적인 저자는 우리 모두에게 절실히 필요한 바운더리의 대모다. 따라 하기 쉬운 '바운더리의 말들'을 통해 사랑하는 사람들로부터 자신을 차단하지 않으면서 자신을 옹호하는 방법을 알려준다.

**– 타라 슈스터**, 《빌어먹을 백합을 사세요Buy Yourself the F*ucking Lilies》 저자

이 책은 영리하고 친절하면서도 힘 있는 언어를 사용하여 바운더리를 설정하기 위한 전략과 기법을 전한다. 저자가 써준 스크립트와 실용적인 팁을 통해 자신의 경계선을 인식하고 이를 자신 있게 전달할 때, 스스로를 우선순위에 두는 진정 자유로운 삶을 만날 수 있다.

**– 멜 로빈스**, 뉴욕타임스 베스트셀러 《5초의 법칙》 저자

건강한 경계선을 설정하는 것은 인간관계뿐만 아니라 비즈니스, 재정 관리에도 큰 도움이 된다. 이 책은 자신을 보호하고, 원치 않는 것은 거절하고, 스스로에게 자신감과 권한을 부여하면서 요구 사항을 전달하는 법을 일러준다. 그리고 궁극적으로 시간, 에너지, 정신 건강을 되찾는 데 필요한 기술을 전한다.

**– 티파니 앨리체**, 뉴욕타임스 베스트셀러 《돈 관리 잘하기》 저자

적당한 거리를 두고 싶어

# 적당한 거리를 두고 싶어

관계의 건강한 경계선을 찾아가는 바운더리 수업

THE BOOK OF BOUNDARIES

멀리사 어번 지음
이현주 옮김

더퀘스트

일러두기

바운더리boundary의 사전적 의미는 '경계', '경계선'이다. 심리학과 정신 건강 의학에서 말하는 바운더리는 '인간관계에서 나타나는 나와 대상의 경계이자 통로'를 의미한다. 이 책에서 말하는 바운더리도 같은 개념인데, 저자는 경계에 더 초점을 두고 있다.

THANKS TO

항상 나와 한 팀이 되어주는
남편과 여동생에게

# 차례

# 1부          바운더리의 원칙

## : 나부터 나를 위할 것

# 2부          바운더리의 언어

## : 무례한 이들에게 대항하는 우아한 무기

# 3부                바운더리의 힘

: 다정한 선 긋기가 관계를 살린다

지난 10년 동안 나는 수천 명의 사람들과 바운더리에 대해 이야기를 나눴다. 이 책은 그 대화에서 비롯됐다. 당사자의 허락하에 실명과 상황을 고치지 않고 그대로 사용한 이야기도 있지만, 대부분의 경우 프라이버시를 보호하기 위해 이름과 세부 사항을 변경했다. 또 어떤 경우에는 여러 사람과 나눈 대화를 하나로 합치기도 했다. 무엇보다 바운더리를 설정할 때 생기는 많은 문제, 그리고 더 많은 기회들을 깊이 있게 담으려 노력했다.

'아내'나 '그녀'처럼 성별을 나타내는 용어는 그대로 보존했다. 여러 이야기를 하나로 합친 경우에는 '그 사람', '그들', '파트너', '관리자'처럼 성 중립적 단어를 사용했다.

마지막으로, 내가 처음부터 스스로 인식하고 명시해야 하는 역학이 있다. 그것은 바운더리를 설정하는 일이 권력의 표현이자 특권이라는 점이다(한 번도 그렇게 생각해본 적 없다면, 그건 아마 나처럼 당신도 노력하지 않고 얻은 많은 특권을 누리고 있기 때문일 것이다). 나는 백인이고, 이성애자이고, 신체가 건강하고, 경제적으로 안정되어 있고, 날씬하기 때문에 우리 사회에서 어느 정도의 권력을 누릴 수 있다. 이 특권과 권력은 내가 상대적으로 자신감을 갖고 바운더리를 설정할 수 있고, 일반적으로 다른 사람들이 내 의사를 존중할 것이라고 기대한다는 걸 의미한다. 유색인종이나 장애인, 플러스 사이즈, 성소수자 등 역사적으로 소외된 집단에 속한 사람들은 나와 같은 특권이나 권력, 바운더리를 갖고 있지 않다. 그 특권이 없다면 바운더리를 설정하는 걸 두려워할 가능성이 더 높고, 실제로 다른 사람들이 그 바운더리를 존중하지 않을 가능성이 높다(이것이 억압의 체계가 작용하는 방식이다).

나는 언제나 이런 권력의 불균형을 세심하게 인식하려 하지만, 인식은 행동을 변화시킬 때, 그리고 그 변화된 행동이 지속적으로 이어질 때만 가치가 있다. 이러한 인식은 변화의 작은 시작 단계일 뿐이며, 나는 이 책에서 모든 사람의 경험을 정확하게 담아내지는 못할 것이라는 사실을 인정한다.

열린 마음으로 아주 사적인 부분까지 공유해준 모든 사람에게 감사를 전한다. 그리고 나와 한 번도 대화를 나눠본 적 없다면, 이 책이 들려주는 이야기에서 당신의 이야기를 발견하고, 당신을 자유롭게 할 경계선을 설정하는 데 필요한 자신감을 얻게 되길 바란다.

# 타인을 배려하느라 자기감정은 늘 뒷전이라면

어떤 사람들에게 나는 '바운더리 우먼'으로 알려져 있다.

물론 그 외에도 여러 역할을 맡고 있다. 나는 회사 대표이자 아내이며 엄마다. 베스트셀러 작가이자 열정적인 등산가이고, 열렬한 독서광이다. 그러나 바운더리에 관해서라면, 대부분 나를 유명 인플루언서인 바운더리 우먼으로 알고 있다.

당신이 내 모습을 본다면 왜 바운더리 우먼이라는 별명이 붙었는지 알 수 있을 것이다. 성격 면에서 보자면, 나는 무작정 남에게 맞추려는 사람이 아니다. 나를 잘 모르는 사람들에게도 나는 단호하고 독립적이며 자신감 있는 사람처럼 보일 것이다. 나는 갈등이나 내가 원하는 바를 직접적으로 표현하는 걸 불편하게 여기지 않는다. 그러나 이런 행동은 특히 여자들에게 이기적이라거나, 여기서 직접적으로 언급하진 않겠지만 당신이 상상할 수 있는 여러 수식어가 따라붙게 만든다.

그러나 나는 이기적인 사람도, 당신이 조금 전 떠올린 이미지의 사람도 아니다. 나는 내 정신 건강과 활동 능력, 가치를 중요하게 여기고 이를 유지하기 위해 해야 할 일을 하는 사람일 뿐이다. 예를 들면 나는 다음과 같이 말한다.

- 직장에서: "저를 생각해주셔서 감사하지만 저는 이 프로젝트의 적임자가 아닌 것 같아요. 이번 일은 맡지 않겠습니다."
- 부모님과의 관계에서: "저를 도와주려는 마음은 잘 알지만, 아들과 관련된 규칙을 정하는 건 제가 할 일이에요. 도움이 필요할 때 요청할게요."
- 친구들과의 관계에서: "내 전 남자친구 근황에 대해 그만 얘기해줘. 정말 알고 싶지 않아."
- 남편과의 관계에서: "난 지금 혼자 있을 시간이 필요하니까 다른 방에서 책을 읽고 있을게."

사람에 따라서는 불편하게 느낄 수도 있지만, 나는 인간관계를 더 견고히 하고, 에너지를 채워주며, 정신 건강을 지켜주는 이런 표현들을 자주 사용한다. 그리고 나는 이에 대해 사과하지 않는다. 내가 원하는 걸 분명하고 정중한 태도로 표현하는 건 누군가에게 사과할 일이 아니기 때문이다.

나는 '홀 30^Whole30'(설탕과 탄수화물에 중독된 식단에서 벗어나 건강한 식재료로 만든 음식을 섭취함으로써 비만, 알레르기, 소화 문제, 만성 통증 등을 해결할 수 있게 돕는 프로그램이다. 레시피와 식재료, 상담 서비스를 제공한다. 저자는 같은 이름의 회사를 운영하고 있다.—편집자 주)의 공동 설립자로서 수많은 사람들이 식습관을 바꾸고 극적인 변화를 경험하도록 도와주었다. 홀 30 프로그램을 시작하면 음식을 비롯해 잘못된 식습관 등 많은 것을 거절하는 데 익숙해져야 하는데, 많은 사람들이 이를 쉽지 않게 생각한다. 지난 13년 동안 나는 사람들에게 건강과 습관에 관한 바운더리를 설정하는 법, 부정적인 반응과 사회적 압력에 대처하는 법을 가르쳐왔다(당신은 누군가의 제안을 거절할 준비가 되었는가? 곧 그렇게 할 수 있을 것이다).

내 도움으로 피자와 와인을 거절할 수 있게 되자, 사람들은 오지랖 넓은 직장 동료나 참견하기 좋아하는 이웃, 시어머니를 거절하는 방법에 대해서도 묻기 시작했다. 그들은 바운더리에 대한 질문을 쏟아냈고, 나는 답을 주기 위해 바운더리에 관련된 모든 글과 연구 자료를 파고들었다. 건강한 바운더리란 무엇인지, 건강한 바운더리는 어떻게 설정하는지에 대한 답을 찾기 위해 심리상담사, 정신과 의사, 사회학자, 중독치료 전문가, 의사, 기업가들이 쓴 모든 책과 글 그리고 연구 논문을 읽었다.

그들의 연구 결과와 내가 직접 진행한 연구 결과를 종합하고 홀 30 커뮤니티 사람들의 의견을 참고해, 나는 바운더리 설정을 위한 방법론과 언어를 개발했다. 4년 전부터 커뮤니티와 뉴스레터에서 '바운더리 설정하기'와 관련된 Q&A를 운영하면서 수많은 사람들의 이야기를 들을 수 있었는데, 이 과정에서 나는 사람들에게 어떤 조언을 주고 어떤 접근법을 가르쳐야 할지에 대한 정보를 얻었다.

이 모든 이야기는 내가 바운더리 우먼이라는 별명으로 불리는 게 얼마나 자랑스러운지 말하기 위해서다. 이 별명을 얻기 위해 내가 얼마나 노력했는지 알고 있기에 뿌듯한 마음이 더 크다. 그러나 원래 나는 바운더리와는 거리가 먼 사람이었다.

바운더리가 있는 삶은 22년 전, 내가 가장 힘든 시기를 보내던 중에 시작되었다. 당시 내가 해야 할 일 중 급선무는 '약물중독에서 벗어나기'였다. 바운더리가 그야말로 내 삶을 구하는 방법이라는 사실을 깨닫기 전까지 오랜 세월을 힘겹게 보내야 했다. 나는 강조하기 위해 '그야말로'라는 단어를 자주 사용하는 걸 반대하는 사람이지만 이 문장에서만큼은 써야겠다.

나는 건강한 갈등보다는 회피를 선택하는 가정에서 자란 데다가 십 대에 트라우마로 남을 만한 경험을 한 뒤로는 주변 사람들이 불편하지 않도록 내 감정을 더 드러내지 않았다. 그리고 어떤 상황에도 '아니오' 라고 말하지 않았다. 한 번도 나 자신을 위해 맞서야 한다는 사실을 배운 적이 없었고, 누군가와 대립해야 하는 상황은 언제나 나를 불안하게 했다. 나는 바운더리가 절실히 필요한 사람이었지만, 나에게 바운더리를 세울 능력이 있다고 여기지도 않았고, 바운더리의 가치도 느끼지 못했다.

22년 전 어느 날 밤, 내추럴 라이트(미국 대학생들이 즐겨 마시는 맥주. 일부 지역에서는 '내티 라이트Natty Light'라고 부른다.—편집자 주) 맥주 통 옆에 앉아 있던 나는 필사적인 자기 보호의 일환으로 처음 바운더리를 그었다. 그리고 그것은 내 삶의 궤적을 완전히 바꾸어놓았다. 그 경험으로 나는 친구, 가족, 동료, 나 자신과의 바운더리를 세울 수 있는 용기를 얻었다. 더 많은 바운더리를 구축할수록 삶이 더 확장되면서 홀 30과 나만의 사업, 이 책으로까지 이어졌다.

중요한 사실은 내가 바운더리를 구축하는 방법을 '배웠다'는 것이다. 힘든 방식으로 배웠지만, 어쨌든 나는 이제 바운더리를 설정할 수 있게 되었다. 내가 할 수 있다면, 당신도 할 수 있다.

## 왜 바운더리가 필요할까

이 이야기를 시작하기 전에 내가 말하는 바운더리의 의미가 무엇인지 짚고 넘어가자. 어디선가 바운더리라는 단어를 들어본 적이 있겠지만, 정확히 무엇을 의미하는지 잘 모르는 사람들도 있을 것이다. 어쩌면 누군가는 단어 자체만으로 불편함이나 죄책감을 느낄 수도 있고, 바운더리 설정을 부정적이거나 이기적이고 정이 없는 행동처럼 느낄 수도 있다. 또는 다른 사람들을 통제하기 위한 요소라고 생각하는 사람도 있을 것이다. 그리고 아마도 당신은, 당신이 바운더리를 구축하지 않을 때 가장 큰 혜택을 얻는 사람들로부터 이런 관점을 전달받았을 가능성이 높다.

나는 바운더리를 다음과 같이 정의한다. 바운더리란, 사람들이 나와 소통할 때 사용하는 방식 중에서 내가 허용하는 것이 무엇인지 보여주는 명확한 한계를 의미한다. 사전에서는 바운더리를 '어떤 영역의 경계를 표시하는 선'이라고 정의하는데, 이것도 바운더리의 의미를 잘 나타낸다.

머릿속으로 들판 한가운데에 서 있는 자신을 떠올려보자. 그리고 당신 주위에 가상의 원을 그린다. 그것이 바운더리다. 그 원 안에 허용하는 모든 것은 안전하고 건강하고 기분 좋은 것이기 때문에 당신이 받아들일 수 있다. 당신이 받아들일 수 없는 것은 안전하지 않고 건강하지 않으며 기분 나쁜 것이기 때문에 원 안으로 들이지 않는다. 당신

은 타인, 특정한 대화 주제, 타인의 행동, 자기 행동에 대해 제한을 둘
수 있다. 또한 그 경계선을 어디에 놓을지에 대한 주도권은 언제나 당
신에게 있다.

> 바운더리는 당신이 허용할 수 있는 행동의 경계선을 나타낸다. 그 경
> 계선 밖에 있는 말이나 행동은 당신에게 해가 되거나 불안을 느끼게
> 한다.

바운더리는 다른 사람들에게 어떤 행동을 할 수 있고 없는지 얘기
하기 위한 게 아니다. 그렇다면 정말 타인을 통제하는 수단이 될 것이
다. 바운더리는 다른 사람들의 말이나 행동에 대한 당신의 반응을 계
획하고 전달하는 것이다. 바운더리를 건강한 방식으로 세우면, 다른
사람들은 자신의 행동이 당신에게 어떤 영향을 주는지, 그 행동에 대
한 건전한 경계선이 어디인지 알게 되고, 그 선을 지키기 위해 어떤 행
동을 할 수 있는지 고민할 수 있다.

예를 들어, 당신이 흡연하는 조 삼촌에게 담배를 끊으라고 말한다
면 그것은 통제다. 그 대신 "우리는 실내 흡연은 허용하지 않아요."라
고 얘기한 뒤 그가 그 말을 존중하지 않는다면 집 안에 들이지 않을 수
있다. 조 삼촌을 망신시키거나 그의 건강, 라이프스타일을 바꾸기 위
해 바운더리를 정하는 게 아니라, 당신을 보호하기 위해 바운더리를
정하는 것이다.

차이점이 보이는가?

바운더리를 설정하려는 이유는 상황에 따라 다양하다. 아침 산책을

나설 때마다 당신과 함께하려는 이웃을 마주치는 경우처럼, 불만스럽지만 사소한 문제들을 해결하기 위해 가벼운 바운더리를 세워야 할 때도 있다. 어머니가 점심 식사 자리에서 당신의 체중을 비난한다거나 부모님이 당신에게 물어보지도 않고 갓 태어난 손주를 보러 오기 위해 대뜸 비행기표를 예매하는 경우처럼 확고한 바운더리를 세워야 할 때도 있다. 그럴 때는 다음과 같이 바운더리를 세울 수 있다. "토요일에는 함께 산책해도 좋지만, 평일에는 혼자만의 시간이 필요해요." "내 체중에 대해 계속 얘기한다면 저는 자리를 떠날 거예요." "우리는 아직 손님맞이할 준비가 되지 않았으니 나중에 다시 알려드릴게요."

많은 사람들이 바운더리를 오해하는 것도 문제지만, 바운더리를 어떻게 구축해야 하는지에 대해 가르쳐주는 사람이 거의 없다는 사실도 문제다. 집, 학교뿐만 아니라 직장에서도 가르쳐주지 않는다. 그러나 바운더리를 설정하는 것은 시간 관리나 예산 관리처럼 필수적인 삶의 기술이다. 안타깝게도, 2001년 신용 평가 보고서에서 확인할 수 있듯이, 많은 사람들은 위기를 겪을 때만 비로소 자신에게 이런 기술이 부족하다는 사실을 깨닫고, 어쩔 수 없이 이상적이지 않은 상황에서 그 기술을 익히게 된다.

이것은 안타까운 소식인 동시에 좋은 소식이기도 하다. 안타까운 소식인 이유는 당신이 지금껏 삶의 모든 영역을 변화시킬 이 마법 도구에 대해 그 존재조차 모르고 있었기 때문이다. 한편 좋은 소식인 이유는 지금부터 내가 알려줄 바운더리가 당신의 삶을 전부 바꿔줄 것이기 때문이다.

# 내 삶을 구한 바운더리

22년 전 파티에서 내가 처음 바운더리를 설정한 것이 신중한 계획과 확고한 결단력의 결과라고 얘기하고 싶지만, 그것은 순전히 우연이었다. 극심한 두려움을 느낀 순간, 나는 가장 친한 친구에게 아무 말이나 쏟아냈다. 그런데 정말 운이 좋았다. 마구 토해낸 말들 덕분에 나는 인생을 무한히 확장하는 데 가장 중요한 역할을 하는 것이 바운더리라는 사실을 깨달았다. 바운더리는 불안과 자기 의심, 분노를 내려놓게 도와주었고 내가 평생 갈망했던 충만한 관계, 흔들리지 않는 자신감, 정서적·신체적 안정감을 가져다주었다. 지금부터 내가 바운더리를 통해 어떻게 이를 성취했는지, 잠시 이야기하려 한다.

나는 마약중독자였다. 22년째 마약중독에서 회복 중이지만, 마약중독자라고 밝히는 건 여전히 나에게 도움이 된다. 지금 살고 있는 이 삶을 갖기 위해 내가 얼마나 애썼는지, 다시 어두운 곳으로 돌아가지 않기 위해 어떻게 해야 하는지(그리고 내가 어떤 바운더리를 구축해야 하는지) 상기시켜주기 때문이다.

나는 꽤 평화로운 어린 시절을 보냈다. 그러다가 열여섯 살이 되던 해, 친척 중 한 명에게 성적 학대를 당한 뒤 모든 게 바뀌었다. 마치 아무 일도 없었던 것처럼 부모님께 학대당한 사실을 숨기는 동안 내 기분과 성적, 행동은 급격하게 변했다. 마침내 부모님께 사실을 털어놓았을 때 그들은 이 상황을 어떻게 받아들여야 할지 알지 못했다. 가족의 평화가 깨어질까 두려워서 우리는 아무 일도 일어나지 않은 것처럼 행동했다. 나는 몇 년 동안 명절이 다가올 때마다 나를 학대한 친척과 마주해야 했다. 이런 행동은 십 대 시절의 뇌에 해로운 영향을 미쳤다.

　나는 가족 모두가 언급하길 꺼리는 트라우마와 가족 안에서 일어나는 일로부터 무감각해지고 벗어날 수 있는 거의 모든 방법을 시도했다. 그러나 술을 마셔도, 음식물 섭취를 제한해도, 도둑질을 해도, 폭력적인 애인을 만나봐도 문제는 해결되지 않았다. 그러다가 마약에 손을 댔는데, 마치 눈앞에 천국이 펼쳐지고 천사들이 노래를 부르는 것 같았다. 다만 내 눈앞에 있는 천사들은 독일의 데스메탈 밴드였고, 나는 그들 앞에서 춤을 추고 있었다.

　대학교 3학년이 되면서 나는 마약 살 돈을 마련하기 위해 룸메이트들의 돈을 훔치거나 마리화나를 팔기 시작했다. 거의 모든 강의에 결석했다. 룸메이트들은 내가 집에서 마약을 거래한다는 사실을 발견하고, 집에서 나가지 않으면 부모님께 얘기하겠다고 했다.

　돌이켜보면 그것이 내 약물 문제에 대해 누군가가 정한 첫 바운더리였을 것이다. 바운더리를 정하는 것은 어렵고 불편한 과정이기 때문에 타인에게는 나와의 관계를 유지하기 위해 특정한 행동에 바운더리를 설정하기보다 내 행동을 무시하거나 조용히 나를 떠나는 게 더 쉬운 일이었다. 대학 신입생이었을 때 함께 살던 룸메이트는 "네가 계속 이런 행동을 한다면 난 너랑 살 수 없어."라고 얘기하는 대신, 말없이 새로운 룸메이트를 찾았다. 옛 친구들은 "네가 이 정도로 술에 취한다면 너랑 계속 놀기 힘들어."라고 얘기하지 않고, 그냥 연락을 끊어버렸다. 여동생은 "언니가 마약에 중독되었다는 사실이 너무 무서워. 우린 대화가 필요해."라고 말하지 않고, 내가 차로 집에 데려다줘야 하는 날이 아니면 나를 피했다. 나는 그들을 탓하려는 게 아니다. 내 행동이 주변 사람들에게 어떤 영향을 미치는지에 대해 말을 꺼내는 것조차 힘들게 만든 건 바로 나였다.

그때를 떠올리면, 어린 소녀의 처지에서 할 수 있는 모든 방법을 동원해 자신의 삶을 구하려 애썼던 나에게 측은한 마음이 든다. 그러나 바운더리의 관점으로 보면, 회피하고 도망치고 싶어 하는 내 욕망과 육체와 정신 건강을 지키기 위한 건강한 바운더리의 결핍이 어떻게 마약 중독으로 이어지게 되었는지 분명히 알 수 있다. 그것은 내 삶을 더 하찮게 느껴지게 만들었고 나는 작아지다 못해 결국 사라져가고 있었다.

마약에 중독된 지 4년이 되던 해, 나는 네이트라는 남자를 만났다. 그는 술을 마셨지만 사람들과 어울리는 자리에서만 마셨다. 그는 마리화나를 폈지만 가끔 재미로만 폈다. 그는 좋은 직업을 가졌고, 야망도 있었다. 우리는 동거를 시작했다. 나는 정말로 달라질 거라고 다짐했다. 한동안은 정말 달라졌다. 마약도 거래하지 않았고 파티에도 참석하지 않았다. 마약을 하는 횟수도 줄었다. 사실, 그 시점에 나는 살아가기 위해 마약이 필요했기 때문에 어느 정도의 마약은 사용하고 있었다. 네이트는 과거의 내 모습을 전혀 몰랐기에 나에게 마약 문제가 있을 거라고는 의심하지 않았다. 나는 일을 하고 친구들과 어울렸으며 가족에게도 그를 소개했다. 가족들은 네이트를 마음에 들어 했다.

그러나 또다시 나는 마약에 빠지려 했다. 네이트는 내가 그저 가볍게 마약을 즐기는 게 아니라는 사실을 눈치챘다. 그전에는 아무리 하고 싶은 마음이 들어도 어느 정도 절제할 수 있었지만 이번에는 멈출 수 없었다. 나는 가족과 친구들 앞에서 비이성적으로 행동했다. 네이트와 끊임없이 싸웠고, 늦게까지 집에 들어가지 않았다. 마약을 끊지 못하고 네이트와의 관계를 망치고 있는 내가 싫었지만, 수치심과 자기 혐오는 마약에 더 빠지게 만들었다. 빠져나갈 길이 보이지 않았다.

그 무렵, 네이트는 직접 쓴 장문의 편지를 건네주었다. 지금 그의 감정이 얼마나 한계에 이르렀는지, 얼마나 나를 사랑했는지, 이런 상태로 나와 함께 지내는 게 얼마나 힘든지 적혀 있었다. 내가 도움을 받지 않으면 나를 떠나겠다고 직접적으로 말한 건 아니지만, 의미는 분명했다. 편지를 읽고 나는 울었고 상담사와 약속을 잡았으며 이번에는 정말 바뀔 거라고 맹세했다.

그러나 아무것도 달라진 건 없었다.

네이트는 나와 바운더리를 설정하기 위해 최선을 다했다. 당시에는 이런 행동을 하는 네이트가 미웠지만, 되돌아보면 그의 바운더리가 우리 둘을 모두 구한 셈이었다. 그는 자신의 공간을 지키고, 정신 건강을 보호하는 것부터 시작했다. "만약 당신이 이 일을 차분하게 상의하지 못한다면, 당신이 그렇게 할 수 있을 때까지 난 자리를 떠나 있을게." "늦게까지 외출할 때는 문자라도 한 통 보내줘." "나도 당신과 함께 노력하겠지만, 제발 상담은 계속 다녀줘." 지금은 네이트가 우리 관계를 살리기 위해 최선을 다하고 있었다는 걸 안다. 그러나 당시에는 내가 그것을 불가능하게 만들고 있었다. 나는 취조를 받는다고 느끼거나 압박감을 느낄 때, 또는 내가 그에게 상처 주고 있다는 사실을 상기할 때마다 분노했다. 지금은 그가 나로부터 자신을 보호하기 위해 이런 바운더리를 사용하고 있었다는 사실을 안다.

마침내 네이트는 한계에 다다랐다. "더 이상 못하겠어." 그가 말했다. "당신 곁에 머물며 당신이 자멸하는 모습을 지켜볼 수 없어. 내가 당신을 도울 수 없다는 사실도 분명하고. 지금 재활시설에 연락해서 오늘 밤 당신을 시설에 데리고 갈 거야. 당신이 지금 떠날 준비가 되지 않았다면 내가 떠날게."

지금까지도 네이트는 내 '최고의 전 남자친구'다. 내가 네이트의 바운더리를 존중하지 못했을 때 그가 내린 단호한 결정은 나에게 터닝 포인트가 되었고, 궁극적으로 내가 마약중독에서 벗어나 충만한 삶을 살게 해주었다.

그러나 그 순간 나는 분노와 두려움에 휩싸였다. 그가 던진 최후통첩 앞에서 네이트가 문밖으로 걸어 나간다면 어떤 일이 일어날지 알고 있었기에 나는 어쩔 수 없이 두 단어를 소리 내 말할 수밖에 없었다. "내가 갈게."

나는 몇 주 동안 시설에 입원했고, 퇴원하고도 오랫동안 외래 치료와 그룹 치료, 면담 등에 참석했다. 항우울제를 복용하고 새로운 정신과 의사와 상담을 시작했으며, 출근도 하고 가족과 친구들과의 관계도 회복하기 시작했다. 네이트와의 관계를 회복하기 위해 노력했지만, 내가 집으로 돌아오고 얼마 지나지 않아 우리는 헤어졌다. 그리고 이별 뒤 몇 달 동안은 친구로 지내며 한집에 살았다. 그는 좋은 친구들 중 한 명이었다.

1년 동안 나는 모든 마약과 술에 손대지 않았다. 바운더리에 관한 이야기로 돌아오면, 내가 마약에서 손을 뗀 지 1년이 되었을 때 나는 나에게 바운더리가 하나도 존재하지 않았기 때문에 삶이 끝날 뻔했다는 사실을 깨달았다. 이 시점까지 내가 경험한 유일한 바운더리는 대학 시절 룸메이트들과 네이트가 정한 바운더리가 전부였다(그리고 솔직히 말하면, 당시에는 그것이 바운더리라고 인식하지도 못했다). 나는 마약중독에서 회복하는 초기 단계에도 여전히 어떤 바운더리도 설정하지 않았다. 바운더리의 필요성조차 인식하지 못했다. 그게 진짜 문제였다.

그때를 되돌아보면 내가 왜 다시 마약에 빠질 수밖에 없었는지 명확하다. 마약 문제, 인간관계, 정신 건강을 지키기 위해 내가 설정한 것이라곤 단 하나의 위태로운 바운더리밖에 없었다. 바로, 마약을 하지 않겠다고 다짐한 것뿐이었다. 이 다짐을 지키기 위해 내가 하는 행동은 아무것도 없었다. 마약을 끊을 수 있을지 없을지를 온전히 나 자신에게 하는 "지난 5년 동안 사랑, 위안을 얻기 위해 의존했던 그 중독성 강한 행동 기억나지? 이제 더 이상 그러지 말자."라는 말에만 맡겨놓은 셈이었다. 마약중독에서 벗어나겠다고 다짐만 하던 나의 행동은 마치 집을 지을 때 콘크리트와 철근으로 튼튼한 구조물을 세우는 대신 그저 바람이 잠잠하길 기도하며 행운만 바라는 것과 마찬가지였다. 문제는 매일 거센 바람이 분다는 점이었다.

여전히 마약을 하는 친구들 중에는 내가 이제 괜찮아졌다고 생각하고 다시 마약을 권하는 친구도 있었다. 친구들이 마리화나를 집어 들며 "한 대 피울 건데, 괜찮겠어?"라고 물을 때마다 나는 괜찮으니 그러라고 얘기했다.

《옥스퍼드 영어 사전》은 한 해 동안 인기를 끈 문제나 시대정신, 분위기 등을 반영하는 '올해의 단어'를 선정한다. 그해를 나타내는 나의 단어는 '괜찮아$^{fine}$'였다. "난 상관없어, 괜찮아." "나도 참석할 수 있어, 괜찮아." "아냐, 난 괜찮아." 나를 안전하게 지키기 위해 어떻게 바운더리를 활용해야 할지 몰랐고, 바운더리를 주장할 수 있는 상황("나는 좀 불편해. 밖으로 나가서 펴줘."라고 말할 수 있었다)에서도 나는 조용히 있었다.

나는 바운더리를 설정하면, 자아상이나 사회생활 그리고 친구들이나 가족들이 보여주던 미약한 신뢰감마저 사라질까 봐 두려웠다. 그러나 지금은 내가 마약에 다시 손을 댄 이유는 바운더리가 없었기 때문이라는 사실을 잘 안다. 나는 다른 사람들을 편안하게 해주는 데 너무 집중한 나머지 나에게 "이 순간 내게 필요한 것은 무엇인가?"라고 묻지 못했다. 결과적으로 나는 마약에서 자유로워졌지만 내 삶은 어느 때보다 하찮게 느껴졌고 1년 뒤 다시 마약에 손을 댔다.

겉으로는 갑자기 일어난 일처럼 보였지만, 나의 재발은 아주 오랫동안 불안정한 내 계획을 향해 서서히 다가오던 허리케인의 눈이었다. 사실, 내 의지력과 운은 바닥나게 되어 있었다. 나는 잘못된 사람들과 잘못된 장소에 있었다.

재발에 대해 사람들이 알려주지 않는 사실은, 다시 마약에 손대면 끊기 전처럼 심각한 상태로 악화되는 속도가 훨씬 빠르다는 것이다. 그래도 좋은 소식은, 몇 주 뒤 이번에는 정말로 죽을지도 모른다는 두려움에 내가 직접 도움을 청했다는 사실이다. 내 손으로 재활시설에 전화를 걸어 외래 치료를 받기 시작했다. 몇 주 동안 그룹 치료에 참석했고, 매주 심리 치료를 받았으며 마약중독에서 회복해 다시 세상으로 돌아갔다.

이번에는 정말 변화해야 했지만 방법을 몰랐다. 머릿속에 '바운더리'라는 단어는 존재하지 않았다. 나는 지금껏 살아온 방식이 정답이 아니라는 건 알았지만 어떻게 바뀌어야 하는지 전혀 알 수 없는, 이상한 공간에 있었다. 그래서 나는 아무 행동도 하지 않았다.

어느 날, 내 친구 제임스와 나는 한 파티에 초대받았다. 잠시 망설이긴 했지만 참석하기로 했다(마치 공포 영화를 볼 때처럼 "지금 거기서 뭐 하는 거야? 거기로 들어가지 마!"라고 외쳐야 하는 부분이다). 제임스는 샘 애덤스 한 병을 마셨고, 나는 빨간색 플라스틱 컵에 물을 따라 마시고 있었다. 제임스는 몇 년 동안 알고 지낸 친한 친구였고 내가 마약에서 회복하도록 지지해주었지만, 알코올중독이나 마약중독에서 회복하는 게 어떤 것인지는 전혀 알지 못했다. 그는 내게 맥주를 마실 건지 물어보았다. 나는 괜찮다고, 마시지 않겠다고 말했다.

'괜찮아'라는 그 성가신 단어가 또 등장했다. 괜찮다고 느끼지 않을 때도 나는 얼마나 그 말을 습관적으로 내뱉었을까. 이것은 우리가 평화를 깨고 싶지 않거나 다른 사람을 불편하게 만들지 않으려 할 때, 피해를 주지 않으려 할 때 하는 말이다. 우리가 정한 바운더리나 우리가 세워야 하지만 아직 세우지 않은 바운더리를 누군가 침범할 때 가장 많이 하는 말이기도 하다.

사실 난 괜찮지 않았다. 가슴이 쿵 내려앉는 기분이었고, 시간이 지날수록 불안감은 더 커졌다. 내가 여기서 대체 뭘 하고 있는 걸까? 친구들은 내가 다시 마약에 빠졌는지, 회복에 대한 내 의지가 얼마나 약한지, 이런 상황을 감당하는 게 얼마나 힘든지 알지 못했다. 나는 의지력이 강하지도, 운이 좋다고도 생각하지 않았다. 화장실에서 다시 마약을 흡입하게 될 수도 있었다. 예상치 못한 한 번의 제안과 한순간의 망설임이면 지금껏 노력한 모든 게 물거품처럼 사라질 수 있었다.

나는 즉시 절박함을 느꼈다. 지금 당장 손을 써야 했다. 내가 안전하려면, 술과 마약에 다시 손을 대지 않으려면, 지금 이 순간 내 머릿속에서 어떤 일이 일어나고 있는지 제임스에게 말해야 했다. 나는 다짜고짜 큰 목소리로 조급하게 말을 쏟아내기 시작했다.

"지금 괜찮지가 않아." 내가 말했다. "기분이 좋지 않아. 술과 약물 근처에 있는 건 안전하지 않아. 파티에 참석하긴 했지만, 사실 참석해선 안 됐어. 집에 가야겠어."

그는 잠시 나를 빤히 쳐다보더니 눈을 한 번 깜빡이고는 고개를 끄덕였다. "오, 이런. 알겠어. 음… 미안해. 몰랐어."

나는 말을 계속 이어나갔다. 내 삶이 달라져야 했기에 나는 멈추지 않고 얘기했다. 모든 걸 쏟아내야 했다.

"내가 약을 끊으려면 해야 할 얘기가 있어. 네가 뭘 하며 살든 상관없지만, 내 앞에서 약물을 사용하는 건 안 돼. 마리화나조차 말이야. 내 앞에서 담배를 피우는 것도 안 돼. 다른 사람들도 마찬가지고. 만약 그럴 계획이 있다면 나는 절대 초대하지 말아줘. 나한테 절대 권해서도 안 돼. 내가 뭐라고 얘기하든, 내가 아무리 괜찮다고 열심히 설득해도 절대 안 돼. 농담으로라도 안 돼. 만약 지금 내가 하는 얘기에 동의하지 않으면, 난 너랑 어울릴 수 없어. 난 앞으로 절대 마약에 손대지 않을 거야. 언젠가 내가 약에 손을 대겠다고 널 설득한다고 해도 절대 안 돼. 우리가 계속 친구로 지내려면 이건 꼭 지켜줘야 해."

나는 주문을 깨지 않으려는 듯 쉬지 않고 단숨에 말했다.

내 인생에서 가장 중요한 대화를 비어퐁<sup>beer pong</sup> 테이블 옆에서 할 생각은 전혀 없었다. 그러나 물잔을 움켜쥐고 앉았을 때 이 얘기를 꼭 해야 한다는 걸 알았다. 단지 마약에 손대지 않으려 노력하는 것만으로는 충분하지 않았다. 나는 나와 마약 사이에 보호막을 만들고, 경호

원 역할을 할 친구들을 모으며, 그때와 같은 상황에 처하지 않게 함으로써 성공할 준비를 해야 했다. 지금 바운더리를 세우지 않으면 나는 용기를 잃고 다시 마약에 손을 댈 수도 있었다. 다시 예전으로 되돌아갈 순 없었다. 세 번째에는 회복할 수 없을 것 같았다.

어쩌면 제임스는 내 얘기를 듣고 나를 '극단적인 애'라고 비웃을 수도 있었다. 나와의 관계를 청산하고 알아서 집으로 돌아가라고 말하거나 적어도 그날 밤 파티는 끝까지 함께 있자고 고집할 수도 있었다. 그럴 거라고 거의 확신했지만, 그는 그런 반응을 보이지 않았다. 솔직히 말하면 겁먹은 얼굴이었다. 그는 고개를 끄덕이며 조용히 말했다. "아, 알겠어." 그는 몇 가지 질문을 던졌다. "그럼 네 앞에서 술은 마셔도 괜찮니? 언젠가 술은 다시 마실 생각이야? 지금은 완전히 약을 끊은 상태인 거야?" 나는 "술은 마셔도 괜찮아. 잘 모르겠지만 한동안은 마시지 않을 생각이야. 지금은 완전히 약을 끊었어."라고 대답했다. "알겠어." 그는 마치 그걸로 끝이라는 듯 다시 대답했다. 우리는 파티에 참석한 친구들에게 작별 인사를 하고 집으로 돌아왔다.

어떤 면에서 그것으로 끝이었다. 얘기를 마치자마자 나는 안도감과 약간의 행복을 느꼈다. 제임스는 내 인생에서 가장 중요한 사람들 중 한 명이었지만, 그동안 내 요구를 제대로 말할 수 없었기 때문에 사이가 멀어졌다. 그러나 친구로서 그를 잃고 싶지 않았다. 이제 이런 바운더리를 세웠으니 나는 그가 약속을 지킬 거라 믿었고, 그의 곁에 있을 때의 나 자신도 신뢰할 수 있었다. 내가 마약중독에서 벗어난 상태를 유지할 수 있도록 그가 무엇이든 할 거라는 사실을 알았고, 그것만으로도 우리 우정에 새로운 가능성이 열린 것 같았다.

완전히 새로운 인생의 시작이었다. 제임스와의 관계가 틀어지지 않을까 걱정했지만, 내게 필요한 것이 무엇인지, 그가 어떻게 나를 도와줄 수 있는지에 대해 얘기한 뒤 우리 우정은 더 깊어졌다. 또한 나는 이 경험을 통해 다른 가까운 친구들과도 이런 대화를 나눌 용기를 얻었다. 대부분의 친구들은 내가 이 바운더리를 지킬 수 있게 도와주었다. 물론 이를 지킬 수 없던 친구들은 떠나보내야 했다. 당시에는 마음이 아팠지만, 나는 스스로 묻곤 했다. "나를 안전하게 지키기 위해 최소한의 일도 해줄 수 없는 사람이라면, 진짜 친구라고 할 수 있을까?"

내가 지금까지 놓치고 있던 건, 바로 바운더리였다. 나는 나를 보호하기 위한 영역의 한계를 표시하는 선을 긋기 시작했다. 이것이 바로 바운더리의 정의다. "이게 내가 받아들일 수 있는 행동의 한계야. 이 한계를 존중해줄 수 있다면 우리는 풍요와 만족감, 신뢰, 상호 간의 존중이 있는 우정을 쌓을 수 있을 거야. 만약 이를 존중해주지 못한다면, 나는 너랑 있을 때 불안해지고 널 만나는 게 두려워서 무의식적으로 피하게 될지도 몰라. 그런 관계는 받아들일 수 없기에 관계를 유지할 수 없어." (분명히 당신의 인생에도 이런 반응을 불러일으키는 사람들이 있을 것이다. 이에 대한 얘기는 곧 다시 언급하겠다.)

건강과 안전을 위해 내게 필요한 게 명확해지면 스스로 회복을 위한 의지가 더 견고해진다. 만약 사람들이 그 바운더리를 지킬 수 없다면(원치 않아서든, 그들도 그들만의 문제로 힘겨운 시간을 보내고 있어서든) 그 관계는 보내줘야 한다는 명확한 기준을 세울 수 있다.

나는 성실하게 정기적으로 상담 치료를 받았다. 수상쩍게 느껴지는 초대는 거절하고, 사람들에게 "마리화나를 피우고 싶다면 그건 자유지만, 나는 이곳에서 벗어날래."라고 단호하게 말하며 바운더리를 구축하는 데 최선을 다했다. 또 가족들에게도 "저는 마약중독을 겪지 않은 듯 행동할 수 없어요. 그건 제게 더 상처가 되거든요. 대화가 필요할 때 제 얘기를 들어줄 수 있어요?"라고 얘기했다. 가까운 친구 한 명에게 어린 시절의 트라우마에 대해 털어놓았고, 그렇게 회복과 치유를 지지해줄 한 사람을 얻었다. 그러나 나는 거기서 멈추지 않았다.

평소의 옷차림도 바꾸었다. 사이프러스 힐Cypress Hill 티셔츠와 마리화나 잎이 그려진 야구 모자를 버렸다. 파티를 떠올릴 만한 음악도 듣지 않았다. 몇 년이 지나서야 포티쉐드Portishead 앨범을 들었다. 새로운 일자리를 구하고 새 아파트로 이사했으며, 매일 아침 헬스장을 가고 건강에 신경 쓰는 새로운 친구들을 사귀었다.

나는 건강한 습관을 가진 건강한 사람처럼 행동하겠다고 '셀프 바운더리'를 세우기 시작했다. 그것은 몇 년간 내 인생을 이끌어주는 만트라가 되었다. "건강한 습관을 가진 건강한 사람이라면, 누가 올지도 모르는 야외 피크닉까지 카풀을 할까? 아니야. 직접 운전해서 가자. 건강한 습관을 가진 건강한 사람이라면 새로운 러닝 그룹과 함께 저녁을 먹으러 가서 라임을 넣은 탄산수를 주문할까? 그럴 거야. 나가서 즐거운 시간을 보내고 오자."

나는 바운더리를 구축하는 것이 내 삶을 축소하는 게 아니라 오히려 확장한다는 걸 경험하기 시작했다. 나는 친구들이 내 한계를 존중해줄 거라고 믿고, 예상치 못한 일이 일어나도 나를 도와줄 거라고 생각했기에 친구들과 더 자주 외출했다. 직장에서도 바운더리를 설정했기에 나는 새로운 일자리가 마음에 들었다("전 술은 안 마시겠지만 레드삭스 경기는 보러 갈게요.”). 마약에 중독되었던 시절을 떠올릴 만한 불필요한 물건을 모두 정리하고 나자 집이 깨끗한 백지처럼 느껴졌다. 회복과 내 기분에 대해 더 자주 얘기할수록 상담 치료에서 더 큰 진전이 나타났다.

바운더리가 존재한다는 것은 더 이상 내 회복이 카드로 쌓아 올린 집처럼 불안정한 계획이 아님을 의미했다. 이 사실이 가장 중요했다. 이제 나에게도 견고한 토대가 생겼고, 나와 마약 사이에는 여러 겹의 단열재가 있었다. 한 겹의 보호막이 날아가도 나를 안전하게 지켜줄 보호막이 많이 남아 있었다. 나는 일찍 잠자리에 들었고, 요리를 배웠다. 새로운 옷을 샀고, 헬스장에 나갔으며, 내 목표를 존중해주는 친구들과 어울렸다. 직장에서 좋은 성과를 냈고, 아파트를 꾸몄으며, 가족들과 귀중한 시간을 보냈다. 모든 것은 바운더리 덕분이었다.

회복과 건강, 안전을 지키기 위해 내가 세워둔 가드레일 덕분에 나는 어느 때보다 더 자유로웠고, 삶은 상상했던 것보다 훨씬 풍요로워졌다. 나는 바운더리를 경험하기 전 내 삶이 얼마나 불확실하고 두려웠는지, 내가 얼마나 많은 상황을 회피했는지, 얼마나 많은 사람들 곁에서 불안감을 느꼈는지, 얼마나 고립된 느낌을 자주 느꼈는지를 떠올렸다. 아이러니하게도 삶의 규모를 작게 만들 거라 생각했던 바로 그것이 더 확장된 삶을 살게 해줄 열쇠였다. 나는 삶의 모든 영역에서 허용할 수 있는 행동의 한계를 주변 사람들뿐만 아니라 나 자신과도 숨김없이 얘기했다. 내가 요구하는 것은 명확했고, 사람들도 협조해주었으며, 신뢰와 존중이 자리 잡았다. 모두가, 특히 내가 성장했다.

## 나의 경계를 표현하는 최소한의 언어

인생을 바꾼 바운더리의 놀라운 힘을 직접 경험하고 나서 나는 다른 사람들이 바운더리로 어떤 도움을 받을 수 있을지 알아차리기 시작했고, 결과적으로 그들의 필요를 표현할 수 있는 단어를 찾도록 도와주게 되었다. 수년 동안 나는 직원들이 퇴근 후 이메일을 보내는 상사들과 바운더리를 세우고, 초보 엄마들이 원치 않는 조언을 듣지 않도록 선을 설정하며, 수많은 사람들이 사교 모임에서 우아하게 술을 거절할 수 있도록 도와주었다. 그들은 바운더리를 설정하고 이를 분명하게 표현하고 일관적으로 실행하면서, 정신 건강이 좋아지고 자신감이 향상되었으며 더 만족스러운 인간관계를 맺게 되었다.

바운더리를 설정하고 유지하며 이점을 누리기 위해, 꼭 심각한 위험에 처해야 하는 건 아니다. 당신이 간과하거나 스치듯 지나가고, 마지못해 견디는 사소한 일들에 대해 바운더리를 설정하는 것이야말로 당신의 삶에 가장 큰 영향을 미칠 수 있다. 직장에서, 집에서, 또는 가족과 친구들과 있을 때 "그냥 신경 쓰지 말자."라고 하루에 몇 번이나 얘기하는지 생각해보자. 그렇게 얘기하는 사소한 순간들이 쌓여 억울함, 분노, 좌절, 극도의 피로를 유발한다. 바운더리를 적용하기 전의 나처럼, 당신도 어쩌면 아무도 불편하지 않게 침묵하는 것에 너무 익숙해져서 얼마나 자주 다른 사람들이 당신을 짓밟게 내버려두는지 깨닫지 못하고 있을 수도 있다.

엄마가 당신의 체중에 대해 얘기하거나 시댁 식구들이 갑자기 방문하고 상사가 휴가 중에 계속 문자를 보내는 것 때문에 스트레스를 받지 않아도 된다면, 기분이 어떨지 진지하게 생각해보자. 만약 당신의 요구가 존중된다면 삶이 얼마나 더 즐겁고 편안하고 자유로워질까? 이제 지금의 당신과 새로운 당신 사이를 가로막는 것이 고작 명확하고 친절하게 한두 문장을 말하는 일뿐이라고 상상해보자.

나는 당신이 그 바운더리를 세울 수 있도록 도와줄 것이다. 나도 그 일이 두렵고 불편하며 힘들다는 걸 안다. 그러나 당신이 지금 하고 있는 행동도 마찬가지다. 특정한 사람들을 피하고, 특정한 대화 주제를 꺼리며, 사교 모임에 참석하기 전에(또는 집에만 머무는 것에) 불안감을 느끼고, 가상의 대화에 화가 나서 당신의 시간과 에너지를 지나치게 쏟으며, 자기감정보다 다른 사람의 감정을 더 우선시하고, 모든 사람이 당신의 컵을 홀짝거리게 내버려두는 것이야말로 정말 힘든 일이다. 마약에 빠질 정도로 힘든 건 아니라도 밤 10시에 글루텐프리 오레오 한 박스를 들고 텅 빈 욕조에 들어가서 울 정도로 힘든 건 분명하다.

나는 생사의 기로에서 어쩔 수 없는 마음으로 첫 바운더리를 설정했다. 당신의 바운더리는 그 정도로 중대하게 느껴지지 않을 수 있지만, 바운더리 없이는 삶의 범위가 좁아진다는 말에는 공감할 수 있을 것이다. 다른 사람들이 당신에 관한 한계를 직접 설정하게 내버려두면 그들이 점점 더 많은 공간을 차지해 당신의 삶은 작고 단조로워진다. 그렇게 내버려두지 않으면 당신은 발전적이고 다채롭고 통찰력 있으며 즐거운 삶을 살 수 있다. 불화가 적고, 당신만의 방식으로 이끌어나가는 삶 말이다. 이 둘의 차이점은 바로 바운더리다.

이 책은 바운더리를 설정하고 지키는 마법을 통해 당신의 삶이 최대한 성장하도록 도와줄 것이다. 바운더리가 필요하다는 신호를 알아보는 법뿐만 아니라 자연스럽고 적절한 언어를 통해 '최소한의 경계 설정으로 최대의 효과'를 누리는 바운더리 구축 방식을 배우게 될 것이다. 바운더리를 어떻게 유지하는지, 사람들의 반응이 좋지 않을 때 어떻게 해야 하는지, 당신의 욕구가 존중받지 못할 때 어떤 조치를 취해야 하는지 알게 될 것이다. 또한 당신만을 위한 안전한 공간을 만들고, 지금까지 다른 사람들에게 양도했던 당신의 정당한 힘을 되찾을 가치가 있다는 사실을 믿게 될 것이다. 당신이 안락함, 자신감, 능력, 자유를 누리기 위해서는 신중하게 고른 몇 개의 친절한 단어가 필요할 뿐이다. 지금부터 그 방법을 소개하겠다.

THE BOOK OF BOUNDARIES

# 1부
## 바운더리의 원칙

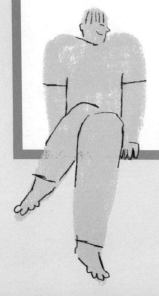

: 나부터 나를 위할 것

1장

# 바운더리, 나를 위한
# 관계의 적정선

얼마 전 인스타그램에서 찰리라는 여성으로부터 메시지를 받았다. 그녀는 엄마와 만나는 게 두려워, 나에게 급히 도움을 요청했다. "내일은 제가 10킬로그램 정도 체중이 늘고 난 뒤로 처음 엄마를 만나는 날이에요." 그녀가 말했다. "엄마는 제 체중(그리고 엄마의 체중)에 대해 애기하길 좋아하는데, 저는 그게 너무 싫어요. 엄마의 생각을 애기할 때마다 제게 도움은커녕 자존감만 낮아집니다. 물론 엄마는 저를 도와주려고 하는 얘기겠지만요. 이 문제로 엄마와의 관계가 껄끄러워졌지만, 지난 1년 동안 엄마가 그리웠기 때문에 이번에는 엄마를 보러 가서 정말 즐거운 시간을 보내고 싶어요. 불안감만 키우기보다는요."

이런 두려움이 느껴지면 당신의 마음속에 경계경보를 울려야 한다. 삑, 삑, 삑 바운더리가 필요한 시점입니다! 만약 바운더리가 공간(편안한 공간, 안전한 공간, 정신 건강을 지킬 수 있는 공간을 의미한다)의 경계를 나타내는 선이라면 특정한 사람이나 대화 주제에 대한 불안감과 긴장감, 회피하고 싶은 마음은 '현재 상황이 당신만의 울타리를 벗어났으며 바운더리가 필요하다'는 분명한 신호다.

안타깝게도 대부분 사람들은 이런 신호를 무시하고 덜 건강한 반응을 보인다. 당신은 싸울 준비를 하고 약속 자리에 나타나 상대방이 무심코 한 말에 바로 분통을 터뜨린다. 아니면 이유 없이 막판에 약속을 취소해 사랑하는 사람에게 상처를 주고 혼란스럽게 만든다. 어쩌면 상대방이 당신에게 상처 주지 못하도록 당신이 먼저 당신의 체중에 대한 농담을 던질지도 모른다.

당신은 인간관계를 더 매끄럽게 유지하는 방법을 몰라서 불안과 분노, 상처받은 마음이 관계에 영향을 미치도록 내버려두었다. 그러나 이제는 바운더리를 구축하는 게 해결책임을 안다. 그중 첫 번째 단계는 당신에게 언제 바운더리가 필요한지 아는 것이다.

바운더리의 3단계

1단계: 바운더리의 필요성을 인식한다.

2단계: 분명하고 친절한 표현으로 바운더리를 설정한다.

3단계: 바운더리를 유지한다.


## 심리적 경계선을 세워야 할 순간

작년에 친정에 갔을 때 부모님은 내가 이혼한 전남편과 함께 아이를 키우기로 선택한 방식에 대해 논의하고 싶어 했다. 나는 화들짝 놀랐다. 물론 좋은 의도로 한 얘기였겠지만, 내 육아 방식에 대해 확고한 의견을 제시함으로써 부모님은 선을 넘어버렸다. 그로 인해 함께 지내는 동안 계속 불편함과 어색함이 맴돌았다. 그 뒤 몇 달 동안 부모님은 여러 차례 우리를 초대했지만, 나는 일로 바쁘다거나 아들이 친구와 놀아야 한다거나 날씨가 좋지 않다는 등의 이유로 부모님을 만나러 가지 않았다. 물론 내가 부모님을 보러 가지 않은 진짜 이유는 그들이 육아와 관련된 대화를 또 꺼내지 않길 바랐기 때문이다. 어느 정도 시간이 흐른 뒤, 지금의 남편이 나에게 조심스럽게 물었다. "그래서 앞으로 부모님을 계속 안 보려는 거야?"

그의 말은 성가실 정도로 정곡을 찔렀다. 나는 당연히 부모님을 다시 만나고 싶었지만, 아들의 육아 방식에 대한 내 권리를 부모님이 존중해주길 바랐다. 나는 바운더리를 구축해야 했다.

친정에 다시 방문했을 때 나는 도착하자마자 이렇게 말했다. "이제 아이 아빠에 대해서는 더 이상 얘기하고 싶지 않아요. 내가 아이의 엄마고, 공동 육아에 대한 부모님의 의견을 물어본 게 아니니까요." 솔직히 말하면, 부모님은 내가 이렇게 얘기할 걸 알고 계셨던 것 같다. 그들은 이해한다고 말하며 내 의견을 존중하겠다고 했다. 이런 대화를 나누고 나니 부모님이 다시 그 얘기를 꺼내지 않을까 두려워하지 않고 편한 마음으로 가족들끼리 소식을 나누며 즐거운 시간을 보낼 수 있었다.

이는 바운더리가 어떻게 더 나은 관계를 만드는지 보여주는 완벽한 사례다. 나는 오로지 이 한 가지 주제에 대한 두려움 때문에 부모님을 만나는 게 꺼려졌다. 그러다가 그냥 부모님에게 그런 대화를 나누고 싶지 않다고 말하면 된다는 걸 깨달았다. 즉시 마음의 짐이 덜어졌다. 나는 가족들과 보내는 시간을 온전히 즐길 수 있었고, 부모님도 나의 바운더리가 어디인지 정확히 알게 되었다.

## 바운더리는 그들의 행동이 아닌 당신의 행동에 관한 것이다

부모님이 내 결정에 의문을 품는 게 아무리 마음에 안 든다고 해도, 부모님이 생각을 하지 못하게 막거나 내가 없는 자리에서까지 내 육아 방식에 대해 얘기하지 못하게 만들 수는 없다. 내가 할 수 있는 일은 그들의 생각을 받아들이는 나의 방식을 제한하는 것이다. 바운더리는 "내 결정에 의문을 품지 마세요."가 아니다. 그것은 내가 통제할 수 있는 부분이 아니다. 그 대신 "내 결정에 대한 당신의 의견을 받아들이지 않을 거예요."라고 말하는 것이다. 이것은 그들의 행동이 아니라 나의 행동에 중점을 두는 것이기 때문이다. 이 주제에 대해 추후 더 자세히 알아보자.

지금 당장 당신의 인생에서도 비슷한 경우를 생각해낼 수 있을 것이다. 누군가와 시간을 보내야 한다는 생각에 두려움이나 불안감을 느낀다면 바운더리가 필요하다는 가장 명확한 신호다. 당신은 체중이나 연애 문제("왜 연애를 하지 않니?"), 출산 문제 등에 대해 원치 않는 조언을 들어야 하기 때문에 사람들과의 만남을 피했을지도 모른다. 어쩌면 그들은 언제나 험담이나 불평을 늘어놓으며 부정적인 소식만 전하고 당신이 이에 대해 거리를 두고 싶어할 때마다 죄책감을 느끼게 만들었을지도 모른다. 당신은 그들과 교류할 때마다 이용당하는 느낌을 지울 수 없었을지도 모른다.

가족이나 직장 동료, 친구들과의 관계처럼, 당신의 삶에 존재하는 여러 관계에 대해 생각해보자. 지금 갈등을 겪고 있는 관계가 있는가? 당신이 정말 좋아하고, 존경하고, 잃고 싶지 않은 사람이지만 상대와 만날 생각만 해도 불안해지거나 두렵고, 불길한 느낌이 들 수 있다. 마음 깊은 곳에서 스멀스멀 올라오는 기분 나쁜 느낌은 그 관계를 바로 잡거나 바운더리로 보수할 필요가 있음을 보여주는 중요한 지표다.

그러나 바운더리가 필요하다는 신호를 감지하기 힘들 때도 있다. 바로 에너지가 없을 때인데, 이제 그 상황에 대해 얘기해보자.

## 내 에너지 보신 분?

에너지가 빠져나가는 기분이 어떤 것인지는 잘 알 것이다. 엄마를 만나 점심을 먹든, 소셜미디어의 댓글에 답을 하든, 전 애인에 대해 생각하든 모든 상호작용은 에너지의 교환이다. 어떤 상호작용 후에는 활력과 긍정적인 기운을 얻지만, 그렇지 못한 상호작용도 있다. 음식점을 나설 때나 인스타그램을 끄거나 과거 사진들을 훑어보고 난 뒤에 에너지가 고갈되는 느낌이 든 적이 있을 것이다. 불안감, 압도감, 좌절감을 느낀 적도 있을 것이다. 이것이 바로 에너지가 빠져나가는 순간으로, 상호작용을 통해 얻는 에너지보다 소모되는 에너지가 더 많을 때 이런 기분이 든다.

에너지가 소모되고 있다는 사실조차 깨닫지 못한 채 에너지를 흘려보내고 있을 수도 있다. 항상 불만이 가득한 직장 동료와 대화를 나누거나 드라마에서 일어날 법한 일을 겪는 중이거나 누군가의 험담을 하고 나면 기분이 가라앉는다. 그게 바로 에너지가 소모되고 있다는 증거다. 비판적인 시댁 식구들을 잠깐만 만나도 피로감을 느끼는 이유다. 휴대폰에 어떤 친구의 이름이 뜰 때마다 당신이 거절 버튼을 누르는 이유다. 이런 상호작용에서 당신의 에너지는 밖으로만 흘러나간다.

그러한 느낌은 당신의 관계에 바운더리가 존재하지 않는다는 분명한 신호다.

> **바운더리가 필요하다는 신호**
>
> - 어떤 대화 주제에 대해 두려움이나 불안감을 느낀다.
> - 특정한 사람들을 지속적으로 피한다.
> - 원치 않는 의견이나 설명을 자주 듣는다.
> - 관계가 일방적이라고 느낀다.
> - 일이 순조롭게 진행되도록 그냥 모든 것에 동의한다.
> - 그들의 감정이 당신의 감정보다 더 중요하다는 얘기를 직접적으로 또는 간접적으로 듣는다.
> - 그들과 함께 있을 때나 그들이 떠난 뒤 기운이 빠진다.
> - 그들의 갈등이나 드라마 같은 일에 자주 휘말린다.
> - 그들과 시간을 보내고 나면 부정적인 감정이나 불안감을 느낀다.
> - 그들로부터 떨어지는 방법을 고려한 적이 있다.

다른 사람들과의 관계 때문이 아니라 스스로가 에너지 소모를 자초할 때도 있다. 술을 마시거나, 지루하고 불안한 마음에 온라인쇼핑을 하거나, 머릿속으로 싸움이나 스트레스 많은 일을 떠올리거나, 자신을 소셜미디어에 있는 다른 사람들과 끊임없이 비교하거나, 멍하니 넷플릭스를 보느라 늦게까지 깨어 있을 때 에너지가 빨리 고갈되는 걸 느껴본 적이 있을 것이다. 만약 혼자 어떤 행동을 한 뒤 화가 나거나 기운이 빠지거나 그냥 우울해진다면, 자기 자신과 바운더리를 설정해야 한다. 이것은 자신을 안전하고 건강하게 지키기 위해 스스로에게 주는 애정 어린 경계선이다(셀프 바운더리에 대해서는 10장에서 더 자세히 설명할 것이다).

## 바운더리는 언제나 옳다

최근 소셜미디어를 통해 낸시라는 여성이 메시지를 보냈다. "저는 정신 건강을 위해 매일 아침 혼자 산책을 해요. 최근에 연세가 드신 이웃이 제가 나올 때까지 기다렸다가 함께 산책에 나서요. 그녀는 좋은 이웃이지만, 전 아침 산책이 하루 중 유일한 혼자만의 시간이거든요. 어떻게 하면 그녀가 기분 상하지 않게 거절할 수 있을까요?"

나는 낸시의 마음이 이해됐다. 우리는(특히 여성들은) 자신의 감정과 욕구를 우선시하는 게 이기적이라는 얘기를 자주 듣는다. 이것이 흔히 우리가 바운더리를 세우는 일에 거부감을 느끼는 이유다. 바운더리를 설정하는 것은 마치 사람들 사이에 벽을 세우는 것처럼 차갑고 가혹한 느낌이 들게 한다. 그러나 바운더리는 벽이 아니라 '울타리'라는 걸 기억하자. 그리고 적당한 울타리는 서로가 좋은 이웃이 될 수 있게 도와준다.

바운더리는 나를 아끼는 사람들이 내가 원하는 방식으로 지지를 보낼 수 있게 한다. 나에게 도움이 되는 것과 해를 끼치는 것 사이에 있는 명확한 선을 알려주므로 사람들이 내 마음을 읽으려 애쓰지 않아도 된다. 내 경계선을 분명히 표현하면 다른 사람들이 내가 필요로 하는 것을 존중할 수 있게 되고 이를 통해 우리는 인간관계에 더 충실할 수 있다. 실제로 관계를 유지하는 가장 좋은 방법은 바운더리를 설정하는 것이다.

낸시는 이웃을 좋아하고 그녀와 좋은 관계를 맺고 싶어 한다. 그러나 이웃이 아침마다 산책 시간을 방해한다면, 낸시는 불쾌함을 느끼다가 어느 날 아침에 버럭 화를 내게 될지도 모른다. 이런 상황에서 바운더리를 설정하는 것은 낸시가 자신의 욕구를 덮어두지 않으면서도 이웃을 계속 좋아할 수 있게 해주는 친절한 행동이다.

나는 낸시에게 1주일에 몇 회 정도 이웃과 함께 흔쾌히 산책할 의향이 있는지 물어보았다. 그녀는 주말 중 하루는 이웃과 산책하고 싶다고 대답했고, 나는 다음 날 그녀에게 스크립트를 써서 보내주었다. "좋은 아침이에요! 전 평일에는 혼자 산책하고 싶어요. 제가 하루 중 유일하게 혼자 있는 시간인데, 정신 건강을 위해 꼭 필요하거든요. 덜 바쁜 토요일 아침에 함께 산책하는 건 어떠세요?" 낸시는 이 제안을 마음에 들어 했다. 이 방법으로 그들은 모두 각자 원하는 걸 누릴 수 있었다.

바운더리를 설정하는 것은 심술궂은 행동이 아니라 상대방과의 관계를 위한 친절한 행동이다. 그렇다고 해서 바운더리를 설정하는 일이 불편하지 않다는 얘기는 아니다. 모든 갈등은 불편할 수 있다. 바운더리가 불편한 이유는 바운더리를 설정하는 것이 아직 정립되지 않은 경계선을 표현하는 것이며 (누군가의 사려 깊지 못한 행동을 지적하면서) 상대방이 이 관계를 위해 자신의 행동을 조정할 의향이 있는지 묻는 것이기 때문이다.

바운더리를 세우는 상상만으로 토할 것 같았다면, 당신만 그런 건 아니었다는 사실을 알아두자. 조사 결과에 따르면, 사람들이 바운더리가 필요하지만 설정하지 못하는 주된 이유는 '너무 불편하기' 때문이다. 그렇지 않은 척할 수는 없다. 나도 이해한다. 나도 존경받는 직장 동료의 제안을 거절하고 남편에게 혼자만의 시간을 요구하거나 부모님에게 "이 문제에 대해 더 이상 논의하지 않을 거예요."라고 말하는 게 항상 쉬웠던 건 아니다. 그 순간에 목소리를 내고, 자신을 옹호하고, 당신에게 필요한 일을 요구하는 건 불편하다. 그러나 더 불편하면서도 해가 되는 일은 상대방의 감정을 당신의 감정보다 더 중요시하는 것이다. 이것은 평화를 지키기 위해 당신의 건강한 바운더리를 억누를 때마다 당신이 하는 행동이기도 하다.

그러나 누군가가 당신의 경계선을 침범할 때 편안한 해결책은 존재하지 않는다. 단기적인 불편함이 있는 길은 장기적으로 볼 때 건강과 행복을 향상시키지만, 지금 당장 편한 길은 끊임없이 하찮은 기분, 불안, 분노, 억울함을 느끼게 한다. 이 길에 갇힌 사람들에게 이 질문을 던질 수밖에 없다. 당신은 지금의 상황이 정말 만족스러운가? 당신의 욕구가 아닌 다른 사람들의 욕구를 존중해주었을 때 어떤 기분이 들었는가? 다른 사람들의 행복을 지켜주기 위해 나 자신을 속이는 기분은? 다른 사람들이 무언가를 바랄 때마다 그것을 들어주기 위해 지나치게 애쓰는 기분은? 당신에게 아무것도 돌려주지 않는 사람들이나 대화, 행위에 모든 에너지를 쏟는 기분은 어떤가?

당신이 이 책을 읽고 있는 이유는 그런 생활이 전혀 만족스럽지 않기 때문일 것이다. 나는 이 책을 통해 더 만족스러운 관계, 자신감 향상, 건강 개선, 시간과 에너지 절약에 이르는 방법을 알려주려 한다. 불편할 수는 있지만 그만한 가치가 있을 거라고 장담한다. 바운더리는 내 건강과 행복을 희생하지 않고 내가 사랑하는 사람들을 배려하고 지지하는 방법이다.

## 분명하고 다정하게 거리 두기

엄마가 만날 때마다 자신의 체중에 대해 언급할 것을 알기에 만나는 걸 두려워하던 찰리를 기억하는가? 찰리는 바운더리의 필요성을 깨달았지만 정확히 뭐라고 얘기해야 할지 몰랐다. 그래서 찰리는 이렇게 물었다. "제 체중이나 엄마의 체중에 대해 얘기하고 싶지 않다는 바운더리를 어떻게 전달해야 할까요? 엄마는 내가 어떤 바운더리를 세우더라도 인신공격으로 받아들일 거예요. 그래서 불쾌하게 느끼지 않게 제 감정을 정리해서 얘기하고 싶어요."

당연한 이야기 같지만 많은 사람들이 간과하는 사실이 있다. 바운더리를 구축하기 위해서는 '실제로' 바운더리를 표현해야 한다는 점이다. 다른 사람들이 당신의 경계선이 어딘지 추측하게 하거나 힌트를 주거나 암시해서는 안 된다. 사람들은 독심술사가 아니다. 당신의 안락, 안전, 정신 건강을 위해 선을 그어야 한다면, 구체적이고 분명하게 설명해야 한다.

나도 그게 두려운 부분임을 안다. 그러나 이는 친절한 행동이기도 하다. 만약 바운더리와 관련된 문신을 몸 어딘가에 새길 예정이라면, 그 글귀는 "명확함은 친절이다."가 되어야 한다. 앞으로 이 책에서 계속 같은 구절이 언급될 것이다. 이 구절은 브레네 브라운<sup>Brené Brown</sup>의

《리더의 용기》에 나오는 "명확함은 친절하다. 애매함은 불친절하다."[01]에서 발췌한 말이다.

브라운은 이 구절을 12단계 회의에서 가져왔다고 설명하는데, 그녀의 책에서는 이를 직장에 적용하고 있다. "상대의 기분을 달래기 위해 반쪽짜리 진실을 전하거나 허튼소리를 하는 것은 (거의 항상 우리 자신을 더 편하게 하기 위한) 불친절한 행위다. 말하기 힘들다는 이유로 동료에게 당신의 기대치를 명확하게 얘기하지 않으면서 그 기대치를 충족하지 못했다고 책임을 묻거나 비난하는 것은 불친절하다. 친절함은 명확한 것이다."

나는 브라운의 작업을 좋아하는데, 이 개념은 내 바운더리 실천 방법과 가르침의 핵심 원리 중 하나로 자리 잡았다. 바운더리에 있어서 명확함은 친절함이다! 사람들에게 당신의 경계선이 정확히 어디에 있는지, 당신이 그것을 지키도록 그들이 어떻게 도와줄 수 있는지 보여주는 것은 친절한 행동이다. 반대로, 사람들이 자신도 모르게 실수할 때 그들이 당신의 실망과 좌절감을 추측하고 궁금해하거나 직면하게 내버려두는 것은 꽤 불친절한 행동이다.

명확함이 친절이라면 이상적인 바운더리는 '직접적'이어야 한다. 간접적으로 돌려 말해선 안 된다. 해석의 가능성을 열어두는 것도 안 된다. 이 책에서 수많은 사례가 나오겠지만, 바운더리를 설정하는 데 사용할 단어를 고를 때는 한 가지를 생각하길 바란다. "내가 이 이야기를 끝내고 나면, 그들이 내 경계선이 정확히 어디인지, 그 경계선을 넘지 않기 위해 어떻게 해야 하는지 알 수 있을까?" 만약 '그렇다'라면, 당신은 명확하고 친절한 바운더리를 설정하는 데 성공한 것이다. 그렇지 않다면 아직 목표에 도달하지 못한 것이다.

> 불분명한 바운더리: 눈알 굴리기, 깊은 한숨 쉬기, 질문 무시하기, 질
> 문에 대해 농담하기
> 분명한 바운더리: "나는 오늘 몸이나 체중에 대해서 얘기하고 싶지
> 않아. 고마워."

## 바운더리 경보 울리기

바운더리를 설정할 때 가장 힘든 부분 중 하나는 "와, 저 사람이 지금 괜찮지 않은 행동을 했어."라는 반응을 통해 분명하고 친절한 경계선을 표현하는 일이다. 이때 알람이 필요한데, 누군가 바운더리를 침범하는 순간과 당신의 대응 사이의 틈을 메워주는 제스처나 짧은 단어, 소리가 여기에 해당한다. 바운더리 경보는 대화 상대에게 그들이 바운더리를 침범했고, 이 대화의 에너지가 곧 바뀔 거라는 신호를 보내며, 당신이 바운더리를 전달하기 전에 마음을 가다듬을 시간을 벌어준다. 이 책에 나올 스크립트에 자주 등장하는 신호들은 다음과 같다.

- "우와."
- "응?"
- "으악."
- "아, 음⋯."
- 양손을 들어올리기
- 불쾌한 표정 짓기

- 한쪽 눈썹 치켜올리기

- "아, 아니."

- "아이고."

- "진짜?"

현실에서 바운더리 경보는 이런 형태로 나타난다. 무신경한 질문을 받은 뒤 "우와, 나는 그 질문에는 대답하지 않을 거야."라고 말하거나 동료의 부탁에 "아, 음… 휴가 중에는 이메일을 확인하지 않을 계획이에요."라고 말하고, 누군가의 결혼식에서 낯선 사람이 다가올 때 양손을 들어올리며 "저는 포옹을 좋아하는 사람이 아니에요."라고 말하는 것이다. 그러나 바운더리 경보를 울렸다고 해서 바운더리를 명확하게 얘기하지 않아도 되는 건 아니다. 그 제스처나 표정은 바운더리 침해 순간과 당신의 대응 사이의 거리를 메우는 역할을 할 뿐이다.

## 선 긋기에 늦은 때는 없다

바운더리를 설정할 때 겪는 또 다른 어려움은 그 순간에 상황의 심각성을 파악할 수 없거나 상대방의 말이나 행동에 충격을 받아서 빠르게 대응하지 못할 때가 많다는 것이다. 이것이 바운더리를 설정하지 않는 두 번째로 흔한 이유이며, 나도 같은 경험을 한 적이 있다. 전 직장 상사는 내 앞에서 매우 부적절한 성차별적 농담을 자주 했는데, 그때 나는 그냥 얼어버렸다. 속으로 나는 "지금 무슨 말을 하는 거야? 하지만 이 사람은 부사장이야. 내가 어떻게 해야 하지?"라고 생각했다.

그러나 생각하는 사이에 대화는 계속 진행되었고 내가 상황을 파악했을 땐 이미 타이밍을 놓쳐버려서 다시 그 얘기를 꺼내는 게 어색하게 느껴졌다.

상대방이 부적절한 농담을 하는 순간 "우와."라고 불쑥 내뱉었다면, 대화는 거기서 멈췄을 것이고, 나는 "존, 저는 그 농담을 그냥 넘어갈 수 없어요."라고 얘기할 수 있었을 것이다(가장 완벽한 표현은 아니지만 아무 말도 하지 않는 것보다는 낫다). 그러나 그 순간 얼어붙어서 아무 말도 못 했더라도 앞으로의 상호작용을 위해 바운더리를 설정하고 소통할 수 있다. 타이밍을 놓쳤을 때 바운더리를 얘기할 수 있는 몇 가지 전략은 다음과 같다.

### 다시 논의한다

그 문제를 명확히 언급하고 당신이 세운 바운더리를 공유할 준비가 되면, 상대방에게 다시 대화를 요청한다. 처음 그 사건이 일어나고 5분 뒤가 될 수도, 1시간 뒤가 될 수도, 다음 날이 될 수도 있다(그러나 너무 오래 기다리지는 말자. 그들에게는 '일상적인 대화'였기 때문에 무슨 얘기를 했는지 기억하지 못할 가능성이 크다).

### 당신의 관점에서 무슨 일이 일어났는지 설명한다

"어제 승진한 여성들에 대해 하신 농담이 정말 불쾌했어요. 저는 그 농담이 재미있거나 적절하다고 생각하지 않는다는 걸 알아주셨으면 합니다."

### 지금 일어나는 일에 집중한다

만약 당신의 대화 파트너가 "흠, 진작 그렇게 말하지 그랬어."라고 얘기한다면 사실대로 말하자. "솔직히 그때 너무 충격받아서 어떻게 대답해야 할지 몰랐어요. 시간을 갖고 생각해보니 제 의견을 알려드리는 게 중요하다고 생각했어요."

### 당신의 경계선을 적극적으로 알린다

"지금부터 이 공간에 누가 있든 간에 부적절한 행동은 그 자리에서 언급할 거예요. 당신에 대해 문제를 제기하는 여성들이 많아요. 조심해주세요."

연습을 통해 바운더리가 침해되었을 때 이를 더 빨리 알아차릴 수 있고, 그것을 지적하거나 상황이 일어나는 동안 평가할 시간을 벌기 위해 몇 가지 문장을 준비할 수 있다. 비록 당신의 첫 반응이 "잠시만, 그건 괜찮지 않아."라든가 "잠시만, 잠시 생각할 시간이 필요해."처럼 명확하지 못할 수도 있지만, 이는 당신의 목소리를 찾고 당신에게 맞는 경계선을 설정하기 위한 올바른 방향으로 나아가는 단계다. 비록 사건이 일어난 이후에 당신의 바운더리에 대해 얘기하게 되더라도 말이다.

## 타인의 행동은 핵심이 아니다

당신의 바운더리 언어를 생각할 때 명심해야 할 개념은 건강한 바운더리는 언제나 '자신'으로부터 비롯된다는 점이다. 조 삼촌에게 담배를 피울 수 없다고 말하는 게 아니라 '당신'이 집에서 흡연을 허용하지 않는다고 말해야 하는 것을 기억하는가? 바운더리는 다른 사람을 통제하려는 게 아니라 '자기 자신'을 건강하고 안전하게 지키기 위해 긋는 경계선이다. 우리 부모님의 경우, 그들은 내 전남편에 대해 얘기할 수 있지만 나에게는 전남편에 대한 얘기를 꺼내지 않아야 한다는 걸 안다. 낸시의 이웃은 얼마든지 같은 길로 산책할 수 있지만, 토요일이 아니면 낸시가 혼자 걷도록 내버려두어야 한다는 걸 안다. 즉, 바운더리는 다른 사람들이 하는 행동을 통제하는 것이 아니라 당신의 한계가 무엇인지 표현하는 것이다.

> 바운더리는 다른 사람에게 무엇을 해야 하는지 알려주는 게 아니라 당신이 어떻게 할 것인지를 알려준다.

앞으로 내가 제시할 '바운더리의 말'에는 요청하는 문장이 자주 등장할 예정이라 독자들이 혼란스러울 수도 있다. "담배는 밖에서 피워주시겠어요?" "제가 표를 예매하기 전에 이번 주말 계획을 확정해줄 수 있나요?" "우리 조금만 있다가 다시 얘기할 수 있을까? 나는 우선 1시간 정도 감정을 가라앉힐 시간이 필요해." 그러나 모든 요청 사항은 당신의 건강한 경계선을 중심으로 이뤄진다는 사실을 기억하자. 명심해야 할 세 가지 사항은 다음과 같다.

- 바운더리는 당신의 한계를 설정하고 유지하려는 욕구에서 비롯

된다.

- 사람들은 당신의 마음을 읽을 수 없으므로 당신이 그 한계를 전달할 방법이 필요하다.
- 만약 누군가 계속 선을 넘는다면, 당신이 바운더리를 지키기 위해 필요한 조치를 취해야 한다.

조 삼촌이 당신의 집에서 담배를 피우려는 사례에서 당신의 바운더리는 '나는 담배 냄새를 좋아하지 않고, 건강을 위해 집 안에서는 흡연을 허용하지 않는다'가 될 것이다. 그러나 조 삼촌은 그 사실을 모를 수 있기 때문에 당신의 바운더리를 명확하게 전달해야 한다. "담배에 불을 붙이기 전에 밖으로 가지고 나가주세요. 집 안에서는 담배를 허용하지 않거든요." 당신은 조 삼촌에게 담배를 끊으라고 설득하는 게 아니다. 그건 바운더리가 아니라 통제다. 삼촌 집이나 다른 사람의 집에서 담배를 피우지 말라고 얘기하지도 않는다. 그건 당신이 결정해야 할 바운더리가 아니기 때문이다. 당신은 단지 당신의 건강과 집에 대해 제한을 두기 위한 요청을 하는 것이다.

만약 조 삼촌이 집 밖으로 나가길 꺼린다면, "그러면 담뱃불을 꺼주세요. 아까 말씀드린 것처럼 집 안에서는 흡연을 허용하지 않아요."라고 말하며 바운더리를 강화한다. 물론 조 삼촌의 협조가 필요한 일이지만, 중점은 여전히 당신의 경계선을 강화하는 데 있다. 삼촌이 두 가지 제안 모두 거절한다면(무례하게도 말이다), 더 이상 그가 당신의 집에 방문하지 못하도록 한다. 당신이 정한 바운더리를 지키기 위해 필요한 조치다.

## 내 바운더리에 대해 변명할 필요가 없는 이유

바운더리를 알려주기 위해 당신의 욕구에 대해 지나치게 설명하거나 변명할 필요가 없다. 낸시는 이웃의 기분을 상하지 않게 하려고 이렇게 말하고 싶을 수도 있다. "아침 산책은 제가 혼자 있는 유일한 시간이에요. 지금 제 삶이 너무 바쁘고 정신이 없는 데다가 일도 힘들고, 아이들을 키우는 것도 벅차거든요. 이런 말씀을 드려서 죄송하지만…." 그러나 이 방법은 문제가 될 수도 있다. 우선 가장 중요한 사실은 바운더리의 전후 사정을 공유할 필요가 없다는 점이다. 당신의 경계선은 당신의 경계선일 뿐이다. 나를 따라해보자.

> 사람들은 내 바운더리를 존중하기 위해 내 바운더리를 이해하거나 동의할 필요가 없다.

내가 이를 강조하는 이유는 여성들은 이타심을 미덕으로 여기고, 자신을 위해 무언가를 요구하려면 정말 타당한 이유(그리고 상대방의 허락)가 있어야 한다는 이야기를 들어왔기 때문이다. 그래서 과도하게 설명하거나 변명하거나 욕망을 정당화하지 않고 그저 바운더리를 주장하는 것이 매우 불편할 수 있다. 그러므로 연습이 필요하다. 자기 욕망을 생각하고, 그것을 충족할 가치가 있는 사람임을 상기하기 위해서. 나는 '허락'을 먼저 구하지 않고 내 욕망을 인정하고 지킬 때마다 이것이 가부장제에 조용히 가운뎃손가락을 날리는 행위라고 생각한다.

게다가 당신의 바운더리에 상황을 덧붙여 이야기하면 오히려 역효과가 날 수도 있다. 상황을 설명함으로써 당신은 대화 파트너에게 당신의 논증에 동의하지 않을 기회를 주는 것이고, 따라서 그들의 마음에는 바운더리의 필요성이 사라진다. 낸시가 과도한 설명을 덧붙이자 이웃이 "인생이 그 정도로 힘들 순 없어요. 이건 그냥 산책일 뿐이잖아요. 게다가 우린 대화를 할 필요도 없는걸요."라고 얘기했다고 상상해보자. 지나친 설명은 바운더리 자체가 아닌 당신의 논증에 초점이 가도록 만들기 때문에 상대는 당신에게 더 정당한 이유를 요구할 수 있다(사실 당신은 "전 오늘은 함께 걸을 수 없어요. 좋은 하루 보내세요."라고 얘기하기만 하면 되는데 말이다).

당신의 바운더리에 대해 자세한 이유를 설명하는 것(그리고 지나치게 과장해서 설명하는 것)은 또 다른 방식으로 역효과를 낼 수 있다. 예를 들어, 2주 뒤 당신의 가족이 그 이웃과 마주치게 되어 이제 직장에서 여유가 생겼는지 안부를 물었다고 해보자. 그때 도움을 주려던 당신의 남편이 "네, 아내에게 드디어 조수가 생겨서 이제 일이 훨씬 편해졌어요. 아내가 전보다 여유를 찾아서 정말 보기 좋답니다."라고 대답한다. 이웃은 남편의 대답을 듣고 다음 날 아침 산책에 함께 따라나선다. 왜냐하면 당신의 바쁜 일이 어느 정도 정리되었으니 이제 혼자만의 시간이 필요 없을 것이기 때문이다.

당신이 불편함을 느낄 때나 자신을 위해 무언가를 요구하기 전에 다른 사람에게 허락받도록 배웠다면 당신의 과도한 설명은 자연스러운 반응이다. 문제는 불필요한 내용을 얘기하거나 당신의 욕망을 정당화하려고 시도하는 것은 당신의 바운더리가 확고하지 않다는 인상을 줘서 사람들이 당신에게 바운더리를 없애도록 애원하거나 죄책감을 심어주거나 설득하고 압박감을 줄 가능성이 크다는 점이다. 설명이나 변명, 정당화하려는 시도 없이 바운더리만 담백하게 전달하는 것은 당신이 충분한 고민을 거쳤고, 필요한 것이 무엇인지 명확하게 알고 있으며, 스스로를 옹호하는 데 익숙하다는 것을 나타내는 '진정한 보스'다운 행동이다. 게다가 당신이 건강한 바운더리를 설정하는 것이 친절한 행동이라고 믿는다면, 상대방이 받을 '충격'을 굳이 누그러뜨려야 할 필요가 없다.

---

### '왜'라는 질문 다루기

바운더리를 설정하는 이유들을 공유할 필요가 없는 것처럼 사람들이 "왜?"라고 물을 때마다 일일이 대답할 필요도 없다. 사람들은 다양한 이유로 바운더리를 설정하는데, 그중에는 매우 개인적인 이유도 있다. 만약 사람들과 이를 공유하고 싶지 않다면, "그냥 지금 저에게 필요한 일이라서요." "더 자세한 얘기는 하고 싶지 않아요." "민감한 주제라서요."라고 얘기하면 된다(이러한 대응은 9장의 바운더리 스크립트에서 더 많이 확인할 수 있다).

---

찰리와 엄마의 이야기로 돌아가 보자. 그들은 친밀하고 좋은 관계를 유지하고 있었기에 이 바운더리가 어떻게 함께 보내는 시간을 개선하고 정신 건강에 도움이 되는지 마음을 터놓고 얘기하고 싶었다. 나는 우선 대화를 시작하기 위해 이렇게 문자를 보내길 조언했다. "안녕, 엄마. 빨리 내일이 되어 엄마를 만나면 좋겠어요! 그런데 만나기 전에 한 가지 얘기하고 싶은 게 있는데, 팬데믹 때문에 몸에 대한 자신감이 많이 떨어졌어요. 분명히 내일 만나면 약간의 변화를 눈치채겠지만,

아무리 좋은 뜻으로 하는 얘기라도 제 체중에 대한 대화는 부정적인 생각을 유발하고 저는 온종일 그 생각에 빠져 있게 될 거예요. 내일 엄마와 정말 즐거운 시간을 보내고 싶으니까 체중이나 몸에 대한 이야기는 하지 않는 게 좋겠어요."

찰리는 "비난하는 말이나 가혹하게 들리는 말 없이 제 감정을 완벽히 요약해주었네요."라고 말하며 내가 써준 문장을 마음에 쏙 들어 했다. 명확함은 이렇게 친절하다.

## 그럼에도 불구하고 계속 선 넘는 사람에게는

내가 배운 첫 번째 육아 원칙은, 내가 실행하고 싶지 않은 조치는 절대 정하지 않는 것이다('1주일 동안 아이패드 사용 금지'는 아홉 살짜리 아이에게 상처를 주는 것만큼 내 기분도 상하게 하며 아들도 이를 알고 있다). 바운더리를 설정할 때도 마찬가지다. 바운더리를 효과적으로 설정하기 위해서는 실행할 수 있는 것이어야 하며, 스스로 기꺼이 실행할 의지가 있어야 한다. 그것은 바운더리를 설정하는 무섭고 불편한 단계를 거친 뒤에도 우리가 할 일이 아직 끝나지 않았음을 의미한다. 바운더리를 설정한 뒤에는 이제 그 바운더리를 '유지'해야 한다.

일반적으로 이상적인 바운더리에는 앞서 잠깐 언급한 요소인 '조치'가 있어야 한다. 이것은 상대방이 당신의 바운더리를 존중할 수 없거나 존중할 의사가 없을 때 바운더리를 유지하기 위해 필요한 단계다. 보통 나는 처음 바운더리를 설정할 때는 이런 조치에 대해 언급하지 않는다. 처음부터 가혹하게 말할 필요는 없기 때문이다(낸시가 나이 많은 이웃에게 "이제 평일에는 혼자 걸을 거예요. 만약 평일에 저와 함께 산책하려 하시면 저는 당신을 따돌릴 때까지 다른 방향으로 전력 질주할 거라고요."라고 말한다면 이는 친절한 행동의 범주에 들어가지 않을 것이다). 나는 상대방이 단순히 잊었기 때문일 거라고 믿으며 두 번째에도 그냥 말하지 않고 넘어간다.

그러나 상대방이 계속 내 바운더리를 무시하거나 존중하지 않는다면, 다시 얘기하고 앞으로 일어날 조치에 대해 언급해야 한다. 낸시와 이웃의 경우, 그녀는 "평일에는 함께 산책할 수 없다고 말씀드렸잖아요."라고 말하며 바운더리를 다시 언급할 수도 있지만, 이웃이 계속 따라온다면 바운더리를 어겼을 때 취할 조치에 대해 밝힌다. "이 문제에 대해 우리가 합의할 수 없다면 저는 이제 다른 곳으로 아침 산책을 갈 거예요." "이제 따로 인사하지 않고 그냥 산책을 할 거예요. 그러니 기분 나쁘게 받아들이지 마세요."

엄밀히 말하면 바운더리를 어겼을 때의 조치도 바운더리에 속한다. 스스로를 안전하고 건강하게 지키기 위해 취할 행동으로 경계선을 구체화하는 것이다. 낸시의 경우, 공원까지 차를 타고 가서 산책을 하거나 매일 아침 다른 시간에 산책을 나서거나 근처까지 빠른 조깅으로 이동할 수 있다. 그러나 처음부터 바로 이런 단계로 넘어가는 것은 상대방과의 관계에 좋은 영향을 미치지 않으며, 다른 사람이 당신의 필요를 충족할 기회를 주지 않는다. 그래서 대부분의 경우, 우선 요청의 형태로 당신의 경계선을 공유하는 게 좋다. "내 한계선은 여기에 있어. 이 선을 지킬 수 있게 네가 도와주면 좋겠는데, 그렇게 해줄 수 있겠니?"라고 묻는 것이다. 아무 말도 하지 않고, 이웃이 당신을 보지 못하게 뒷문으로 몰래 빠져나가는 것보다 훨씬 친절한 방식이다.

누군가가 당신의 바운더리를 계속 존중하길 거부한다면 당신은 힘든 선택을 해야 하는 궁지에 몰린다. 바운더리를 철회하거나(이 방법은 당신에게 해를 끼치고 그 사람과의 관계도 해치는 끔찍한 선례를 남긴다) 바운더리를 어겼을 때 실행하기로 한 조치를 취해야 하는데, 이는 두 사람 모두에게 고통스럽고 그 관계를 영원히 바꾸어놓을 수 있다. 찰리의 엄마가 여러 차례 바운더리를 침해했다면, 찰리는 다음과 같이 얘기할 수 있다. "제 체중에 대해 그만 언급해달라고 여러 번 말씀드렸잖아요. 만약 존중해주실 수 없다면 한동안은 만나러 오지 않을게요. 제 몸에 관한 대화는 제 정신 건강에 좋지 않아요. 더 이상 그렇게 내버려두지 않을래요." 그러나 그렇게 얘기하기 전에 그녀는 스스로 물어봐야 한다. '정말 엄마를 만나러 오지 않을 수 있을까? 잠시 거리를 둘 마음이 있는 걸까? 내가 정말 실행할 수 있을까?'

특히 가족이 당신의 바운더리를 지속적으로 무시하는 경우에는 결정하기가 더 쉽지 않다. 그러나 그 사람이 당신을 건강하고 안전하게 지키기 위한 최소한의 노력도 하지 않는다면 그 관계는 얼마나 좋을 수 있을까? 존중과 애정을 보여주기 위해 사소한 일도 하지 않는 사람 때문에 계속 상처받을 가치가 있을까? 당신은 어디까지 포기할 용의가 있는가?

## 바운더리를 유지하기 위한 전략

다른 사람들이 지켜줬으면 하는 바운더리를 유지하는 데 활용할 수 있는 몇 가지 전략은 다음과 같다.

### 바운더리를 다시 전달한다

불필요해 보일 수 있지만, 직접 얘기하든, 글로 쓰든(문자나 이메일을 통해), 전화로 얘기하든 바운더리에 대해 말할 때마다 같은 단어를 사용한다. 만약 찰리의 엄마가 점심을 먹으며 찰리의 체중을 다시 언급하려 하면, 찰리는 다음과 같이 말할 수 있다. "제 몸이나 체중에 대해 언급하지 않는 게 제 정신 건강에 중요하다는 걸 잊지 마세요." 이 바운더리를 존중하는 것이 찰리와 그들의 관계에 좋다는 사실을 강조한다.

### 필요에 따라 정보를 추가한다

필요하다면, 당신의 바운더리 안에 어떤 행동이 포함되고, 어떤 행동이 포함되지 않는지 사례를 들어 더 구체적으로 이야기한다. 찰리는 "우리의 몸에 대해 얘기하지 말자고 부탁했을 때는 다른 사람의 몸에 대한 얘기도 포함되는 거예요. 킴 카다시안의 몸매조차도요. 그게 어느 누구의 몸이든 얘기하지 말자고요. 알겠죠?"라고 덧붙일 수 있다.

### 바운더리를 침범했을 때의 결과를 설명한다

만약 바운더리가 계속 존중받지 못한다면, 당신을 안전하고 건강하게 지키기 위해 어떤 행동을 취할 것인지 알린다. 찰리의 경우 이렇게 말할 수 있다. "제가 부탁했는데도 계속 체중에 대한 이야기를 꺼내시네요. 이렇게 간단한 부탁도 존중해줄 수 없으면 만나는 횟수를 줄일 수밖에 없어요."

### 필요에 따라 강요한다

당신이 바라는 방식으로 바운더리를 여전히 지켜주지 않는다면, 이제 당신이 조치를 취함으로써 바운더리를 강요할 때다. 찰리는 엄마와의 상호작용에서 더 많은 제한을 설정하거나(직접 만나지 않고 이메일이나 문자로만 연락하기) 자신의 건강과 안전을 지키기 위한 최후의 노력으로 연락을 끊는 방법을 (적어도 일시적으로는) 시도할 수 있다.

바운더리에 대한 저항과 그 밖의 어려움들을 다루는 방법에 대해 11장에서 더 자세히 살펴볼 예정이다. 바운더리가 필요했던 찰리는 스크립트를 준비한 대로 실행했고, (대부분 그렇듯이) 문제가 잘 해결되었다. 며칠 뒤 그녀는 다음과 같은 후기를 전해왔다. "어제는 오랜만에 엄마와 최고의 시간을 보냈어요. 제 부탁을 100퍼센트 존중해주셨고 엄마가 저를 지지하고 이해한다는 느낌을 받았어요. 고마워요."

### 언제나 유연하게

인간관계는 영원하거나 고정된 것이 아니다. 건강한 바운더리도 마찬가지다. 당신의 상황이 바뀌었거나, 당신에게 자극이 되었거나 고통스러웠던 행동이 더 이상 그렇지 않을 때 상대방에게 당신의 변화를 알려라. 어떤 상황이든 바운더리의 역학을 바꿀 수 있다. 따라서 지속적으로 내게 바운더리가 여전히 필요한지, 필요하다면 여전히 같은 바운더리가 필요한지 물어보는 것이 중요하다. 또한 바운더리에 있어서 지나치게 융통성 없는 태도를 가지지 않는 점도 중요하다. 회사에 "근무시간 이외에는 직장에서 온 문자에 답을 하지 않을 거예요."라고 얘기했지만, 만약 상사가 건물에 불이 났다는 문자를 보낸다면 답장을 해야 할 것이다. 건강한 바운더리는 가장 높은 자아(최고의 상태에 있는 '당신')에 도움이 되어야 하므로 어떤 이유로든지 당신이 설정한 바운더리가 한순간이라도 최고의 당신을 만들어주지 않는다면 필요에 따라 조정하는 게 좋다.

## 불필요한 죄책감은 떠나보내라

지금까지 바운더리가 왜 정신 건강과 행복, 인간관계에 필수 요소인지에 대해 알아봤지만, 바운더리라는 단어에 여전히 부정적인 반응을 보이는 사람도 분명 많을 것이다. 바운더리는 미안한 마음이 들게 한다. 두렵고 불안하게도 한다. 그런 감정이 자신에게서 오든 타인에게서 오든, 바운더리를 적극적으로 적용하기 시작하면 반드시 느끼게 될 것이다. 지금부터 그 감정을 자세히 들여다보자.

우선, 이런 기분 나쁜 감정들은 내 안에서 일어나는 것일 수 있다. 우리는 자신을 옹호하는 것이 편하지 않을 수 있고, 스스로를 다른 사람들이 나를 대하는 방식에 대해 바운더리를 설정할 가치가 없는 사람이라고 생각하기도 한다. 만약 바운더리가 없다면, 우리는 분명 수동적이고 남들의 비위를 맞추는 사람으로 성장할 가능성이 크다. 특히 여성들은 다른 사람들에게 폐를 끼치지 않으려고 자기 행복을 마지막 순위에 두고 자신을 작은 존재로 여기는 경향이 있다(내가 "사실 나는 괜찮지 않아."라고 얘기하지 못하고, "괜찮아."만 외치던 때를 다시 떠올려보자).

바운더리를 설정하거나 유지할 때 부당한 죄책감이 들 수 있는데, 이 감정은 인정함으로써 떨쳐낼 수 있다. "안녕, 죄책감. 네가 불쑥 들어오려는 게 보여. 네가 도움이 될 때도 있지만 지금은 네가 필요 없어." 그리고 당신이 분명하고 친절한 바운더리를 세우는 이유를 상기한다. "나는 스스로를 안전하고 건강하게 지키기 위해 이 경계선을 정하는 거야. 나는 이 관계에서 그럴 자격이 있고, 내 삶에 있는 다른 사람들도 날 위해 그걸 원할 거야. 내 바운더리는 명확하고 친절해. 나는 죄책감을 느낄 필요 없어. 나는 잘못한 게 없어." 같은 문제를 가진 누군가에게 조언을 하고 있다고 상상하는 것도 도움이 된다. 만약 가장 친한 친구가 사람들이 그녀의 체중에 대해 얘기할 때마다 힘들어한다면, 당신은 그녀가 바운더리를 설정하도록 도와주지 않을까? 그것이 가장 친한 친구의 일이라고 상상해보면, 당신의 바운더리는 합리적이고 바운더리를 세우는 일을 미안해하지 않아도 된다는 걸 알 수 있을 것이다.

사람들은 자신의 바운더리가 정당하든 그렇지 않든 부정적인 반응을 예상하기 때문에 죄책감이나 초조함을 느낀다. 나도 그랬다. 엄마와 힘든 대화를 나누기 전에 초조해하며 여동생에게 먼저 말을 꺼냈던 기억이 난다. 나는 불안해하며 중얼거렸다. "엄마는 분명히 좋아하지 않을 거야. 엄마는 아마 조용히 입을 다물고 특유의 표정을 짓겠지. 그냥 내가 참아야지 뭐." 그때 여동생이 내 말을 가로막았다. "아직 일어난 일도 아니고 엄마가 어떻게 반응할지 모르잖아. 엄마를 한번 믿어봐. 그리고 일이 잘 풀리지 않으면 그때 해결하면 되잖아." 며칠이 지나고 긴장한 채 엄마에게 내가 정한 바운더리에 대해 말하자 엄마는 "아, 알겠어. 좋아."라고 대답했다. 여동생은 "그것 봐. 내가 그럴 거라고 했잖아."라고 말했고, 나는 그때의 교훈을 절대 잊지 못한다.

명확하고 친절한 바운더리에 대해 배운 것을 되새기며 불필요한 죄책감과 맞서 싸우자. 바운더리는 관계를 개선하고, 당신을 건강하고 안전하게 지켜주는 요소다. 당신의 욕망은 남들의 욕망만큼이나 중요하다. 끔찍한 일을 되풀이하지 말자. 분명히 그들은 당신을 아끼기 때문에 기쁜 마음으로 당신의 욕구를 수용할 것이다. 필요한 만큼 이 사실을 자주 되새기고 연습할수록 더 수월해질 거라는 사실을 잊지 말자.

지금쯤이면, 신나는 마음으로 얼른 당신의 인생에 건강한 바운더리를 세우고 싶어졌을 것이다(적어도 바운더리를 정하는 일이 그렇게 두렵게 느껴지진 않을 것이다). 그런데 중요한 퍼즐 한 조각이 빠졌다. 바운더리를 전달할 때 구체적으로 어떻게 얘기해야 할까? 찰리가 그랬듯이, 많은 사람들이 어떤 이야기를 하고 싶은지는 대략 알고 있지만, 그것을 명확하고 친절한 표현으로 바꾸는 데는 어려움을 겪을 것이다. 너무 간략하거나 차갑게 들리지 않아야 하고, 제대로 전달되지 않을 정도로 빙 돌려 말하는 것도 안 된다.

다음 장에서는 내가 바운더리를 분류하는 독특한 방식과 그 기원에 대해 알아보고, 바운더리의 말을 자연스럽게 꺼내는 방법을 배워볼 것이다.

2장

# 내 바운더리를 어떻게 알려야 할까

휴가 중에는 이메일에 응답하지 않겠다고 상사에게 말하고 싶을 때 사용할 수 있는 효과적이고 구체적인 표현에 대해 알아보기 전에, 이 책이 어떻게 구성되어 있는지 먼저 살펴보자.

많은 전문가들은 물리적·정서적·경제적 바운더리처럼 삶의 영역에 따라 바운더리를 분류한다. 솔직히 나는 그런 분류 방식에 동의하지 않는다. 예를 들어, 최근에 나는 페이지라는 여성으로부터 좁은 집에 비해 너무 넓은 공간을 차지하는 값비싼 운동 기구를 '상의도 없이' 구매하는 남편에게 어떻게 얘기해야 할지를 묻는 메시지를 받았다. 처음에는 그녀에게 물리적인 바운더리가 필요한 것 같았지만("우리가 함께 쓰는 공간을 너무 복잡하게 만들지 마.") 어떤 면에서는 정서적 바운더리를 세우는 방법에 대해 묻고 있었고("나를 존중받는 파트너로 대해줘."), 이 문제는 경제적 바운더리에 관한 것이기도 했다("우리 돈을 상의 없이 쓰지 말아줘.").

바운더리에 대한 나의 접근법에서는 이를 간단하게 '관계relationship' 범주로 분류한다. 페이지의 경우, 그녀는 남편을 상대로 바운더리를 설정해야 했다. 남편의 선택은 그들의 재정 상태나 집의 공간에만 영향을 미치는 게 아니라 그들의 관계에도 부정적인 영향을 미치고 있었다. 페이지는 부부에게 영향을 미치는 결정에 대해 상의하고 싶을 때 활용할 경계선을 정해야 했다. 그 경계선에 대해 소통하는 것은(그리고 이 경계선을 지키는 걸 보는 것은) 그들의 은행 잔고나 집의 공간 활용뿐만 아니라 결혼 생활도 더 윤택하게 해줄 것이다.

나는 바운더리가 가장 필요한 여덟 가지의 구체적인 관계 범주를 확인했다. 이것은 부모님, 배우자의 부모님, 친구, 이웃, 상사, 연인 등 모든 관계를 포함하고 있지만, 꼭 다른 사람들과의 관계만 의미하는 건 아니다. 자기 자신과의 관계에서도 우리의 신체 건강과 정신 건강은 안전하게 보호되어야 한다. 우리가 무슨 음식을 먹고 무슨 음료를 마셔야 하는지(또는 무엇을 마시지 않아야 하는지), 다른 사람들이 우리의 신체와 건강, 외모에 대해 어떤 방식으로 얘기하는지, 아이를 낳거나 사랑하는 사람의 죽음을 슬퍼하는 것 같은 매우 개인적인 문제들을 어떻게 다루는지 등 거의 모든 주제에 있어서 바운더리 설정은 당신의 보호자이자 지지자가 되어줄 것이다.

내가 나눈 범주 안에서도, 저녁 식사 자리에서 다이어트에 대해 이야기하는 엄마나 원치 않는 건강 조언을 끊임없이 하는 동료와 바운더리를 설정해야 할 때처럼 몇 가지 관계가 섞인 경우도 있다. 모든 장에서 다양한 상황에 적용할 수 있는 표현을 찾을 수 있고, 예상하지 못한 부분에서 필요한 표현을 발견할 수도 있다. 이 책에서 소개하는 범주를 통해 바운더리가 필요한 곳을 빠르게 구별하고, 바운더리를 효과적으로 전달하며, 모든 인간관계를 강화하는 법을 배우게 될 것이다.

## "그래서 어떻게 말해야 해요?"

내가 처음 바운더리에 대해 공부할 때 가장 좌절했던 것 중 하나는 바운더리를 정확히 어떻게 설정해야 하는지 알려주는 전문가들이 거의 없다는 점이었다. 바운더리에 관한 값진 정보를 읽고, 또 읽어도 결국 "그래서 그걸 어떻게 '말해야' 하는 건데?"라는 질문으로 끝이 났다.

홀 30 커뮤니티에서 나에게 술이나 집요한 시어머니, 직장에서의 추가 프로젝트를 어떻게 거절하는지 물어보았을 때 나는 그 상황에서 실제로 쓸 수 있는 정확한 표현을 알려주겠다고 다짐했다. 그래서 이렇게 답장을 보냈다. "'감사하지만, 저는 지금 술을 마시지 않아요.'라고 시도해보세요." "'어머니를 뵈어서 너무 좋지만, 연락 없이 계속 오시면 저희가 방문하기 힘들 수도 있어요.'가 어떨까요." "'프로젝트 A를 맡으면 제시간에 끝내지 못할 것 같아요. 다음 주까지 전달해도 괜찮은 프로젝트인가요?'라고 말하세요." 그들은 내가 써준 스크립트로 큰 성공을 거두었다고 소식을 보내왔다.

수년에 걸쳐 더 다양한 나만의 바운더리 문장을 공유하기 시작했다. 사람들은 어떤 상황이나 환경에 적합한 분명하고 친절한 표현의 예를 확인하고, 가능성 있는 바운더리 대응 표현법을 많이 모아둘 수 있어서 마음에 들어 했다. 그때 제공했던 단순한 스크립트가 이 책에서 소개하는 바운더리 내용의 기본 틀이 되었다. 바운더리 대화를 성공적으로 나눌 수 있는 팁이나 전략, 길잡이뿐만 아니라 정확히 어떻게 말해야 하는지도 알려줄 것이다. 시간이 흐르면 결국 자연스레 당신만의 바운더리 표현을 찾게 되고 대부분의 상황에서 구체적인 스크립트가 필요 없게 되지만, 그때까지 당신을 기다리게 하고 싶지 않다.

## 초록색, 노란색, 빨간색의 기원

다음 장에서 '초록색', '노란색', '빨간색'의 세 단계로 분류된 스크립트를 소개할 것이다. 수십 년 동안 나는 바운더리가 필요한 단계를 구분하기 위해 색상으로 분류하는 체계를 활용했는데, 2011년 홀 30 블로그에 바운더리와 술에 관한 기사를 쓰면서 이 체계에 대해 처음 소개했다. 이 개념을 설명하기 위해 나는 회복 초기에 참석한 어느 결혼식에 대한 이야기를 공유했다. 이 결혼식에서 다른 하객이 나에게 끈질기게 술을 권했는데, 술을 마시지 않고 갈등을 피하려면 내가 바운더리를 세워야 한다는 걸 깨달았다(하필 내 전 남자친구의 애인이었다).

그 결혼식에 나는 혼자 참석했는데, 바 옆에 서 있는 내게 한 번밖에 만난 적 없는 그녀가 다가왔다. 그녀는 내가 술이 아닌 물을 마시고 있는 게 마음에 들지 않는 모양이었다. 그녀는 인사를 하더니 곧바로 "왜 술을 안 드세요?"라고 물었다. 그녀는 내가 회복 중인 것을 몰랐고 나도 말하는 게 편하지 않았기에 물이면 충분하다고 답하고 그녀의 드레스가 예쁘다고 칭찬을 건넸다. 그렇게 대화가 마무리되길 바랐다.

그러나 그렇지 않았다.

나중에 우리는 같은 테이블에 앉게 되었고 그녀는 '농담으로' 나에게 왜 이렇게 얌전한 척을 하냐고 물었다. 그때 나는 그녀가 벌써 꽤 취했다는 걸 알았고, 회복기에 있는 나에게 이 상황은 위험하다고 느꼈다. 내가 굴복할 것 같진 않았지만, 그녀 옆에 있는 게 나에게 도움이 되거나 안전하다고 느끼지 않았다. 그때 어떤 이유에서인지 내 마음속에 색으로 '위험 단계'를 나타내는 미국 국토안보부의 테러 경보 시스템Homeland Security Advisory System이 떠올랐고, 나는 지금 상황을 분석하기 시작했다.

'초록색인가? 윽, 그 단계는 이미 지났어. 1시간 전에 내가 웃으며 주제를 바꾸려 했지만 효과가 없었어. 지금은 분명히 노란색이야. 그녀는 꽤 취했고, 그녀의 친구들이 옆에 있으니 더 대담해졌어.'

그 순간 나는 "저는 그냥 오늘 술을 마시고 싶지 않아요."라는 식으로 거절을 표시하고 다른 사람들과 대화를 나누기 위해 자리를 떠났다. 그러나 이것이 대화의 끝이 아닐 거라고 예상하며 경계를 늦추지 않았다.

역시나 몇 분 뒤 그녀는 다시 모습을 드러냈다. 이번에는 (적어도 곧 혹스러운 표정은 지을 줄 아는) 내 전 남자친구를 데리고 등장했다. 손에는 술 두 잔을 들고 있었는데, 나에게 한 잔을 마시라고 강요했다. '멀리사, 이건 빨간색이야.' 나는 속으로 생각했다. '그녀가 진정하지 않으면 나는 여길 떠날 거야. 내 회복 상태를 모르는 사람들 앞에서 억지로 떠벌리고 싶지 않아. 내가 원치도 않는 술을 마시는 건 더 싫고.' 나는 다시 그녀의 제안을 거절하고 전 남자친구를 날카롭게 쳐다본 뒤 자리를 떠났다.

몇 시간 동안 그녀를 피하기 위해 최선을 다했지만, 사람들이 술을 더 마실수록 그녀는 나에게 더 집착하는 것 같았고 나는 그 공간에 혼자 있는 듯한 기분이 들었다. 밤 10시가 되자 그녀는 고주망태가 되었고 나는 '빨간색을 넘어 보라색' 단계에 접어들었다. 국토안보부에서는 인정하지 않겠지만, 여러 잔의 데킬라를 마신 뒤 전 남자친구의 현재 여자친구 앞에 서본 사람이라면 보라색 경보가 분명히 이 상황에도 적합하다는 걸 알 것이다. 그 시점에서 나를 안전하게 지키기 위해 할 수 있는 건 오직 한 가지밖에 없다는 걸 깨달았다. 나는 코트를 챙겨 그 자리를 떠났다.

그때의 경험이 여전히 생생한 이유는 단지 집에 돌아가서 울었기 때문이 아니라, 당시에 썼던 '위험 경보 단계' 체계가 이후 모든 바운더리 관련 대화에 적용되었기 때문이다. 그 경험을 통해 그 사람과의 관계나 정신 건강, 안전 등에 대한 위협의 정도에 따라 각기 다른 수준의 바운더리 대응이 필요하다는 걸 깨달았다. 모기 한 마리를 죽이려고 화염방사기를 쓰지 않는 것처럼, 그녀가 처음 부담을 주었을 때는 친구의 결혼식을 떠날 필요가 없었다. 그 단계는 심각한 위협이 아니었기에 가벼운 바운더리를 설정하고 대화 주제를 바꾸는 것만으로 충분했다. 그러나 몇 시간 뒤, 내 건강과 안전(그리고 신랑, 신부와 나와의 관계)에 대한 위협은 심각해졌다. 만약 내가 가장 높은 단계의 바운더리를 적용하지 않았다면, 돌이킬 수 없는 일—그녀에게 분노를 쏟아내고 싸움을 시작하거나 내가 다시 술을 입에 대는 일—이 일어날까 봐 두려웠다.

초록색, 노란색, 빨간색으로 바운더리의 3단계를 분류하는 시스템은 그날의 경험에서 탄생했다. 이 색들은 상대가 당신의 바운더리를 넘나드는 데서 발생하는 위협이 어떤 수준인지를 나타낸다. 이것은 결혼식에서 내가 경험한 것처럼, 자신의 건강이나 안전에 위협이 되는 것일 수도 있다. 누군가 계속 이런 행동을 한다면, 당신의 정신 건강이 악화되겠는가? 건강에 대한 당신의 노력이 위태로워지겠는가? 그것이 당신에게 신체적이나 정서적 피해를 끼치겠는가?

뿐만 아니라 당신의 관계에 위협이 될 수도 있다. 만약 이 행동이 지속되면, 그 사람과의 좋은 관계가 위험에 빠지는가? 상대방과 만나기도 전에 벌써 만남을 피하고 싶거나 불안하거나 짜증이 올라오는가? 원망, 좌절, 분노로 폭발해 돌이킬 수 없는 말을 내뱉거나 이 관계를 아예 끊어버리고 싶진 않은가?

만약 상대방의 행동이 괜찮지는 않지만 처음 일어난 일이거나 크게 해롭지 않아서 위협이 미미하다면, 당신은 아직 초록색 영역에 있으며, 이 사실을 바탕으로 바운더리를 설정할 때 사용할 표현을 골라야 한다. 그러나 위협을 느낀다면 당신은 빨간색 영역에 있는 것이며, 당신이 바운더리를 나타내는 표현에 이를 반영해야 한다.

### 초록색

위험도가 낮은 단계이므로, 부드러운 표현을 쓴다. 상대방이 선을 넘었다는 사실을 모르고 있었으며, 만약 안다면 경계선을 존중해줄 거라고 가정한다. 바운더리 언어는 분명하고 너그러우며 매우 친절하다. 선의를 갖고, 상대방이 존중해주지 않을 때 일어날 일은 언급하지 않는다.

### 노란색

위험도가 높아졌으므로, 단호한 표현을 쓴다. 상대방이 초록색 바운더리를 지켜주지 않거나 이 사람과의 과거 상호작용을 돌아본 결과 위험도가 높다는 게 드러났을 때 후속 조치로 활용한다. 바운더리 언어는 명확하고 더 단호해야 한다. 노란색 단계라면 필요에 따라 이를 지키지 않을 경우 일어날 일에 대해 언급한다.

### 빨간색

위험도가 심각하므로 가장 직접적인 표현을 써야 한다. 이 시점에 당신의 건강과 안전, 그 사람과의 관계는 위험에 처했다. 당신의 언어에는 이 상황의 심각성이 담겨야 한다. 여전히 친절하지만 이것이 그들에게 보내는 마지막 경고이며, 당신은 이 경계선을 지킬 준비가 되어 있음을 분명히 밝힌다. 바운더리를 침범할 경우 일어날 일을 분명히 언급하고, 이를 실행할 준비를 한다.

## 최소 조치로 최대 효과를

최고의 바운더리는 '최소 노력으로 최대 효과'를 낸다. 고대 그리스의 과학자이자 수학자인 아르키메데스Archimedes가 처음 발표한 이 물리학 원리는 현대 피트니스 산업에서 대중화되고 있다.

원하는 효과를 내기 위해 필요한 최소의 조치는 무엇인가?

이 원칙은 당신이 투자한 노력 대비 최대 효과를 얻게 해주며, '언제나 더 많은 노력을 들이는 편이 낫다'고 생각하는 참사를 미연에 방지한다. 전자레인지에 치킨 너겟을 1분만 돌려도 뜨거워진다면, 2분 동안 조리할 필요가 없다. 스쿼트 5세트로 당신이 건강해질 수 있다면, 10세트를 할 필요가 없다. 바운더리도 마찬가지다. 당신의 경계선을 효과적으로 설정하면 매번 불쾌한 얼굴로 딱딱하게 얘기할 필요가 없어진다.

이때 바운더리를 색깔로 분류하는 체계가 필요하다. 모든 바운더리 대화를 단호하고 직접적인 언어로 시작한다면 강력한 바운더리를 설정할 수는 있겠지만, 필요 이상으로 많은 갈등을 일으키고 그 과정에서 돌이킬 수 없는 일을 하게 될 수도 있다. 가장 좋은 방법은 초록색 단계로 시작해 상황에 따라 노란색이나 빨간색 단계로 올리는 것이다. 초록색 단계의 바운더리로 성공했다면, 축하한다! 당신은 가장 온화한 언어로 얘기하면서(상대방도 분명히 고맙게 생각할 것이다) 당신의 바운더리도 인정받고 존중받은 것이다.

그러나 만약 초록색 단계를 계속 유지하는데도 효과가 없고 상대의 불쾌한 행동이 악화된다면 어떻게 해야 할까? 아무 말도 하지 않고 한동안 상대방을 무시하는 것과 노란색이나 빨간색 단계의 바운더리를 분명히 얘기하고 경계선을 설정하는 것 중 어떤 것이 더 친절한 대응일까?

이 책에 소개하는 모든 상황에서 초록색, 노란색, 빨간색 단계에 맞는 표현을 확인할 수 있다. 만약 누군가와의 만남이 긴장되고 그때 적용할 스크립트를 원한다면, 이 책에서 그에 맞는 스크립트를 찾을 수 있을 것이다. 비록 많은 사람들이 이 스크립트를 그대로 활용해 큰 효과를 얻었지만, 이 스크립트들은 단지 당신이 자신만의 바운더리를 세워가기 위한 시작의 도구다. 당신에게 맞는 표현을 찾기 위한 영감을 얻는 데 내가 소개하는 스크립트들을 활용해보자.

## 진지하게 연습하고, 실제로 말해봐야 한다

마지막 조언은, 연습하다 보면 바운더리가 훨씬 더 자연스럽게 느껴지고 자신감 있게 이야기할 수 있게 된다는 것이다. 그러면 상대방도 바운더리를 더 진지하게 받아들일 가능성이 커진다. 나는 이 책을 쓰는 동안 바운더리 대본을 여러 번 소리 내 읽었다. 소리 내 읽었을 때 과장되거나 부자연스럽고 짜인 대본처럼 들리면 괜찮을 때까지 다시 썼다. 먼저 당신에게 가장 자연스러운 언어와 단어들을 찾은 뒤 어떤 말을 하고 싶은지 결정하고 나면 연습에 돌입하자. 거울을 보고 "감사하지만, 전 지금 술을 마시지 않아요."라고 얘기한다. 반려견을 보며 "우와, 그건 꽤 개인적인 질문이네요. 다른 얘기로 넘어가죠."라고 얘기하거나 욕실 벽을 보며 "전 이미 퇴근했어요. 내일 아침 슬랙에 올려주시면 도와드릴게요."라고 연습해본다.

편안하고 자신감 있게 느껴질 때까지 소리 내 말해본다. 그러면 이것이 당신이 지키고자 하는 영역이고, 분명하고 친절한 바운더리로 이를 보호할 권리가 당신에게 있다는 사실에 익숙해진다.

그러면 마침내 자신만의 울타리를 세울 준비가 된 것이다.

# 2부

# 바운더리의 언어

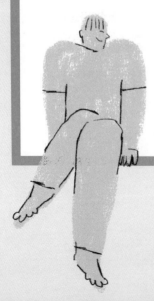

: 무례한 이들에게 대항하는 우아한 무기

**3장**

# 일과 삶의 균형을 포기하지 않는 법

### 직장에서 바운더리 설정하기

내 여동생 켈리는 1년 만에 처음으로 제대로 된 휴가를 떠났다. 바베이도스 해안의 평화로운 청록빛 바다를 바라보며 패들보드 위에 서 있는데, 누군가 자신의 이름을 불렀다. 시누이인 케라가 팔을 흔들며 해변으로 달려오고 있었다. 켈리는 서둘러 패들을 젓기 시작했다. 누가 다쳤나? 집에 안 좋은 일이 생긴 걸까? 그녀는 해변에 도착하자마자 숨찬 목소리로 물었다. "무슨 일이야?" 케라가 대답했다. "매슈한테 전화가 왔어."

매슈는 켈리의 상사였다. 그는 주저하는 동료에게서 켈리의 호텔 이름을 알아낸 다음 그녀의 방으로 전화를 걸었고, 케라를 설득해 켈리를 찾아냈다. 켈리의 휴가 중에, 그것도 바다에 있는 켈리를. 게다가 긴급한 일도 아니었다.

직장에서 바운더리를 설정하도록 도와달라고 요청한 수많은 사람들의 놀라운 이야기를 듣지 않았다면, 나도 믿을 수 없었을 것이다. 알고 보니 〈스트레스를 부르는 그 이름 직장 상사Horrible Bosses〉가 단순히 영화 제목만은 아니었다.

빨래 바구니에 가득 찬 옷을 빨간 크레용 하나와 함께 세탁기에 넣어버린 것처럼, 코로나19로 인해 직장, 집, 아이들, 학교, 여가가 모두 한데 섞였던 2020년 3월부터 직장에서의 바운더리는 사람들에게 인기 있는 주제다. 나는 지난 12년 동안 재택근무를 했기 때문에 근무시간과 퇴근 시간 사이에 바운더리를 정해놓지 않으면 절대 사무실을 떠날 수 없다는 걸 오래전에 배웠다(2010년의 나는 밤 11시에 침대에 누워 이메일에 답장을 했다). 코로나19가 한창일 때 나는 식탁에서 아이의 온라인 수업을 관리하고, 요리와 청소, 빨래를 하며, 지루해하는 일곱 살짜리 아이와 놀아주면서 침실의 구석에서 화상회의를 했다. 이렇게, 전문가 수준이라고 자부한 내 바운더리 설정 능력조차 시험대에 오르게 되었다.

## 사람들은 당신이 주는 만큼 받을 것이다

집에서 근무하든, 사무실에서 근무하든, 고객을 응대하든, 현장을 관리하든, 상사가 있든, 상사가 없든, 내가 처음 직장에 들어갔을 때 배운 가장 큰 교훈은 '사람들은 당신이 기꺼이 주는 만큼 받는다'는 것이었다. 사람들을 비난하는 게 아니라 이게 인간의 본성이라는 말이다. 처음 홀 30 프로그램을 시작하고 프로그램의 성장을 위해 고군분투하던 시기에 이 사실을 처음 깨달았다. 나 혼자 이메일과 페이스북 페이지를 담당했는데, 밤 9시에 질문이 올라오면 당장 대답해야 직성이 풀렸다. 일요일 오전에 워크숍 요청이 들어오면, 나는 운동 중에도, 브런치를 먹거나 개인 업무를 보던 중에도 멈춰서 답장을 했다. 누군가 블로그에 대한 질문을 보내면 나는 그 질문에 답하기 위해 자정까지도 깨어 있었다. 몸이 열 개라도 모자랄 정도로 녹초가 될 때까지 일하다 보니 번아웃 상태에 빠르게 다가가고 있었다. 그때 친구이자 동료 사업가가 나에게 이렇게 말했다. "멀리사, 사람들은 네가 주는 만큼 가져갈 거야. 네가 경계선을 정해야 해." 그때 친구의 말을 듣고 바운더리의 핵심 규칙 중 하나를 떠올렸다.

> 내 바운더리를 추측하는 건 당신의 몫이 아니며, 바운더리를 설정하고 유지하는 건 나에게 달려 있다.

이것은 모든 관계의 범주에 적용되지만 직장에서, 특히 누군가를 위해 일할 때 더 간과하기 쉽다. 우리는 상사의 기대, 직장 문화, 직무가 요구하는 일이 건강한 바운더리를 원하는 우리의 개인적 욕구(그리고 권리)를 대신한다고 가정하는 경향이 있다. 그러나 이런 가정은 틀렸다. 당신이 그 일자리를 수락한 것도 맞고, 회사에서 당신이 하는 일에 대한 보수를 지불하는 것도 맞다. 그러나 당신은 건강하고 안전하고 존중받는 근무 환경을 요구할 권리가 있으며, 그러기 위해서는 언제나 바운더리가 존재해야 한다.

문제는 당신의 회사가 나서서 당신을 위해 건강한 바운더리를 설정해주지는 않을 거란 사실이다. 상사가 직원에게 "1년 동안 휴가를 안 간 것 같던데, 자네가 얻은 휴가니까 꼭 쓰도록 해. 휴가 중에는 연락하지 않는다고 약속할게."라고 말하는 경우는 드물다. 어떤 행동도 하지 않으면, 회사와 관리자, 동료, 고객들이 당신의 시간과 에너지, 공간, 관심을 전부 빼앗아갈 것이다. 그들이 악마라서가 아니라 그것이 세상이 돌아가는 방식이다. 모든 사람이 더 많은 일을 하고, 더 많이 생산하고, 더 많은 돈을 벌어야 한다는 압박감을 느끼며 산다(우리는 이걸 자본주의라고 부른다). 이것이 바로 당신이 직장에서 튼튼하고 건강한 바운더리를 세워야 하는 이유다.

문제는 권력의 역학 관계, 직장 문화, 직장의 중요성이라는 냉혹한 현실 때문에 직장에서 바운더리를 세우는 게 더 힘들다는 사실이다.

## 권력이 내 영역을 침범할 때

부모와 자식, 선생님과 학생, 상사와 직원의 관계처럼 권력의 역학이 있을 때면 언제나 바운더리를 설정하고 유지하는 게 훨씬 더 힘들어진다. 당신이 아이나 학생, 직원이라면 위계질서에 따라야 한다. 만약 상사가 당신에게 야근을 요청하거나 주말에 교대근무를 시키거나 본인이 점심시간에 오래 자리를 비울 때 당신에게 대신 일을 맡아달라고 요구하는 걸 거절한다면 그들은 당신이 불복종한다고 생각할 수 있다. 그리고 권력 역학 관계가 존재할 때는 "쉬는 날 하루 출근해줄 수 있어?" "내가 다음 주까지 필요하다고 말했던 일, 혹시 내일까지 끝낼 수 있겠어?" "나랑 데이트할래?" 같은 질문이 난무한다(그렇다. 상사가 여전히 직원들에게 데이트 신청을 하는 등 역겨운 일이 일어난다). 당신이 세운 바운더리를 존중해야 하는 사람이 당신보다 계급이 높고, 당신은 그 일자리가 간절할 때 그 선은 모호해진다.

직장의 권력 역학에 영향을 미치는 것은 계층 구조뿐만이 아니다. 만약 상사와 함께 골프를 치러 다니는 동료와 바운더리를 세워야 한다면 어떨까? 아니면 당신의 상사와 자는 사이인 동료와 바운더리를 세워야 한다면(실제로 이런 사례도 들은 적 있다)? 이들이 당신보다 경력이 적더라도, 만약 상사가 그들을 더 좋아한다면 당신은 신중해야 한다.

이런 권력 역학 관계는 우리 사회에 만연한 억압의 체계들—성차별, 인종차별, 동성애 혐오, 장애인 차별 등—과 맞물려 더 복잡해진다. 만약 당신이 여성이거나 유색인종, 성소수자, 장애인이라면 또 다른 직장 내 권력 역학과 마주해야 한다. 예를 들어, 최근에 만난 빅토리아라는 이름의 흑인 여성은 테크 기업에서 근무하는 동안 직장 내 '남성 중심의 문화bro culture'에서 살아남아야 했다. 빅토리아는 고객서비스 분야에서 프로덕트 매니저로 승진하는 동안 힘든 시간을 보냈다. 성차별적 농담에 웃어야 했고, 회의에서 서기 역할을 맡아야 했으며, 자신의 업적을 깎아내려야 했다. 그녀가 건강한 바운더리를 세우려고 하자 사람들은 흑인 여성에 대한 고정관념이 그러하듯, 그녀를 '공격적'이고 '화난' 사람으로 취급했다.

빅토리아는 이렇게 말했다. "더 심각한 문제는 내가 직장 내 흑인 여성 혐오를 내면화하기 시작했다는 거예요. 여성 팀원들이 너무 직접적으로 얘기하거나 그들의 시간에 대해 건강한 바운더리를 설정하려는 것을 말렸어요. 남성 팀원들은 아무리 공격적이거나 건방지고 요구가 많더라도 신경 쓰지 않으면서요."

바운더리에 대해 더 공부하고 내가 준 스크립트를 활용해 동료들에게 "회의에서 내가 말할 때 끼어들지 말라고 요청하는 것이 공격적인 태도인가요?"와 같은 불편한 질문을 하기 시작하면서 빅토리아는 업무 환경이 개선되었다고 말했다. 동료들은 그녀의 의견을 존중해주기 시작했고, "빅토리아에게 물어보자. 그녀는 솔직하게 말해줄 테니까."라고 농담하기도 했다. 또한 그녀는 직속 부하들에게 다른 사람들과 바운더리를 설정해야 할 때 도와줄 수 있으니 의논하러 와도 좋다고 이야기했다. "항상 쉬운 일도 아니고 변화가 천천히 일어날 때도 있어요." 그녀가 말했다. "그렇지만 팀원들에게 모범이 되는 행동을 하면서 기분이 훨씬 좋아졌고, 직장에서 새로운 자신감을 얻었어요."

이성애자 백인 남성은 아니더라도 많은 특권을 누리고 있는 한 사람으로서 나는 아직도 직장에 있는 다른 사람들과 효과적으로 연대하는 방법을 배우고 있다. 그리고 연대를 실천하는 방법으로서 바운더리 설정 기술을 공유하고 있다. 다양성의 교차성intersectionality(신분·인종·성별·장애 등의 차별이 별개로 존재하는 것이 아니라 서로 결합해 영향을 미치는 것을 말한다.—편집자 주) 요소에 대해 인지하는 일은 더 나은 근무 환경을 만들기 위해 우리 모두가 노력해야 할 첫 단계다.

## 위험신호 알아채기

휴가 중 바다 한가운데서 급하지 않은 일로 상사의 연락을 받고 싶지 않다면, 직장 문화에 역행해야 할 수도 있다. 당신이 무엇과 맞서고 있는지 파악하기 위해 경영진이 휴식, 병가, 근무시간 외의 이메일 등에 대해 어떤 태도를 보이는지 살펴봐야 한다. 만약 경영진이 멕시코의 빌라로 휴가를 떠났을 때나 독감으로 집에서 쉴 때도 슬랙이나 이메일을 보낸다면, 당신의 휴식 시간에 관한 바운더리를 설정하는 게 훨씬 힘들어질 것이다. 이런 문화는 위에서 아래로 내려오기 때문에 비록 당신의 회사가 직원들의 일과 삶의 균형을 중요하게 여긴다고 이야기 하더라도 경영진의 행동이 말보다 더 직접적인 영향을 미친다.

켈리의 경우, 면접을 보는 자리에서 첫 번째 경고등이 켜졌다. 그녀의 상사가 될 사람이 "일은 오전 8시에 시작하지만 대부분 직원들은 7시나 7시 30분까지는 출근합니다."라고 말했다. 켈리는 "저는 아침에 운동을 하고 출근하기 때문에 그렇게 일찍 출근하지는 못하지만, 8시에는 반드시 출근하겠습니다."라고 말하며 채용되기도 전에 첫 번째 바운더리를 설정하려 했지만, 이를 위험신호로 받아들이지는 않았다. 불과 1년 뒤, 그녀는 다음과 같이 말했다. "이 회사가 요구하는 근무시간이 완전히 지속 불가능할 것을 알았어야 했어. 나는 일찍 출근하고 늦게 퇴근하면서 병원 예약 때문에 일찍 퇴근해야 한다는 사실도 잊어." 그녀의 상사는 처음부터 직장 문화에 대한 분명한 힌트를 주었지만, 그것은 상사가 합리적이고 건강한 바운더리를 얼마나 존중하지 않는지에 대해 아주 일부만 보여줄 뿐이다.

### 직원을 '가족'처럼 여기는 회사는 피하라[01]

켈리가 지금 알고 있는 걸 그때도 알았더라면 일자리를 수락하기 전에 그곳의 직장 문화를 더 자세히 알아봤을 것이다. 다음 일자리를 구할 때 직장 문화에 대해 추측할 수 있는(바운더리에 대한 그들의 태도를 알려주는) 한 가지 질문은 "회사는 직원들을 '가족'으로 생각하나요? 그렇지 않다면 그 이유는 무엇인가요?"다. "우리는 직원들을 가족처럼 대해요."라는 대답에 희망을 품을 수도 있지만《하버드 비즈니스 리뷰Harvard Business Review》에 따르면 이 대답은 중요한 적신호다. 비즈니스 관계에서 가족이라는 비유를 사용할 때 권력 역학 관계는 더 균형을 잃는다. 상사는 단지 당신의 상사가 아니라 부모가 되어 팀워크나 신뢰, 공정한 가치 교환 대신 충성심, 존경, 복종을 요구한다. 직원들은 부당한 근무시간, 비윤리적인 행동, '형제자매'들의 나쁜 행동을 보고하지 않으며, 무슨 일이 있어도 가족을 보호해야 한다는 의무감을 느낀다. 회사를 가족에 비유하는 건 직원들의 의욕을 꺾고 번아웃을 불러온다. 뿐만 아니라 건강한 바운더리 설정을 무력화한다. 물론 이 질문에 '아니오'라고 대답하는 회사라고 해서 건강한 직장 문화를 보장하는 것은 아니다. 고용주는 욕설을 하지 않고 팀워크와 존중, 동지애의 문화를 보여줄 수 있어야 한다.

---

직장 문화의 전반을 살피고 자신이 어떤 상황에 처해 있는지 아는 것은 중요하다. 어쩌면 당신의 상사는 지금까지 당신이 기꺼이 주기 때문에 받아 간 것일 수도 있다. 그렇다면 단순한 바운더리를 한두 가지만 설정해도 쉽게 인정받고 존중받을 수 있다. 그러나 조직 전체가 '바운더리가 없는 영역'인 것처럼 보인다면 당신이 바운더리를 설정하는 일이 매우 힘들지도 모른다. 어느 쪽이든 당신의 상황을 아는 것은 도움이 된다. 직장 문화에서 다음을 점검하라.

- 당신과 당신의 동료들, 관리자들이 (무급이든 유급이든) 정기적으로 초과 근무나 야간 근무, 주말 근무를 하는가?
- 밤이나 주말, 병가, 휴가 중에 다른 사람들이 업무 이메일이나 문자를 보내거나 답장을 하는가?
- CEO나 부서 관리자를 기다리느라 회의가 길어지거나 늦게 시작하는가?
- 당신과 동료들은 언제나 맡아야 하는 것 이상의 업무량이나 목

표, 마감 기한을 부여받는가?

- 동료들이나 관리자들이 사생활을 지나치게 공유하거나 동의 없이 신체 접촉을 하거나 개인적인 질문을 하고 업무상 도를 넘는 행동을 하는가?
- 성희롱, 저속한 농담, 동성애 혐오, 성차별 등 직장에 존재하는 차별들을 간과하거나 용인하는 분위기가 직장 문화에 있는가?
- 당신이나 동료들이 건강한 바운더리(정시에 퇴근하거나 회식 때 술을 마시지 않는 것) 때문에 직장에서 자주 외계인 취급을 받는가?
- 당신이나 당신의 부서는 자주 고객들에게 선의의 거짓말을 하거나 데이터를 위조하거나 조작하고 스스로의 양심과 타협하도록 요구받는가?
- 고객들이 마지막 순간에 거래를 취소하거나 프로젝트의 의도나 스케줄을 바꾸고, 비용을 지불하지 않고 당신이나 당신의 팀이 일을 더 하길 바라는가?

이는 미국의 여러 대기업에서 10여 년을 보내고 12년 동안 사업을 운영하며 수천 명의 사람들의 바운더리 문제를 도와주면서 내가 관찰한, 직장 내 바운더리 침해를 확인할 수 있는 질문들이다. 직장 내 모든 문제를 한 번에 해결할 수는 없으니, 다음에 소개하는 분류 원칙을 적용해보자. 만약 건강한 바운더리로 한 가지 문제만을 해결할 수 있다면, 무엇을 고르겠는가? 거기서부터 시작해보자.

직장에서 한 가지 바운더리를 설정하는 것만으로도 근무 환경을 개선하고 다른 바운더리를 설정하기 위한 자신감을 쌓을 수 있다. 또한 당신과 동료들이 앞으로 나아갈 수 있는 추진력을 만들어줄 수 있다. 당신이 휴가나 주말, 작업량 등에 대한 바운더리를 지키는 모습을 직장 동료들이 보고 나면, 그들도 시도할 용기를 얻을 것이고 그것은 전체 조직 문화를 바꾸는 계기가 될 수 있다.

당신의 여정을 돕기 위해 일반적으로 직장에서 필요한 바운더리를 근무시간, 개인 시간, 도덕적 딜레마, 개인 공간과 에너지라는 네 가지 범주로 분류해보았다.

### 근무시간

근무 중에 당신의 시간을 어떻게 쓰는지에 관한 문제들이다. 당신이 맡고 있는 프로젝트의 수, 프로젝트 관리와 마감일, 근무일에 당신의 시간을 어떻게 가치 있게 여기는지 등의 문제가 포함된다. 끊임없이 길어지는 화상회의나 당신에게 계속 던져지는 업무, 약속한 뒤에 자주 나타나지 않는 고객들을 생각해보자.

### 개인 시간

휴가나 병가, 퇴근 후에 집에서 쉴 때처럼 일이 개인 시간에 영향을 미치는 영역이다. 주말인데 동료가 업무 관련 문자를 보낸다거나 협력해서 함께 야근하자고 부담을 준다거나 바베이도스에서 패들보드를 타고 있는데 상사의 연락을 받는 상황이 이 범주에 속한다.

### 도덕적 딜레마

당신을 불쾌하게 하거나 양심과 타협하게 만드는 업무, 요청, 압력

등을 의미한다. 고객들에게 선의의 거짓말을 하라고 요구받거나 상사가 성차별적 농담을 할 때 웃어야 한다고 느끼거나 고객들과의 점심 약속에서 술을 마셔야 할 것 같은 압박을 받는 경우 등이다.

### 개인 공간과 에너지

당신의 시간과 개인 공간, 정신 건강, 사생활이 직장에서 침해받는 상황이다. 수다를 떨기에는 당신이 너무 바쁘다는 걸 눈치채지 못하는 동료들이나 부적절한 신체 접촉을 하는 상사, 모든 업무의 세부 사항까지 모조리 간섭하는 관리자 등을 떠올려보자.

그러나 현실은 힘이 세다. 대출, 학자금 대출, 차 할부금, 생활비 등을 위해 그 월급이 정말로 간절할 때 직장에서 바운더리를 설정하는 일은 현실적으로 매우 어렵다. 바운더리의 말을 알아보기 전에 그 어려움에 대해 먼저 얘기해보자.

## 바운더리 세우기의 어려움

직장에서 바운더리를 설정할 때 가장 먼저 준비해야 할 마음가짐은 당신이 특정한 종류의 반발을 받을 수 있다고 예상하는 것이다. 내가 업무와 관련해 건강한 바운더리를 설정하려 할 때 여러 상사들은 나에게 이런 말들을 했다.

- "팀 플레이어가 되어야지."

- "일레인은 아이들이 있지만 넌 없으니까…."
- "넌 다른 계획이 없다고 이미 말했잖아."
- "모두가 지금 협력하고 있잖아."
- "지금 안 하겠다고 얘기하는 거야?"
- "난 네가 진취적인 사람인 줄 알았어."
- "이 일자리가 너한테 얼마나 중요하지?"
- "넌 너무 예민해."
- "개인적인 일을 회사에 끌고 들어오지 마."

마지막 문장은 내가 1주일에 한 번 상담사와 면담하기 위해 점심시간을 15분만 더 쓸 수 있는지 물어보고 들은 말이다. 당시 내 상사는 참 멋진 사람이었다.

가스라이팅과 은근히 돌려 말하는 공격뿐만 아니라 당신의 상사나 동료, 고객은 노골적으로 공격할 수도 있다. 켈리는 바베이도스에서 돌아와 상사에게 앞으로 휴가 기간을 존중해달라고 솔직하게 말했지만, 상사는 그녀가 캠핑을 떠나거나 아파서 쉬거나 심지어 신혼여행 중일 때도 계속 전화와 문자를 보냈다. 더 나아가 그녀가 합리적인 바운더리를 세우려 할 때마다 동료들 앞에서 그녀를 프로답지 않고 회사를 우선하지 않는 나쁜 예라고 몰아세웠다.

많은 근무 환경이 이 정도로 해롭진 않겠지만 대부분의 경영진은 당신이 건강한 바운더리를 설정하려고 할 때 현재 상태를 유지하기 위해 맞서 싸울 것이다. 만약 당신이 필요 이상으로 더 많은 것을 제공했다면, 새로운 선례를 만들기 위해 바운더리를 설정하는 게 당신이 그들로부터 무언가를 빼앗아간다고 느끼게 할 수 있다는 걸 기억하자.

그들의 이야기에 동조할 필요는 없다. 당신은 일과의 관계를 건강하고 지속 가능하게 지켜야 할 책임이 있다. 당신은 직장이 최선을 다하고, 성공하기 위한 동기부여가 되고, 사기를 잃지 않으며, 가치와 존중받는 기분을 느끼는 곳이 되길 바랄 것이다. 이를 실현하기 위한 최고의 방법은 '바운더리를 설정하는 것'이다.

이제 가장 힘든 부분이 남았다. 켈리가 끊임없이 시도했던 것처럼 당신이 직장에서 건강한 바운더리를 설정했다고 해도 이를 '실행'하는 것은 더 힘든 문제다. 가끔은 이런 질문을 던져야 할 때도 생긴다. 이 직장을 잃어도 괜찮은가? 회사에 적합하고 명확한 바운더리를 설정했다고 해도, 당신과 경영진이 계속 유급휴가, 근무시간, 작업량, 자기를 돌보기 위한 합당한 계획 등에 대해 의견을 달리하면, 인사과에 호소하거나 부서를 바꾸거나 어느 정도 압력을 가하기 위해 동료들과 힘을 합하거나 새로운 일자리를 찾는 방법밖에 없다.

물론 어떤 월급도 당신의 신체나 정신 건강을 희생해서 벌 가치는 없다는 응원의 말을 해줄 수도 있지만, 그것은 특권층의 냄새를 풍기기 때문에 나는 그런 말은 하지 않을 것이다. 일을 그만두는 것은 많은 사람들에게 선택 사항이 아니다. 따라서 "내 월급을 지키기 위해 바운더리를 어디까지 타협할 수 있을까?"라고 스스로에게 물어봐야 할 수도 있다. 이 질문에 대한 간단한 답은 없다.

두 가지 좋은 소식이 있다. 첫 번째 좋은 소식은 직장에서 바운더리를 세우려고 함으로써 자기 자신을 옹호할 때 당신은 자신에게 진짜 중요한 게 무엇이고, 직장 문화에 바라는 게 무엇인지에 대해 많은 걸 알게 된다는 점이다. 수년 동안 직장 문화와 싸우고 스트레스로 몸이 아파지면서 켈리는 드디어 할 만큼 다했음을 느끼고 일을 그만두었다 (당신도 나와 함께 환호해주길 바란다!). 그 뒤 빠르게 다른 일자리를 찾았는데, 그녀가 새로운 회사에 즉시 마음을 빼앗긴 이유는 예전 직장에서 바랐던 모든 바운더리(일과 삶의 균형, 정중한 언어, 전문가다운 행동, 자기 관리의 주도권)가 새로운 회사의 문화에 반영되어 있었기 때문이다. 그녀는 8년이 지난 지금까지 그곳에서 행복하게 일하고 있는데, 놀랍게도 예전 직장 상사는 아직까지 그녀에게 부탁을 하고 있다. 난 상상할 수도 없는 일이다.

두 번째 좋은 소식은 당신이 분명하고 친절하고 적절한 바운더리를 세우는 데 도움이 될 만한 많은 조언과 스크립트를 준비했다는 것이다. 또한 동기부여와 격려의 말이 필요한 사람을 위해 직장에서 적용할 수 있는 새로운 만트라를 준비했다.

건강한 직장 내 바운더리는 모두에게 유익하다.

바운더리는 근무시간에 최고의 성과를 내고, 근무시간 외에는 효과적으로 재충전할 수 있게 도와준다. 또 정신 건강과 신체 건강을 개선한다. 존중과 믿음이 있는 문화를 만들고 사기와 의욕, 충성심을 높이며, (당신처럼) 좋은 직원들이 번아웃되지 않게 지켜준다. 아무리 본인이 좋아하는 일을 하더라도 번아웃을 겪는 사람들은 많기 때문이다. 직원들이 활력을 얻고 존중받고 가치를 인정받는다고 느낄 때 그들의 생산성과 창의성, 업무 성과는 향상된다.

직장에서 바운더리를 설정하는 것에 죄책감을 느낄 것 같다면, 모두가 번창하는 직장 문화를 만드는 데 일조하는 당신이야말로 진정한 팀 플레이어임을 기억하자.

## 직장에서의 바운더리와 준비 팁

직장에서 쓸 수 있는 바운더리의 말들을 살펴보기 전에 당신이 직장에서 바운더리를 설정하고 유지할 때 마주하는 문제들에 대비할 수 있는 몇 가지 팁을 소개하려 한다.

### 직장의 방침을 먼저 확인한다

건강한 직장 내 바운더리를 설정하기 위해 회사의 공식 인사정책을 가장 먼저 참고한다. 당신에게 주어진 유급휴가는 며칠인지, 휴식과 점심시간을 보호받는 법이 있는지, 야근이나 주말 근무에 대한 규칙이 있는지, 직원의 행동 수칙은 무엇인지, 문제를 보고할 때의 절차는 어떠한지 등을 숙지한다. 이 정책을 토대로 몇 가지 바운더리를 정할 수 있다. 상사가 당신이 병가를 낸 날 집에서 일하도록 압력을 가하거나 로저가 휴게실에서 언짢은 농담을 계속할 때 회사의 정책을 바운더리의 토대로 삼을 수 있기 때문에 대비책을 마련할 수 있다.

### 바운더리를 활용하고 있는 사람을 찾는다

관리자나 감독, 주임, 임원, 최고경영진들 중 실제로 휴가를 쓰는 사람이 있는지 여기저기 물어본다. 휴가 중에 이메일이나 연락에 응답하지 않는 사람은 누구인가? 부재중 회신을 명확히 하는 사람은 누구인가? 몸이 아플 때 진짜 집에서 휴식하는 사람은 누구인가? 회사 내에 당신이 설정하고 싶은 바운더리를 옹호하는 사람이 있다면, 그들에게 다가가 "당신의 방법을 가르쳐주세요."라고 말하자. 그들은 당신의 상사와 대화하기 위한 팁을 알려줄 수 있고, 경영진들에게 문제를 제기하기로 결정했을 때 당신의 든든한 편이 되어줄 수도 있다.

### 동료들과 공유한다

업무 시간, 개인 시간, 윤리, 개인 공간과 관련된 어려움을 공유하자. 당신의 동료들이 모두 아플 때도 일해야 하고, 성차별적 농담에 웃거나 휴가 중 이메일에 답장을 해야 한다는 압박감을 느낀다면, 이에 대해 이야기해보자. 수가 많을수록 힘이 된다. 모두가 하나의 명확하고 친절한 바운더리를 가지고 관리자를 찾아간다면(특히 그 바운더리가 기업의 정책에 기반한 것들이라면), 당신은 훨씬 더 영향력 있는 목소리를 낼 수 있다.

### 그 과정에 경영진을 참여시킨다

당신의 건강한 경계선을 설명하고, 그 경계선을 함께 지킬 수 있는 방법을 찾을 수 있도록 상사나 동료들에게 요청한다. 방법을 찾는 과정에서 상사나 동료들의 의견을 들을 수 있다면 당신이 생각해보지 못한 해결책을 찾을 수도 있다. 할 수 있는 선에서 타협하되, 당신의 경계선을 포기해선 안 된다.

## 가능한 한 자동화한다

당신이 사무실에서 근무한다면 부재중 메시지와 음성메시지를 활용해 바운더리를 설정할 수 있다. 동료 한 명을 미리 지정해 당신이 자리를 비울 때 사람들이 누구를 찾아가야 하는지 알린다. 일정 관리나 청구서 작성, 창의적인 업무 등을 위해 일정에서 1시간을 비워둔다. 물리적으로 회사를 떠나 점심을 먹는다. 당신의 웹사이트에 취소 규정을 명확히 올려두고 연락도 없이 나타나지 않는 고객들에게 비용을 청구하기 위해 카드 정보를 보관해둔다. 저녁 6시 이후에는 슬랙 알림을 끄고 휴가 중에는 휴대폰에서 이메일 앱을 삭제한다. "퇴근하기 전에 잠시 이것만 좀…."과 같은 상황이 일어나지 않도록 사람들에게 알리지 않고 퇴근한다. 자동 응답, 명확한 습관 수립, IT기술의 활용은 바운더리를 설정하고, 당신이 이미 수립한 바운더리를 잘 유지할 수 있게 도와준다.

## 기록하고, 기록하고, 기록한다

당신의 이의 신청, 요청, 응답 등은 이후에 참조할 수 있게 모두 서면으로 작성한다. 동료나 관리자, 고객이 바운더리를 침해했을 때의 날짜와 시간뿐만 아니라 그 자리에 누가 있었고, 어떤 말과 행동이 오갔는지 기록해둔다. 퇴근 후 받은 문자나 이메일을 스크린샷으로 남기고 메시지를 저장하며 회사 방침에 어긋나는 문제들에 대해 당신의 상사나 인사부에 문의해둔다. 최소한 이렇게 남겨둔 기록은 당신이 상황을 명확하게 보고, 적절하고 프로다운 방식으로 자신의 의견을 밀고 나아가고 있다는 사실을 증명한다. 시간이 흘러도 바운더리가 여전히 존중받지 못해서 전근을 요청하거나 사임하는 이유를 설명할 때도 이 정보를 활용할 수 있다.

## 근무시간을 지키기 위한 바운더리의 말들

근무시간과 관련된 바운더리는 당신이 더 효율적이고 효과적으로 일하기 위한 것이다. 회의, 고객, 이메일, 목록 정리 등을 동시에 해내고, 책상이나 차가 아닌 다른 곳에서 점심을 먹기 위해 정신없이 일할 때 특히 시간 관리가 힘들다. 상사나 동료, 고객들에게 압박감을 받으며 온종일 불을 끄러 다니는 것 같은 기분이 들 수도 있다. 지나치게 빡빡한 스케줄이나 작업량은 당신의 성과나 보너스, 승진 기회에도 영향을 줄 수 있다.

근무시간에 대한 바운더리를 설정하면 당신에게 중요한 우선순위를 잘 관리하고 마감 일정과 기대치를 충족할 수 있다. 무엇보다 당신이 다른 사람들의 시간과 역량, 특히 스스로의 역량을 존중한다는 사실을 보여줄 수 있다.

Q. 이미 업무량이 초과된 상황에서 저에게 일을 계속해서 떠맡기는 상사를 어떻게 거절할 수 있을까요? 거절하기 싫지만, 제가 한 가지 일을 더 맡게 되면 이미 맡은 일도 제때에 끝낼 수 없을 것 같아요. 이미 번아웃 상태에 가까워지고 있어요.

초록색 "다른 일에서 제외해주거나 마감 기한을 뒤로 연기해줄 수 있으시면 이 일을 맡을 수 있습니다." 지금 맡고 있는 업무와 관리자, 완료율, 마감일 등을 공유한다.

**노란색** "평소에는 얼마든지 도와드릴 수 있지만, 지금은 X, Y, Z를 동시에 맡고 있어서 일을 추가로 할 여유가 전혀 없어요."

**빨간색** (서면으로) "지금 업무량이 한계에 도달했어요. 지금은 도무지 새로운 일을 맡을 수 없을 것 같습니다. 그렇지 않으면 제 정신 건강은 물론이고, 업무 성과나 결과물에도 부정적인 영향을 미칠 것 같거든요. 가능한 해결책을 논의하기 위해 시간을 내주실 수 있으신가요?"

── 현재 업무량, 다른 사람들이 할당한 업무, 당신의 관리자가 인지하지 못하고 있을 수 있는 요청 사항 등을 기록한다. 당신이 맡은 프로젝트의 우선순위를 정하는 데 상사에게 도움을 요청하고, 일을 위임하거나 프로젝트 수를 줄이거나 절차를 능률적으로 바꾸기 위한 제안이 있다면 공유한다. 앞서 언급한 것처럼 모든 대화는 기록으로 남겨두자.

> Q. 과거에 컨설팅을 받았던 고객들이 계약이 끝난 지 한참이 지난 뒤에도 저에게 부탁하려고 연락을 합니다. 빨리 해결할 수 있는 일회성 부탁도 있지만, 한 가지 질문이 여러 일로 이어지는 경우도 있어요. 어떻게 거절해야 할까요? 고객들의 부탁을 거절해야 할까요?

**초록색** "이번 주말까지 그 문제에 대한 간단한 의견을 보내드릴 수는 있지만, 제가 도와드릴 수 있는 건 그게 전부예요."

**노란색** "죄송하지만 계약을 갱신한 뒤에 도와드릴 수 있습니다."

**빨간색** "저는 도와드릴 수 없어요. 계약이 만료되어서 지금은 다른 프로젝트를 맡고 있거든요."

── 당신에게 도움이 된다면 바운더리는 얼마든지 유연하게 적용할 수 있음을 기억하자. 얼마나 큰 부탁인지, 이 고객과의 관계를 유지할 만한 가치가 있는지, 약간의 시간을 내줄 여유가 있는지 등을 고려한다. 만약 당신이 그들의 부탁을 무료로 들어준다면, 그들이 당신의 울타리를 옮기기 위해 얼마나 노력하는지 잘 지켜보는 한편 "이제 됐어."라고 말해야 할 때를 잘 알고 있어야 한다.

Q. 상사가 팀 전체에 터무니없는 마감일을 강요합니다. 프로젝트를 마무리하기 위해서는 최소한 1주일이 걸린다고 이야기해도 그는 이틀 안에 끝내라고 해요. 이 문제로 팀 전체가 스트레스를 받아서 제가 대표로 건의했더니 상사가 저한테 화를 냅니다. 어떤 방법이 좋을까요?

**초록색** "이틀 안에 이 일을 끝내길 바라신다면, 저희 팀은 지금 작업 중인 모든 일을 멈추고 온전히 이 일에만 매달려야 해요. 그렇게 해도 괜찮을까요? 야근수당도 승인해주시는 건가요?" 또는 "주력할 부분을 절반으로 줄여주신다면 이틀 안에 끝낼 수 있어요. 결정해주세요."

**노란색** "지금 업무량으로는 이틀 안에 마무리할 수 없어요. 말씀하신 대로 제대로 끝내려면 1주일은 필요해요."

**빨간색** "저희는 이 프로젝트를 이틀 안에 끝낼 수 없어요. 그 이유는 상급 관리자에게 설명해드리겠습니다."

── 프로젝트 관리와 관련된 오래된 속담이 있다. 일을 빨리 받아 볼 수도 있고, 저렴한 비용으로 할 수도 있으며, 완성도 높은 결과를 받을 수도 있지만, 이 중 두 가지만 선택할 수 있다. 빨간색 스크립트에서 "그 이유는 상급 관리자에게 설명해드리겠습니다."라고 말하는 것은 "만약 프로젝트 계획을 엉망으로 만든다면, 그 책임은 제가 지지 않을 겁니다."라는 뜻을 돌려 전하는 좋은 방법이다.

Q. 저는 개방형 사무실에서 일하고 있어요. 정말 집중해서 일해야 할 때 사람들은 항상 제 자리에 들러서 수다를 떨어요. 어떻게 하면 무례하지 않게 "지금은 방해하지 말아주세요."라고 말할 수 있을까요?

**초록색** "제가 지금 한창 일하던 중이라서요. 조금 있다가 들러도 될까요?" "3시에 휴게실에서 만나도 될까요?" "점심시간에 뵈어도 될까요?"

**노란색** (잠깐 기다렸다 헤드폰을 벗으며) "전 정말 집중해야 할 때는 헤드폰을 쓰고 있어서요. 제가 조금 있다가 들를게요."

**빨간색** 의자나 책상 옆에 '방해하지 마세요'라는 표지판을 만들고, 이것은 하루 중 가장 바쁜 시간에 집중하기 위한 것임을 상사와 동료들에게 알린다. 단, 효과를 보려면 하루 종일 걸어두어선 안 된다.

── 나도 일할 때 방해받는 걸 싫어하는데, 규모가 큰 사무실에서 일하거나 직속 부하가 많을 때는 언제나 문제가 되었다. 그래서 나

는 새로운 방법을 시도했는데, 시간이 있을 때 휴게실이나 복사기 옆에서 사람들과 적극적으로 수다를 떨기 시작했다. 내 방식으로 사람들과 어울리고 나니 나를 무례하거나 쌀쌀한 사람으로 여기는 동료들이 줄어들었고, 바운더리를 설정하는 게 더 수월해졌다.

Q. 저는 자영업을 하고 있어요. 제 수입은 제때 나타나는 예약 손님에게 달려 있지요. 그런데 24시간 전 취소 규정을 지키지 않는 고객이 많고, 규정을 지킬 것을 강요하기가 힘듭니다. 예약 시간 직전에 취소하고서는 비용을 청구하려고 하면 화를 내는 고객에게 어떻게 대응해야 할까요?

**초록색** 모든 신규 및 기존 고객에게 자세한 취소 정책과 수수료가 포함된 동의서를 발송한다. 정책에 따라 고객의 신용카드로 요금이 청구된다는 메시지를 함께 보내고, 고객으로부터 신용카드 정보를 받아 보관한다. 만약 이런 조건에 동의하지 않으면, 고객으로 받지 않는다(이것이야말로 스스로에게 베푸는 호의다).

**노란색** "알려주셔서 고맙습니다. 24시간 이내에 취소하셨기 때문에 고객 약정서에 따라 50퍼센트의 비용을 신용카드로 청구하겠습니다."

**빨간색** 정책에 따라 고객의 신용카드로 비용을 청구하고, 한 번 더 노쇼No-Show가 발생할 경우 더는 예약을 받을 수 없다고 알린다.

── 자영업자로서 당신은 그 일이 필요하기 때문에 고객들이 자신을 함부로 대하도록 내버려두기 쉽다. 가장 좋은 방법은 처음부터 바운더리를 설정하고, 당신이 베풀 수 있는 융통성은 고객을 위

해 제공할 수 있는 '호의'로 여기는 것이다. 이것은 고객들이 바운더리를 계속 무시하는 경우에도 바운더리를 확고히 지킬 수 있는 여유를 준다.

Q. 저는 오랫동안 끝나지 않는 화상/대면 회의에 계속 참석하고 있어요. 제때 시작하지 않아서 길어지는 경우가 많아요. 그래서 제 시간이 존중받지 못하는 기분이 들곤 합니다. 제가 이 회의 담당자가 아닌데 이를 어떻게 공손하게 말할 수 있을까요?

**초록색** (회의 시작 전에) "회의할 시간이 1시간밖에 없으니 미리 오늘의 안건을 알려주시면 도움이 될 것 같아요."

**노란색** (회의 종료 예정 시간 5분 전에) "이제 회의가 끝나기 전까지 5분밖에 남지 않았네요. 마지막으로 의논해야 할 안건이 있을까요?"

**빨간색** "전 지금 나가봐야 할 것 같아요. 끝내지 못한 이야기가 있다면 이메일로 부탁드립니다."라고 말하고 회의에서 나간다.

—— 여기서 빨간색 바운더리는 앞서 바운더리를 지키지 못했을 때 일어나는 결과다. 이 말은 본질적으로 '나는 내 시간을 통제하고 있다'라는 의미다. 회의를 시작하기 전에 의제 목록을 만들어달라고 요청하거나 당신이 직접 만들고, 팀원들이 지나치게 주제에서 벗어나지 않도록 하며, 회의를 마무리해야 할 때를 상기시킴으로써 이 과정에 도움이 될 수 있다.

## 개인 시간을 지키기 위한 바운더리의 말들

개인 시간을 지키기 위한 바운더리는 직장에 있을 때 설정하는 바운더리만큼 중요한 역할을 한다. 최고의 성과를 내기 위해서는 직장에서 받는 스트레스를 풀고, 재충전하고, 회복할 수 있게 개인 시간을 써야 한다. 당신이 아프거나 다치거나 슬퍼하거나 휴가 중일 때, 특히 유급 휴가가 제한되어 있을 땐 더 그렇다. 배려와 존중의 문화를 만드는 것은 직원들의 사기와 정신 건강, 이직 방지를 위해 매우 중요하다. 만약 회사가 직원들의 휴가를 존중하는 데 세계적인 수준이 아니라면, 당신만의 바운더리 설정을 통해 당신과 다른 사람들을 지지해야 한다.

개인 시간에 관한 바운더리를 설정하면 회사를 나섰을 때 제대로 휴식을 취할 수 있다. 또한 상쾌한 기분으로 출근해서 최고의 성과를 낼 수 있는데, 이것은 성과지표와 업무 태도에서 쉽게 드러난다.

Q. 저녁에 퇴근하려고 하면 동료들이 계속 저를 업무에 끌어들여요. 전 아이가 없어서(대부분의 동료들은 아이가 있어요) 거절하기 힘든데, 저녁 시간은 저에게 소중합니다. 도와주세요.

**초록색** "오늘 저녁에는 도와주기 힘들 것 같아요. 내일 아침에 도와드릴게요.'

**노란색** "오늘은 힘들 것 같아요. 지금 퇴근하는 길이었거든요. 브레드는 남아 있는 것 같은데, 그에게 물어보는 건 어때요?"

**빨간색** 문을 열고 나가면서 "오늘은 못 도와드릴 것 같아요!"라고 얘기한다.

── 넷플릭스 시청이나 외식, 긴장 풀기도 '계획'으로 간주하자. 도움을 주는 건 훌륭한 일이지만, 당신이 혼자 살거나 아이가 없다는 사실을 타인이 이용한다면 정신 건강을 위해 바운더리를 세우는 게 좋다.

Q. 저는 오늘 몸이 아파서 결근했는데도 사람들은 여전히 전화나 문자로 질문을 합니다. 문자는 보낼 수 있을 정도지만, 며칠 동안 아팠고 그냥 편하게 쉴 수 있다면 훨씬 빨리 회복할 수 있을 것 같아요. 이런 일이 일어날 때 어떻게 대응해야 할까요?

**초록색** 이메일로 부재중 메시지를 설정하고 음성 메일에도 같은 메시지를 남긴다. "오늘 아파서 집에서 쉬고 있어서 도와드릴 수 없어요. 러스에게 물어보는 건 어때요?"

**노란색** "오늘 아파서 결근했어요. 이제 휴대폰을 <u>끄고</u> 쉬려고요." 휴대폰을 방해금지 모드로 설정하거나 전화와 문자에 답하지 않는다.

**빨간색** (상사에게 이메일로) "오늘 몸이 아파서 결근했는데, 업무 관련 전화와 문자를 계속 받고 있어요. 제 건강을 우선시해야 해서 업무 요청에 응답하지 못할 것 같습니다. 나중에 다른 사람들은 이런 일을 겪지 않도록 제가 회사에 돌아가면 이 문제에 대해 얘기할 수 있으면 좋겠어요. 아픈 직원들이 스트레스를 받는 건 원하지 않으실 거라고 생각해요."

—— 당신의 상사나 인사팀을 당신의 편으로 만들 수 있다면, 당신의 팀 전체에겐 큰 성공이다. 회사로 돌아가서 "팀장님이 우리 팀원들의 건강에 얼마나 신경 쓰시는지 알아요. 병가나 휴가의 몇 가지 모범 사례를 다시 공유해볼 수 있을까요?"라고 제안해보자.

Q. 아픈 직원의 일을 대신 처리하거나 프로모션 기간에 도와주거나 중요한 회의에 참석하기 위해 쉬는 날에 출근하라고 경영진이 끊임없이 압박을 가합니다. 제가 휴가가 며칠 필요하다고 하면 "팀 플레이어가 되어야지. 우선 출근해."라고 말할 거예요. 출근할 때도 있지만 휴일을 계속 그렇게 포기할 수는 없어요. 이럴 때는 어떻게 얘기해야 할까요?

**초록색** "금요일에는 팀을 도울 수 있지만 내일은 출근할 수 없어요."
**노란색** "쉬는 날은 제 정신 건강과 가정생활에 꼭 필요해요. 그걸 포기하라고 강요받고 싶지 않아요. 전 내일 도와드릴 수 없을 것 같아요."
**빨간색** "내일 출근하지 않을 거예요."
—— 이런 일이 자주 발생한다면, 동료들이나 경영진과 인력 부족 상황이나 스케줄, 업무 분담 등의 문제를 논의해보자. 이를 통해 당신에게 필요한 휴식(또는 야근수당)을 얻을 수 있는 방법을 모색한다.

Q. 저는 휴가 중에도 끊임없이 오는 이메일에 답장을 해야 합니다. 회사 일에

서 완전히 벗어난 채 휴가를 보내본 적이 없어요. 다음 여행이 계획되어 있는데, 이번에는 그러고 싶지 않아요. 도와주세요!

**초록색** (휴가 1주일 전 상사와 팀원들에게) "다음 주에 휴가를 떠나서 그동안은 이메일이나 슬랙을 확인하지 못할 거예요. 애슐리가 저 대신 청구서 결재를 맡아줄 거고, 다른 질문은 릴루에게 물어보시면 됩니다."

**노란색** (상사와 팀원, 주 고객들에게) "다음 주에 떠나는 휴가에서 온전히 쉬는 시간을 갖기 위해 이메일이나 슬랙 알림을 꺼두려고 합니다. 제가 자리를 비우는 동안 X, Y, Z 프로젝트를 맡아줄 담당자에게 부탁해놓았지만, 급한 문제가 발생할 것 같진 않아요. 〈켈리 클락슨 쇼The Kelly Clarkson Show〉에서 연락 오는 경우에만 저에게 문자를 보내세요. 켈리 클락슨은 국보니까요. 그게 아니면 정말로 저에게 연락하지 마세요."

**빨간색** 부재중 알림 메시지를 설정한다. "11일 월요일부터 15일 금요일까지 제대로 된 휴가를 떠납니다. 휴가 중에는 이메일이나 슬랙을 확인하지 않습니다. 저는 그을린 모습으로, 넘쳐나는 이메일과 함께 18일 월요일에 다시 출근합니다. 기다려주셔서 미리 감사의 말씀을 전합니다. 제가 자리를 비우는 동안 도움이 필요하시면 릴루(headquarters@whole30.com)에게 이메일로 문의하시길 바랍니다."

── 이것이 내가 실제로 사용하는 부재중 메시지다. 켈리 클락슨 부분을 포함해 마음껏 가져가 사용하길 바란다. 이 상황에서는 휴

가 기간에 맞춰 적절한 때에 이 세 가지 바운더리를 모두 활용하는 게 좋다. 사람들이 당신이 이메일을 확인할 거라고 기대하지 않도록 이런 메시지를 보내면, 남은 휴가 기간에 당신은 편한 마음으로 알림을 끄고 방해금지 모드로 전환할 수 있다.

## 완벽한 부재중 알림 메시지를 위해 해야 할 것 vs. 하지 말아야 할 것

물론 "자리를 비우는 이번 주에는 이메일을 확인하지 못합니다."라고만 말해도 좋지만, 다음 사항도 주의하자.

- "이메일을 확인할 방법이 제한적이다."라고 얘기하지 않는다. 우선, 그건 거짓말이다. 휴대폰은 언제나 당신의 150센티미터 내에 있을 것이다. 더 중요한 사실은 그렇게 얘기하면 "가끔 이메일을 확인할 수도 있어요."라는 의미를 내포하게 된다. 휴가 중에는 이메일을 확인하지 않는다. 그냥 하지 말자.
- "월요일에 사무실로 복귀하면 답장할게요."라고 말하지 않는다. 당신의 받은 편지함은 이메일로 가득 찰 것이고, 모든 사람이 즉각적인 응답을 기대한다면 원래 보낸 이메일 뒤로 "제 이메일 받으셨어요?"라는 메일을 또 받게 될 것이다.
- 의사소통을 분명하게 한다. "○○부터 ○○까지 사무실을 비울 예정이고, 그동안은 이메일이나 슬랙, 음성메시지 등을 확인하기 힘들어요." 이렇게 사실대로 얘기한다.
- 목소리를 활용한다. 약간의 유머나 당신만의 특색을 넣고 싶다면 그렇게 하자. "문자 보내지 마세요."라는 메시지만 명확히 드러나도록 한다.
- 당신 없이도 임무를 완수할 수 있는 방법을 제시한다. 당신이 자리를 비울 때 대신 연락할 수 있는 직원의 연락처를 공유하고, 잠재고객이 작성할 수 있는 양식

을 연결해주거나 고객서비스 번호를 알려준다.

- 당신이 가능할 때에만 이메일에 답하겠다는 메시지를 분명히 전달한다. "기다려주셔서 감사드립니다."라는 말은 이런 메시지를 전달하기에 좋은 방법이다.

---

Q. 제 상사는 밤에 제 개인 휴대폰으로 업무 관련 문자를 보냅니다. 밤 늦게 이메일을 보내는 건 이해하지만, 문자를 보내는 건 개인 시간을 침해하는 것처럼 느껴져요. 이런 의견을 부드럽게 전달할 수 있는 방법이 있을까요?

**초록색** 긴급한 문제가 아니라면 문자로 답을 하며 이렇게 덧붙인다. "앞으로 퇴근 후에는 급한 문제가 아니라면 문자로 보내지 않으시면 좋겠습니다. 다음 날 아침에 확인할 수 있게 저녁 6시 이후에는 슬랙이나 이메일로 보내주세요. 감사합니다."

**노란색** 문자에 답하지 않는다. 다음 날 아침, "어젯밤 가족들과 시간을 보내는 동안 문자를 받았어요. 다음에는 개인 시간이 방해받지 않도록 이메일로 보내주세요. 구매 발주서에 대해 얘기하면…."

**빨간색** 긴급 사항이 아닌 문자에는 절대 답장하지 않는다. 근무시간 이후에는 업무 관련 문제에 대해 문자를 하지 말아달라고 요청하며 다음 영업일에 이메일로 답장한다. 집에서 보내는 시간을 계속 존중받지 못하면 인사부와 이야기한다.

── 당신의 직장 문화가 직원들의 정신 건강 그리고 일과 삶의 균형을 중요히 여긴다면(또는 그렇다고 얘기한다면) 상사에게 퇴근 후에

보내는 문자는 이런 가치에 위배되는 행동이라고 부드럽게 상기시킨다. 밤 늦게 떠오르는 생각을 기록하고 다음 영업일에 이메일을 발송하도록 예약한다면 팀 전체가 고마워할 거라고 덧붙인다.

## 가치관을 지키기 위한 바운더리의 말들

누구나 자신의 일과 영향력, 기여도에 대해 자부심을 느끼며 직장에서 최고의 모습을 보여주고 싶어 한다. 그러나 고객에게 거짓말을 하거나 상사의 실수를 감싸고, 부적절한 직장 내 행동을 용인하고, 진실성을 조금씩 잃게 될 때마다 당신은 자신감이 떨어지고 진정성을 잃게 될 것이다. 건강하고 지속 가능한 업무 환경이 되려면, 당신의 가치가 논의의 대상이 되지 않는다고 느껴야 한다. 또한 회사나 상사, 고객들이 당신에게 정직성과 일자리 중 하나를 선택하라고 강요하지 않아야 한다.

당신의 도덕규범과 가치관에 관해 당신이 받아들일 것과 받아들이지 않을 것을 구분하는 바운더리를 설정하는 것은 회사에 대한 충성심과 진실성을 보여주며, 자기를 보호하는 행위이기도 하다. 바운더리를 설정하면, 자기 자신과 신념을 보호할 가치가 있음을 확인하고 옳은 일을 옹호한다는 자부심을 느낄 수 있다.

Q. 저는 영업부에서 근무하고 있는데, 상사는 고객들을 만날 때 그들이 편안함을 느낄 수 있게 술을 마시라고 강요합니다. 가끔은 마시고 싶지 않을 때도 있는데 이런 압박감에 어떻게 대응해야 할지 몰라서 보통 술을 마시게 됩니다. 이런 상황에서는 어떻게 말해야 할까요?

초록색 (고객을 만나기 전에) "오늘 밤엔 술을 못 마셔요. 탄산수와 라임을 주문할 건데, 술을 마시지 않는다고 유난 떨지는 않을게요. 그냥 미리 말씀드리는 거예요."

노란색 "미팅 때문에 식사하는 자리에서 술을 마셔야 한다는 사실이 좀 불편해요. 저는 훌륭한 영업사원이고 술에 취하지 않았을 때 더 설득력이 있어요. 오늘은 술을 마시지 않겠습니다."

빨간색 "그건 제 성과가 음주 여부에 달려 있다고 말씀하시는 것 같은데, 적어도 인사부 방침의 세 항목을 침해한 것 같습니다. 앞으로 절대 팀원에게 술을 마시라고 강요하지 않으셨으면 해요."

── 부디 빨간색 단계까지 갈 필요는 없길 바란다. 만약 그렇다면 그 근무 환경에는 큰 문제가 있는 것이기 때문이다. 금주를 선택하는 사람이 늘어나고, 술을 마시지 않는 이유에 대해 얘기하는 사람도 많아지고 있다. 어쩌면 당신이 술을 마시지 않음으로써 고객들도 편한 마음으로 술을 마시지 않을 수 있으며, 이것이 계약 성사로 이어질 수도 있다.

Q. 팀원 중 한 명이 항상 점심시간에 자리를 오래 비우거나 낮에 개인 업무를 보러 외출하면서 상사에게 들키지 않도록 도와달라고 부탁합니다. 제가 곤란해지기도 하고 솔직히 이용당하는 기분이 들어요. 어떻게 곤경에 처하지 않고 동료의 부탁을 정중히 거절할 수 있을까요?

초록색 "누가 물어보면 조금 늦는 것 같다고 말해줄 수는 있지만, 그 이상은 불편해."

**노란색** "계속 너를 감싸주지 않을 거야. 나한테 늘 이런 부탁을 하는 건 공평하지 않은 것 같아."

**빨간색** "더 이상 너 때문에 거짓말하지 않을 거야."

── 특히 그들의 행동이 들켰을 때, 거친 반발이 돌아올 수 있다. 그러나 이건 당신의 일이나 문제가 아니며 당신의 동료는 자신의 시간을 관리할 수 있는 성인임을 기억하자. 동료가 점심을 먹으러 나가서 돌아오지 않는 행위에 대해 바운더리를 설정할 수는 없다. 그러나 그들의 행동이 들켰을 때, 계속 거짓말을 해주지 않는 행위에 대한 바운더리는 세울 수 있다.

Q. 상사는 가끔 제게 의문스러운 일(고객들에게 거짓말하기 등)을 하도록 요구합니다. 이것이 매우 잘못된 행동처럼 느껴지고 이런 상황에 처하는 게 싫지만, 상사의 요구를 어떻게 거절해야 할지 모르겠어요. "이건 지저분한 일 같아요."라고 말할 수 있는 좋은 표현이 있을까요?

**초록색** "저는 거짓말을 하는 게 편하지 않아요. 고객들은 저를 신뢰하고 있기 때문에 진실을 들을 자격이 있어요. 고객들을 위해 하는 일이 잘 진행되도록 지금 맡은 일에만 집중하겠습니다."

**노란색** "거짓말을 하는 게 여전히 편하지 않습니다. 우선 펄라와 대화를 나눠보고 그녀의 생각은 어떤지 물어보겠습니다."라고 말하며 인사부에 있는 누군가나 동료를 언급한다.

**빨간색** 당신의 고민을 글로 써서 기록으로 남긴다. "오늘 저는 ○○를 하도록 요청받았습니다. 저는 그렇게 하는 게 편하지 않고, 그 행동이 고객/회사에 최선의 이익이 된다고 생각하지 않습니다. 이 단계에서는 관여하지 않는 편이 나을 것 같아요. 제 의견을 존중해주셔서 고맙습니다."

— 특히 당신이 고객과 관계를 형성한 뒤라면 이것은 더 불쾌한 상황이다. 당신의 조직 외부에 있는 사람에게 조언을 구하고 다른 동료들도 상사의 요청에 같은 기분을 느끼는지 물어본 뒤 만일을 대비해 이를 기록해둔다.

Q. 직장 내 부적절한 발언에 어떻게 대응해야 할까요? '승진하기 위해 상사들과 자는' 여성들에 대해 헐뜯는 발언이나 노골적인 성차별적 농담, 미묘한 인종차별 등을 목격합니다. 목소리를 내고 싶지만 저는 몸이 얼어버려요. 이런 회사 내 역학을 어떻게 끊을 수 있을까요?

초록색 "와, 로저. 방금 한 말이 얼마나 형편없는 얘기였는지 모르나 봐. 다시 얘기해볼래?"

노란색 "방금 네가 한 말은 괜찮지 않아. 그냥 넘어가긴 힘들 것 같은데."

빨간색 "우와, 로저. 방금 한 말은 법적으로 부적절하고 성차별적이며 인종차별적인 발언인 데다가 비방이야. 12개의 회사 정책을 위반하는 거야. 그런 말을 듣고 가만히 있을 수 없어."

— 여기서 어조를 바꾸고 자신감을 강화할 시간을 벌기 위해 바운더리 경보를 활용하는 것에 주목하자. 초록색 단계에는 동료가 더 나아질 수 있다고 믿으며 그에게 유리한 판단을 한다. 그는 이

런 행동에 더 관대했던 시기나 직장에서 일을 시작했을 가능성이 있으며, 그래서 그에게 지금 당장 새로운 환경에 적응해야 한다는 사실을 상기시켜줄 필요가 있다. 빨간색 단계에서 회사 정책을 언급하는 것은 로저가 의도적으로 피해를 끼치고, 이에 대한 피드백을 수용하지 않는다는 사실을 관리자나 인사부에 이야기하겠다는 의미다.

## 당신의 특권으로 도우라

직장에서 소외당하는 사람들은 자신의 권리를 지키기 위해 어떻게 해야 할까? 그들의 힘만으로 이 상황을 타개해나가야 할까? 유색인종, 성소수자, 장애인 등의 권리를 지지하는 사람들이 자신의 특권을 이용해 해로운 행동을 멈출 수 있다. 인종차별적 발언을 들은 순간에는 조용히 있다가 유일한 동양인 팀원에게 다가가 "방금 척이 한 말은 괜찮지 않아요."라고 속삭이는 건 해로운 행동이다. 만약 괜찮지 않은 발언이었다면, 그 일이 일어났을 때 목소리를 내야 한다. 그것이 우리가 그들을 지지하는 방법이고, 그 공간에서 미묘한 차별을 받는 사람에 비하면 덜 힘든 행동이다. 어떤 환경에서든 더 효과적인 지지자가 되는 법에 대해 자세히 알고 싶다면 9장을 참고하자.

Q. 제 상사는 끊임없이 제 아이디어를 가로챕니다. 이제 지긋지긋해요.

**초록색** (단둘이 있을 때) "이벤트를 온라인으로 진행하려는 제 계획을 마음에 들어 하셔서 기쁩니다. 하지만 회의에서 제 공을 인정해주셨다면 좋았을 거예요. 기분이 좋지 않았거든요."

**노란색** 모든 것을 문서로 기록하기 시작한다. 상사와 만나서 아이디어를 공유했다면, 직후에 이런 내용을 담은 이메일을 보낸다. "앞서 대화를 나눈 것처럼, 저는 이벤트를 온라인으로 전환하려는 계획을 알려드렸습니다. 다른 사람에게도 공유하길 원하시면 알려주세요."

**빨간색** (회의실에서) "척, 고마워요. 이 계획은 원래 제가 제안한 거니까 제가 생각해놓은 대략적인 예산과 일정을 공유해도 될까요?"

—— 빨간색 단계는 한마디로 전쟁이다. 그러나 상사가 당신이 좋은 아이디어를 제안하는 게 자신에게 득이 된다는 사실을 알지 못한다면, 그는 형편없는 리더다. 모든 것을 서면으로 기록해두는 행위는 이 바운더리를 지키고 있다는 것을 알려주는 좋은 중간 단계다. 그리고 (조심스럽게) 주변에 물어보자. 같은 경험을 한 동료들이 있을 가능성이 크다. 언제나 수가 많을수록 더 유리하다는 사실을 기억하자.

## 개인 영역을 지키기 위한 바운더리의 말들

당신의 업무 중에는 보고서를 제출하고, 프로젝트를 마무리하고, 필요한 회의에 참석하는 것처럼 의무적으로 해야 하는 일들이 있다. 그러나 직장 문화는 언제나 당신의 직무에 포함된 것보다 더 많은 것을 요구하는 면이 있다. 사교 활동, 다양한 업무 방식, 팀워크 활동 등을 하는 것은 어떤 직장이든 마찬가지지만, 여기에서도 당신의 자율성이 존중받아야 하며 직장 문화에 적응하는 데 있어 '정답'은 없다.

어느 정도의 신체 접촉을 허용할지라든가 사무실에서 하는 게임에 얼마나 자주 참석할지 등과 같은 개인 영역과 에너지에 대한 바운더리를 설정하는 것은 직장에서 편안함을 유지하는 데 중요하다. 모든 사람이 동료들과 포옹하고, 페이스북 친구를 맺으며, 회사에서 진행하는 요가 수업에 참석하고 싶은 건 아니다. 당신에게 편한 것과 편하지 않은 것에 대해 바운더리를 설정하면 사무실이 (가상이든 실제든 관계없이) 더 따뜻하고, 수용적이며, 존중받는 공간으로 느껴질 것이다.

Q. 제 상사는 제가 하는 일을 세세히 통제하려고 합니다. 저는 맡은 일을 잘 해내기 때문에 상사의 지나친 통제가 불필요하고 피곤하게 느껴져요. 더 큰 문제는 이 모든 통제 때문에 제 자신을 증명할 수 없다는 겁니다. 어떻게 하면 더 자기 주도적으로 일할 수 있을까요?

초록색 "제가 맡은 일의 진행 상황을 쉽게 파악할 수 있도록 프로젝트 관리 문서를 만들었어요. 제 진행 상황을 계속 업데이트할 수 있도록 매주 회의를 잡아둘까요?"

노란색 "이 프로젝트의 방향을 잘 파악하고 있기 때문에 첫 결과물이 나올 때까지는 독립적으로 작업하고 싶습니다. 다음 주쯤 만나서 진행 상황을 보고 드려도 될까요?" 만약 상사가 약속한 날짜보다 더 일찍 확인하려고 하거나 추가 지시를 내린다면, 이렇게 얘기해보자. "다음 주 회의에서 제안이나 피드백을 주실 수 있을까요? 이번 주는 제가 독립적으로 일해도 된다고 동의하셨으니 이번 기회에 제가 작업해서 결과물을 보여드리고 싶어요."

빨간색 "아마도 모르고 계셨겠지만, 이 프로젝트에 대해 너무 세세한 부분까지 관리하셔서 솔직히 조금 답답합니다. 한 걸음 물러서서 저를 믿어주시면 안 될까요? 그래서 저를 고용하셨고 전제 능력을 증명할 기회를 가질 자격이 있어요."

── 마지막 단계의 말은 조금 심하게 느껴질 수도 있다. 하지만 상사가 당신의 역할과 직무에 지나치게 개입하는 건 아무에게도 도움이 되지 않는다. 이때 주황색 단계의 바운더리를 추가할 수도 있다. "이 일이 진행되는 방향이 마음에 들지 않으신가요? 제가 도움을 요청하지 않았는데도 단계마다 의견을 주시는데, 제가 혼자서 이 일을 처리할 수 있을지 확신이 없으셔서 그런 건지 궁금합니다."

Q. 제 관리자는 항상 저를 만집니다. 성적인 접촉은 아니지만, 저를 부르며 어깨에 손을 올린다거나 농담한 뒤 팔을 툭툭 친다거나 하는 행동이 저는 마음에 들지 않아요. 나쁜 뜻은 없다는 걸 알기에 어떻게 접근해야 할지 모르겠어요.

초록색 "단지 친근하게 대하려는 의도는 알지만, 제 주의를 끌거나 제가 잘하고 있다는 걸 알려주기 위해 신체를 접촉하지 않으시면 좋겠습니다. 말로도 충분해요."

노란색 (손을 올리며) "하지 말아주세요. 전 직장에서 신체 접촉이 일어나는 걸 좋아하지 않아요."

**빨간색** "그런 식으로 만지지 마세요. 부적절하게 친근한 행동이고 저는 그런 걸 좋아하지 않아요."

── 이 이야기를 꺼내면 당신의 관리자는 불편해할 가능성이 높다(오히려 좋다. 자기 행동이 타인에게 어떤 영향을 미치는지 인지해야 한다). 그들의 반응에 따라 당신도 죄책감을 느낄 수 있다. 그러나 상대방의 반응이나 당신이 느끼는 불편함 때문에 바운더리를 옆으로 밀쳐두지 말자. 이런 바운더리가 안전한 직장 생활에 얼마나 중요한지 우리 모두 잘 알고 있다. 그들이 이런 행동을 지속한다면 필요에 따라 관리자의 상사나 인사부에 이야기한다. 분명히 밝히자면 이런 행동은 어떤 작업 환경에서도 용납되지 않는다.

Q. 우리 부서 사람들은 서로 매우 사이가 좋지만 저는 사생활을 공개하고 싶지 않습니다. "사귀는 사람 있어요?"와 같은 질문에 어떻게 대응해야 할까요?

**초록색** "저 아시잖아요. 전 신비주의가 좋아요." 주제를 전환한다.

**노란색** "흠, 전 직장에서 연애 생활에 대해 얘기하고 싶지 않아요." 주제를 전환한다.

**빨간색** "하, 전 그 질문에 대답 안 할 거 아시잖아요!" 주제를 전환한다.

── 초록색 단계의 대답은 엄밀히 따지면 '초록색 전 단계'의 바운더리다. 가장 분명한 표현은 아니지만(노란색 단계의 바운더리 언어

가 분명한 표현이다) 연애가 당신이 편하게 대화하고 싶은 주제가 아니라는 사실은 전달할 수 있다. 때에 따라서 이렇게 수줍어하는 표현은 효과적인 '최소한의 표현'이 되기도 한다. 또한 주제를 전환하는 것은 그 주제에 대해 얘기하고 싶지 않다는 의사를 더 명확하게 전달하는 하나의 방법이다.

## 당신의 방식으로 이야기하기

동료들과 친근한 분위기를 유지하는 또 다른 방법은 당신의 바운더리를 넘지 않는 주제들에 대해 적극적으로 대화하는 것이다. 당신이 저녁으로 요리한 메뉴, 얼마 전에 읽은 책, 이번 주말에 다녀온 등산, 반려견이 한 엉뚱한 행동 등에 대해 먼저 대화를 시작해보자. 그리고 사람들에게 그들의 삶에 대해서도 물어보라! 그들은 당신이 다정하고 이야기를 잘 들어주는 사람이라고 생각할 것이고 당신은 불편한 주제의 대화를 나누지 않아도 될 것이다.

Q. 제 상사는 저를 '꼬맹이'라고 불러요. 직장에서 어리긴 하지만 저는 전문 분야에서 일하는 어엿한 성인입니다. 그는 애정을 담아 부르는 호칭이지만, 다른 사람에게 비치는 제 이미지에 영향을 미칠 것 같아서 걱정됩니다. "그렇게 부르지 마세요."라고 말할 수 있는 좋은 방법을 알고 싶어요.

초록색 "제가 어리긴 하지만 아이는 아니에요. '제인'이라고 불러주세요."
노란색 "직장에서 '꼬맹이'라고 부르는 건 부적절한 것 같습니다.

특히 다른 직원들 앞에서요. 그렇게 부르지 말아주세요."

**빨간색** (말을 막으며) "전 '꼬맹이'가 아니라 제인이에요."

—— 그동안 당신을 이 별명으로 불렀을 때 그냥 넘어갔더라도 아직 늦지 않았다. "그동안 저를 '꼬맹이'라고 부르셨을 때 제가 아무 말도 하지 않았지만, 솔직히 신경 쓰였습니다. 그렇게 부르지 말아주세요."라고 얘기해보자. 당신의 이야기에 집중할 수 있는 조용한 장소에서 노란색 단계의 바운더리를 적용해보자. 그리고 만일의 경우를 대비해 기록으로 남기는 것도 좋은 방법이다.

## 재택근무자를 위한 셀프 바운더리 세우기

대부분의 바운더리 대화는 동료들이나 관리자와 관련된 문제에 중점을 두고 있지만, 그것이 바운더리를 통해 개선할 수 있는 유일한 관계는 아니다. 우리는 코로나19로 인해 집에서 혼자 일하는 것도 힘들다는 사실을 깨달았다. 많은 사람들이 다시 사무실로 돌아갔지만, 여전히 원격근무를 하는 사람들도 많다. 따라서 '24시간 일할 수 있는 집이라는 사무실'에서 일해야 하는 상황이라면 일과 삶의 균형을 찾는 방법을 알아야 한다.

재택근무를 하는 동안 자신과의 바운더리를 설정하는 것은 행복하고 건강한 일과 삶의 균형을 유지하고 번아웃을 예방하는 데 중요한 역할을 한다. 지난 10여 년간 내가 설정한 셀프 바운더리 몇 가지를 소개하려고 하는데, 이 중 상당수는 일과, 학교, 가정생활이 끊임없이 서로 영향을 미치던 팬데믹 기간에 유용하게 사용되었다.

### 작은 서재나 특정한 책상처럼 지정된 한 장소에서만 일한다

부엌 조리대(식사를 준비하고 보드게임을 하고 아침을 먹는 곳)에서 일하기보다 지정된 한 장소에서 일할 때 뇌가 '집 공간'과 '업무 공간'을 더 잘 구분한다. 또한 퇴근할 때 자료들이 거실이나 식당, 부엌 등에 흩어져 있지 않을 때 더 쉽게 하루를 마무리할 수 있다.

### 실제 사무실에서처럼 휴식 시간과 점심시간을 가진다

도움이 된다면, 캘린더에 쉬는 시간을 따로 설정해둔다. 이 시간을 자기 자신과 하는 회의처럼 여긴다. 또 화상회의를 50분으로 제한하고 회의 사이에 짧은 휴식 시간을 갖는다.

### 쉬는 시간에는 반드시 책상에서 일어난다

식당에서 점심을 먹거나 잠시 밖에 앉아 반려견과 놀거나 마당에서 엄마와 전화를 한다.

### 하루 일과가 끝나면 '회사'의 문을 닫는다

컴퓨터의 전원과 휴대폰 알림을 끄고 사무실 문을 닫는다. 평소처럼 사무실에서 퇴근하는 것처럼 행동한다.

### 단 10분이라도 회사와 집 사이에 짧은 전환 시간을 갖는다

더 이상 일과 휴식 사이에 경계선 역할을 하는 통근이 없기 때문에 그런 역할을 하는 활동을 찾는다. 저녁 식사나 숙제, 식사 준비를 시작하기 전에 짧은 산책을 하거나 식료품점에 들르거나 위층을 오르거나 운동을 통해 느긋이 쉴 수 있는 20분 정도의 시간을 갖는다.

**모닝 루틴을 시작하기 전이나 자러 가기 1시간 전에는 업무 관련 이메일이나 슬랙을 확인하지 않는 규칙을 만든다**

이유는 당신도 잘 알 것이다.

## 나를 자유롭게 해줄 바운더리 사랑하기

2010년 말, 사업에 너무 많은 시간과 에너지를 쏟고 있다는 사실을 깨달은 뒤, 나는 모두를 놀라게 한 바운더리를 설정했다. 당시 거의 매주 주말마다 홀 30 세미나를 위해 출장을 다녔기 때문에 주말에 쉰 적이 없었다. 그래서 화요일에는 회사 전체(직원 두 명 모두)가 쉬기로 했다. 무슨 일이 있어도 매주 화요일은 일하지 않는 날이 되었다. 이메일에 답장도 하지 않고, 페이스북 댓글에도 답하지 않았으며, 회의나 업무 관련 전화도 받지 않았다. 등산을 하느라 휴대폰이 아예 터지지 않는 날도 많았다.

아무도 이 방법이 통할 거라고 생각하지 않았다. "언니 회사를 제외한 모든 회사는 화요일에 일을 하잖아." 내 동생이 말했다. "어떻게 사람들에게 그냥 안 된다고 얘기할 수 있어?"

나는 그냥 그렇게 했다. 내가 예상했던 것보다 사람들은 훨씬 금방 익숙해졌다. 나의 출판사, 커뮤니티, 브랜드 파트너들은 모두 화요일이 되면 나와 연락이 닿지 않는다는 걸 알았다. 부재중 메시지를 통해 내가 수요일에 답할 거란 사실을 명확히 전달했기 때문에 모두들 잘 이해해주었다. 우리가 세미나를 그만두고 주말에 쉴 수 있을 때까지 2~3년 동안 그 바운더리를 유지했다.

물론 9시부터 5시까지 근무하는 직장인이라면 무작정 평일에 쉴 수는 없겠지만, 그게 핵심은 아니다. 내가 얘기하고 싶은 것은 모든 바운더리가 처음에는 이상하고 어색하게 느껴진다는 사실이다. 사람들에게 이것이 당신의 바운더리라고 상기해줘야만 한다. 스스로에게도 건강한 바운더리는 무례하거나 이기적이거나 불성실한 게 아니라는 사실을 상기해야 한다. 건강과 평안을 우선시하는 것에 대해 죄책감을 느껴선 안 된다. 지나치게 설명하거나 정당화하거나 '이번 한 번만' 양보하고 싶은 마음을 억눌러야 한다. 바운더리는 더 나은 관계를 만들기 위한 것이고, 건강한 직장 내 바운더리는 당신이 최고의 성과를 내고 성취감을 느끼며 정신적·신체적 건강을 유지하기 위한 것이다. 그리고 그것은 팀원들과 관리자, 상사 모두에게 이로운 일이다. 당신의 근무 환경은 더 차분하고 행복해지며, 당신은 가정에서 더 편안하게 회복하는 시간을 보낼 수 있다. 뿐만 아니라 에너지와 재능을 아낌없이 발휘해 업무 성과를 낼 수 있다.

직장 내 바운더리는 마법 같다. 이제 당신은 이런 바운더리를 설정할 준비가 완벽히 되었다. 그렇다면 지금부터 당신의 '시어머니'에 대해 이야기해보자.

**4장**

# 나를 가장 힘들게 하는 건 가족

## 가족과 바운더리 설정하기

지난가을, 나는 케일럽이라는 남성으로부터 명절 전 바운더리를 설정하는 데 도움을 받고 싶다는 이메일을 한 통 받았다. 케일럽의 부모님는 이혼한 지 8년이 지났지만, 교류할 때마다 여전히 말다툼을 한다. 전화 통화를 하거나 함께 식사를 할 때나 명절을 보낼 때마다 케일럽을 자신의 편으로 만들기 위해 서로 불평을 늘어놓기 바쁘다.

　"부모님은 끊임없이 서로에 대해 좋지 않은 얘기를 하고 신랄한 말을 쏟아내요." 케일럽은 고충을 토로했다. "'네 엄마가 이런 말을 했다는 걸 믿을 수 있겠니?' 아니면 '네 아빠는 당연히 너무 바빠서 도와주지도 못 하겠지.' 이런 식이에요. 저와 아내는 명절 동안 그들의 복잡한 '드라마'에 휘말리고 싶지 않아요. 그리고 서로를 헐뜯는 이야기도 듣고 싶지 않고요. 두 분 모두 사랑하지만 지금은 지친 상태예요. 이런 상황에 어떤 바운더리를 설정해야 할까요?"

　독자들이 부모님이나 배우자의 부모님과의 바운더리 문제에 대한 도움을 요청할 때마다 1달러씩 받았더라면, 나는 지금쯤 바하마에 있는 개인 요트에서 이 글을 쓰고 있을 것이다. 가족구성원과의 바운더리 문제는 3장에서 언급한 권력의 역학 관계를 포함한 여러 요인으로 복잡하게 얽혀 있다. 성장기 시절에는 당연히 부모의 지시를 따르며 보낸다. 어렸을 때 당신은 도움이 필요했고, (다행히도) 부모는 당신의 성장과 발달, 안전을 책임졌다. 나이가 들면서는 자립하고 싶은 욕망과 안전, 보호, 의식주 해결, 성공을 위해 여전히 부모의 지원과 도움이 필요한 현실 사이에서 갈등을 겪는다. 어엿한 성인이 된 지금은 그 패턴을 깨는 게 얼마나 어려운지 잘 알고 있다. 당신은 더 이상 부모의 피드백이나 도움을 원하지 않을 수 있지만, 여전히 자식을 '도와주고' 싶은 부모의 마음은 그렇지가 않다. 이 간극으로 인해 때로 자식은 부모가 강요를 한다고 느낄 수도 있다.

부모님과 함께 있을 때 우리는 건강하지 않은 의사소통 방식, 대처 방식, 행동으로 어느 때보다 빠르게 돌아간다(전남편도 나를 그렇게 만들지만, 이 이야기는 7장에서 자세히 나눠보자). 어린 시절에 형성된 이 패턴은 몸에 남아 있어서 아무리 이 패턴에 문제가 있고 건강하지 않다고 논리적으로 깨닫더라도 가족들과 함께 있는 순간에 모든 구성원이 거의 자동적으로 원래의 역할로 돌아간다. 부모는 자신의 아이들을 그들만의 경험과 목표, 의견을 가지고 스스로 결정하며 삶을 꾸려나가는 어엿한 성인으로 보는 게 힘들 수도 있다. 아빠는 여전히 자녀 양육 문제부터 주택 소유, 자동차 정비 문제까지 모든 일에 조언을 하는데, 내가 그의 조언을 받아들이지 않으면 언짢아할 때도 있다. 아빠의 의견이 달갑거나 좋을 때도 있지만, (육아 결정에 대해 지나치게 간섭하는 경우처럼) 바운더리가 필요할 때도 있다.

형제자매나 다른 친척들과도 마찬가지다. 어린 시절을 함께 보냈다면, 어렸을 때 생긴 패턴은 성인이 된 지금까지 지속되기도 한다. 모두 상담 치료를 받고 있더라도 마찬가지다. 만약 부모가 편애하던 아이가 있었거나 항상 마음대로 하는 아이가 있었거나 당신이 중재자 역할을 하는 데 익숙했거나 너무 대단한 집안이라 당신이 눈에 띄지 않는 존재처럼 느껴졌거나, 이런 어린 시절의 역학 관계는 성인이 된 지금도 가족들이 모일 때마다 여전히 모습을 드러낸다.

## 바운더리는 가족을 더 끈끈하게 만든다

가족구성원과 건강한 바운더리를 설정하는 것은 직계가족이나 확대가족과의 관계만 개선하는 것이 아니다. 당신의 모든 인간관계에 긍정적인 영향을 줄 수 있다. 가족과 형성한 관계가 연인 관계, 친구와의 우정, 동료와의 관계로 이어지기 때문이다. 케일럽이 어렸을 때 그의 부모님은 다툼이 있을 때면 그와 여동생을 중간에 두고 한쪽 편을 들게 강요했고, 아이들의 애정을 두고 경쟁하며 그들을 '감정 쓰레기통'으로 취급했다. 어린 시절 케일럽은 중재자 역할을 했고, 부모님을 달래는 게 자신의 일인 것처럼 느끼며 성장했다. 이제 자기 가정을 꾸린 그는 그 패턴이 업무 관련 토론을 할 때나 배우자와 의견이 일치하지 않을 때, 그리고 자신의 아이들과의 관계에 어떤 영향을 미치는지 깨닫게 되었다.

케일럽처럼 당신도 집안의 중재자 역할을 했다면, 성인이 되어서도 갈등을 두려워해 친구나 동료가 당신을 이용하게 내버려둘지도 모른다. 그게 거절하는 것보다 덜 두렵기 때문이다. 지나치게 통제적인 부모가 어린 당신의 욕구를 존중해주지 않았다면, 당신은 연인과 바운더리를 설정하지 않고(존중받지 못할 거라고 가정하고) 결국 혼자 분개하고 분노하게 되었을 수 있다. 만약 부모가 많이 다투는 어린 시절을 보냈다면, 당신은 논쟁의 불편함을 경험할 필요가 없도록 당신의 아이가 요구하는 모든 것을 들어줄지도 모른다.

가족 내 바운더리 침해는 다양한 형태로 나타나고, 다양한 역학 관계에서 비롯되며, 해결하기 어렵다. 따라서 이번 장은 매우 중요한 내용을 담고 있다. 다음 목록을 읽으면서 당신의 삶에서 바운더리 문제로 인식하지 못했던 몇 가지 행동을 발견할지도 모른다. 그러나 어떤 사람에게는 견딜 수 없는 문제가 다른 사람에게는 괜찮을 수도 있다. 시어머니가 말도 없이 방문하는 걸 당신은 좋아하지 않을 수 있지만, 누군가는 육아에 도움을 받을 수 있기에 좋아할 수도 있다. 당신의 배우자는 당신의 부모님이 자신의 미래에 대해 질문하는 걸 반길 수도 있지만, 당신은 부모님이 피드백 없이 그저 지지해주길 바랄지도 모른다. 부모님 중 한 사람과 바운더리를 세워야 할 때도 있고, 두 사람에게 각자 전혀 다른 바운더리를 설정해야 할 때도 있다. 만약 당신의 부모님이 아침 식사를 스스로 해결하고, 아이들을 데리고 나가 점심도 먹으며, 집안일을 도와주는 '꿈의 손님'이라면, 시중받기만을 원하는 시댁 식구보다 더 오래 머물길 바랄 수도 있다.

내가 제시할 어떤 대화나 시나리오도 정답은 아니다. 다른 사람들이 그렇게 한다는 이유로 당신도 바운더리를 설정할 필요는 없다. 당신에게 가장 적합한 바운더리가 무엇인지 아는 사람은 당신뿐이다. 그리고 연관된 사람들이나 인생의 시기에 따라 그 바운더리가 바뀌어도 괜찮다(심지어 그게 더 건강하다).

가족구성원이 당신의 바운더리를 존중하지 않을 때 다음과 같은 일이 일어난다.

- 말도 없이 방문하거나 당신이 원하는 것보다 더 오래 머문다.
- 당신의 계획(휴가, 출산, 일)에 자신을 포함시킨다.
- 다른 가족구성원에 대한 험담을 하거나 부정적인 얘기를 하거나 너무 많은 정보를 알려준다.
- 당신이 불리길 원하는 이름이나 대명사로 인정하지 않거나 성정체성을 존중하길 거부한다.
- 당신의 허락 없이 개인정보나 사진을 공유한다.
- 당신을 아낀다는 이유로 상처받는 말을 한다.
- 당신이나 당신의 아이들에게 포옹이나 뽀뽀를 강요한다.
- 당신의 공간을 장악한다(당신의 서랍을 다시 정리하거나 장식품을 선물한다).
- 당신의 아이들을 양육하려 한다.
- 당신의 인간관계나 사생활에 간섭한다.
- 함께 보내는 시간에 대해 불합리한 기대를 갖고 있다(너무 잦은 저녁 식사를 원하거나 연휴에 함께 보내길 바란다).
- 당신의 아이들이 방문할 때 음식이나 영상 시간, 비디오게임 등에 관한 당신의 규칙을 존중하지 않는다.
- 터무니없는 방식으로 돈이나 차, 다른 소유물을 빌려 간다.
- 당신이 당연히 그들의 아이를 돌보거나 개를 돌보거나 다른 돌봄 일을 도와줄 거라고 생각한다.

- 당신의 집에서 밥을 먹고 빨래를 하거나 자고 가는 등 무분별하게 오래 시간을 보낸다.
- 혼자 있는 시간이나 자기 관리를 위한 시간을 방해한다.
- 연락이나 허락 없이 당신의 집에 마음대로 들어간다.
- 인간관계나 자녀 계획, 진로, 종교 등에 대한 토론을 강요한다.
- 가족 모임이나 휴일, 기타 행사에 참석하기를 강요한다.

내가 직접 바운더리를 세워보기도 하고 다른 사람들이 바운더리를 세우도록 도와주다 보니 가족구성원과 발생하는 바운더리 문제는 주로 부모와 배우자의 부모, 조부모, 다른 가족구성원이라는 세 가지 범주로 분류된다는 걸 알게 되었다.

### 부모와 배우자의 부모

우리가 부모나 배우자의 부모와 설정하고 싶은 바운더리는 대부분 성인으로서의 내 삶과 공간, 시간, 가치관에 지나치게 간섭하는 것에서부터 비롯된다. 부모는 자녀의 관심과 헌신적인 사랑, 우선순위가 자녀의 파트너나 배우자에게로 바뀌는 것을 지켜보는 게 힘들 수 있으며, 질투심이나 경쟁심, 놓친 기회에 대한 후회가 일어날 수도 있다. 케일럽의 경우처럼, 부모가 과거의 패턴에서 벗어나지 못하고 성인이 된 자녀들에게 얼마나 피해를 주고 있는지 깨닫지 못하기도 한다. 이런 행동들에 대한 바운더리를 설정하는 것은 건강한 관계를 형성하기 위한 첫 단계다.

### 조부모

조부모와의 바운더리는 당신의 가정과 아이들을 위한 자율성, 안정감, 일관성을 유지하도록 돕기 위한 것이다. 조부모는 자녀를 양육하는 방식에 대해 의견이 다를 수 있는데, 때로는 그들의 의견이 당신의 규칙이나 양육 방식, 지침 등과 모순될 수 있다. 당신이 너무 엄격하다고 생각하든("아이스크림 한 번 먹는다고 어떻게 안 돼.") 너무 관대하다고 생각하든("차에서 아이패드를 보게 한다고?") 아이들의 행동에 대해 조부모와 건강한 바운더리를 설정하면, 그들이 방문할 때 더 편안하고 즐거운 시간을 보낼 수 있다.

### 다른 가족구성원

이모에게 식사 자리에서 정치 이야기를 그만하라고 요구하든, 남동생에게 이제 그만 내 소파에서 일어나라고 얘기하든, 다른 가족구성원과 바운더리를 설정하는 것은 처음에는 충격파를 일으키기도 한다. 앞서 배운 '명확한 것이 친절하다'라는 말을 기억하자. 바운더리는 가족 역학 관계를 개선하는 것이기 때문에 이기적인 게 아니라는 사실을 다시 한번 상기하자. 또한 세대 간의 패턴을 바꾸려고 할 때는 인내심이 가장 중요하다. 하룻밤 사이에 바뀌지는 않겠지만 일관성만 있다면 상황은 변할 것이다.

## 각자의 부모는 각자 대응한다

나는 최근 커뮤니티 멤버들을 초대해 배우자의 부모와 설정한 최고의 바운더리를 공유하는 시간을 가졌다. 수많은 사연이 있었지만, 가장 좋아하는 글은 이것이다. "제가 출산한 바로 다음 날 시댁 부모님이 아무 말씀도 없이 우리 집을 방문하셨어요. 정말 바로 그다음 날이요. 그러고는 10일 동안 계실 거라고 말씀하셨죠."

'설마 진짜 그랬을 리가'라고 생각하는 사람도 있겠지만 나는 오랫동안 바운더리에 관한 조언을 해왔기 때문에 이제 배우자의 부모가 하는 어떤 행동에도 잘 놀라지 않는다. 그들은 마음대로 당신의 휴가에 따라가기도 하고, 부부간 말다툼에 개입하기도 하며, 당신이 분명하게 얘기했는데도 아이들에게 설탕과 인공 염료를 먹이기도 한다.

내가 제시하는 바운더리의 말들은 당신의 부모와 배우자의 부모 모두에게 적용할 수 있지만, 배우자의 부모인 경우 바운더리 공식이 한층 더 복잡해진다. 당신이 지금 경험하고 있는, 바운더리를 침범하고 조종하며 수동적으로 공격하는 패턴들이 당신의 배우자나 파트너에게는 너무 익숙한 것들이기 때문이다. 아마 당신의 파트너는 어린 시절부터 이와 같은 경험을 했을 것이다. 그리고 가족들의 부당한 요구나 간섭을 받아들이며 사는 법을 배웠을 가능성이 매우 크다.

당신이 나타나기 전까지는 말이다.

만약 당신이 역학 관계의 변화를 주도하는 사람이라면, 주도권을 잡고 이끄는 과정에서 많은 지뢰를 만날 수 있음을 기억하자. 첫째, 당신이 이 이야기에서 악당이 될 수 있다. 배우자의 부모는 당신이 풍파를 일으키고 평화를 깨뜨리며 그들과 자신의 아이 사이에 끼어들어 몇십 년 동안 누렸던 특권을 빼앗아가려고 한다고 느낄지도 모른다. 그들은 당연히 탐탁지 않아 할 것이다. 둘째, 당신의 배우자에게는 이러한 갈등이 당신의 요구와 부모의 감정 중 하나를 선택하라고 강요하는 것으로 느껴질 수 있다. 특히 배우자의 부모가 이건 누군가의 편을 들어야 하는 싸움이라고 주장한다면, 더욱 난처한 입장에 처할 것이다.

당신의 배우자는 그저 평화를 유지하기 바라며 모두를 달래기 위해 최선을 다하고 있다. 한편 당신은 합리적인 당신의 바운더리를 존중해 주길 바랄 뿐이다. 그리고 배우자의 부모는 그들이 원하는 걸 얻기 위해 자녀를 조종할 것이다. 당신과 배우자가 진정한 한 팀이 되지 않는다면 말이다. 배우자의 부모에 관해 내가 '배우자 부모 규칙'이라고 부르는 대단히 중요한 규칙이 하나 있다.

공동전선을 펴되, 각자의 부모는 각자 다룬다.

비록 바운더리가 당신에게서 비롯된 것일지라도 두 사람 모두 이것이 커플로서 설정해야 하는 건강한 바운더리라는 데 동의해야 가장 효과적으로 실행할 수 있다. 배우자의 부모와 대화를 나누는 일은 배우자가 맡아야 한다. 그때 배우자는 이것이 당신의 생각이라고 말해선 안 된다. "음, 테일러가 혹시 이렇게 하면 어떨까 하던데…"와 같은 말을 하는 건 당신을 곤경에 빠뜨리는 일이고 즉시 공동의 주장을 약화한다. 당신의 배우자는 두 사람 모두가 이 바운더리를 원한다는 사실을 보여줘야 한다. 만약 두 사람의 의견이 나뉜다면 고압적인 부모로부터 바운더리를 효과적으로 지킬 수 없다.

배우자가 부모에게 이렇게 설명하는 게 가장 이상적이다. "저희는 ○○를 지켜주셨으면 좋겠어요. 저희 두 사람 모두 이 문제에 동의하고 이 바운더리를 유지할 거예요. 우리의 바운더리를 지켜주지 않으시면 그에 따른 조치를 취할 수밖에 없어요." 그러나 당신의 배우자가 이렇게 얘기하는 걸 너무 불편해한다면, 당신이 직접 운전대를 잡아야 할 수도 있다. 그런 상황이 온다면 당신은 두 가지 일을 해야 한다. 첫째, 비록 당신이 혼자 이야기하고 있지만 이 바운더리 문제에 대해 배우자의 전폭적인 지지를 받고 있다는 것을 배우자에게 확인한다. 둘째, 이 대화를 하는 동안 당신의 배우자가 어떻게 당신을 도울 수 있는지 물어본다. 만약 옆에서 조용히 당신을 지지하는 것도 할 수 없다면 (최소한 배우자의 부모가 "너도 이렇게 하길 원하니?"라고 물으며 쐐기를 박으려 할 때 "네, 저도 테일러랑 생각이 같아요."라고 얘기해야 한다), 당신은 결국 버림받고 배신당한 기분이 들 것이다.

## 배우자 부모 규칙의 예외

때로는 배우자가 당신의 부모와 대화를 나누는 게 더 나을 때도 있다. 만약 당신의 배우자가 남성이고, 당신의 부모가 남성적 권위를 더 존중한다면, 그가 바운더리를 설정해야 한다(마음에 들지 않지만, 이런 체계를 이용하자). 반대의 상황도 가능하다. (예를 들어, 당신이 의사나 심리학자라면) 배우자의 부모가 당신의 전문적 견해를 더 존중하며 기꺼이 부탁을 들어줄 수도 있다. 만약 그런 경우라면, 당신이 어떤 수단을 써서라도 이 일을 완수한다.

그러나 두 사람이 적절한 바운더리에 동의하지 못한다면 어떻게 해야 할까? 당신의 아내는 장모가 불시에 들르는 것을 좋아하지만, 당신은 그렇지 않다. 또는 당신의 남편은 아이가 태어나자마자 시어머니가 방문하길 바라지만, 당신은 아이와 유대감을 형성할 조용한 시간을 원한다. 이럴 때는 당신의 배우자와 솔직한 대화를 나누는 게 가장 좋다. 이 행동으로 당신이 어떤 감정을 느끼는지, 이것이 어떻게 당신과 가족에게 부정적인 영향을 미치는지 이야기를 나눈다(뒤이어 나올 '마법의 숫자'라는 방법을 참고하자). 바운더리를 침해하는 행동은 여러 관계—당신과 배우자의 관계, 아이들과 조부모와의 관계, 당신과 배우자의 부모와의 관계—에 영향을 줄 수 있기 때문에 분명하게 설명하는 게 좋다. 그런 다음 그 대화를 바탕으로 당신이 설정하고 싶은 바운더리를 지지할 수 있는지 배우자에게 물어본다.

만약 여전히 동의할 수 없다면 타협점을 찾는다. 어떤 상황에서도 항상 타협점은 존재한다. 만약 당신의 장모가 연락하지 않고 집을 방문할 때 당신에게 이미 일정이 있다면, 당신은 꼭 장모를 만나지 않아도 된다고 타협한다. 그것은 당신의 아내가 책임질 일이다. 아이가 태어나고 나면 시부모가 며칠 정도 함께 지내는 게 적당할지 미리 의논하거나 그들이 가까이 지낼 수 있도록 근처 호텔이나 숙소를 예약해드린다. 창의적인 방법을 생각해보자. 비록 전통적인 방식이 아니고 당신의 가족이 한 번도 시도해본 적 없는 방식이라도 당신이 하고 싶은 대로 할 수 있다(뒤에 나오는 YCDIAWYW를 참고하자). 당신과 당신의 배우자가 모두 동의하는 바운더리를 설정할 때까지는 다른 사람들과 바운더리에 관련된 대화를 나눌 이유가 없다. 한 팀으로서 두 사람 모두에게 적절한 바운더리를 제시할 수 있을 때까지 충분한 시간을 갖자.

## 마법의 숫자

수년 동안 어려운 결정을 내릴 때 이 방법이 큰 도움이 되었다. 차근차근 따라 해 보자. 먼저 스스로에게 다음과 같이 묻는다. "1부터 10까지의 척도로 장모가 연락도 없이 찾아오는 게 얼마나 신경 쓰이는가? 가장 짜증 나는 10인가? 아니면 불쾌하지만 어쩔 수 없는 3인가?" 그런 다음 당신의 배우자에게도 질문한다. "당신의 어머니가 연락 없이 오시고 싶을 때 언제든 오시게 하는 게 얼마나 중요해?" 상대방의 의견에 영향을 받지 않기 위해 서로의 대답을 공유하지 않고 동시에 결정한다. 그런 다음 숫자를 비교한다. 만약 당신은 7만큼 괴로운데, 당신의 배우자는 3만큼 신경 쓰인다면 바운더리를 설정하는 데 도움이 될 것이다. 당신의 장모는 도착하기 10분 전이라도 미리 연락을 해야 한다. 만약 만삭인 아내가 출산할 때 장모가 옆에 있길 바라는 마음이 8이고, 당신은 장모가 도움이 될지 안 될지 확실하지 않아서 5라면, 아내가 안전함을 느끼도록 장모를 모셔온다.

두 사람 모두 자신의 마음을 들여다보고, 솔직하게 한 팀으로서 두 사람에게 가장 좋은 바운더리를 설정하려고 한다면(단지 이기기 위해서가 아니라 말이다), 바운더리와 관련된 대화를 나눌 때 이 간단한 방법이 큰 도움이 될 것이다.

---

여기서 언급하는 대부분의 내용은 배우자의 부모를 암시하고 있지만, 모든 것은 당신의 부모에게도 적용된다(어쨌거나 당신의 부모도 배우자에게는 친부모가 아니니까 말이다!). 만약 당신의 부모가 지나치게 간섭하는 쪽이라면, 지금 내가 설명한 내용을 숙지하고, 뒤에 나올 스크립트를 꼭 읽어보자. 이를 통해 당신의 배우자를 제대로 지지할 수 있고, 배우자 또한 당신의 부모와의 상황에 적용할 수 있는 팁을 얻을 수 있다.

## '할머니'와의 전쟁

앞서 여러 차례 언급했듯이, 아이들이 태어나고 나면 부모와 바운더리를 설정하는 데 더 큰 어려움이 생긴다. 우리 엄마는 종종 외할머니의 조언이 얼마나 도움이 되었는지 모른다고 얘기한다. 외할머니는 개입하거나 과잉 육아를 하지 않고 엄마와 아빠를 도와주고 지지해주었다. 외할머니의 철학은 "나는 부모로서 내 역할을 다했고 이제 네 차례다. 그러니 나는 내 일에만 신경 쓸 거야."였다. 감사하게도 우리 부모님 역시 (대부분) 이런 철학을 따르고 있지만, 내 공동 육아 방침과 아이를 위해 내린 다른 결정들에 지나치게 간섭할 때는 몇 가지 바운더리를 설정해야 했다. 나에게 보낸 메시지들을 보면, 많은 사람들 또한 비슷한 경험을 하고 있음을 알 수 있다.

- "부모님께 아이들에게 포옹을 강요하지 말라고 어떻게 얘기해야 할까요?"
- "엄마가 저보다 심하게 제 아이들을 훈육하려고 할 때 어떤 말을 해야 할까요?"
- "부모님은 제 루틴이 지나치게 엄격하다고 생각해요. 그러나 제가 아이들의 엄마인걸요."
- "제가 안 된다고 얘기했는데도 부모님이 아이들에게 설탕이 가득한 간식을 먹이는 게 싫어요."

어쩌면 육아의 가장 좋은 부분은 모두 할머니와 할아버지가 누리는 것처럼 보인다. 손주들이 바라는 장난감을 전부 사주고, 원하는 간식은 다 먹게 하며, 자러 가는 시간도 늦춰주면서 정작 아이들이 피곤해서 짜증 내고 보채기 시작하면 부모에게로 보내버린다. 나는 "저한테는 아이들을 응석받이로 키울 권리가 있다고요!"라고 말하는 할머니, 할아버지를 많이 만났다(어린 시절의 당신에게는 절대 허락하지 않았던 모든 것을 손주에게 해주는 셈이다).

게다가 세대 간의 패턴을 고려할 때 당신의 부모는 당신을 '이 어린 아이를 성공적으로 키울 수 있는 어엿한 성인'으로 보지 않을 수도 있다. 그들의 부모가 그들에게 했을 때는 (아마도) 매우 싫어했음에도 불구하고, 당신이 육아하는 모습을 보며 수년간의 지혜와 경험을 나눠주고 싶었는지도 모른다. 물론 우리가 부모의 조언을 바라는 경우도 있다. "엄마, 슈퍼마켓 계산대에서 어린 내가 어떻게 사탕에 관심을 갖지 않게 했는지 제발 알려주세요." 그러나 다른 영역에서는 그들이 그랬던 것처럼, 당신도 스스로 방법을 깨우쳐가길 바랄 것이다.

또한 부모가 당신을 키운 방식과 당신이 자녀를 키우고자 하는 방식이 다를 수 있다. 나는 매우 권위적인 부모 아래서 자랐다. 엄마는 마트 한가운데서 나와 협상을 하는 분이 아니었다. 떼를 쓰다가도 내가 정신을 차리고 그만두지 않으면 엄마는 마트 7번 통로에 물건이 가득한 카트를 그대로 두고 우리를 집으로 끌고 가버렸다. 당신이 더 부드러운 육아 방식을 선호한다거나 다이어트 문화를 단호하게 거부한다거나 신체의 자율성과 허락을 중요하게 여긴다면, 할머니가 당신의 자녀에게 "혼자 방에 가서 생각하는 시간을 가져.""밥을 두 숟가락 더 먹지 않으면 간식은 못 먹어.""할머니 좀 안아줄래?"라고 얘기하는 게 지나치게 선을 넘는다거나 해롭다고 느낄지도 모른다.

이를 해결해나가는 첫 단계는 할머니, 할아버지와 한 번 이상 전반적인 대화를 나누는 것이다. 아들이 태어난 지 몇 달밖에 되지 않았을 때 나는 엄마에게 이렇게 말했다. "최근에야 엄마도 나를 처음 키웠을 때는 아무것도 몰랐을지도 모른다는 생각이 들었어요. 그렇죠?" 그러자 엄마는 웃으며 이렇게 답했다. "멀리사, 아마 알고 아이를 키우는 사람은 아무도 없을 거야." 부모가 당신을 키우기 위해 최선을 다한 방식을 인정하는 것처럼, 두 사람 사이의 공통점을 찾는 게 도움이 될 수 있다. 그리고 내가 그랬던 것처럼 이렇게 덧붙일 수 있다. "어쩌면 나는 엄마가 했던 방식대로 따르지 않을 수도 있지만 나도 스스로 방법을 찾아가고 싶어요. 엄마의 조언이나 도움이 필요하면 언제든지 물어볼게요."(그리고 나는 진짜 그렇게 했다. 특히 일요일 오후가 되면 옷도 벗지 않은 채 욕조에 웅크리고 앉아 눈물을 쏟으며 엄마에게 전화했다. 육아는 때때로 그런 것이다.)

지금 당신의 부모는 손주를 훈육하거나 행동을 교정해줌으로써 당신의 짐을 덜어주고 있다고 생각할 수도 있다. 이런 일이 발생하는 그 순간에 바로 대화를 나누는 게 가장 이상적이다. "엄마, 제가 있을 때는 제가 부모 역할을 하게 해주세요. 이제 그건 엄마의 일이 아니니까 편안히 앉아 쉬면서 손주와 보내는 시간을 즐기시면 좋겠어요."라고 말해보자. 아이들의 취침 시간이나 TV 시청 시간, 식사 시간에 허용 가능한 행동 기준이 당신의 부모와 다를 수 있다. 아이 앞에서 "괜찮아요, 엄마. 우리 집에서는 이렇게 하고 있어요."라고 설명한다면, 아이도 안정감을 느끼고 아이의 할머니와 할아버지에게도 당신의 집에서는 당신의 규칙을 따른다는 사실을 부드럽게 상기시킬 수 있다.

> ## 그 집에서는 그들의 규칙을
>
> 아이들이 당신 없이 할머니와 할아버지 집에서 시간을 보낼 때 곤란한 상황이 일어날 수 있다. 나는 아이에게 위험하거나 건강하지 않은 일이 아니라면 언제나 '당신의 집에서는 당신의 규칙'을 따른다. 예를 들어, 우리 집에서는 아들이 오전 6시 30분에 일어나서 놀기 시작하지만, 할머니 집에서는 오전 7시까지 방에서 머물게 한다. 할머니 집에서는 할머니의 규칙을 따라야 한다. 아침 식사 시간에는 게임을 하지 못하고, 차에서 간식을 먹을 수 없는 규칙도 마찬가지다. 그러나 아이스크림을 정말 좋아하는 할아버지와는 바운더리를 설정해야 한다. "아이에게 유제품은 절대 먹이지 마세요. 유제품을 먹으면 아토피가 심해지거든요. 아이스크림 대신 다른 간식거리를 주면 돼요." 할머니 집의 규칙 때문에 아이를 집으로 데리고 와야 하는 시간에 힘들어진다면 바운더리를 반드시 설정하는 게 좋다. 늦은 시간까지 잠을 자지 않거나 설탕을 마구 섭취하고 TV를 오랫동안 보는 행동에 대해서는 아이들이 할머니와 할아버지의 영역에 있더라도 바운더리를 설정해야 한다.

결국 당신의 부모가 당신의 육아 방식이나 규칙 등에 동의하지 않더라도, 이건 당신의 인생이자 아이는 당신의 아이고, 더는 간섭하지 않고 각자의 일에만 신경 써야 할 때임을 부모에게 상기시켜야 한다. 이를 더 완곡하게 표현할 수도 있겠지만, 꼭 그럴 필요는 없다.

## 가족에게 신세를 졌을 때

당신에게 돈을 빌려주었거나 그들의 집에서 얹혀살게 해주었거나 일자리를 구해주는 것처럼 당신에게 호의를 베푼 가족구성원과 바운더리를 설정해야 할 때도 있다.

호의에는 부담감 등 여러 감정이 복잡하게 뒤섞여 있을 수 있다. 호의를 베푸는 사람은 도와주고 싶은 마음이 있어도(또는 의무감을 느껴도) 이 부탁으로 인해 관계가 변하거나 자신이 100퍼센트 편안하지 않은 일을 해야 할까 봐 걱정한다. 부탁하는 입장인 사람도 부탁을 거절당하거나 그 대가가 너무 클까 봐 똑같이 두려워한다. 호의는 어떤 요구나 상대방을 조종하려는 마음이 없는 건강한 환경에서 베풀 수 있다. 그러나 비용이나 빚, 위협이 동반되는 호의는 유해하게 변한다. 그리고 '너는 나에게 신세를 졌기' 때문에 바운더리를 설정할 수 없다고 얘기하기도 한다. 물론 당신은 감사함을 느낄 것이다. 그리고 상대가 당신에게 큰 도움을 준 것도 사실이다. 그러나 호의를 베풀었다고 해서 당신 삶의 모든 영역에 마음대로 개입할 수 있다는 의미는 아니다. 과연 그들에게도 이렇게 얘기할 수 있을까?

협상을 하기 전에 두 사람이 동의하는 것에 대해 구체적인 대화를 나누는 게 이상적이다. 이렇게 생각해보자. 만약 가족구성원이 당신을 위해 기꺼이 큰 부탁을 들어준다면 그것은 아마도 당신을 아끼고 도와주고 싶기 때문일 것이다. 이것은 그들이 할 수 있는 만큼 도움을 줌으로써 당신과의 관계를 돈독하게 하고 싶다는 증거다. 그 대가로 당신은 명확한 기대치를 설정하고 호의를 받은 뒤 바운더리를 유지함으로써 건강한 관계를 유지할 수 있다. "이 부탁을 들어주는 대신에 제가 할 수 있는 일이 있을까요?"라든가 "여기서부터 일을 진행할 때 제가 알아서 해도 괜찮을까요? 아니면 제가 상의하길 원하시나요?"라고 미리 물어본다. "도와주셔서 정말 감사하지만, 이로 인한 어떤 기대나 나중에 화를 낼 가능성이 없을 때만 받을 수 있을 것 같아요. 아무런 조건 없이 저를 도와주시는 게 정말 불편하지 않으신가요? 시간을 가지고 천천히 생각해봐주세요. 저한테는 부탁을 들어주시는 것보다 우리의 관계가 더 중요하거든요."처럼 조건이 붙을 수 있는 가능성에 대해 매우 구체적으로 물어볼 수 있다.

또한 이런 상황에서는 솔직하게 말하는 것이 중요하다. 지금은 빙빙 돌려 말하거나 추측할 때가 아니다. 결혼식을 100퍼센트 내 방식대로 계획할 수 있을 경우에만 부모님의 도움을 받겠다면, 이를 정확히 표현하거나 협상할 수 있는 부분을 공유해야 한다. 만약 계약금에 대한 도움을 받고 싶지만, 당신의 집 앞에 그들의 캠핑카를 주차해둘 수 없다면 솔직하게 이야기한다. 호의를 베풀기 전에 이런 대화를 많이 나눌수록 그만한 가치가 있는 일인지 결정하기가 수월하다. 양쪽 모두의 기대를 충족하면 바운더리를 설정하기가 쉬워질 것이다.

당신이 이미 도움을 받고 있는 상황이라도 여전히 바운더리를 설정할 수 있다. 특히 이 도움이 그 사람과의 관계에 큰 타격을 주고 있다면 더욱 그렇다. 만약 당신이 돈을 갚고 있다면, 이 상환은 당신이 동의한 교환이다. 그들이 집을 사도록 도와준 건 사실이지만, 그렇다고 해서 집에 무제한으로 접근할 권리가 있는 것은 아님을 분명히 하라. 만약 상대가 요구하는 대가가 눈에 보이지 않거나 예상치 못하게 늘어났다면, 이를 조절하는 대화를 나눈다. "결혼식에 도움을 주셔서 정말 감사하지만, 날짜가 가까워질수록 계획에 더 관여하고 싶어 하시는 것 같아요. 도와주신다고 했을 때 그런 기대를 하고 계신 줄 몰랐으니 지금 이야기를 나눠보는 게 어때요? 그럼 크리스와 함께 결정을 내릴게요."

## 반발에 대비하기

당신에게 호의를 베풀었거나 베풀고 있는 사람과 바운더리에 관한 대화를 시작하려 할 때, 당신에게 죄책감을 느끼게 할 가능성이 크다. 그들은 당신을 배은망덕하고 이기적이며 '날 이용한 사람'이라고 생각할 수 있다. 그러나 다른 사람들이 당신의 분명하고 친절한 바운더리에 어떻게 반응하는지는 당신의 몫이 아님을 기억하자. 만약 당신이 호의에 감사한 마음을 갖고, 두 사람이 동의한 방식으로 보답했지만, 호의를 베푼 사람이 당신이 절대 동의하지 않았을 조건을 기대한다면 바운더리를 설정해야 할 때다. 그로 인해 기대할 수 있는 최고의 결과는 그들이 선을 넘었다는 사실을 깨닫고 그런 일을 반복하지 않는 것이다. 중간 수준의 결과는 그 일에 대해 투덜대겠지만 마지못해 당신의 말을 따르는 것이다. 최악의 결과는 그가 당신의 이기적인 태도에 분노해서 당신과의 관계를 끊고(일시적일 가능성이 크다) 다시는 부탁을 할 수 없게 되는 것이다. 정말 그러길 원하는가? 정신 건강과 관계를 위해 얼마나 뒤로 물러날 수 있는지는 오직 당신만이 결정할 수 있다.

만약 호의에 대한 보이지 않는 요구가 건강한 바운더리 설정을 불가능하게 만든다면, 최후의 수단으로 그 상황에서 벗어나기 위해 당신이 할 수 있는 일을 고민해보자. 부모에게 돈을 갚기 위해 은행에서 돈을 빌릴 수 있는가? 호화로운 결혼식은 아니더라도 당신이 원하는 대로 진행하기 위해 스스로 결혼 비용을 지불할 수 있는가? 만약 상대가 몇 년 전에 베푼 호의를 빌미로 여전히 빚진 기분이 들게 한다면, 이 문제에 대해 이야기하고 바운더리를 설정할 수 있는가? "마지막 학비를 내주신 덕분에 제가 일을 하지 않아도 되었다는 걸 기억하고 있어요. 항상 감사하게 생각해요. 하지만 지난 몇 년 동안 제가 아무리 감사한 마음을 표현해도 충분하다고 여기시지 않는 것 같고, 마치 평생 빚진 듯한 기분이 들게 하시니까 우리 관계가 더 나아가기 쉽지 않아요. 혹시 이 시점에서 저에게 더 기대하는 게 있으신가요? 그렇지 않으면, 이제 그 일로 더는 죄책감을 느끼고 싶지 않아요."

## 가족 간의 바운더리와 준비 팁

이혼한 뒤에도 여전히 다투는 부모를 둔 케일럽의 이야기로 돌아가 보자. 그는 엄마와 아빠 모두와 바운더리를 설정할 필요가 있다. 그러나 지금까지 "엄마, 제발 그만하세요. 이런 이야기는 정말 듣고 싶지 않아요."와 같은 이야기를 해도 아무런 소용이 없었다. 나는 그와 대화를 나누는 동안 오래된 패턴은 깨지는 데 시간이 걸리고, 바운더리는 더 명확해야 하며, 필요에 따라 반복해서 전달해야 할 뿐만 아니라 바운더리가 존중되지 않으면 그에 따른 조치를 실행하는 게 중요함을 강조했다.

케일럽에게 준 구체적인 바운더리의 말들은 뒤에서 확인할 수 있다. 여기에는 반복과 바운더리 경보, 바운더리가 존중되지 않을 때 케일럽이 시도할 수 있는 적절한 행동 등이 포함되어 있다. 케일럽은 추수감사절에 이를 부모님에게 시도해보기로 마음먹었다. 나는 한 번의 대화로 문제를 해결할 수는 없을 거라고 조언했다. 그러나 케일럽과 그의 아내는 더 이상 감정 쓰레기통이 되지 않아도 되는 스크립트와 지침을 지니고 있으니 잘 대처할 것이다.

케일럽에게 이야기했던 것처럼 당신에게도 솔직히 이야기하면, 가족과 바운더리를 설정하는 게 가장 힘들다. 특히 당신이 그들을 사랑한다면 말이다. 당신은 그들을 도와주고 편안하게 해주며, 평화롭게 해주고 싶을 것이다. 만약 당신의 가족이 과거에 바운더리 설정을 경험해보지 못했다면, 건강한 바운더리를 설정하는 사람을 지지하지 않을 가능성이 크다. 이런 이야기를 하는 것은 바운더리를 시도할 때 부작용이 일어날 수 있기 때문이다. 가족구성원이 모두 당신에게 맞서거나 당신을 배제할 수도 있다. 바운더리를 설정하는 것에 대해 죄책감이나 불안감을 느끼게 할 수도 있다. 가족 간 갈등이 커질 수도 있고, 가족구성원이나 가족 행사를 피하고 싶어질 수도 있다. 당신은 까다로운 사람으로 낙인찍힐 수 있다.

그러나 용기를 내자. 모두에게 이로운 분명하고 건강한 바운더리로 이끌어줄 많은 스크립트를 준비했다.

### 당신이 원하는 게 무엇인지 파악한다

다시 강조하지만, 시간을 내 당신의 경계선이 어디인지, 당신이 진짜 원하는 게 무엇인지 고민하지 않는다면 효과적인 바운더리를 설정할 수 없다. 당신은 연휴 기간에 네 군데의 다른 집을 방문하는 게 얼마나 힘든지 알고 있다. 당신은 어떻게 하고 싶으며, 당신이 바라는 연휴는 어떤 모습인가? 다른 사람들과 바운더리를 설정하기 전에 우선 (적절한 경우, 배우자 그리고 아이들과 함께) 이를 명확히 하는 게 중요하다.

### 사소한 것부터 시작한다

가족의 역학을 한 번에 바꿔줄 거대한 바운더리부터 시작할 필요는 없다. 덜 위협적인 것부터 연습하고 작은 승리를 거둔 뒤, 그 자신감과 경험을 바탕으로 "제발 우리한테 말하지 않고 비행기를 타고 오지 마세요."라는 대화로 넘어가자.

### 타이밍을 잘 맞춘다

이런 대화는 아이가 태어나기 '전', 부모님이 연락도 없이 방문하기 '전', 연휴가 시작되기 '전', 당신이 휴가 계획을 공유하기 '전'처럼 바운더리 문제가 발생하기 전 평화로운 시기에 나누는 게 좋다.

### 바운더리를 반복해 이야기할 준비를 한다

가족처럼 오래 지속된 관계에서는 하나의 바운더리로 문제를 해결하기 힘들다. 만약 깊이 자리 잡은 행동의 패턴을 바꾸려 한다면, 당신의 바운더리를 계속해서 일관되게 이야기할 준비를 해야 한다. 가족구성원들도 이 새로운 역학 관계를 수용하기 위해 뇌를 재구성할 시간이 필요하다.

### 당신의 감정을 우선시한다

바운더리가 없을 때 당신은 가족들에게 "네 감정이 내 감정보다 더 중요해."라고 얘기해왔을지도 모른다. 그러나 당신의 건강과 행복을 우선순위에 두는 건 이기적인 행동이 아니다. "다른 사람을 편안하게 해주기 위해 나 자신을 기꺼이 배신할 수 있는가?"라고 스스로 물어보자. 만약 대답이 '아니오'라면 제발 바운더리를 세우자.

### 죄책감과 평가, 비난을 거부한다

가족구성원이 당신의 요구를 받아들이고 이에 대해 이야기할 기회를 주되(하지만 당신의 마음을 바꾸게 내버려두지는 않는다), 당신이 크리스마스를 망친 사람이라고 믿게 놔두지는 말자. 당신의 바운더리가 명확하고 친절하며 가족 관계를 개선하기 위한 거라면, 다른 사람들이 이 바운더리를 마음에 들어 하지 않더라도 그건 당신이 신경 쓸 일이 아니다. 스스로를 후대를 위해 가족의 역기능적인 역학 관계를 변화시키는 개척자로 여기자. 쉽지 않겠지만 그럴 만한 가치가 있을 것이다.

### 금방 쉬워진다

대부분의 경우, 바운더리를 실행하기 위한 첫 경험이 어색하고 불편하게 느껴질 것이다. 그러나 상상하는 것보다 금방 익숙해진다. 처음에 불편함을 극복할 수 있다면, 그다음부터는 순조롭게 나아갈 수 있다.

가족들과 바운더리를 설정하고 나면 당신의 에너지와 정신 건강, 시간, 물리적 공간에 놀라운 변화가 일어날 것이다. 게다가 당신이 바운더리 설정에 성공하고 나면, 다른 가족구성원에게도 긍정적인 영향을 미친다. 가족들과 함께 보내는 시간이 얼마나 더 편안하고 행복하며 위안이 될지 생각해보자. 당신은 할 수 있다! 당신이 올바른 표현을 찾을 수 있도록 지금부터 함께 스크립트를 살펴보자.

## 부모와 배우자의 부모와의
## 바운더리를 세우기 위한 말들

앞서 언급했듯이, 양가 부모님과 바운더리를 설정하는 일은 배우자를 설득하고, 단합된 모습을 보여주고, 파트너십을 유지하며, 같은 의견을 고수해야 하는 복잡한 과정이다. 그러나 가치가 있는 일임은 분명하다. 당신의 부모나 배우자의 부모가 처음부터 당신과 배우자 사이를 틀어지게(큰일이든 사소한 일이든) 하고 있을지도 모른다. 당신의 배우자는 "우리 부모님은 원래 그런 분들이야. 바뀌지 않아."라고 말한다. 반면에 당신은 "그들이 원하는 대로 하기 위해 그런 식으로 당신을 훈련시킨 거야."라고 생각한다. 이런 상황에 바운더리를 설정하면, 배우자와의 관계에 엄청난 변화가 일어난다. 어느 누구도 한쪽 편을 들 필요가 없고, 평화롭게 공존할 수 있으며, 불안감이나 압박감, 분노를 느끼지 않고 서로를 방문할 수 있다.

Q. 부모님은 이혼한 지 오래되었지만 여전히 제 앞에서 서로에 대해 안 좋은 얘기를 늘어놓으십니다. 심지어 저를 끌어들여서 한쪽 편을 선택하게 만들어요. 저는 두 분 모두 사랑하지만 그들의 일에 끼어들고 싶지 않습니다. 이 문제에 어떤 바운더리를 설정할 수 있을까요?

**초록색** "엄마, 제 앞에서 아빠에 대한 이야기는 하지 마세요. 저는 두 분 다 사랑하기 때문에 그런 이야기를 듣고 싶지 않아요." 주제를 전환한다.

**노란색** "엄마, 제 앞에서 아빠 이야기는 하지 말라고 부탁드렸잖아요. 그만 이야기하세요." 필요에 따라 반복한다.

**빨간색** "엄마, 멈춰요. 저는 이 이야기를 듣지 않을 거예요. 잠시 나갔다 올게요." 산책을 하러 나가거나 다른 방으로 자리를 옮긴다.

── 이것은 내가 케일럽과 대화를 나누며 공유한 스크립트다. 당신은 부모님이 어떤 감정을 느끼게 하거나 어떤 행동을 하게 만들 수는 없다는 것을 기억하자. "엄마, 이제 그만 잊으세요."라든가 "아빠, 아직도 화를 내시면 어떡해요."처럼 그들의 행동을 바꾸는 데 중점을 둬선 안 된다. 당신이 세운 바운더리는 당신의 한계선에 중점을 둬야 한다. 케일럽과 같은 상황이라면 당신은 부모님의 대화에 개입하고 싶지 않을 것이다. 이건 나 역시 이혼한 부모를 둔 사람으로서 애정을 담아 제공한 스크립트다.

> Q. 시댁 식구들이 항상 연락도 없이 집에 불쑥 찾아와요. 연락을 해달라고 부탁드렸지만, '근처에 왔다'는 이유로 불쑥 찾아오시죠. 특히 바쁜 주말에는 계획에 큰 지장을 주는데, 시부모님에게 연락을 먼저 해달라고 어떻게 명확하게 말씀드려야 할지 모르겠어요.

**초록색** (당신의 배우자가 부모에게 말한다.) "사라와 대화를 나눠봤는데, 저희는 부모님이 오시기 전에 전화를 해주셨으면 해요. 연락도 없이 불쑥 나타나시면 저희 계획이 엉망이 되어서 힘들어요. 우선 우리가 시간이 되는지 전화 한 통만 해주세요."

**노란색** (그들이 집 앞에 도착했을 때) "먼저 연락을 해주셨으면 좋았을 텐데. 지금은 조금 바쁜데 어떡하죠? 아이들은 숙제 중이고 사라는 일하고 있어요. 저희가 나중에 연락드릴게요."

**빨간색** 문을 열지 않는다.

—— 초록색 단계의 바운더리를 얘기할 때 "우리가 시간이 되는지 먼저 연락을 주세요. 현관 앞에 도착하셔서 전화하시지 말고요."라고 더 자세히 설명해야 할 수도 있다. 또한 부모님이 이 상황을 이해할 때까지 몇 차례는 문을 열지 않아야 하는 경우도 있다. 문을 열지 않는 게 못된 행동처럼 느껴질 수 있지만, 만약 당신이 가족들과 영화를 보고 있거나 숙제/일을 하고 있거나 외출 준비를 하는 중이었다면 그들이 얼마나 무례한 행동을 한 것인지 생각해보라. 가족 여러분, 전화 한 통 하는 건 그렇게 어려운 일이 아니랍니다.

> Q. 부모님은 교회에 열심히 다니세요. 저는 십 대 시절부터 교회를 다니지 않았고, 남편은 신앙에 관심이 전혀 없어요. 우리가 부모님 댁에 방문할 때마다 부모님이 같이 교회에 나가자고 하세요. 이를 어떻게 정중하게 거절할 수 있을까요?

**초록색** (다음 방문 전에) "빨리 만나 뵈러 가고 싶지만, 저희는 엄마, 아빠와 교회에 참석하기는 힘들어요. 다음 주말에 또 물어보지 않게 지금 미리 말씀드리는 거예요. 대신 저희는 엄마, 아빠가 돌아오시면 바로 드실 수 있게 집에서 아침 식사를 준비하고 있을 게요."

**노란색** "이 문제에 대해서는 이미 이야기했잖아요. 저희는 교회에 가고 싶지 않아요. 강요하지 마세요. 저희 의견을 존중해주셨으면 좋겠어요."

**빨간색** "교회에 가지 않겠다는 저희 결정을 존중해주지 않는다면 지금 집으로 돌아갈 수밖에 없어요."

── 나는 개인적으로 부모가 자녀의 바운더리를 존중하지 않아서 방문을 꺼리게 되고 이런 논쟁이 가족 간의 불화를 촉발하는 계기가 되는 걸 목격했다. 교회를 가지 않는 평일에 방문하거나 집으로 돌아오는 비행기표를 토요일로 예약하거나 일요일 아침에 다른 일정을 세워 일찍 떠나는 등 이 문제를 아예 회피함으로써 자연스럽게 바운더리를 세울 수도 있다.

### 바운더리 자동화하기

스트레스를 유발하는 상황을 제거하는 것만으로 바운더리를 쉽게 설정할 수 있다. 어떤 사람들에게는 이것이 가장 도움이 되는 해결책이다. 만약 부모님이 당신이 토요일에 떠난다는 사실을 알면, 일요일 아침에 교회를 가지 않고 집에 있는 모습을 보지 않아도 되어 마음이 놓일 수도 있다. 그리고 당신도 스트레스받는 상황이 일어나지 않을 걸 알기 때문에 부모님과 보내는 시간을 온전히 즐길 수 있다. 전략적이면서도 친절하게 바운더리를 설정할 수 있는 방법이다.

Q. 부모님이 제가 아이를 낳자마자 저를 도와주기 위해서 우리와 함께 지낼 계획이라고 알려주셨어요. 우리를 만나러 오시는 건 환영하지만, 우리 가족끼리 집에서 며칠간 적응하는 시간을 갖고 난 뒤에 오셨으면 좋겠어요. 이 문제를 어떻게 해결해야 할까요?

**초록색** "엄마, 아빠가 아기를 만나러 오는 게 너무 반갑지만, 적어도 1주일 정도 저희가 집으로 돌아와 적응하고 난 뒤에 오셨으면 좋겠어요. 아이가 태어나고 나면 그때 다시 이야기하는 게 어떨까요?"

**노란색** "저희는 출산 직후에는 방문객을 받지 않기로 했어요. 엄마나 아빠라도요. 가족끼리 보내는 시간이 필요해요. 저희 의견을 존중해주셨으면 좋겠어요."

**빨간색** "저희가 초대하기 전에 오겠다고 하시면 우리 관계에 상처가 될 뿐만 아니라 아이도 보실 수 없을 거예요. 그런 일이 일어나지 않게 해주세요."

── 초록색 단계 바운더리에서 '적어도 1주일'이란 표현을 쓴 이유는, 추후에 가족끼리 보내야 할 시간이 더 필요하면 기간을 더 늘릴 수 있다는 여지를 부모님에게 미리 알릴 수 있기 때문이다. 반대로 만약 마음이 바뀐다면 언제든지 "엄마, 내 생각이 틀렸어요. 엄마의 도움이 필요해요."라고 말할 수도 있다. 그리고 만약 부모님이 당신이 준비가 되기 전 비행기를 타고 날아온다면, 호텔에서 지내시게 하는 수밖에 없다.

Q. 시댁 식구들은 언제나 우리 가족 휴가에 마음대로 따라오십니다. 2년 전에도 크루즈 여행에 따라오셨는데, 여러 복잡한 상황이 생겨 어느 누구도 즐거운 시간을 보내지 못했어요. 다음 여행을 계획 중이지만 이번에는 그런 일이 생기지 않았으면 좋겠어요. "시댁 식구들은 초대받지 못했어요."라고 어떻게 정중하게 얘기할 수 있을까요?

**초록색** "방금 다음 여행을 예약하기로 결정했어요. 1월에 1주일 동안 멕시코로 떠날 거예요. 이번 여행은 저희와 아이들만을 위한 여행인데, 아이들이 정말 기대에 부풀어 있어요."

**노란색** "이번 여행은 함께 가실 수 없어요. 아이들과 좋은 시간을 보내고 싶어서 이번엔 저희 넷만 가기로 약속했거든요."

**빨간색** "이번 여행에는 함께 가실 수 없어요. 그리고 이 문제는 논의 대상이 아니에요."

── 부모님이나 시부모님이 '서프라이즈'로 오두막집이나 해변가 별장, 호텔에 나타났다고 말하는 사람들도 있었다. 혹시 이럴 가능성이 있다면, 일부러 계획을 모호하게 세우자. "자세한 사항은 조금 있다 알려드릴게요."라든가 "저희는 이번에 아이들을 깜짝 놀라게 해주고 싶어서 아무에게도 얘기하지 않고 있어요."라고 얘기할 수도 있다. 당신이 어디로 떠나는지 알 수 없다면 그들도 몰래 따라올 수 없을 것이다(이것은 빨간색 단계를 넘어 보라색 단계의 바운더리다).

Q. 배우자의 부모님과 제 부모님 모두 이혼하셨기에 명절이면 네 가족을 따

로 방문해야 합니다. 네 집을 방문하다 보니 너무 바쁘고 우리 가족끼리 보낼 시간이 없어요. 벅차기는 하지만 어느 누구도 실망하게 하고 싶지 않아요.

**초록색** "크리스마스에 뵙기 위해 들르겠지만, 1시간 정도밖에 머물지 못할 거예요. 저녁에는 가족끼리 집에서 느긋한 시간을 보내고 싶거든요."

**노란색** "올해는 크리스마스이브(또는 크리스마스 다음 주말)에 찾아뵈려고 해요. 크리스마스에는 아무 계획 없이 여유롭게 보내기로 결정했어요."

**빨간색** "올해는 크리스마스에 집에 있기로 결정했어요. 선물을 개봉한 뒤 영상통화로 인사드릴게요."

── 가장 먼저 논의해야 할 것은 "우리 가족은 크리스마스에 뭘 하고 싶어?"라고 묻는 것이다. 그것이 명확해지고 나면, 양가 부모님에게 당신의 바운더리를 설명할 수 있다. 여기에는 정답이 없지만, 이제 당신은 어엿한 성인이므로 당신이 원하는 명절을 보낼 수 있다는 사실을 기억하자.

## 죄책감 드는 연휴

당신이 세우고 싶은 바운더리가 여행이나 특정한 명절에 관한 게 아니라, 가족을 방문했을 때 어떤 대우를 받는지에 관한 것일 때도 있다.다음 집을 방문하기 위해 떠날 때 누군가가 죄책감을 느끼게 한다면 그 사람과 바운더리가 필요하다는 신호다. "엄마, 우리는 크리스마스에 엄마와 존의 가족과 시간을 보내는 게 너무 좋지만 헤어질 때 죄책감을 느끼고 싶지 않아요. 우리한테도, 그의 부모님에게도 공평하지 않아요. 올해는 그렇지 않았으면 해요."라고 말할 수 있다. 이것이 당신이 원하는 것을 미리 논의하는 게 중요한 이유다. 크리스마스에 모든 가족을 방문하는 게 당연히 힘들다고 생각할 수도 있지만, 실제로 자세히 들여다보면 단지 운전이나 이동 거리 때문이 아니다. 저녁 식사 자리에서 나누는 대화나 죄책감, 음식을 더 먹으라는 강요 등 때문에 스트레스를 받는 경우가 많다. 진짜 원인을 파악하고 나면 어디에 바운더리를 세워야 할지 알 수 있다.

---

Q. 아버지가 집을 살 때 돈을 빌려주셨어요. 아버지에게 돈을 갚을 계획이지만, 아버지는 그때까지 연락 없이 언제든지 우리 집을 드나들 권리가 있다고 생각하시는 것 같습니다. 비상시를 대비해 열쇠를 드렸더니 집에 들어와 몇 시간이고 머물면서 저녁 식사까지 하고 가실 때도 있어요. 죄책감이 들지만, 이건 우리가 처음에 합의한 게 아니에요. 아버지께 이 문제에 대해 얘기해도 될까요?

초록색 (방문 전) "아버지, 저희를 위해 큰 부탁을 들어주셔서 정말 감사하지만, 방문하시는 것에 대해 몇 가지 규칙을 정해야 할 것 같아요. 저희 집에 방문하고 싶으실 때 먼저 연락을 주세요. 일하는 중이거나 다른 계획이 있을 때는 저희 계획을 존중해주셔야 해요. 저녁 식사를 함께하고 싶으실 때는 저희에게 먼저 알려주세요. 저희가 식사를 준비할 수 있는 날이면 언제든 머물다 가셔도 좋지만, 그렇지 않은 날도 있으니 존중해주셨으면 해요."
노란색 "아버지, 저희 집 열쇠를 돌려주세요. 방문하시기 전에 전화 한 통 해달라고 부탁드렸는데 저희 부탁을 존중해주시지 않는 군요."

**빨간색** 사생활을 보호하기 위해 자물쇠를 바꾸었다는 사실을 알리고 집을 방문하기 전에 연락을 하지 않으면 문을 열지 않을 권리가 있음을 다시 한번 상기시킨다.

── 돈을 빌려줬다고 해서 아버지에게 당신의 집을 마음대로 드나들 권리가 있는 건 아니다. 만약 할 수 있다면 합의한 날짜보다 더 빨리 돈을 갚는 것도 좋은 방법이다. 누군가 당신에게 베푼 호의에 큰 조건이 붙어 있었다면 안타까운 일이다. 누군가 자신의 본모습을 드러낼 때 그 사람을 믿고 신뢰를 회복하는 데 필요한 만큼의 울타리를 만들자.

## 조부모와 바운더리를 세우기 위한 말들

자녀를 양육하는 방식에 대해 조부모와 바운더리를 설정하는 것은 중요하다. 당신의 부모가 특히 당신이 곁에 없을 때 아이들을 어떻게 대해주었으면 좋겠다는 의견이 있다고 해도 전혀 문제 되지 않는다. 지나치게 보호하거나, 가족의 규칙에 어긋나고 당신과 맞지 않는 가치관을 주입하며, 당신의 기준과 다른 행동을 허용하거나 질책하는 것은 자녀에게 혼란을 주고 모두가 스트레스와 긴장감을 느끼는 환경을 조성한다.

조부모와의 건강한 바운더리는 통제나 제한이 아니라 선물이다. 이런 바운더리를 통해 당신의 부모는 조부모로서 누릴 수 있는 가장 좋은 시간을 얻을 수 있다. 아이들을 양육하거나 훈육할 책임 없이 방문할 수 있으며, 할머니, 할아버지와 함께 행복하고 편안하게 특별한 시간을 보내는 아이들의 모습을 볼 수 있다. 아이들은 자신의 루틴과 규칙에 일관성이 있다는 걸 알기 때문에 긴장감 없이 할머니, 할아버지와 즐거운 시간을 보낼 수 있다. 그리고 당신도 자녀가 당신의 육아 방식과 가치관에 맞는 방식으로 보살핌을 받고 있다는 것을 알기에 더 행복하고 편안해진다. 갈등에 대한 걱정 없이 하룻밤 동안 자녀를 할머니, 할아버지 집에 맡길 수 있다면 마음이 얼마나 가벼워질지 상상해보자. 바운더리가 그렇게 해줄 것이다.

Q. 부모님은 제가 집에 있을 때도 우리 집의 규칙을 정하려고 해요. 제가 이미 괜찮다고 했는데도 아이들에게 접시에 담긴 음식을 다 먹어야 한다고 말하거나 허용된 시간에도 아이패드를 사용하지 못하게 합니다. 부모님이 제 결정을 무시하지 않도록 하려면 어떻게 말씀드려야 할까요?

**초록색** (아이들과 떨어진 곳에서) "저 없이 아이들이 할머니, 할아버지와 있을 때는 당연히 엄마, 아빠의 규칙을 따라야죠. 하지만 제가 함께 있을 때는 제가 육아와 관련된 결정을 내리게 해주세요. 저와 반대되는 이야기를 하시면 아이들이 혼란스러워해요."

**노란색** "엄마, 아이들에게 1시간 동안 아이패드를 써도 된다고 허락했어요. 제 결정을 무시하지 마세요."

**빨간색** "엄마, 제가 이미 허락했어요. 케이시, 밥은 그만 먹어도 돼."

── 조부모가 '과잉 육아 습관'을 버리기 전까지 빨간색 단계의 바운더리를 여러 차례 반복해야 할 수도 있다. 그럴 때 아이들에게 이렇게 이야기해두면 도움이 된다. "엄마가 하는 이야기랑 할머니가 하는 이야기가 달라서 혼란스럽다는 거 알아. 내가 여기 있을 때는 엄마가 책임자라고 얘기해두었으니까 할머니가 한 이야기로 혼란스러우면 엄마에게 와서 물어봐."

Q. 아들은 유제품과 글루텐으로 인한 아토피가 있어요. 저는 부모님께 아이에게 이런 음식을 먹이지 말라고 여러 차례 말씀드렸는데, 아이를 데리러 갈 때마다 항상 할아버지가 아이스크림이나 쿠키를 간식으로 주셨다고 말해요. 제 요청을 진지하게 받아들여달라고 어떻게 설명해야 할까요?

**초록색** "제가 헌터를 부모님께 맡기고 갈 때는 제 부탁을 존중해주실 거라고 믿을 수 있어야 해요. 제발 유제품이나 글루텐이 포함된 음식은 먹이지 마세요. 간식으로라도요. 아이가 먹을 수 있는 간식을 보내거나 함께 만들 수 있는 레시피를 보내 드릴게요."

**노란색** "아빠, 헌터에게 아이스크림은 주면 안 된다고 여러 번 말씀드렸잖아요. 제 부탁을 존중해주실 수 없다면 아빠에게 아이를 맡길 수 없어요."

**빨간색** "거기서 헌터를 하룻밤 재울 수는 없지만, 헌터를 보러 우리 집으로 오시는 건 언제든 환영이에요."

── 이런 요청을 하는 데 꼭 의학적인 이유가 필요한 건 아니다. 자녀가 저당 식단을 따르거나 탄산음료나 패스트푸드를 먹지 않길

원한다면, 아이의 보호자 역할을 맡는 사람들은 모두 이를 존중해야 한다. 이번 경우의 빨간색 단계 바운더리는 아이를 더 이상 혼자 할머니, 할아버지 집에 맡길 수 없다는 내용이다.

## 당신을 교묘하게 나쁜 사람으로 만들 때

바운더리를 받아들이는 사람이 당신을 공격하며 아이들 앞에서 당신을 나쁜 사람으로 만든다면 어떻게 해야 할까? "할아버지는 아이스크림을 사주고 싶은데, 엄마가 안 된대."라는 발언은 바운더리에 대응하는 미성숙하고 교묘한 방법이지만, 실제로 자주 일어나는 일이기도 하다. 이런 상황에서는 아이들 앞에서 빠르게 대응한다. "아빠, 그만 놀리세요. 아이스크림이 헌터의 피부를 가렵게 만드는 걸 아시잖아요. 그건 헌터의 잘못이 아니라고요." 그런 다음 아이와 떨어진 곳에서 할아버지와 또 다른 바운더리를 설정한다. "이런 식으로 헌터를 조종하는 건 옳지 않아요. 유치한 방법을 쓰지 않고 제 바운더리를 존중하실 수 없다면, 그만 집으로 돌아가시는 게 좋겠어요(우린 지금 떠나는 게 나을 것 같아요)."

Q. 네 살짜리 딸은 포옹하는 걸 좋아하지 않는데, 할머니는 만날 때마다 아이에게 포옹과 뽀뽀를 강요해요. 저는 딸에게 '합의나 허락'이라는 개념을 가르치고 있고, 딸이 싫다고 할 때는 사람들이 이를 존중해주면 좋겠어요. 팁이 있을까요?

초록색 (방문하기 전에) "프란, 포옹이나 뽀뽀를 하지 않고 작별 인사를 하는 게 힘들다는 건 알지만, 지금 제나에게 허락에 대해 가르쳐주고 있어요. 아이가 포옹하고 싶지 않다고 하면 강요하지 않으셨으면 좋겠어요."

**노란색** (그 순간에) "제나가 원하지 않으면 억지로 포옹하게 할 수 없다는 걸 아시죠? 제나, 할머니에게 하이파이브를 해주거나 잘 가시라고 손을 흔들어주는 건 어때?"

**빨간색** "프란, 제나가 오늘은 포옹을 하고 싶어 하지 않네요. (아이가 안기고 싶어 하면 안아 올려주거나 아이 옆에 서 있는다.) 제나, 할머니에게 잘 가시라고 손 흔들어 드리자. 안녕히 가세요!"

── 어떤 사람들은 포옹을 하거나 뽀뽀를 해야 예의 바르다고 주장하기도 한다. 그러나 그렇지 않다. 손을 흔들어주거나 "안녕히 가세요, 할머니."라고 말하는 것도 충분히 예의 바른 행동이다. 그러나 당신이 그렇게 설명해줘야 할지도 모른다. 손주에게 사랑을 표현하고 싶어 하는 조부모의 마음은 매우 이해되지만, 그렇다고 그 마음이 내 아이의 신체 자율권보다 더 중요한 건 아니다. 나는 아들에게 미리 선택권을 준다. "켈리 이모가 떠날 때 뽀뽀를 해줘도 되고, 포옹해줘도 되고, 팔꿈치 인사, 주먹 인사, 하이파이브를 해도 되고 재미난 표정을 짓거나 손만 흔들어줘도 괜찮아."

Q. 십 대 아들이 최근에 트랜스젠더로 커밍아웃을 했어요. 가족에게 이 사실을 이야기했고 대부분은 그를 지지해주었지만, 제 부모님은 여전히 아들을 옛 이름으로 부르고, '그녀'라는 호칭을 사용하세요. 제가 정정해주면 이 상황에 익숙해질 시간이 필요하다고 말하십니다. 어떻게 하면 아들의 편이 되어줄 수 있을까요?

**초록색** "손자가 지금부터 트래비스라고 불러 달래요. 트래비스는 할머니, 할아버지의 존중을 받을 자격이 있는 아이예요. 이건 트래비스를 위해 할머니, 할아버지가 빨리 이해하고 실천할 수 있는 변화라고 믿어요."

**노란색** "아뇨, 엄마. '그'가 수학 시험에서 A를 받은 거예요. 말이 잘못 나올 수는 있지만, 그 자리에서 정정해주셔야 해요. 그렇지 않으면 아이에게 무례한 행동이니까요. 우리 관계를 다치게 하는 문제니, 좀 더 노력해주시면 좋겠어요."

**빨간색** "더 이상 트래비스에게 상처를 주는 행동은 용납하지 않을 거예요. '트래비스'라는 그의 새로운 이름과 대명사를 사용하지 않는다면 엄마가 적응할 때까지 그와의 소통을 제한하는 게 좋을 것 같아요."

—— 다른 가족구성원으로부터 아이를 보호해야 하는 경우, 상대가 누가 되었든 그렇게 하자. 아이의 정체성을 존중할 완벽한 준비가 되기 전까지는 당신을 통해 필터링된 이메일로 소통을 제한하거나 어떤 소통도 허용하지 않는다.

## 존이 아니라 조너선이에요

어린 시절 조너선이라는 이름의 친구가 있었는데, 누군가 그를 존이라고 부르면 그의 엄마는 즉각적이고 단호하게 개입했다. 자녀가 선호하는 이름이나 별명이 있다면 당신은 가족구성원에게 아이가 선호하는 이름으로 부르도록 요청해야 한다. 이름을 잘못 부르는 순간 이름을 바로 정정해준다. 아이가 좋아하지 않는 별명으로 불릴 때도 마찬가지다. 아빠는 내 아들을 '멍텅구리'라는 별명으로 불렀는데,

1년쯤 지나자 아이는 그 별명이 더 이상 마음에 들지 않는다고 했다. 아이는 할아버지에게 그렇게 부르지 말라고 요청했지만, 할아버지는 다섯 살짜리 꼬마의 요청을 진지하게 받아들이지 않았다. 내가 "아빠, 아이가 그 별명 때문에 기분이 상한대요. 이제 그렇게 부르지 말아주세요."라고 말한 뒤에야 아빠는 노력하기 시작했다(아들은 이제 다시 그 별명을 좋아하게 되었는데, 할아버지에게 보내는 카드에 "사랑을 담아, 멍텅구리가."라고 쓰기도 한다. 앞서 말한 것처럼 바운더리는 때에 따라 유연해야 한다).

---

Q. 의사는 신생아와 시간을 보내는 모든 사람에게 Tdap, 독감, 코로나19 백신을 접종하도록 권장했습니다. 부모님은 예방접종을 하지 않으셨는데, 우리가 당장 방문을 허락하지 않는다고 화를 내십니다. 어떻게 하면 이 바운더리를 조심스럽지만 분명하게 지킬 수 있을까요?

**초록색** "의사가 말하길, 신생아는 바이러스에 감염될 위험이 가장 높기 때문에 백신을 맞지 않은 경우, 아이의 면역력이 강해질 때까지 6주 정도 기다려야 한대요. 아이를 만나러 오실 때 마스크를 착용하고 아이에게 뽀뽀는 하면 안 돼요. 그때까지는 페이스타임으로 얼굴을 보시는 게 어때요?"

**노란색** "아이를 얼마나 사랑하시는지 잘 알아요. 우리 모두 아이가 바이러스에 감염되지 않게 최선을 다해야 해요. 직접 방문하고 싶으시면 제 규칙을 따라주셔야 해요."

**빨간색** "아직 아이를 만나실 수 없어요. 어떤 상황에서, 언제 방문하시는 게 좋을지 생각해보고 연락드릴게요."

—— 바운더리는 유연하게 바뀔 수 있다는 걸 기억하자. 만약 부모님이 외부에서 마스크를 착용하고 만나거나 당신의 다른 요청을 따라줄 의향이 있다면, 당신이 편하게 느끼는 선에서 바운더리를 조절해도 좋다. 또는 당신이 선택한 대로 엄격한 바운더리를 준수할 수도 있다. 할머니, 할아버지와 거리를 두어야 하는 일이 생기더라도 궁극적으로 아이의 건강과 안전에 대한 책임은 당신에게 있다.

## 바운더리에 따라오는 비난에 대응하는 법

이 바운더리는 아이의 건강을 지키기 위한 것이지만 부모님의 반발이 있을 수 있다. "너는 우리가 백신을 맞도록 강요하더니 이제 아이를 이용해서 강제로 맞히려고 하는구나." 부모님은 그렇게 느끼실 수도 있지만, 이 바운더리는 아이의 건강을 위한 것이고, 그들에게 어떤 행동도 강요하는 게 아님을 상기시킨다. 부모님에게는 여전히 선택권이 있다. 백신을 맞고 아이를 껴안을 수도 있고 백신을 맞지 않고 페이스타임이나 야외에서 사회적 거리 두기를 지키며 아이의 얼굴을 볼 수도 있다. 당신이 부모로서 내린 결정을 부모님이 존중해야 하듯이 당신도 부모님의 결정을 존중할 것임을 알려드리자.

Q. 배우자와 저는 갓 태어난 아이의 사진을 인터넷에 올리지 않기로 결정했어요. 가족구성원에게 그렇게 해달라고 부탁했는데, 엄마는 "난 팔로워도 거의 없고, 갓 태어난 손주도 자랑하고 싶어."라고 말하며 페이스북에 여전히 사진을 공유합니다. 어떻게 해야 할까요?

**초록색** "엄마, 제가 사진을 올리지 말아달라고 부탁했는데, 페이스북에 아이의 사진을 공유하는 건 신뢰에 금이 가는 행동이에요. 이게 얼마나 심각한 문제인지, 얼마나 아이의 안전을 위협하는 문제인지 알아주셨으면 좋겠어요. 두 가지 중에 선택하실 수 있어요. 페이스북 페이지를 직계가족과 친구들만 볼 수 있게 바꿔서 사진을 공유하시든지 아니면 아예 사진을 공유하지 않고 친구들과는 문자나 이메일로 사진을 공유하시는 거예요."

**노란색** "저희가 부탁드렸는데도 계속 사진을 공유하시니 기분이 안 좋아요. 간단한 요청도 존중해주지 못하시면, 엄마에게 사진을 더 공유하기 힘들어요. 소셜미디어 페이지에서도 엄마를 나가게 하는 수밖에 없어요."(엄마에게 초록색 단계 바운더리를 다시 상기시킨다.)

**빨간색** "더 이상 엄마에게 아이 사진을 공유하지 않을 거예요. 아이를 보러 오시는 건 언제든 환영이지만, 오셔서 사진은 찍을 수 없어요. 우리에게 아이의 안전과 사생활을 지켜줄 책임이 있어요. 안타깝지만 어쩔 수 없어요." 이렇게 방문을 제한하는 단계까지 갈 수도 있지만, 이것은 극심하게 바운더리를 위반했을 때 해당하는 조치다.

— 이 바운더리는 내가 아들이 태어났을 때 정한 것인데, 가족과 친구들이 즉시 기쁜 마음으로 존중해주었다. 노란색 단계의 바운더리로 넘어가는 것은 상상하기 힘들지만, 할머니, 할아버지는 언제나 나를 놀라게 한다. 비공개 페이스북 페이지나 단체창을 만들어드리고, 집에 디지털 액자를 설치해드리는 등 엄마에게 기술적

인 도움을 주는 것도 문제를 해결하는 데 도움이 된다.

## 다른 가족구성원과 바운더리를 세우기 위한 말들

가족 내에 건강한 바운더리가 존재한 적이 없다면, 당신이 바운더리 문제로 집안에 소란을 일으키는 첫 주자가 될 것이다. 안타깝지만 '요구가 많은 애', '프리마 돈나', '이기적인 애'라는 말을 들으며 온갖 부정적인 관심을 한 몸에 받게 될지도 모른다. 좋은 소식은 당신이 첫 시작을 끊으면 긴장감, 불안감, 죄책감 때문에 목소리를 내지 못했던 사람들이 당신을 따르고 단결해 당신의 편이 되어줄 수도 있다. 예를 들어 저녁 식탁에서 계속 음식을 달라고 하는 여동생의 요크셔테리어를 멀리 보낼 수 있을지도 모르기 때문이다. 가족 내 바운더리를 정상화하면 의사소통이 원활해지고, 신뢰가 회복되며, 분노를 없애는 데 도움이 되므로 가족 모두에게 이롭다.

트라우마와 마찬가지로, 바운더리의 결핍은 대대로 대물림되는 경우가 많다. 누군가 먼저 이 순환을 깨야 하는데, 분명하고 친절한 표현으로 바운더리를 이야기하기에 당신보다 더 준비된 사람은 없다. 당연히 가족 내에 반발하는 구성원도 있겠지만, 예상치 못한 지지자도 있을 것이다. 아무도 나서지 않는다면, 그들에게 대화를 요청하자. 동참하는 사람이 많을수록 힘이 생기는 법. 만약 모두가 여동생에게 반려견을 집에 두고 오길 요청한다면 성공할 가능성이 훨씬 커진다.

Q. 저와 어떤 가족구성원은 정치문제나 사회문제에 대해 다른 견해를 갖고

168

있어요. 함께 시간을 보낼 때 그는 자신의 견해를 거침없이 표현합니다. 물론 그도 자신의 생각을 표현할 권리가 있지만, 저는 이런 발언을 받아들이는 게 힘들어요. 이런 상황에서도 바운더리를 설정할 수 있을까요?

**초록색** (방문하기 전) "우리가 정치문제나 사회문제에 다른 견해를 갖고 있다는 거 알아요. 그러니 그런 주제를 꺼내거나 서로의 관점을 공유하지 않았으면 좋겠어요. 그게 우리가 함께 즐거운 시간을 보내는 유일한 방법이고 전 정말 그러고 싶거든요."

**노란색** (그 순간에) "그만 얘기해요, 제프. 이민자들에 대한 이야기는 하지 않기로 동의했잖아요. 다른 주제로 넘어가죠." 주제를 전환한다.

**빨간색** "이민자(또는 성적 취향, 성정체성 등)에 대한 견해를 계속 이야기할 거면 우리는 먼저 일어설게요."

—— 가족구성원과의 관계를 유지하는 게 중요하고, 가족 모임에서 이들을 만날 수밖에 없을 때, 싸움이 일어나는 걸 원치 않는다면 건강한 바운더리를 설정하는 것이 유일한 방법이다.

Q. 여동생은 가는 곳이라면 어디든 반려견을 데리고 다니려고 합니다. 가족 저녁 식사를 위해 매주 일요일 우리 집에서 모일 때도 예외는 아니죠. 아들에게 알레르기 증상이 있어서 집 전체에 강아지 털이 날아다니는 걸 원치 않는데, 동생은 반려견을 집에 혼자 두고 올 수 없다고 합니다. 전 이런 행동에 대한 바운더리가 필요해요.

**초록색** (방문하기 전) "앤디, 오늘 밤에는 강아지를 데리고 올 수 없어. 집에 두고 오거나 우리 집 마당에서 놀게 하는 건 괜찮아. 하지만 집 안에는 들어올 수 없어."

**노란색** "강아지는 데리고 올 수 없다고 얘기했잖아. 집에 다시 데려다 놓고 올래? 아니면 마당에서 지내게 해도 좋아."

**빨간색** "강아지를 마당에 두지 않을 거라면 저녁 식사는 다음에 다시 계획해보자. 내가 내일 다시 연락할게."

── 이런 상황에서는 바운더리를 고수하는 것이 꽤 쉽다. 만약 여동생이 반려견을 데리고 오면 그냥 집 안에 들이지 않으면 되기 때문이다. 여동생이 당신의 진지함을 알아채고 다른 타협점을 찾아야 한다는 사실을 깨닫기 전까지 바운더리를 한 번 더 고수하라.

## 규칙 바꾸기

이 시점이 되면 "하지만 원래는 괜찮았잖아!"라고 지적하는 사람이 분명히 있을 것이다. "예전에는 집 안에 강아지를 데리고 오게 허락했었고, 가구를 재배치하도록 허락했었고, 연락 없이 집에 들러도 괜찮다고 했잖아." 그들은 당신이 예고 없이 입장을 바꾸는 것에 대해 변덕스럽거나 과민하게 반응한다고 말한다. 그러나 당신은 욕망을 우선시해도 된다. 이런 말에 대응하는 좋은 방법은 "맞아, 예전에는 허락했지만 그 일로 화가 나고 속상하기도 했어. 내가 지금 이야기하는 이유는 너에 대해 그런 감정을 느끼고 싶지 않고, 너도 내가 부정적인 감정을 품는 것을 원치 않을 거라고 생각해서야. 이건 우리의 관계를 더 돈독하게 만들 거야. 우리가 금세 적응할 거라고 믿어."라고 얘기하는 것이다.

Q. 시누이는 오래전부터 주변에 아무도 없을 때 "피곤해 보여요."라든가 "밥은 잘 먹고 다녀요?"라고 속삭이며 저를 비난하는 습관이 있어요. 제가 그런 얘기를 꺼내면 그녀는 그렇게 방어적인 태도를 보일 이유가 없다며, 단지 걱정되는 것뿐이라고 말합니다. 그녀를 이길 수 없을 것 같아요.

**초록색** "신경 써줘서 고맙지만, 그런 말들은 저에게 전혀 도움이 되지 않아요. 그런 말이 얼마나 기분 나쁘게 들릴 수 있는지 아는지 모르겠지만, 앞으로는 삼가세요."

**노란색** "제 외모에 대해 어떻게 생각하는지 듣고 싶지 않아요." 주제를 전환한다.

**빨간색** (조용히) "마지막으로 말씀드리지만, 제 외모에 대한 의견은 듣고 싶지 않아요." 눈을 마주친 뒤 자리를 떠난다.

—— 이때는 흥분하지 않고, 차분하며 침착한 태도를 유지하는 게 도움이 된다. 당신의 바운더리를 명확히 이야기하고(다른 사람들 앞에서 하면 더 좋다) 시누이가 당신을 가스라이팅 하게 두지 않는다. 만약 그녀가 불만을 표현하거나 피해자인 척한다면, "어맨다, 전 더 듣고 싶지 않아요."라고 짧게 얘기하면 된다. 또한 당신의 배우자와 함께 그녀의 행동에 대해 상의하고 그가 당신을 지지하게 하자. 아마 배우자는 자기 여동생의 행동에 새삼 놀라지 않을 가능성이 크다.

Q. 남동생은 20달러나 50달러 정도의 돈을 계속 빌려달라고 합니다. 돈을 갚을 때도 있지만 대부분은 갚지 않아요. 그가 힘들어하는 걸 보고 싶지 않지

만 저는 ATM이 아니잖아요. 나쁜 사람처럼 보이지 않고 바운더리를 설정할 수 있을까요?

**초록색** "오늘은 50달러를 빌려줄 수 있지만, 그게 전부야. 이번 달은 더 도와주기 힘들 것 같아."

**노란색** "롭, 지금은 돈을 더 빌려줄 수 없어. 내가 도울 수 있는 다른 방법이 있을까?"

**빨간색** "롭, 너한테 돈을 빌려줄 수 없어. 나는 이용당하는 느낌이 들고 화가 나기 시작하는데, 그건 우리 둘 모두에게 좋지 않아."

── 애초에 이런 갈등을 방지하기 위해 '친구나 가족에게 돈을 빌려주지 않는다'는 기준을 정해놓을 수 있다. 그러나 이미 빌려주었다면, 당신의 경제적 상황은 당신의 바운더리에 아무 영향을 주지 않는다는 사실을 기억하자. 그들에게 20달러를 줄 만큼 여유 있는 상황이라고 해도 반드시 줘야 하는 건 아니다. 한계를 정하는 것은 당신의 결정에 달려 있다.

## 가장 껄끄러운 바운더리 주제, 돈 얘기

보통 돈은 양쪽 모두에게 설정하기 가장 불편한 바운더리 주제 중 하나다. 나는 돈에 대해 이렇게 생각한다. 첫째, 그들이 돈을 갚겠다고 말해도 나는 그 사람이 돈을 갚지 않을 수 있다고 가정한다. 어떤 조건도 없이 이 돈을 상대방에게 주고 싶은지 아닌지 생각한다. 또한 이 돈의 용도도 묻지 않는다. 그건 나와 관계없는 일이기 때문이다. 따라서 생각해봐야 할 질문은 "이 사람에게 어떤 대가도 없이 이돈을 선물로 주고 싶은가?" "억울한 마음 없이 기꺼이 할 수 있는가?" 이 두 가지 질문에 '예'라고 대답할 수 없다면, 나는 돈을 빌려주지 않는다. 그러나 두 질문에 모두 '예'라고 대답할 수 있다면 나는 돈을 빌려주고 그 일에 대해 다시 언급하지 않는다. 불필요한 감사 인사나 돈을 어떻게 썼는지, 내가 빌려준 돈이 어떻게 도움이 되었는지 알려주는 걸 기대하지 않는다. 이것이 내가 억울함이나 후회, 분노 없이 사람들을 경제적으로 도와주는 유일한 방법이다.

---

Q. 저는 네 살짜리 아이를 키우고 있는 전업주부예요. 여동생에겐 한 살 어린 아들이 있는데, 그녀는 필요할 때마다 제가 조카를 봐줄 수 있다고 생각해요. 갑자기 조카를 데리고 와서 "언니, 우리 아들 좀 봐줄 수 있어?"라고 물으면 그 순간에는 거절하는 게 힘들어요. 하지만 제가 집에 있다고 해서 항상 시간이 되는 건 아니거든요. 도와주세요.

**초록색** (방문하고 나서) "벤을 한 번씩 봐주는 건 좋지만, 내가 항상 시간이 될 거라고 생각하고 연락도 없이 불쑥 나타나는 건 곤란해. 미리 나에게 물어봤으면 좋겠어. 다음에 아이를 돌봐줄 곳이 필요한데 내가 안 될 경우에 네가 이용할 수 있는 지역 베이비시터 연락처를 알려줄게. 세 군데 모두 내가 이용해봤는데, 정말 괜찮은 곳이야."

**노란색** "하루 종일 봐줄 수는 없지만 1시간이라도 도움이 된다면 12시에 데리고 와줘. 우리는 1시에 집에서 출발해야 하니까 그전에는 꼭 돌아와야 해."

**빨간색** "오늘은 봐줄 수 없어. 이미 스케줄이 꽉 찼거든."

—— 이 문제를 쉽게 푸는 한 가지 방법은 정기적인 놀이 약속을 잡거나 서로 돌아가며 아이를 봐주는 것이다. 만약 당신이 매주 목요일 반나절 동안 벤을 봐주기로 하면, 동생은 당신의 아이를 매주 토요일 아침마다 봐주는 것이다. 그러면 토요일 아침에 헬스장을 가거나 개인 볼일을 볼 수 있으므로 서로에게 좋을 뿐만 아니라 바운더리도 쉽게 적용할 수 있다.

Q. 저는 도보로 여러 관광지를 갈 수 있는 곳에 위치한 작은 아파트에서 살고 있어요. 가족들이 방문할 때마다 제 집에서 지내길 원해요. 하지만 최근에 남는 침실 하나를 재택근무용 사무실로 바꾸면서 가족들이 지낼 공간이 없어요. 어떻게 정중하게 거절할 수 있을까요?

초록색 (방문하기 전) "즐거운 방문이 될 거야. 이곳에 있는 괜찮은 호텔과 에어비앤비를 몇 군데 소개해줄게. 우리는 따로 약속을 잡고 점심이나 저녁 식사를 하는 게 어때? 네가 가능한 시간을 알려줘."

노란색 "우리 집이 좁아서 손님이 쓸 수 있는 공간이 없어. 호텔이나 에어비앤비를 찾도록 도와줄까?"

빨간색 "우리 집에서는 지내기 힘들어. 지낼 만한 곳을 찾는 데 도움이 필요하면 언제든 알려줘."

—— 이런 상황에서 하지 말아야 할 것은 바운더리를 설정할 때 상대방의 편안함을 이유로 드는 것이다. "에어 매트리스를 놔둘 공간이 없어. 네가 너무 불편할 거야."라고 얘기한다면 "난 소파에서 자

도 아무 문제없어. 난 그저 공짜로 지낼 곳만 있으면 돼."라고 이야기할 기회를 주는 것이나 다름없다. 당신의 바운더리는 상대방의 편안함이 아니라 당신에 관한 것이다. 그들이 옷장에서 자도 괜찮다고 얘기하더라도 당신의 집은 선택지가 아니라는 사실을 분명히 밝힌다.

## 아이들과 바운더리 설정하기

모두가 생각하고 있지만 골치 아파서 꺼리던 문제에 대해 이야기해보자. 그렇다. 당신의 아이들과도 바운더리를 설정할 수 있다. 아이들이 아무리 어리더라도 말이다. 특히 어릴 때 바운더리가 더 필요하다. 건강한 바운더리를 세우고 적용하며 다른 사람들의 바운더리를 존중하는 법을 일찍 가르쳐주면, 아이는 당신이나 내가 겪은 어려움을 겪지 않고 성장할 것이다. 연령에 맞는 건강한 바운더리는 아이들에게 안전과 안정감을 주고, 인내심과 그에 따른 결과를 가르쳐주며, 자주성을 키울 수 있는 틀을 알려준다.

연령대별로 다른 전략과 접근법, 언어가 필요하기 때문에 놀이 치료사나 소아 심리학자, 아동 교육자 등의 도움을 받아야 한다. 전 연령대에서 바운더리를 적용하기 위한 몇 가지 일반적인 팁은 다음과 같다.

### 유아기(2~4세)

아이가 당신의 주의를 끌거나 안아달라 하거나 무언가를 요구할 때 적당한 바운더리를 설정한다. 예를 들어, 내가 통화 중일 때 아들이 무언가를 요구한다면, "응, 알겠어. 하지만 지금은 할머니와 대화 중이야. 얘기가 끝날 때까지 기다려줄래?"라고 말한다. 그런 다음 대화 중에 잠시 멈추는 순간이 오면 기다려준 아이에게 칭찬을 하고, 아이가 인내심을 배우면 더 오래 기다려줄 수 있는지 물어본다. 아이가 안아달라고 할 때("엄마가 손에 장바구니를 들고 있어서 먼저 내려놓고 안아줄게.")나 장난감을 줄 때("엄마가 설거지부터 정리해놓고 장난감을 갖다줄게.")도 같은 방식을 적용할 수 있다. 또한 아이들이 원하지 않는다면 포옹이나 뽀뽀를 강요하지 않거나 형제자매가 아이의 장난감을 빼앗지 못하게 하는 등 아이들을 대신해 바운더리를 설정해줄 수도 있다.

### 아동기(3~5세)

아들이 혼자서도 잘 노는 나이가 되자 나는 언제 아들과 놀 수 있는지, 언제 나를 깨울 것인지, 잠들기 전 루틴 등에 대해 바운더리를 설정하기 시작했다. 그래서 나는 "시계가 4시 15분을 가리킬 때까지 일하고 나면 너랑 놀 수 있어."라고 얘기한다. 개구리 시계에서 초록 불빛이 반짝이면 침대에서 일어나 놀 수 있지만, 6시 23분 전까지는 내 방에 들어올 수 없다는 걸 안다(원래는 6시 30분이었지만 23분으로 타협했다). 바운더리 덕분에 27번의 포옹과 물 14모금, 102번의 사랑해를 말해야 하는 잠들기 전 루틴이 한 번의 포옹과 한 번의 물, 한 번의 사랑해, 보너스 포옹으로 바뀌었다. 아들아, 사랑하지만 제발 좀 자러 가렴.

### 학령기(6~12세)

아들은 지금 4학년인데, 그에게 적용하는 바운더리는 등교 전 오전에는 TV 시청하지 않기, 허락 없이 우리 사무실에 들어오지 않기(우리 사생활을 존중하지 않는 행동이기 때문이다) 허락 없이 내 휴대폰을 사용하지 않기(같은 이유다), 우리가 함께 놀기 전 재충전을 위한 15분간의 혼자만의 시간 존중해주기 등이 있다. 다른 한편으로 아들이 바운더리에 너무 익숙해져서 오히려 우리에게 바운더리를 세울 때도 있다. 우리는 그의 개인 일기장을 읽을 수 없고, 그가 원하지 않을 때는 "나는 포옹하고 싶지 않아요."라고 편하게 얘기하며, 학교 프로젝트를 시작하기 전 친구들과 30분 동안 페이스타임을 하고 싶다고 요구하고, 어떤 옷을 입을지 내가 정해주는 것을 원치 않는다. 그래서 나는 깨끗하고 학교 복장 규정에 맞는 옷이면 아들이 원하는 대로 입게 내버려둔다(아들이 고르는 복장은 매우 창의적일 때도 있다).

## 청소년기(12~18세)

자녀가 나이 들수록 사생활과 자율성을 보장하고 그들을 안전하게 보호하되, 실수할 수 있는 기회를 주어야 하기 때문에 바운더리를 설정하기가 더 어려워진다. 집에 혼자 있을 수는 있지만 친구들은 초대하지 못할 수도 있다. 소셜미디어 계정을 가질 수 있지만 비공개여야만 하거나 당신이 친구들의 부모를 잘 아는 경우에만 그 친구들과 휴가를 떠날 수 있다. 좀 더 크면 깨끗하게 유지하고 휘발유를 반쯤 채워놓는다는 조건으로 차를 빌릴 수도 있다. 아이들이 절반을 지불할 수 있는 돈을 모은다면 새 아이폰을 살 수도 있다. 그리고 확대가족과의 모임 참석 여부는 스스로 결정한다.

바운더리는 당신의 양육 방식, 관계, 상황에 따라 크게 달라진다. 그러나 가장 중요한 것은 바운더리는 명확하고 친절하게 설정하고 전달되어야 하며, 부모가 자녀와의 바운더리가 호혜적 관계를 만들어준다는 점을 인식하는 것이다.

## 나를 자유롭게 해줄 바운더리 사랑하기

여기까지 해냈다면 보상이 기다리고 있다. 건강한 바운더리를 구현할 때 가족 내 역학 관계가 어떻게 달라지는지 상상해보자. 집안 규칙을 서로 명확하게 인지하고 있으며 가족 간 방문이 더 예측 가능해진다. 특정 대화 주제가 거론되지 않을 것을 알기에 더 유쾌한 대화를 할 수 있다. 가족 모두가 무엇을 기대하고, 필요로 하며, 이를 지키지 않았을 때 어떤 일이 일어날지 알고 있어 분노나 불안, 피로는 과거의 일이 될 것이다. 의사소통하는 수단이 훨씬 개방적이 되어 아무도 당신이 어떻게 느끼는지, 무엇을 필요로 하는지, 서로를 지지하기 위해 어떻게 해야 하는지 추측할 필요가 없다. 아이들은 더 느긋해지고 손님들은 자기 집처럼 편안함을 느끼며, 당신 역시 스트레스나 걱정, 분노할 일이 약 82퍼센트 정도 줄어들어 가족들과 즐거운 시간을 보낼 수 있다.

정말 멋지지 않은가?

이런 변화가 한 번에 일어나지는 않을 것이다. 비난에도 상처받지 않고 인내심을 갖고 계속 밀고 나가야 할지도 모른다. 이렇게 더 행복하고 평화로운 공존을 성취하기 위해 때로 어떤 관계들은 변할 수도 있다. 그러나 이 모든 것은, 이 책을 읽기 전엔 몰랐던 방식으로, 분명하고 친절한 바운더리를 설정함으로써 얻을 수 있다.

상황이 두렵거나 힘겹게 느껴질 때 바운더리는 관계를 개선하기 위한 것이며, 가족 내에서 새로운 세대의 패턴을 만들기 위해 누군가는 먼저 나서야 한다는 사실을 잊지 말자. 당신이 그 사람이라는 게 자랑스럽다.

5장

# 서로 선택할 수 있는 사이에서는

친구, 이웃과 바운더리 설정하기

나는 겨울에 루시로부터 처음 연락을 받았다. 그녀는 친구 올리비아와
의 문제로 어찌할 바를 몰라 하며 조언을 구했다. 루시와 올리비아가
처음 친구가 되었을 때 올리비아는 만났다가 헤어지기를 반복하는 남
자친구 때문에 힘든 시기를 보내고 있었다. 루시는 올리비아의 이야
기를 잘 들어주었고, 몇 시간 동안 전화를 하기도 했다. 조언을 해주거
나 올리비아가 울 때 어깨를 빌려주기도 하고, "그냥 차버려. 너는 훨
씬 좋은 사람을 만날 수 있어."라고 응원해주기도 했다. 그러다가 루
시는 몇 가지 사실을 알아채기 시작했다. 첫째, 올리비아는 절대 자신
의 조언을 받아들이지 않았다. 절대. 어떻게 해야 할지 조언을 구할 때
루시는 많은 의견을 제시했지만 그들의 대화는 끝없이 반복되었다. 둘
째, 그들의 우정은 루시가 올리비아의 불평을 얼마나 잘 들어주는지에
달려 있었다. 올리비아의 문제는 일, 연애, 가족문제 등 끝이 없었지만,
어느 것도 자신의 잘못이라고 여기지 않는 것 같았다.

처음에 루시는 올리비아가 속상하고 마음이 혼란스러운 상태여서
루시의 하루나 삶이 어떤지 물어보지 않는다고 생각했다. 루시는 "이
제 좋은 얘기 좀 하자."라든가 "나는 부모님과 휴가를 떠나려고 예약

했어."와 같은 말을 하며 대화에 자신에 대한 이야기를 더 끼워 넣어보려 했다. 그러나 올리비아는 이에 반응하지 않았고 자신은 힘든 시간을 보내고 있는데, 좋은 일이나 행복한 일에 대해 얘기하는 루시가 무신경하다고 비난하기도 했다.

이 부분을 읽자마자 나는 루시에게 뱀파이어 모양의 이모티콘을 보냈다. "당신 옆에 '에너지 뱀파이어'가 있네요. 이 우정을 지키는 방법은—만약 지키길 원한다면—바운더리를 설정하는 것뿐이에요. 지금 당장이요."

이번 장에서는 친구와 이웃이라는 두 가지 범주에 속하는 바운더리 문제에 대해 알아볼 텐데, 두 범주 사이에는 공통점이 있기 때문에 하나로 묶었다. 친구와 이웃과의 관계에는 상호 선택이라는 요소가 작용하고, 그들이 당신의 삶에 어떤 역할을 할지 어느 정도 통제할 수 있다. 그러나 절친한 친구와 함께 살거나 새로운 이웃과 친구 사이가 될 때 이런 관계들은 모호해지기도 한다.

이런 바운더리에는 몇 가지 까다로운 부분이 존재한다. 시간에 따라 관계가 변하기 때문에 기존의 바운더리를 자주 조정해야 하거나 새로운 바운더리를 세워야 할 때도 있다. 게다가 함께 살기로 계약한 사람이나 자기 집에서 거슬리는 행동을 하는 이웃에게 특단의 조치를 취하는 일이 항상 쉽진 않다. 이번 장에서는 이런 관계를 개선하는 데 필요한 바운더리의 말들을 알아볼 것이다.

## 친구들

구체적으로 당신의 시간이나 에너지, 노력, 돈을 이용하는 친구들에 대해 알아볼 것이다. 그들은 주는 것 없이 받기만 하고 조건부의 우정 관계를 맺으며, 당신이 필요할 때만 이용하거나 배려하고 이해하며 베풀 줄 모른다. 이것은 에너지 소모의 가장 큰 원인이 되며, 이런 관계에서 바운더리를 설정하는 법을 배우는 것만으로 삶이 바뀔 것이다.

### 이웃들

어쩌면 10년 동안 옆집에 살지도 모르는 사람들과 다툼이나 극단적인 사건에 휘말리는 일은 피하고 싶을 것이다. 사람들이 자신의 소유지에 울타리를 치는 데는 이유가 있다. 바운더리의 형태로 당신만의 건강한 울타리를 세우는 것 역시 관계를 더 건강하고 행복하게 만들기 위해 필요한 구조와 거리감을 제공한다.

나는 이런 바운더리를 다루는 전반적인 팁보다는 각 상황마다 해당 관계에 맞는 팁을 소개하려 한다. 모두 한 번쯤은 경험해봤을 루시의 상황에서 세울 수 있는 바운더리부터 시작해보자.

## 친구인가? 적인가?

주변 친구들 중 한 명쯤은 항상 같은 일로 불평하지만 그 일에 대해 어떤 조치도 취하지 않는 사람이 있다. 즉, 그들은 감정을 분출하는 게 아니라 쓰레기를 쓰레기통에 버리듯 그저 당신에게 감정을 쏟아낸다. 마음속 응어리를 당신에게 반복적으로 쏟아내고, 자신을 피해자로 묘사하며, 후속 조치나 조언을 받아들이지 않고, 감사나 보답의 표현 없이 자신의 문제를 들어주길 기대한다. 내가 상담한 수많은 사례에 따르면, 친구와 바운더리를 설정하려는 가장 큰 이유는 이런 감정적 쓰레기통 역할을 그만두고 싶기 때문이다.

누군가의 감정 쓰레기통이 되는 건 괴롭고 지치며 좌절감을 느끼게 한다. 당신의 대화 파트너는 그들의 상황에 책임을 지지 않기 때문이다. 그들은 극적인 상황에 대해 불평을 하면서도 그런 상황을 즐기는 것처럼 보이기도 한다.

문제가 있는 친구들은 다양한 모습과 형태로 나타날 수 있지만 올리비아 같은 에너지 뱀파이어는 그 자체로 따로 분류되어야 한다. 그들은 당신의 생명력을 끌어내어 자신의 생명력을 채워넣을 수 있다는 듯(절대 불가능한 일인데 말이다) 유독한 행동으로 당신의 시간과 에너지, 관심을 의식적으로 또는 무의식적으로 앗아간다. 또한 그들과 상호작용을 할 때마다 마치 당신이 감정적 시련을 겪은 것처럼 기운이 빠지고 우울하고 압도되며 좌절하고 불안해진다. 다음은 에너지 뱀파이어의 가장 일반적인 유형 몇 가지다.

### 나르시시스트

우월감을 느껴야 하고, 당신의 감정에 대해 신경 쓰지 않으며, 감정적으로 조종할 수 있는 한 당신을 계속 곁에 두려고 한다.

### 드라마 주인공

모든 일을 드라마처럼 만들고, 남 얘기하고 사건 만들기를 좋아하며, 모두가 자신의 이야기에 빠져들길 원한다.

### 통제자

항상 자신의 방식대로 하려 하고, 원치 않는 조언을 하며(당신이 그 조언을 따르지 않으면 화를 낸다), 당신을 돕는다는 명목으로 끊임없이 당신을 비판한다.

### 피해자

모든 감정과 문제를 당신에게 쏟아내고, 어떤 책임도 거부하며, 당신의 조언을 따르거나 상황을 바꾸기 위해 어떤 시도도 하지 않는다.

당신의 친구들을 한 명씩 떠올려보고 있는가? 에너지 뱀파이어를 구분하는 방법은 다음과 같다.

- 그들의 문자나 전화를 피한다.
- 그들이 참석하는 모임은 나가기 두렵다.
- 그들이 나를 어떻게 생각하는지 알 수 없다.
- 그들 앞에서는 당신의 행동이 바뀐다.
- 그들에게 변명이나 사과를 자주 한다.
- 그들과 만나는 동안 또는 만나고 난 뒤 기분이 좋지 않다.
- 다른 사람들이 이 우정은 건강하지 않다고 지적한다.

당신의 친구들 중 이러한 에너지 뱀파이어(특히 피해자 유형)가 있다면 그들에게 아무리 많은 것을 주어도 충분하지 않을 것임을 받아들여야 한다. 이 친구들은 당신이 그렇게 내버려두면 당신의 모든 에너지와 시간, 관심을 앗아갈 것이다. 그렇다고 두려워할 필요는 없다. 바운더리가 어떻게 뱀파이어를 퇴치하는 마늘 역할을 해주는지 직접 확인해보자.

## 에너지 뱀파이어 퇴치법

자신의 감정과 문제를 끊임없이 쏟아내는 사람과 우정을 유지하기는 힘들다. 당신에게도 올리비아 같은 친구가 있다면, 우정이 처음 시작되었을 때를 떠올려보자. 이 친구가 처음 당신에게 문제를 털어놨을 때 당신은 그 대화에 모든 걸 쏟아부었을 것이다. 집중해서 친구의 이야기를 듣고, 친구의 감정을 이해하고 공감해주며 어떻게 문제를 해결할 수 있을지 사려 깊은 조언을 해준 뒤 아마도 친구가 어려운 상황을 극복해나가는 데 도움을 줄 수 있다고 확신했을 것이다. 그러나 그렇게 며칠, 몇 주, 몇 달 동안 같은 일이 반복되고 또 반복되자 당신은 완전히 지쳐버렸다. 친구는 당신에게 조언을 구해놓고도 따르지 않고, 당신이 그들의 문제를 해결하고 부정적인 감정을 흡수하며 해결책을 제시해주길 기대하는 한편, 자신은 어떻게든 모든 책임을 회피하는 것처럼 보인다.

루시와 올리비아의 우정은 '서로 도와주는' 영역에서 '한쪽만 받는' 영역으로 넘어갔다. 결과적으로 루시는 올리비아의 전화와 문자를 피하고 만날 약속을 연기하며 그녀를 만날 생각만으로도 정서적 피로함을 느낀다. 이런 상황이 낯설지 않다면, 내가 루시에게 해주었던 이야기를 들려주겠다. 두 사람 모두를 위해 이 관계를 원래 상태로 되돌려놓으려면 건강한 바운더리를 세워야 한다.

정신적·신체적으로 힘들어도 당신은 친구에게 필요한 도움을 주고 싶겠지만, 만약 친구가 당신에게 감정을 쏟아내도록 허용하면, 친구는 외부에서 더 효과적인 도움을 구하지 않을 것이다. 이런 해로운 패턴을 계속 유지하는 건 우정뿐만 아니라 친구의 성장에도 방해가 된다는 것을 명심하자. 불편한 감정들을 당신에게 쏟아내게 놔두면, 그들은 부정적인 감정을 건강한 방식으로 처리하는 법을 절대 배우지 못한다. 단호한 바운더리를 설정하는 것은 두 사람 모두에게 꼭 필요하다. 그들이 그렇게 생각하지 않더라도 말이다.

### 외부 도움을 받아야 할 때

만약 친구의 상황이 건강이나 안전에 위협이 되지 않는다면, 우리가 얘기했던 것처럼 바운더리를 설정하는 게 좋다. 그러나 친구가 신체적으로나 정서적으로 학대나 공격을 받고 있다면, 그들의 문제가 심각한 정신 건강 문제로 이어지거나 상황이 악화될 수 있다. 이럴 땐 전문가의 도움을 받도록 권하거나 전문적인 도움을 줄 수 있는 치료사를 찾도록 도와주자. 이 우정이 당신의 정신 건강에 부정적인 영향을 주고 적절한 바운더리를 설정하는 데 도움이 필요하다면, 당신도 상담사를 찾아가는 것이 좋다.

당신이 지금 루시와 같은 상황이라면, 친구를 만날 때 분위기를 형성하는 것부터 시작하길 바란다. "우리가 수십 번도 더 얘기했는데, 계속 같은 문제가 발생하는 것 같아. 또다시 이야기를 시작하기 전에 마지막으로 통화한 이후로 네 상황을 바꾸기 위해 어떤 조치를 취했는지 알려줘."라고 얘기한다. 이렇게 얘기함으로써 책임은 친구의 몫으로 돌아간다. 만약 친구가 어떤 조치도 취하지 않았다면 대화를 여기서 끝낸다. "저번에 얘기했을 때 네가 세 가지 일을 시도하겠다고 동의했잖아. 네가 그렇게 행동하기 전까지 상황은 바뀌지 않을 거야. 네가어떤 조치를 취하고 나면 그때 다시 얘기해보자."

친구가 어떤 변화도 이뤄낼 수 없다는 듯이 피해자 역할에 빠져 있다면, 이제 엄격한 사랑을 보여줘야 할 때다. "난 네가 아무런 힘이 없다는 말을 믿지 않아. 이 문제에 대해 수도 없이 얘기했잖아. 그리고 너는 우리가 얘기한 방법을 전혀 실천하지 않았어. 이제 너에게는 두 가지 선택지가 있어. 책임감을 갖고 변화를 이루기 위해 노력하거나 지금 이 상황을 받아들이고 이렇게 살기로 결정하는 거야. 내가 대신해줄 수 있는 일은 없어. 그래서 너는 올바른 해결책이 무엇이라고 생각해?" 이렇게 얘기하면서 친구에게 공을 넘기며 다음 단계로 넘어가기 위한 책임감을 갖길 요구해야 한다.

친구가 계속 반발하고 화를 내거나 방어적인 태도를 보이고 바운더리를 존중하지 않는다면, 이제 솔직해져야 할 때다. "지금까지 너를 도와주려고 노력을 많이 했는데, 이제 내가 할 수 있는 일이 없는 것 같아. 같은 문제를 반복적으로 얘기하는 건 내 정신 건강과 우리 우정에 좋지 않아. 이런 상황에 대한 경험이 있고 새로운 관점을 제시할 수 있는 전문 상담사와 얘기해보는 게 좋겠어. 네가 어떤 결정을 하더라도 나는 잠시 이 주제의 대화는 그만해야 할 것 같아. 만약 네가 그럴 수없다면 우리 관계에 휴식이 필요해."

그리고 당신의 바운더리를 유지하자. 다른 일에 대한 대화는 나누되, 그가 같은 주제로 돌아가려 한다면 "네 사무실에서 일어나는 일에 대해선 더 이상 얘기하고 싶지 않아."라고 단호하게 말한다. 그와 이런 바운더리를 설정하자마자 분명히 마음이 가벼워질 것이다(그 친구와 바운더리를 설정한다는 상상만으로도 행복해질 거라 장담한다). 이 우정이 회복될 수 있을지 확신이 없다면, 그가 궁극적으로 당신의 바운더리에 어떻게 대응하는지를 보면 알 수 있다(바운더리에 대한 다른 사람들의 반응을 다루는 법에 대해 더 자세히 알고 싶다면 11장을 참고하자).

다음 전화 통화를 할 때 루시는 첫 번째 바운더리로 올리비아의 말을 가로막았다. "올리비아, 우리 지난주에 얘기했잖아. 동료에게 직접적으로 말해보거나 상사에게 네 프로젝트 파일을 보여줬어?" 올리비아가 '아니'라고 대답하자 루시는 그녀가 조치를 취하기 전까지는 이 문제를 다시 거론하지 않겠다고 단호하게 말했다. 그런 다음 루시는 그녀의 일에 대해 얘기하며 대화 주제를 바꾸었다. 루시는 나에게 이렇게 말했다. "그때부터 대화가 정말 어색했어요. 올리비아가 짜증이 났다는 걸 알 수 있었고 전화도 빨리 끊었지만, 솔직히 말해서 전 전혀 화가 나지 않았어요. 내 인생의 1시간을 되찾았다고요!"

감정적 쓰레기통 역할을 하는 것이 친구와 바운더리를 설정하고 싶은 가장 일반적인 이유이지만, 다른 이유들도 존재한다. 우리 곁엔 다음과 같은 친구들이 있다.

- 갑자기 사라졌다가 당신이 필요할 때만 나타나는 친구
- 친구들 사이에서 험담하거나 사건을 만들어내는 친구
- 자신의 신념이나 가치관을 당신에게 강요하는 친구

- 자신을 대하는 방식에 지나친 기대를 갖고 있는 친구
- 당신의 시간을 존중하지 않는 친구(늦게 나타나거나 마지막 순간에 취소한다.)
- 당신의 목표를 지지하지 않는 친구
- 친구처럼 행동하지 않는 친구(당신을 비웃거나 사적인 정보를 남들에게 알리거나 경쟁적으로 행동한다.)

이러한 상황에 바운더리를 세우는 방법을 알아보자.

## 이별도 할 만하다

당신은 건강한 바운더리를 계속 설정하는데, 친구는 계속 이 바운더리를 지키지 않거나 무시한다면 이제 그에 따른 조치를 실행할 때다. 그렇다. 헤어져라. 연인이 헤어지는 것보다 더 어색하고 불편할 수도 있는 친구와의 이별을 준비하라고 말하는 것이다.

보통, 사람들은 친구와 죽을 때까지 매일 함께하길 기대하지 않기 때문에 연인이라면 이별의 원인이 될 만한 일도 친구 사이에는 문제 삼지 않는다. 따라서 그 문제가 몇 년 동안 지속되었어도 우정을 끝내는 것은 불공평하고 부당하며 지나치게 극단적인 일이 될 수 있다. 또한 일부일처제와 달리, 한 번에 한 명의 친구만 만나야 하는 것은 아니어서 한 친구의 부정적 특성이 그 공백을 채워주는 다른 친구들 덕분에 견디기 수월하다. 루시에게도 루시의 삶에 대해 물어봐주는 다른 친구들이 많았기 때문에 여기까지 온 것이다. 마지막으로 모든 우정은

(인생을 바꿀 만한) 과거 경험을 공유하며 감정적으로 얽혀 있는 독특한 관계다. 친구를 놓아주는 건 당신의 과거 한 조각을 놓아주는 것처럼 느껴진다. 이런 이유로 많은 우정은 원래 그래야 하는 것보다 훨씬 더 오래 지속된다.

여기에는 '매몰 비용의 오류Sunk Cost Fallacy'라는 심리적 오류가 작용하기도 한다. 매몰 비용의 오류란 지금 우리에게 얼마나 도움이 되는지(되지 않는지)와 관계없이 우리가 지금까지 투자한 시간과 노력, 돈 때문에 이 업무나 일, 관계를 지속하려는 성향을 의미한다. 그 사람이 더 이상 좋은 친구가 아님에도 불구하고 우리가 오랜 우정을 지속하려는 이유다. "우리에게는 역사가 있어. 많은 일을 함께 견뎌왔다고! 그걸 그냥 전부 버릴 순 없어!"

과연 그럴 수 없을까?

당신은 친구에게 온갖 자원을 투자했다. 그러나 당신이 계속 투자하고 있음에도 불구하고 거의 얻는 게 없는 게 현실이다. 현재 우정이 어떻게 느껴지는지 솔직하게 적어보는 것도 도움이 된다. 함께 보낸 시간이나 과거의 관계가 어땠는지는 잠시 제쳐두고 지금 상황만 분리해서 살펴보자. 이 사람과 시간을 보내는 게 두려운가? 만나고 나면 활력을 얻기보다 지치진 않는가? 친구의 행동에 자주 실망하는가? 우정을 회복하기 위해 세운 바운더리를 친구가 존중하지 않는가? 즐거운 일은 아니지만, 이제 우정의 심폐소생술을 포기하고 그만둘 때인지도 모른다.

이미 투자한 것은 회수할 수 없지만, 지금 분명하고 친절하게 관계를 마무리하면 더 큰 손해를 보는 걸 막을 수 있다. 이 얘기가 도움이 될지 모르겠지만, 사람들은 특정한 계기로 당신의 삶에 들어온다는 사실을 기억하자. 과거의 일 때문에 무언가를 붙잡고 있는 건 현재를 사는 게 아니며 이 관계가 지금 당신에게서 무엇을 앗아가고 있는지 이성적으로 인정하지 않는 것이다.

친구를 잃는다는 건 힘들다. 특히 그 친구가 당신의 바운더리에 제대로 대응하지 않거나, 당신이 불합리하고 무신경하며 지나치게 요구가 많은 사람인 것처럼 만든다면 더 쉽지 않다. 그렇다면 이 관계를 정말 마무리할 때인지는 어떻게 알 수 있을까?

당신이 건강한 관계를 위해 바운더리를 설정할 때 누군가 이 바운더리를 반복적으로 존중하지 않는다면, 이제 그 관계를 끝낼 때다.

친구에게 얼마나 관대해야 하는지, 얼마나 많은 기회를 주어야 하는지는 말할 수 없지만, 당신이 건강한 바운더리를 세우려고 노력한 뒤에도 관계가 계속 일방적이고 무례하고, 분노, 불안, 두려움으로 가득한 것처럼 느껴진다면 당신은 대체 무엇에 매달리고 있는 걸까? 친구의 기분을 상하게 하고 싶지 않아서인가? 제발 당신의 감정을 우선순위에 두자. 친구는 당신의 감정을 크게 신경 쓰지 않으니 이제 누군가 당신의 감정을 신경 써줘야 할 때다(그리고 그건 바로 당신이다).

친구와 헤어지는 방법에는 서서히 거리 두기와 빠르게 끊어내기가 있다. 서서히 거리 두기는 시간이 지나면서 친구와의 관계가 멀어지게 내버려두는 것이다. 문자에 너무 빨리, 많은 내용을 담아 보내지 않는다. 초대를 거절하고, 친절을 베풀지 않는다. 모임에서 친구를 만나면 정중하고 친절하게 대하되, 표면적인 관계를 유지한다. 이 방법으로 헤어질 때는 갈등이나 긴장, 대립 없이 각자 다른 친구들에게로 평화롭게 떠날 수 있다.

이 방법은 안면 정도만 있는 사람이나 새로 사귄 친구, 가끔 만나거나 대화를 나누는 사람에게 더 적합하다. 상대방과의 관계가 일방적이어서 당신이 언제나 먼저 연락을 하는 사람이거나 상황이 너무 극단적이고 격해져서 잠시 휴식이 필요한 경우라면, 시간을 갖고 서서히 관계를 정리하는 게 가장 순조로운 방법이다.

서서히 거리를 두는 게 수월하다고 느낄 수는 있지만, 항상 이 방법이 좋은 건 아니다. 오랫동안 친구로 지낸 사이거나 정기적으로 만나고 깊은 우정을 나눈 경우라면, 친구가 눈치챌 때까지 서서히 피하는 것은 명확하지도 친절하지도 않다. 이런 경우에는 상대방이 당신의 신호를 눈치채기보다는 그들이 무엇을 잘못했는지 생각하거나 계속 전화나 문자를 시도할 가능성이 크다. 어쩌면 당신이 왜 연락을 무시하는지 생각하며 계속 화가 나 있을 수도 있다. 이런 방법은 오히려 문제를 복잡하게 만든다. 과정이 길어져서 당신에게 책임이 전가되며, 결국 당신으로부터 더 많은 시간과 노력, 에너지를 앗아간다.

어떤 우정은 명쾌하게 끊어내는 게 정답이다. 두렵긴 하겠지만 관계를 끝내는 과정이 꼭 지저분하고 비열할 필요는 없다. 곤도 마리에近藤麻理恵를 떠올려보자. 우리는 스웨터 대신 우정을 정리하는 것이다. 손에 쥐고 과거에 당신에게 가져다준 즐거움에 감사한 뒤 작별을 고하자.

## 친구와의 바운더리와 준비 팁

우정을 끝내야 한다고 판단되면, 다음 사항을 눈여겨보자. 상대방과 명확하게 소통해 갈등의 소지를 최소화하고 각자 품위 있게 헤어질 수 있도록 도와줄 몇 가지 방법이 있다.

### 타이밍을 신중하게 고려한다

두 사람만 조용히 대화를 나눌 수 있는 시간을 고른다. 직접 만날 수 없거나 장거리에 산다면 편지, 이메일, 심사숙고한 문자도 괜찮다.

### 분노나 좌절감으로 접근하지 않는다

상대방이 얼마나 끔찍한 행동을 했는지에 대한 온갖 말을 쏟아낼 것 같다면, 차분하고 침착해질 때까지 기다린다(그동안 상담사에게 털어놓는다).

### 그들의 입장을 대변하려고 하지 않는다

"이 우정은 우리 두 사람 모두에게 건강하지 않은 것 같아."라고 말하는 것은 친구를 위해 이렇게 헤어지자고 하는 것처럼 들린다. 당신에게 이 우정이 어떤지, 왜 당신에게 문제가 되는지에 대해서만 이야기한다.

### 관계를 끊고 싶다고 직접적으로 표현한다

당신의 감정을 공유하고 나면, 이것이 무슨 의미인지 명확하게 밝힌다. "우리가 우정을 계속 유지하려고 노력하지 않는 게 나에게 최선이야." "지금부터 나는 우리 관계에서 손을 뗄 거야."

### 진정성이 느껴지는 경우에 감사함을 표현한다

"너에게 좋은 일만 있길 바라." "우리가 함께한 시간들을 감사한 마음으로 되돌아볼 거야."

### 상대방이 얼마나 마음이 안 좋은지, 얼마나 미안한지 털어놓을 기회를 주지 않는다

그런 기회를 허용하면 당신은 다시 한번 그들을 위로해줘야 하는데, 지금 여기에 당신의 에너지를 더 쓸 필요는 없다. "고맙지만 그 얘기는 다시 꺼내지 말아줘. 난 이제 앞으로 나아갈 준비가 되었어."라고 짧게 말하며 친구의 말을 가로막는다.

### 그들이 화났다면 특히 더 오래 머물지 않는다

상대방이 혼자 감정을 처리할 수 있도록 당신은 대화에서 빠진다.

### 슬퍼할 시간을 갖는다

엄청난 안도감과 깊은 슬픔을 동시에 느낄 수 있으므로 두 가지 감정 모두 허용한다. 우정이 끝나 상실감이 느껴질 수 있고, 좋았던 날들과 앞으로의 날들, 한때 우정이 채워주었던 인생의 빈자리로 슬플 수 있다.

친구와의 관계를 끝내고 나면 깊은 슬픔에 잠길 수 있다. 사람들은 슬픔을 자신이 잘못된 결정을 내렸다는 신호로 받아들인다. 당신은 옳은 일을 했고, 좋았던 날들, 앞으로 좋을 뻔했던 날들이 사라진 것에 슬퍼할 뿐이라고 스스로 안심시켜야 한다. 내가 이렇게 얘기한다고 상상해보자. "친구와의 관계를 정리하자는 대화는 일어난 적 없어. 친구는 곧 너에게 다시 전화할 거고, 두 사람은 마지막으로 만난 순간부터 다시 시작할 수 있어." 이 말을 듣고 불안감이나 두려움, 다른 부정적인 감정이 든다면, 그것이 바로 당신의 신호다. 당신이 관계를 끝내기 전과 정확히 같은 모습의 우정을 원하지 않는다면, 당신은 옳은 선택을 한 것이다. 당신은 끝난 우정에 대한 당연한 슬픔을 느끼는 중이다.

결국 예상했던 것처럼 루시는 올리비아와의 우정을 끝내야 했다. 루시는 올리비아와 친구로 지내는 동안 함께 시간을 보낸 뒤 어떤 감정을 느꼈는지 토로했고, 나는 이 우정이 더 이상 그녀에게 도움이 되지 않는다는 사실을 명확하게 얘기하는 게 좋겠다고 권유했다. 루시는 올리비아와 대화를 나누는 동안 침착함과 차분함을 유지하기 위해 사용한 스크립트를 나에게 보여주었다. "우리 우정은 상호 관계가 아닌 것 같아. 나에게 건강한 관계가 아니야. 너와 시간을 보내고 나면 기분이 좋지 않은데, 이건 우리 우정이 끝났다는 중요한 신호야. 너에게 좋은 일만 있길 바라지만, 이제 나는 너와의 관계를 정리해야 할 때가 되었어." 루시는 즉시 십 년 묵은 체증이 내려가는 것 같다며 옳은 결정을 했다는 확신이 들었다고 말했다. 그 뒤로 루시는 올리비아와 연락을 끊었다.

　때로는 시간이 지나고, 어느 정도 거리를 두고 성숙해지면서 우정이 다시 돌아오기도 한다. 어쩌면 인생의 특정한 시기에만 서로 함께 있을 운명이었을 수도 있다. 어느 쪽이든, 친구와의 관계에서 건강한 바운더리를 설정하는 법을 배운 것을 절대 후회하지 않을 것이다. 효과적인 바운더리는 충만하고 행복한 관계로 이어지고, 그렇지 않은 바운더리는 금방 명확해질 것이기 때문이다.

## 안녕, 이웃 여러분!
### 이제 제 마당에서 나가주세요

'좋은 울타리가 좋은 이웃을 만든다'라는 말이 있는 이유가 있다. 말 그대로, 또 비유적으로 바운더리는 이웃과 평화롭고 안락하고 건강한 관계가 될지, 이웃의 차고 문이 열릴 때마다 분통이 터지는 관계가 될지 결정짓는 요소다.

　매일 아침, 우리 집 앞으로 개와 산책하는 이웃이 있었다. 그녀는 자동 리드줄을 썼는데, 휴대폰을 보고 있는 동안 개가 우리 집 마당 안으로 거닐게 내버려두었다. 개는 잔디밭을 뜯어놓거나 내가 감상하기도 전에 꽃을 밟아 뭉개놓았다. 나는 매번, 그녀와 이야기를 나눌 만큼 빨리 밖으로 뛰어나가지 못했고, 그녀가 정확히 어디에 사는지도 알 수 없었다. 어느 날 마침내 그 개가 우리 집 뒷마당의 덤불을 헤치는 걸 발견하고 뛰어나가서 "지금처럼 개가 우리 마당에 뛰어다니지 않게 해줄 수 있으신가요?"라고 말했다. 그 뒤로 같은 일은 반복되진 않았지만, 이웃이 내 부탁을 좋은 마음으로 들어준 건 아니었다. 그녀는 그 날 이후로 길에서 마주쳐도 나에게 말을 걸지도, 눈도 마주치지 않으 려 했다.

이웃과 바운더리를 설정하는 건 쉽지 않다. 이웃이 자신의 마당이 나 집에서 하는 일이 당신에게 부정적인 영향을 미칠 수도 있다. 밤 늦 게 시끄러운 음악을 듣거나 시끄럽게 짖는 비글을 하루 종일 마당에 풀어놓거나 그들이 설치한 보안등의 불빛이 당신의 창문으로 들어오 거나 오전 7시마다 기계로 낙엽을 청소할 수도 있다. 안타깝게도 이런 상황에서는 효과적인 바운더리를 설정하지 못할지도 모른다. 당신의 바운더리가 이웃이 자신의 소유지에서 생활하는 방식을 방해할 수도 있기 때문이다. 이번 장에서 당신이 설정할 수 있는 바운더리 사례를 살펴보겠지만, 당신은 여전히 이웃들과 불편한 대화를 나눠야 할 수도 있다.

## 이웃과의 바운더리와 준비 팁

이웃과의 건강한 바운더리는 갈등을 경험하기 훨씬 전부터 준비해야 한다. 어린 시절 부모님은 주변 이웃들과 모두 잘 알고 지냈다. 나는 모든 이웃의 집에 들락날락했고, 동네 파티를 열어 자주 함께 시간을 보냈으며, 달걀이나 우유 한 잔을 빌리러 옆집에 여러 번 찾아가기도 했다. 그러나 오늘날의 우리는 보호막 같은 비눗방울 안에서 살며 문 제가 생기기 전까지는 나가서 이웃들과 대화를 나누지 않을 가능성이 크다. 이런 현실은 이웃과 관계를 형성하는 데 좋은 상황이 아니다. 이웃 전체가 세서미 스트리트$^{Sesame Street}$ 수준의 협동심을 발휘해 안락한 울타리, 낮은 울타리를 유지할 수 있게 돕는 몇 가지 팁을 소개하겠다.

### 친절한 이웃이 되기 위해 노력한다

근처에 사는 사람들과 친구가 되자. "좋은 아침이에요. 조경은 어떻게 되어가고 있어요?" 같은 대화를 나누는 관계라도 좋다. 이웃의 인도를 치워주거나 사다리를 빌려주며 호의를 베풀면 더 좋다. 바운더리를 설정해야 할 때 당신이 낯선 사람이기보다는 '그때의 친절한 이웃'일 때 더 잘 받아들일 것이다.

### 긍정적으로 가정한다

당신의 이웃은 지역사회의 좋은 구성원이 되고 싶어 하지만 자신의 행동이 타인에게 어떤 영향을 미치는지 미처 인지하지 못한다고 가정하고, 바운더리와 관련된 대화를 나누기 시작한다. 최고의 시나리오를 가정하면 정중하고 친근한 대화를 나누고 당신이 바라는 결과를 얻게 될 가능성이 크다.

### 합리적으로 행동한다

침착한 태도로 이웃을 찾아가 문제를 설명하고, 합리적인 요청을 한다. 앞으로 절대 음악을 크게 틀지 말라고 요청할 수는 없지만, 최근에 태어난 아이 때문에 소리를 조금만 낮춰달라고 하거나 밤 10시 이후에는 헤드폰을 사용해줄 수 있는지 물어본다.

### 중요한 싸움에만 집중한다

만약 이웃의 반려견이 당신의 마당에 똥을 한 번 쌌는데, 이웃이 이를 눈치채지 못했다. 이것을 제외하고는 훌륭한 이웃이라면 과연 이웃을 찾아갈 필요가 있을까? 같은 일이 반복된다면 다른 이야기지만, 언제 너그럽게 봐주어야 하는지를 알아야 한다. 그래야 정말 필요한 바운더리를 효과적으로 설정할 수 있다.

### 당신이 직접 해결하기 위해 노력한다

바운더리를 설정한다고 해도 당신 쪽에서도 해결책을 찾기 위해 노력해야 한다. 잘 때 귀마개나 백색소음 기계를 사용하거나, 밤 늦게 들어오는 불빛을 가리기 위해 암막 커튼을 사용하고, 만일을 대비해 마당에 배변 봉투를 준비해두거나, 이웃집 아이들이 정원에 들어와 꽃을 망가뜨리지 못하도록 울타리를 세운다.

친절하고 정중하게 부탁했는데도 협조를 얻지 못하는 상황이 생길 수 있다. 이에 대비해 당신이 목격하는 걸 기록으로 남겨보자. 이웃이 일하러 갔을 때 개가 짖는 시간을 기록하거나 이웃집 아이들이 당신의 잔디를 가로지르며 밟고 간 꽃들의 사진을 찍고, 이웃의 보안등이 거실로 들어오는 걸 영상으로 남긴다. 문제를 확대해야 할 때나 이웃에게 당신이 이 문제를 과장하는 게 아님을 보여줘야 할 때 유용하게 사용될 수 있다.

그래도 해결책을 찾을 수 없다면, 임대주나 주택 소유주 협회에 연락하거나 지역 조례를 알아본다. 예를 들어, 솔트레이크시티에는 소음 문제, 파손된 건물, 그래피티, 조명 문제 등을 해결할 때 필요한 다양한 수단이나 연락처가 기재된 '좋은 이웃 안내서'가 있다. 또한 반상회를 개최해 이웃들과 문제를 논의하거나 지역사회 중재를 알아보고, 소액 법원에 '성가신 소송'을 제기할 수도 있다.

마지막으로 하지 말아야 할 한 가지는, 문제를 일으킨 이웃처럼 똑같이 비열해지는 것이다. 당신도 새벽 5시에 음악을 크게 틀거나 그들의 개가 싼 똥을 이웃집 마당에 던져놓는다거나 엄청나게 밝은 보안등을 사서 그들의 창문으로 비추는 행동은 소송이나 고소의 형태로 문제를 키울 수 있다. 이런 행동은 명확하지도 친절하지도 않으므로 가장 확실한 길을 선택하자. 이번 장에 나오는 바운더리의 말들로부터 도움을 받아보자.

## 친구와 바운더리를 세우기 위한 말들

친구와 바운더리를 설정하면 건강하고 호혜적인 관계를 유지하는 데 도움이 된다. 정신 건강도 지킬 뿐만 아니라 우정에 문제가 생기기 전에 언제 거리를 두어야 할지 알게 된다. 더 건강한 역학 관계를 구축하기에 늦은 때는 없다. 게다가 당신이 설정한 분명하고 친절한 바운더리에 친구들이 어떻게 반응하는지를 살피다 보면 당신이 어떤 우정을 맺고 있었는지 금방 알 수 있다.

> Q. 헬스장에서 멋진 친구를 새로 사귀었어요. 그 친구는 자기 이야기는 많이 하지만 저에 대한 질문은 잘 하지 않는다는 걸 깨달았어요. 새로운 우정에 투

자를 할 거라면 일방적인 관계여선 안 될 것 같아요. 어떻게 하면 "너무 네 얘기만 하지 마!"라고 말할 수 있을까요?

초록색 "지금까지 네 일에 대해서 많은 걸 알게 되었어. 이제 내 일에 대해 얘기해볼까? 몇 가지 흥미로운 일이 일어나고 있는데, 너에게도 알려주고 싶어."

노란색 "우리 대화는 너무 일방적인 것 같아. 네가 내 삶에 대해 관심이 전혀 없는 것 같아서 서운해."

빨간색 "우리 관계에는 뭔가 빠진 것 같아. 다음에 만나는 건 패스할게. 헬스장에서 만나."

—— 초록색 단계 바운더리를 적용했을 때 상대방이 자신을 돌아보고 좋은 대화 상대가 아니었음을 깨닫는지 확인해보자. 만약 대화가 계속 일방적이라 불편하다면, 더 이상 관계를 이어나가지 않는 게 맞다. 우정에는 노력이 필요한데, 상대방은 당신만큼 노력하지 않는 것일 수 있다.

Q. 몇 달 동안 갑자기 자취를 감췄다가 제가 필요할 때만 나타나는 친구가 있어요. 기분이 별로 좋지 않은데, 그녀에게 어떻게 표현해야 할까요?

초록색 "오랜만이야. 너는 나에게 필요한 게 있을 때만 연락하는 것 같아서 기분이 좋지 않아. 이 얘기부터 먼저 하는 게 좋겠어."

노란색 "몇 달 동안 사라졌다가 필요한 게 있을 때만 나타나는 건 기분 좋은 행동이 아니야. 지금은 도와줄 수 없지만 내일 더 얘기하고 싶으면 전화 줘."

**빨간색** "네가 도움이 필요하다는 얘기는 들었지만 네가 갑자기 연락을 끊어버려서 속상했어. 내가 대화할 준비가 되면 그때 다시 연락할게."

── 친구를 도와주거나 이 우정을 지속할 것인지는 당신이 결정할 문제다. 상황이 중요하다. 친구가 정신 건강이나 만성 질병으로 힘든 시기를 보내고 있진 않은가? 사귀는 사람이 없을 때만 당신에게 연락하는가? 두 가지 시나리오에는 각각 다른 바운더리를 적용해야 한다. 친구가 갑자기 사라진 이유를 생각해보고, 그들과 바운더리를 설정할 때 이를 고려한다. 당신이 줄 수 있는 것보다 더 큰 도움이 필요하다면, 전문가의 도움을 찾도록 권하자.

Q. 평소 알고 지내던 친구가 제가 좋아하지도 않고, 동의하지도 않는 정치 기사나 밈을 계속 보내요. 이런 내용은 보내지 말라고 얘기했더니 "그냥 너에게도 알려주고 싶어서 그런 거야."라고 대답합니다. 친구에게 어떻게 얘기해야 좋을지 알려주세요. 저는 안 좋은 말밖에는 생각나지 않아요.

**초록색** "나에게 이런 이메일 좀 그만 보내. 내가 네 의견에 동의하지 않는 걸 알잖아. 나에게 강요하는 걸 원하지 않아."

**노란색** "내가 분명히 보내지 말라고 부탁한 내용을 계속 보내서 최근 두 개의 이메일은 확인하지 않았어. 내 부탁을 존중하지 않는다면 우리 우정은 여기까지야."

**빨간색** 차단한다.

— 나는 2020년에 한바탕 소셜미디어를 정리했다. 등록된 친구를 끊거나 차단하고, 팔로우도 끊었다. 선거와 사회정의 운동, 코로나19 사이에서 내 정신 건강을 지키고 소셜미디어 피드를 건강하고 안전한 공간으로 지키기 위해 필요한 조치였다. 소셜미디어에서 누군가와 관계를 끊어도 되는지 확신이 들지 않는다면 내 말을 믿어도 좋다. 차단 버튼을 클릭하자. 당신에게 뭐라고 할 수 있는 사람은 아무도 없다.

## 차단의 장점

진짜 친구를 소셜미디어에서 차단하거나 친구 사이를 끊는 것은 분명하지도 친절하지도 않은 행동이므로, 절대 그것이 첫 단계가 되지 않도록 한다. 그러나 당신이 이미 몇 가지 바운더리를 설정했는데, 친구가 이를 존중해줄 마음이 없거나 존중할 수 없다면, 소셜미디어에서 무제한으로 당신에게 접근할 수 없게 관계를 끊는게 좋다(바운더리는 당신의 한계선이므로 그들이 당신의 한계선을 존중하지 않는다면, 당신이 스스로 이를 강행해야 한다). 이 시점에서 알림을 끄고, 차단하고, 친구 목록에서 삭제하는 것은 정서적, 정신적 건강을 지키기 위한 최후의 노력이다. 경험자로서 얘기하자면, 정말 효과가 있다. 그들을 차단하는 건 당신의 피드나 받은 편지함에 친구의 이름이 뜰 때마다 느꼈던 불안, 짜증, 분노 등의 감정도 함께 차단하는 것이기 때문에 소셜미디어에서 훨씬 유쾌하고 즐거운 시간을 보낼 수 있다.

Q. 문자에 바로 답장하지 않으면 화를 내는 친구가 있어요. 제 소셜미디어를 감시하며 "인스타그램에 피드는 올릴 수 있으면서 내 문자에는 답을 못 하나

봐?"라고 말합니다. 저는 친구의 연락만 기다리고 있는 게 아니라는 사실을 어떻게 좋게 설명할 수 있을까요?

**초록색** "네 말이 맞아. 나는 항상 네 문자에 바로 답장하지는 않을 거야. 네가 이해해줬으면 좋겠어. 일이 생기거나 다른 일에 집중하고 있거나 그 순간에 계속 문자를 주고받을 수 없는 상황일 수도 있어. 서로에게 예의를 더 갖추면 어떨까?"

**노란색** "제스, 내가 항상 네 문자에 바로 답장할 수는 없어. 그런 식으로 나를 감시하는 것도 기분이 좋지 않아. 우리 우정에 대해 더 중요한 대화를 나눠야 하지 않을까?"

**빨간색** "나는 지금 우리 관계가 마음에 들지 않아. 잠시 휴식이 필요해. 다시 얘기할 준비가 되면 연락할게."

── 이런 상황은 빠르게 악화될 수 있다. 당신은 친구가 지나치게 까다롭게 구는 걸 감당하고 싶지 않기에 답장을 늦게 보내고, 친구는 당신이 답장을 늦게 해서 더 화가 난다. 노란색 단계 바운더리에서 "더 중요한 대화를 나눠야 하지 않을까?"라는 질문은 당신의 에너지를 고려할 때 단순히 친구의 기대치가 너무 높아서 충족하기 힘든 것인지, 이 우정을 앞으로 계속 지속하고 싶은지를 알아내는 데 도움이 된다.

Q. 만나기 직전에 계속 약속을 취소하는 친구가 있어요. 갑자기 일이 생길 수 있다는 건 이해하지만, 약속을 잡고 나면 친구는 항상 어설픈 변명으로 마지막 순간에 약속을 취소해요. 어떻게 해야 할까요?

**초록색** (금요일에) "토요일 저녁 7시에 영화 보기로 한 약속이 유효한지 확인하려고 연락했어. 최근에 만나기가 힘든 것 같아서 표를 예매하기 전에 다시 확인하려고."

**노란색** (친구가 약속을 취소했다면) "지금 벌써 세 번 연속으로 만나기 직전에 약속을 취소하는 거야. 네가 지킬 생각이 없다면 이제 너랑 약속을 잡고 싶지 않아."

**빨간색** (친구가 다시 약속을 잡기 위해 연락했다면) "너는 약속을 너무 자주 취소해서 다시는 이런 약속을 잡고 싶지 않아. 대화를 나누고 싶으면 우리 집에 들르도록 해."

—— 빨간색 단계 바운더리는 친구에게 결정권을 넘겨주는 것이다. 친구가 나타난다면 잘된 일이고, 나타나지 않는다면 이 우정이 끝났다는 걸 알 수 있을 것이다.

## 먼저 연락 취하기

예전에는 믿을 만한 친구였는데, 최근에 자주 약속을 취소하는 것 같다면 친구에게 먼저 다가가 보자. 최근에 약속을 꽤 자주 취소하고 있다고 언급하며 친구들을 만나기 힘들 정도로 힘든 일을 겪고 있는 건지 물어본다. 물론 경솔하고 사려 깊지 못해서 약속을 취소하는 사람들도 있다. 그러나 우울이나 불안, 경제적 스트레스로 고통받고, 이로 인해 정상적인 사회 활동을 하는 게 정말 힘든 사람들도 있다. 어쩌면 ADHD가 악화되어 일정이나 시간 약속을 지키는 게 힘들어졌을 수도 있다. 만성 질병이 심해져서 기본적인 일을 제외한 어떤 일을 해낼 에너지가 남아 있지 않을 수도 있다. 배려심 있는 친구로서, 친구가 그냥 못되게 굴고 있다고 생각하기 전에 친구에게 먼저 다가가 물어보자. 만약 친구가 출산이나 이직처럼 바쁜 시기를 겪고 있거나 개인적으로 힘든 일을 겪고 있다면, 억지로 만나려 하기보다는 연락을 취할 수 있는 다른 방법들을 생각해보자. 문자메시지를 자주 보내거나 일요일 밤마다 통화를 하거나 재미있는 틱톡을 보내주는 것(이것이 요즘 친구들에게 보내는 내 애정 표현이다)처럼 말이다.

---

Q. 항상 다른 사람들에 대해 험담하는 친구가 한 명 있습니다. 특히 함께 알고 지내는 친구들에 대해 얘기할 때는 마음이 좋지 않아서 그만 얘기하라고 부탁했어요. 어떻게 하면 제 입장을 명확히 전달할 수 있을까요?

초록색 "잠시만, 미아에 대해 그렇게 얘기하는 건 좋지 않아. 마음이 편하지도 않고." 주제를 전환한다.

노란색 "나는 다른 사람 뒤에서 험담하고 싶지 않아. 내가 없을 때는 내 얘기를 얼마나 많이 할지 궁금해져서 기분이 별로 좋지 않아."

빨간색 "뒷담화가 포함된 우정은 원치 않아. 잘 지내길 바라."

── 만약 친구가 당신에게 다른 사람들에 대한 이야기를 한다면, 다른 사람들에게도 당신의 이야기를 할 것이다. 신뢰할 수 없는 친구는 당신이 원하는 친구가 아니다.

Q. 제 친구는 다른 사람들, 특히 남자들 앞에서 저를 늘 깎아내려요. "쟤는 예뻐. 대신 시사 문제에 대해선 물어보지 마."라고 얘기하는 식이에요. 친구가 자신감이 없어서 그렇다고 생각하지만, 그래도 친구의 행동을 허용하기

힘들어요. 그녀에게 이런 얘기를 해야 할 것 같은데, 어떻게 말해야 할까요?

**초록색** (친구가 말한 뒤) "그건 비꼬는 칭찬 같아서 불쾌해. 나는 절대 너한테 그런 말 안 할 텐데. 대체 무슨 의미였어?"

**노란색** (그 순간에) "그렇게 악의적인 농담은 하지 말아달라고 얘기한 것 같은데? 전혀 재밌지도 귀엽지도 않아. 먼저 실례할게." 대화를 그만둔다.

**빨간색** "나는 친구들이 나에 대해 그렇게 얘기하게 내버려두지 않아. 난 여기까지인 것 같아."

── 친구가 당신 앞에서 그렇게 얘기한다면, 당신이 없을 때는 어떻게 얘기할지 상상할 수도 없다. 바운더리를 설정하고 그런 말을 하는 이유에 대해 솔직한 대화를 나눈 뒤에도 친구의 행동이 바뀌지 않는다면, 그 우정은 지속할 가치가 없을지도 모른다.

## 칭찬을 빙자한 모욕

"너 너무 피곤해 보인다. 도대체 그 일을 어떻게 다 해내는지 모르겠어."

한 번쯤 칭찬을 빙자한 모욕을 듣고 당황한 적 있을 것이다. 당신은 그 말을 한 사람에게 고맙다고 말하는가? 아니면 욕을 하는가? 아니면 둘 다? 이런 말에 대응할 때 꼭 바운더리를 설정할 필요는 없지만, 만약 상대방이 칭찬을 빙자한 모욕을 반복적으로 할 때는 바운더리를 설정하는 게 바람직하다. "네 프레젠테이션은 놀랍게도 훌륭하네!"와 같은 칭찬에 대응하는 세 가지 방법은 다음과 같다.

• 설명하게 만든다. "흠, 그건 좀 이상한 표현이네. '놀랍게도'라는 게 무슨 의미

야?"

- 모욕을 무시한다. "정말 환상적이었지? 반응이 좋아서 너무 신나."
- 지적한다. "만약 그게 사람들을 칭찬하는 방식이라면, 모욕할 때는 어떨지 상상
  도 안 된다. 다음에는 그냥 '잘했어'라고 얘기해."

만약 상대방이 칭찬을 뒷담화처럼 하는 버릇이 있다면, 이를 지적하고 바운더리
를 설정해야 하는 때인지도 모른다. "'놀랍게도 잘했다'라고? 네 칭찬에 약간 모
욕적인 느낌이 들어. 다음에도 그러고 싶으면 차라리 피드백을 생략해줘. 여기서
무슨 일이 일어나고 있든 그건 내 문제가 아니야."

---

Q. 제가 하는 얘기보다 한 단계 더 심한 얘기로 대응해서 언제나 이야기의 주
도권을 차지하는 친구가 있어요. 제가 재밌는 가족 이야기를 하면, 더 웃긴
이야기로 제 말을 끊어버리는 식이에요. 지난주에 제가 아팠다면, 자신이 더
아팠던 이야기를 해요. 정말 지치고 제 얘기를 제대로 들어주고 있는지 궁금
해요. 단지 자기 이야기를 끼워 넣으려고 제 얘기를 듣고 있는 것 같습니다.
어떻게 이런 패턴을 끊을 수 있을까요?

**초록색** "나 아직 이야기 안 끝났어. 내가 하던 이야기를 마무리 짓
고 싶어."

**노란색** "내가 이야기를 할 때 너는 제대로 듣고 있는 것 같지 않
아. 내가 하는 말에 반응을 보이는 게 아니라 그냥 서둘러 네 이
야기를 하기 바쁘지. 솔직히 말하면, 기분이 안 좋아."

**빨간색** "너는 이 관계에서 내게 필요한 공간을 주지 않는 것 같아. 내가 얘기하려고 할 때마다 너는 바로 네 이야기로 바꿔버려. 이런 방식으로 어떻게 우정을 계속 지켜야 할지 모르겠어."

—— 대화의 주도권을 차지하려는 이유가 질투심이든, 자신감 부족이든, 자기중심적 성향 때문이든, 그들이 당신의 감정이나 개인의 성장, 경험에 관심을 보인다고 할 수 없다. 배려심이 있는 양방향의 관계라고 보기 힘들다.

## 이웃과 바운더리를 세우기 위한 말들

이웃과 꼭 친구가 될 필요는 없지만, 서로를 조심한다면 삶이 훨씬 편하고 안전해진다. 적어도 우리 집 건너편에 있는 제리의 차고 문이 열릴 때마다 집 안으로 뛰어 들어가며 숨을 필요는 없을 것이다. 이웃들과 관계를 형성하는 것이 건강한 바운더리를 설정하는 첫 단계다. 누구나 이웃과 처음 나누는 대화가 "당신네 푸들이 지금 내 마당에 똥을 쌌어요."가 되길 원치 않을 것이다. 울타리가 필요한 상황이 되기 전에 울타리를 위한 기초 공사를 해야만 공사 과정이 훨씬 순조롭다.

Q. 이웃집 개가 제 마당에 항상 똥을 싸는데도 이웃은 치우지 않고 갈 때가 많아요. 이 문제에 대해 정중하게 얘기해보았지만, 아무런 변화가 없어요. 이 문제를 어떻게 해결해야 할까요?

**초록색** "반려견이 똥을 싸는 건 이해하지만 꼭 치워주시길 바랍니다.”

**노란색** “지금 당신의 반려견이 제 마당에 똥을 쌌어요. 치워주실래요?”

**빨간색** (그 순간에) “여기 배변 봉투를 드릴 테니 치워주세요.”

── 이웃에게 자신의 반려견이 싼 똥을 치우게 강요할 수는 없다. ‘나는 내 마당에 개똥을 두지 않겠다’는 당신만의 경계선을 세울 수 있을 뿐이다. 반려견이 똥을 싸는 순간에 이웃과 마주치지 않는 이상 당신이 직접 치워야 할 수도 있다. 그러나 마당에 “당신의 반려견이 싼 똥을 치워주세요.”라고 적힌 표지판을 세워두거나 눈에 잘 띄는 곳에 카메라를 설치하거나 우편함 옆에 배변 봉투를 담은 바구니를 놔두거나 반려견(그리고 그들의 주인)이 마당에 들어오지 못하도록 동작 감지 스프링클러를 설치하거나 울타리를 세우는 방법으로 바운더리를 설정할 수 있다.

Q. 저희 집은 동네에서 유일하게 수영장을 가지고 있는데, 사람들이 항상 아이들과 잠시 들러서 물놀이를 해도 괜찮은지 물어봐요. 괜찮을 때도 있지만, 그냥 우리 가족끼리 즐기고 싶을 때도 있어요. 못된 사람이 되지 않고 어떻게 거절할 수 있을까요?

**초록색** “오늘은 손님을 초대할 준비가 되지 않았지만, 토요일에는 12시부터 4시까지 수영장에 있을 거예요. 그때 놀러 오세요.”

**노란색** “오늘은 가족끼리 보내기로 해서 다음 기회에 오시는 게 좋겠어요.”

**빨간색** "너무 많은 사람들이 놀러 온 뒤 문제가 발생해서 당분간은 손님들을 초대하기 힘들 것 같아요."

—— 매번 말로 하지 않고 이 바운더리를 자동화할 수 있는 방법이 있을까? 커다란 오렌지색 깃발을 마당에 설치한 집에 대한 이야기를 읽은 적이 있다. 깃발이 올라간 날은 수영장이 열려 있다는 의미다. 또 토요일 오후처럼 손님들이 올 수 있는 날을 지정하고, 그날을 제외하면 수영장은 오직 가족과 초대받은 손님을 위한 곳으로 사용한다.

Q. 제 이웃은 우리 가족이 집 앞에 나오는 걸 볼 때마다 항상 찾아와서 놀다 가요. 그는 귀에서 피가 날 정도로 이야기를 늘어놓는데, 우리가 집으로 들어가야만 그에게서 벗어날 수 있어요. 이것 때문에 우리 가족은 마당에 나가는 게 힘들어졌어요. 어떻게 하면 무례하지 않게 이 문제를 해결할 수 있을까요?

**초록색** "월터, 우린 이제 할 일을 하러 돌아가야 하니까 보내드릴게요. 나중에 또 봬요!"

**노란색** (당신이 하던 일을 계속하며) "월터, 지금은 이야기를 나눌 수 없지만, 다음에 밖으로 나올 때 손을 흔들게요. 그때 얘기 나눠요."

**빨간색** "월터, 지금은 좋은 때가 아니에요." 잘 가라고 손을 흔든 다음 하던 일을 계속한다.

—— 자신의 집과 마당은 안전하고 편안함을 느끼는 곳이어야 한다. 좋은 의도로 하는 행동이라도 이웃이 당신의 집 주변을 서성이

게 해선 안 된다. 그에게 당신만의 공간이 필요하다고 얘기했는데도 이를 계속해서 존중하지 않는다면, 더 직설적으로 얘기해야 할 수도 있다. "월터, 우리 가족끼리 있을 시간이 필요하다는 걸 이해해주시면 좋겠어요. 우리가 마당에 나와 있다고 해서 사람들과 어울리는 시간이라는 의미는 아니에요. 좋은 이웃이 되기 위해 서로의 바운더리를 지켜줬으면 좋겠어요."

Q. 옆집 사람들은 우리와 스케줄이 달라서 밤 늦게까지 음악을 크게 틀어놓을 때가 많아요. 우리 집에는 신생아가 있어서 이웃과 '조용한 시간대'를 함께 정해놓고 싶은데, 이 문제를 어떻게 해결해야 할까요?

**초록색** "여기 제가 갓 구운 쿠키를 좀 가져왔어요. (아기 띠에 있는 아기를 가리키며) 오늘로 생후 한 달이 된 엠마도 소개해드릴게요. 혹시 밤 10시 이후에는 음악 소리를 조금 줄여주실 수 있을까요? 초보 부모인 저희에겐 정말 큰 도움이 될 거예요."

**노란색** "이웃에 어린애들이 있는 집이 많은데, 주말에는 여전히 음악 소리가 너무 큰 것 같아요. 밤 10시 이후에는 음악 소리를 줄여달라고 다시 부탁드려도 될까요?"

**빨간색** "소음 규제에 대한 지역 조례에 따라 밤 10시부터 오전 7시까지는 음악을 크게 트는 걸 금지하고 있어요. 여기 복사본이요. 이 서류에 사인한 이웃들이 이 규제를 따라주길 요청했어요. 더 심각한 조치를 취하지 않도록 협조해주시면 고맙겠습니다."

—— 특히 초반에는 이웃을 친절하게 대하는 게 바람직하다. 이웃

의 행동이 변하기 전까지 어느 정도의 시간이 걸릴 수 있으므로 백색소음기를 사거나 잘 때 귀마개를 하거나 아기 침대를 이웃집에서 가장 먼 곳으로 옮기는 등 가족들을 소음으로부터 지켜주기 위해 최선을 다한다.

**Q. 제 이웃은 항상 아이들을 우리 집에서 놀게 해요. 우리 집 아이들과 사이 좋게 잘 노는 건 사실이지만, 항상 그녀의 아이들을 돌보는 일까지 책임지고 싶지 않아요. 아무리 집 앞 마당에서 논다고 해도요. 게다가 그녀는 절대 우리 집 아이들을 초대하지 않아요. 이 문제를 어떻게 해결할 수 있을까요?**

**초록색** "안녕하세요, 제시카. 아이들이 항상 저희 집에 오는 것 같아요. 아이들이 밖에서 잘 노는 건 문제없지만, 아이들을 보내기 전에 먼저 제게 전화 한 통 해주시겠어요?"

**노란색** (아이들을 집으로 돌려보내며) "죄송해요, 제시카. 오늘은 봐줄 수 없을 것 같아요. 다음에는 미리 전화해주세요."

**빨간색** "미안해, 얘들아. 오늘은 놀 수 없어." 아이들을 집으로 돌려보낸다.

── 우선 이것을 불공평한 상황이라고 인지했기 때문에 반대하는 것인지 아니면 그녀의 아이들이 당신의 집에 있는 게 너무 벅차서인지 자문해보자. 따로 지켜보지 않아도 문제없이 잘 노는 착한 아이들이고 당신의 아이들도 함께 즐거운 시간을 보낸다면, 정말 바운더리가 필요할까? 만약 필요하다면(그렇다고 해도 아무도 뭐라고 하지 않는다), 일반적인 놀이 약속을 제안하거나(화요일은 당신의 집에

서, 목요일은 제시카의 집에서) 밖에서 아이들이 우연히 만나 집으로 놀러 올 수는 있지만 연락도 없이 불쑥 문을 두드리는 건 안 된다는 규칙을 정하자.

Q. 이웃에게 공구를 한 번 빌려준 적이 있는데, 제 차고로 들어와 작업장을 보더니 눈이 반짝반짝 빛났어요. 그 이후로 항상 장비를 빌리러 우리 집에 들르거나 저에게 몇 가지 프로젝트에 대한 조언을 구해요. 이웃을 돕는 건 상관없지만, 저는 그 사람의 개인 홈 디포Home Depot가 아니에요. 어떻게 말을 해야 할까요?

**초록색** "이번에는 빌려드릴 수 있지만 이제 하나 직접 구매하시는 게 좋을 것 같아요. 고르실 때 도움이 필요하시면 알려주세요."
**노란색** "오늘은 도와줄 수 없어요, 글렌. 홈 디포에 방문해보는 건 어때요? 거기 직원들은 정말 친절하고 모르는 게 없거든요."
**빨간색** "이제 공구를 빌려주기 힘들 것 같아요. 안 좋은 경험이 있어서요."

—— 이웃이 당신의 물건(공구, 책, 삽 등)을 가지고 가서 제때 돌려준다면, 당신에게 방해가 되지 않는 선에서 좋은 이웃으로서 그를 계속 도와줄 수도 있다. 그러나 이웃이 물건을 돌려주지 않거나 훼손한 채 돌려주거나 당신이 즉시 도와주길 기대한다면 편한 마음으로 빨간색 단계 바운더리를 실행해보자. 이것이 바로 나쁜 경험이기 때문이다.

Q. 저는 타운 하우스 네 채가 나란히 붙어 있는 곳에 살고 있습니다. 최근 제 이웃은 제가 없을 때 택배가 배달되면 그것을 집에 가지고 들어가거나 제가 집에 있는데 밖에 택배가 있으면 현관문을 계속 두드려요. 저를 도와주려는 마음인 건 알지만 이웃의 이런 행동이 불편합니다. 어떻게 말해야 할까요?

**초록색** "신경 써주셔서 감사하지만, 제가 집에 없더라도 택배는 그냥 원래 있던 곳에 두시면 좋겠어요."

**노란색** "제 택배는 신경 쓰지 마시고, 그냥 제자리에 두세요."

**빨간색** "제 택배를 계속 가지고 가시면 주택 소유주 협회에 신고 하겠습니다."

── 그에게 소포를 집 안으로 가지고 들어가는 이유가 무엇인지 물어본다. 어쩌면 당신은 모르지만 이웃은 택배를 여러 차례 도난당한 경험이 있을 수도 있다. 그런 이유라면 당신의 생각도 바뀔 수 있다. 또한 이웃의 눈을 피해 배송업체에 택배를 좀 더 조심스러운 장소로 배달해달라고 요청할 수도 있다.

## 나를 자유롭게 해줄 바운더리 사랑하기

나는 배려하고, 인정 많고, 바운더리를 존중하는 환경에서 좋은 친구가 된다는 게 어떤 의미인지를 일깨워주는, 다섯 명의 친구들이 있다. 말로 하지 않지만 명확히 인지하고 있는 친구들 사이의 규칙은 다음과 같다.

- 우리는 무언가를 하기 위해 서로를 계속 초대하지만, 모두의 수용력이 다르다는 사실을 이해한다. 누군가 연달아 다섯 번을 거절한다고 해도 계속 초대한다. 아무도 "난 지금 못 해."라는 거절을 개인적으로 받아들이지 않는다.
- 우리는 모두 가족들이나 다른 친구들, 일, 여러 도전들로 풍요롭고 충만한 삶을 살고 있다는 걸 존중한다. 누군가 단체 문자에 응답하지 않아도 개인적으로 받아들이지 않는다.
- 만약 누군가와 한동안 연락이 되지 않으면 상냥하게 물어본다. "괜찮아? 요새 기분은 어때? 커피나 보톡스는 필요 없어?" (친구들 중에는 성형외과 의사도 있다.)
- 친구 중 한 명이 우리의 브런치 제안을 거절한 뒤 다른 친구들과 스키를 타러 간다고 해도 아무도 속상해하지 않는다. 실제로 우리는 그녀의 인스타그램 게시물에 "즐거운 하루를 보냈다니 기분이 좋다!"라고 진심이 담긴 댓글을 남겼다.
- 만약 누군가 "나는 지금 술을 마시지 않아."와 같은 개인적인 바운더리를 설정한다면, 우리는 즉시 그리고 의심의 여지없이 바운더리를 존중하고 지지한다.
- 정말 중요한 일이 있을 때는 우리에게 다른 일이 있어도 반드시 참석한다(그리고 만약 참석할 수 없어도, 우리가 할 수 있는 상황이었다면 갔을 것임을 이해한다).
- 서로를 생각하고 있음을 알려주는 사소하지만 다정한 방법을 찾는다. 밈을 공유하거나 인스타그램에 서로를 태그하는 것도 좋은 방법이다.

이 우정은 거의 10년 동안 건강하게 유지되고 있으며, 내가 경험한 우정 중 가장 성숙하고 배려심 넘치며 서로 존중하는 관계다. 좋은 소식은 당신의 우정이 지금 이런 모습이 아니더라도 바운더리를 설정하기에 아직 늦지 않았다는 것이다. 이 사실은 당신이 몇 년 동안 견뎌오던(불평하던) 이웃이든, 함께 이사를 고려 중인 친구든 이번 장에 소개된 모든 사람에게 적용된다. 주도적으로 적절한 바운더리를 설정할 때 친구나 이웃과의 관계가 얼마나 더 행복하고 건강하며 돈독해질 수 있는지 알게 되면 놀라움과 기쁨을 느끼게 될 것이다.

6장

# 사랑한다면 더욱 거리를 두라

연인과 바운더리 설정하기

2019년 말, 지금의 남편인 브랜든과 함께 집을 샀을 때 나는 그보다 혼자만의 시간이 훨씬 더 필요한 사람임을 알게 되었다. 우리가 데이트할 때는 그가 내 집에서 하루나 이틀 밤을 보내면 그의 아파트로 돌아가 하루나 이틀 정도를 지내는 패턴이었다. 이렇게 하면서 우리는 일, 아들과의 일정, 집안일 등을 효율적으로 해낼 수 있었다. 나는 그가 나만큼이나 혼자만의 시간을 즐기고 반긴다고 생각했다.

그러나 내 생각이 틀렸다.

우리가 함께 살기로 결정하고 집을 산 뒤, 나는 브랜든이 합류하기 전에 아들이 이곳에 적응할 수 있도록 먼저 이사하기로 했다. 그러나 브랜든의 이사 날짜가 다가오면서 나는 폐소공포를 느끼고 있다는 걸 깨달았다. 나만 그랬다(팬데믹이 한창 심하던 때였고, 이것도 분명히 영향을 미쳤을 것이다). 나는 곧 그의 집이기도 한 곳에서 그를 계속 쫓아내고 싶지 않았기에 잘 넘겨보려 노력했다. 그러나 그에게 아무 말도 하지 않으니 화가 나서 톡 쏘아붙이게 되고, 그러다 보니 함께 있는 시간이 끔찍해졌다. 그리고 그도 그런 내 상태를 눈치챘다. 이삿짐이 들어온 다음 날 브랜든은 조심스럽게 내 주변을 맴돌다가 결국 불만에 찬 상태로 그의 예전 아파트로 돌아갔다. 나는 마음이 놓이는 동시에 죄책감을 느꼈다.

우리는 이에 대해 수도 없이 대화를 나눴기에 그는 내가 혼자만의 시간을 보내며 재충전한다는 사실을 알고 있었다. 그러나 우리가 한집에 살게 되면 어떻게 혼자만의 시간을 가질 수 있을지에 대한 계획이 없었고, 마냥 힘든 상태를 받아들이는 건 실행 가능한 전략이 아니었다. 우리는 분명하게 소통하고, 같은 기대치를 공유해야 할 뿐만 아니라 바운더리가 필요했다. 브랜든과 나는 2017년부터 만났다가 헤어지기를 반복했다. 그는 불안정했고 인생의 전환기에 있었으며, 나는 지난 연애의 짐을 짊어지고 있었다. 지나고 보니 우리에게는 떨어져 있는 시간(그리고 심리상담)이 필요했던 것이다. 8개월 뒤 다시 만났을 때 우리는 완전히 다른 사람들이 되어 있었기에 다시 한번 시도해보기로 했다.

이번에는 첫날부터 아무 문제가 없었다. 가장 큰 차이는(심리상담을 제외하고) 우리가 함께 바운더리를 설정하고 존중했다는 것이다. 성관계나 갈등해결 방법, 표현 방식, 연애의 진행 속도 등에 대해 나는 어느 때보다 더 분명하고 직접적으로 소통했다. 브랜든은 심사숙고해 자기 성찰의 시간을 가진 뒤 나에게 바라는 점과 우리 가정에 기여하기 위해 그가 계획한 방식을 분명하게 전달했다. 우리가 합의한 바운더리는 다음과 같다.

- 나는 침실에 있는 저건 좋아하지 않지만, 이것과 이것과 이것은 찬성해. (두 사람 모두)

- 말다툼하는 동안 휴식이 필요하다고 말하면 그렇게 하게 해줘. (나)
- 소셜미디어에 아이의 사진은 올리지 말아줘. (나)
- 은행 계좌는 공유하고 싶지 않아. (두 사람 모두)
- 결혼은 하되 각자의 집에서 사는 건 안 돼. (그)

그렇다. 마지막 대화는 실제로 일어난 일이다. 폐소공포증을 한 번 겪고 난 뒤, 나는 조심스럽게 제안했다. "우리가 결혼은 하지만, 각자의 집에서 사는 건 어때?" 브랜든은 즉시 거절했다. 그는 감정을 숨기지 않고, "글쎄."라고 중얼거리며 실망하거나 혼란스러워하지도 않았으며 대뜸 화를 내지도 않았다. 그저 단호하게 "난 안 될 것 같아."라고 말했는데, 이건 그가 할 수 있는 가장 친절한 말이었다(어쨌든 우리는 결혼을 했고, 지금 함께 살고 있다).

이 대화는 우리가 다시 연애하기로 결정한 뒤 맺은 가장 중요한 합의 중 하나인 '연애의 황금률'에 기반을 두고 있다.

## 연애의 황금률

우리가 함께 사는 것에 대한 대화를 나누기 훨씬 전에 우리는 어쩌면 우리 관계에서 가장 중요하게 될 대화를 나눈 적이 있다. 그날 우리가 합의한 것이 연애의 황금률이 되었다. 이것은 우리 관계의 모든 측면을 지지하는 단 하나의 규칙이다.

달리 특별할 것 없는 대화를 하던 중에 브랜든은 자신이 한 행동 중에 마음에 들지 않는 게 있는지 물었다. 나는 잠시 생각한 뒤 "없어."라고 대답했다. 그는 한 번 더 물었다. "확실해? 마음이 쓰여서…." 나는 그의 말을 막았다. "한 가지 네가 믿어도 되는 건 바로 이거야. 만약 내가 화가 났다면 난 너에게 화가 났다고 얘기할 거야. 내가 신경 쓰이는 문제가 있다면 나는 너에게 말해줄 거야. 그러니까 내가 아무것도 없다고 얘기할 때는 진실을 말하고 있다고 믿어도 괜찮아. 계속 물어보지 않아도 돼."

당연히 그가 이 말을 믿기까진 시간이 걸렸다. 실제로 진심을 있는 그대로 말하는 사람은 많지 않다. 아직도 가끔 그를 안심시켜야 할 때가 있다. "이번 주말에 여행을 떠나도 괜찮아. 정말 진심이야." 그러나 나는 이것이 당신의 삶에 있는 모든 사람, 특히 연인에게 줄 수 있는 최고의 선물이라고 확신한다. 진심이 아닌 말을 하는 건 괜한 문제를 일으킬 뿐이다. 그리고 우리는 모두 진심 아닌 말을 하는 사람이나 듣는 사람의 입장이 되어보았을 것이다.

- 배우자: "오늘 밤에 친구들을 만나러 가도 괜찮을까?"
- 당신: (속이 부글거린다. 네 친구들은 그렇게 하면 네가 얼마나 곤란해질지 모르나?) "물론이지, 자기야."
- 배우자: (제발 진심이길 바라며) "알겠어, 고마워!"
- 당신: (3시간 뒤 여전히 속이 부글거린다.)

- 배우자: (싸움을 대비하며 살금살금 들어온다.) "안녕, 나 돌아왔어!"
- 당신: (비꼬는 투로) "잘했네. 집에서 모든 일을 나 혼자 하는 동안 즐거운 시간을 보내고 왔길 바라."

만약 당신이 여성이고, 위의 대화를 읽으며 '배우자'가 남성이라고 추측했다면 그럴 만한 이유가 있다. 보통, 여성들은 얘기를 잘 안 하고 사람들 비위를 잘 맞추며 우유부단하고 사람들을 조종하려고 진심을 절대 얘기하지 않지만, 남성들은 여성들의 진짜 감정을 끌어내고 마음을 읽으며 진짜 어떤 감정을 느끼는지 말해준다는 성별에 따른 고정관념이 존재하기 때문이다(재밌는 여담으로, '여성들은 왜 진심을 얘기하지 않는가'라고 구글에 검색한 다음 분노할 준비를 하자). 그러나 성별과 관계없이 사람들이 진심을 얘기하지 않고 자신의 감정에 책임지지 않을 때, 그 관계는 무너질 수 있다.

이 황금률은 연인 관계에만 해당하는 게 아니다. 나는 인생의 모든 분야에서도 이 규칙을 따른다. 내 친구들과 동료들은 내가 단지 친절해 보이기 위해 어떤 말을 하는 사람이 아니라는 걸 안다(난 그렇게 착한 사람이 아니다). 나는 진짜 '예'가 아닌 경우에는 '예'라고 말하지 않는다. 다른 사람이 불쾌하지 않도록 내 감정을 숨기지 않는다. 그리고 나는 분명하고 다정하게 '아니오'라고 말하는 게 불편하지 않다.

### 진심을 이야기한다

그러기 위해서는 당신이 진짜 어떤 감정을 느끼는지 확인하기 위한 잠깐의 시간과 자기 성찰 그리고 분명하고 다정한 소통을 하겠다는 다짐이 필요하다. 앞선 사례에서 배우자가 저녁에 외출하는 것 때문에 버림받았다는 느낌이나 과도한 부담감을 느꼈다면 그렇게 얘기하자. "물론이지, 자기야."라고 말하는 대신에 "우리가 내일 열 파티 때문에 준비해야 할 게 많이 남았어. 당신이 외출하고 나면 나 혼자 전부 해야 할 거야."라고 말한다.

그 순간 훨씬 더 분명한 해결 방법이 나올 수 있다. 배우자는 이제 당신이 제공한 정보를 받아들이고 이렇게 말할 것이다. "알겠어. 오늘은 외출하지 않을게. 어떤 일을 해야 할지 알려줘." "알겠어. 그런데 오늘은 샘의 생일이야. 1시간만 외출하고 돌아와서 도와줘도 될까?" "나도 기억하고 있어! 내일 아침에 일어나자마자 선물을 포장하고, 장식도 달고, 테라스에 있는 가구를 청소할게. 그러면 내가 몇 시간 외출하고 와도 당신이 스트레스를 덜 받지 않을까?"

이제 당신이 진실을 말할 차례다. "그래. 좋은 타협점인 것 같아. 샘에게 생일 축하한다고 전해줘." "아니. 10점 중 7점이야. 난 오늘 밤 정말 네 도움이 필요해." "응, 좋은 방법이야. 내일 오전 10시까지만 다 끝낼 수 있으면 말이야." 분명하고 친절하게 소통하며 당신의 진심을 얘기하자.

### 당신의 파트너도 똑같이 할 것임을 믿는다

파트너가 "오늘 밤 10점 중 9점만큼 외출하고 싶어. 요즘 스트레스 받는 일이 많아서 친구들과 보내는 시간이 정말 필요해."라고 말한다면, 이를 진실로 받아들이고 파트너와 이 관계를 위해 당신이 기꺼이 양보할 수 있을지 생각해본다. 만약 파트너가 "알겠어. 그럼 오늘 밤에는 나가지 않을게."라고 말한다면 화가 나거나 억울해하며 억지로 포기하는 게 아니라 자신을 위해 옳은 선택을 내린 거라고 믿는다. 당신이 지키기로 한 분명하고 친절한 소통의 기준을 그에게도 적용한다면, 당신의 밤은 파트너의 외출 여부와 상관없이 훨씬 더 나아질 것이다.

### 상습 위반자

이 접근 방식은 기본적인 신뢰가 필요하다. 오늘 밤 정말 집에 있어야 한다고 분명하고 다정하게 전달했는데도 파트너가 외출했다고 가정해보자. 이 경우 파트너에게 오늘 약속이 얼마나 중요한지, 일회적인 상황인지, 아니면 당신의 파트너가 지속적으로 당신의 욕구를 존중하지 않고 호혜성을 보여주지 않으며 당신만큼 솔직하게 소통하지 않는 행동 패턴인지 살펴본다. 만약 후자라면, 치료 전문가가 근본적인 문제를 해결하는 데 도움이 된다.

황금률 접근법으로 당신과 파트너는 함께 나아갈 길에 대해 합의하고, 서로 솔직하게 소통하고, 각자의 감정에 책임을 진다는 것을 알고 삶을 살아갈 수 있다. 황금률은 불필요한 갈등을 예방하는 데 큰 역할을 한다. 화가 난 상태로 상대방의 말에 동의하는 대신, 기꺼이 반대할 때 당신의 '예스'는 더 큰 의미를 지닌다. 당신의 파트너는 당신이 "응, 당신의 부모님과 함께 지내도 좋아." "응, 돈을 써도 돼." "그래, 오늘 밤 외출해도 괜찮아."라고 얘기할 때 당신이 진심이라는 걸 알 것이다. 반발, 끓어오르는 분노, 말다툼에 대비하지 않아도 되기 때문에 관계에 더 깊은 신뢰가 쌓인다.

비록 연인과의 관계에서 한 번도 바운더리를 설정해본 적이 없더라도 이런 행동은 분명하고 친절한 바운더리를 설정할 수 있는 방법이기도 하다. 진정성과 함께 당신이 기꺼이 '아니오'라고 말할 수 있을 때, 파트너도 당신에게 '아니오'라고 말할 수 있게 된다. 당신은 이제 명확하고 다정한 소통 패턴을 만들고 파트너가 이 관계를 위해 자신만의 건강한 바운더리를 탐색하도록 장려하고 있다. 즉, 파트너도 화가 나거나 마지못해서 승낙하지 않을 것이므로 이제 두 사람 모두 기습 공격을 받을지 모른다는 걱정 없이 자유롭게 삶을 즐길 수 있다.

브랜든과 내가 처음 정한 황금률은 앞으로 이어질 바운더리에 관한 명확하고 친절한 대화의 토대가 되어 10배는 더 쉽게 대화하게 해주었다. 혼자 있는 시간을 확보하기 위해 우리가 바운더리를 어떻게 활용했는지 알아보기 전에 공유하고 싶은 한 가지 법칙이 더 있다. 내가 고안해낸 'YCDIAWYW(이하 YCDI)'다. You can do it any way you want(당신은 원하는 방식대로 할 수 있다)의 줄임말로, 아직 발음하기 쉬운 약어로 바꾸는 방법을 찾지 못했다.

## 당신은 당신이 원하는 방식대로 할 수 있다

YCDI는 각자의 거주지를 유지하면서 헌신적인 연애를 하던 친구와의 대화에서 시작되었다. 어느 날, 아침을 먹으며 친구는 오랜 파트너와 지내는 삶에 대해 얘기했다. "그는 그의 집을 유지하고 있고, 나도 내 집을 갖고 있어. 어떤 날은 마스크 팩을 올리고 혼자 자고 싶고, 또 어떤 날은 그가 조용히 있고 싶은데 내 아이들 때문에 그럴 수 없을 때도 있거든. 우린 지금 6년째 만나고 있는데, 이 방식이 우리에게 딱 맞아."

나는 깜짝 놀랐다. 당시에 브랜든과 나는 다시 연애를 시작하던 참이었다. 우리는 우리의 연애사, 지금 두 사람이 원하는 것, 아들에게 언제, 어떻게 소개할 것인지 등을 고민하고 있었다. 고민해야 할 문제가 산더미 같았다. 친구가 파트너와 삶을 만들어가는 방식을 설명해주었을 때 나는 처음으로 둘 다 성인이라면 정말 '그들이 원하는 대로' 관계를 이끌어갈 수 있음을 깨달았다. 관습적일 필요도, 사회규범에 맞출 필요도, 우리를 제외한 다른 사람들에게 이해받을 필요도 없었다. 이것은 삶의 모든 영역에 적용할 수 있으며, 무엇보다 당신의 연애에 가장 적합한 건강한 바운더리를 세우는 데 획기적으로 도움이 된다. 당신과 파트너가 함께 두 사람이 원하는 방식으로 탐색해야 할 몇 가지 영역은 다음과 같다.

### 재정

돈을 합치거나 각자의 계좌를 따로 관리할 수 있다. 비용을 나눠서 낼 수도 있고, 한 사람이 모든 비용을 낼 수도 있으며, 그 사이 어떤 방식도 가능하다. 큰 비용이 드는 소비를 할 때는 두 사람이 합의해야 할 수도 있고, 비용에 대해 '묻지도 말하지도 말라'는 규칙을 적용할 수도 있으며, 당신의 계좌에 있으면 그건 당신의 돈이라고 결정할 수도 있다. 두 사람이 원하는 방식대로 결정한다.

### 친밀감

일부일처제에 동의할 수도 있고, 개방형 연애/결혼을 할 수도 있으며, 다자간 연애를 할 수도 있다. 같은 침대에서 잘 수도 있고, 각자의 침실에서 잘 수도 있으며, 두 방법을 함께 적용할 수도 있다. 한집에서 살지 않고도 결혼할 수 있으며, 결혼하지 않고 함께 살 수도 있고, 결혼하고 1년에 6개월 정도만 함께 살 수도 있다. 두 사람이 원하는 대로 결정하면 된다.

### 성역할

어느 쪽이든 가장이나 주 양육자, 전업주부가 될 수 있다. 어느 쪽이든 요리하고, 청소하고, 오일을 교환하고, 잡초를 깎을 수 있다. 또한 누구나 청구서를 지불하고, 도급업자를 고용하고, 마당을 조경하거나 욕실을 다시 설계할 수 있다. 두 사람이 원하는 대로 할 수 있다(이건 모두 이성애자 커플들에게 하는 얘기다).

### 사교 모임

파티에 함께 참석하고 함께 떠날지, 따로 참석하고 따로 떠날지 결정한다. 물론 한 사람만 먼저 우버를 타고 일찍 집으로 돌아갈 수도 있다. 사교 모임에 항상 파트너를 초대할 수도 있고, 당신만 아는 친구들을 만들 수도 있으며, 혼자만의 시간을 선호한다면 친구들을 거의 만나지 않을 수도 있다. 정기적으로 외출을 해야 할 수도 있고, 절대 외출하지 않을 수도 있으며, 집에서만 사람들과 모임을 가질 수도 있다. 두 사람이 원하는 대로 할 수 있다.

결혼은 하되 각자의 집에서 사는 것은 우리의 선택지에 없었지만, YCDI는 우리 관계의 여러 측면을 성공적으로 탐색하는 데 도움이 되었다. 우리 사이의 아이 출산 문제, 브랜든의 향후 커리어, 돈 관리 방법, 이미 공인이 된 내가 사생활을 보호하는 방법 등의 문제를 고민했다. 어떤 방식으로 해결해야 한다는 압박감을 느끼지 않았기에 틀에 박히지 않고 우리가 상상할 수 있는 다양한 해결책을 자유롭게 탐색했다. 궁극적으로 YCDI는 우리 둘에게 모두 중요한 측면에 대해 이야기하고 중간 지점에서 색다른 방식으로 만나 우리에게 맞는 삶을 꾸릴 수 있도록 기여했다.

그래서 나는 브랜든이 우리 집으로 들어오기 전 다시 상담을 받으러 갔다. 각자의 집에서 사는 것은 그가 바라는 일이 아니었기 때문이다. 우리가 시도하던 방식으로 함께 사는 것은 두 사람에게 효과적이지 않았다. 결혼을 하지 않는다는 생각을 하니 슬펐다. 그래서 나는 브랜든과 한집에서 살 방법을 찾겠다는 구체적인 목표를 갖고 상담을 받기 시작했다.

몇 번의 상담을 통해 내 삶에서 에너지가 빠져나가는 걸 막는 방법에 대해 논의했다. 에너지가 빠져나가는 일은 대부분 휴대폰에서 시작되었다. 내가 브랜든과 잘 지내기 위해 필요한 에너지가 휴대폰 때문에 고갈되고 있었다. 그래서 나는 소셜미디어와 슬랙, 이메일 사용에 대해 셀프 바운더리를 설정했다. 그런 다음 상담사와 함께 소통 전략을 세우고, 브랜든이 단지 우리 공간에 존재하는 것만으로 무시당하거나 잘못되었다고 느끼게 만들지 않고 나 혼자만의 시간을 확보하기 위해 설정할 수 있는 바운더리에 대해 고민했다.

건강한 의사소통을 위해 나는 내 감정에 대해 책임진다는 걸 그가 확인할 수 있게 상담 시간에 나눈 이야기들을 자세히 공유했다. 우리는 내 에너지를 되찾기 위해 시도하던, 소셜미디어와 일을 다루는 전략에 대해 대화를 나누었다. 주말에 혼자 등산을 하는 것과 독서를 위해 혼자 일찍 자러 들어가는 것 등 우리는 그가 차에서 자지 않고도 내가 재충전하기 위해 필요한 공간을 확보할 방법을 모색했다.

동시에 나는 이 상황에서 그가 나에게 원하는 걸 알려달라고 얘기했다. 그는 나만큼 혼자만의 시간이 많이 필요하지는 않지만, 친구들과 자연으로 여행을 떠나고 주짓수 대회에 참석하는 등 어느 정도의 독립성을 지키길 바랐다. 우리는 우리가 소통을 더 잘했을 때 누릴 수 있는 것에 대해 이야기를 나누었다. 그리고 그는 우리가 함께 살기 전에 소통하던 방식이 그립다고 표현했다. 바쁜 날에는 잠깐이라도 포옹이나 키스를 하는 시간을 내는 게 좋겠다고 제안했다. 주말에는 밤 늦게까지 소파에서 넷플릭스를 보며 포옹하는 시간을 갖고 싶어 했다.

우리가 원하는 것을 명확하고 친절하게 표현한다면 그 일에 대한 각자의 감정을 책임질 수 있음을 신뢰하고, 황금률을 다시 실천했다. 그의 감정을 지켜주기 위해 더 이상 참지 않아도 되었다. 만약 혼자만의 공간이 간절히 필요하다면 나는 그렇게 말할 수 있었다. 그리고 그가 우리 사이가 소원해졌다고 느끼면 그도 그렇게 얘기해야 했다. 이 세 가지—더 소통하기, 함께 해결책 찾기, 진심만 말하기—방법으로 '혼자만의 시간'의 문제 대부분을 해결할 수 있었다. 남은 문제들은 바운더리 설정으로 해결할 수 있는 것이었다. 우리가 세운 바운더리는 다음과 같다.

- "나는 영화를 보고 싶지만, 지금은 끌어안고 싶진 않아. 알겠지?"

- "나는 내일 혼자 등산하러 가고 싶어. 일요일에 함께 시간을 보낼 수 있을까?"
- "나는 아들을 재우고 나면 바로 자러 갈 거야. 조용히 있는 시간이 필요해."

브랜든과 함께 산 지 2년이 다 되어간다. 그사이 내가 타인과 공간을 공유하는 데 문제가 거의 사라졌다는 사실이 정말 놀랍다. 실제로 우리는 집안일 분담부터 갈등해결 방법, 성관계까지 거의 모든 영역에 건강한 바운더리를 설정하는 데 황금률과 YCDI 개념의 도움을 받았다. 이번 장은 다른 장들만큼 정해진 답이 없다. 바운더리에는 마법 같은 힘이 있지만 모든 문제를 해결할 수는 없다. 특히 내가 연인들 사이에서 목격한 가장 일반적인 문제에서는 더욱 그렇다.

## 바운더리 그 이상이 필요한 문제들

이번 장에서는 다른 어떤 장보다 "그건 바운더리 문제가 아니다."라는 말을 많이 듣게 될 것이다. 바운더리를 설정하는 게 바람직하고, 도움이 많이 되는 건 사실이다. 파트너가 당신과 상의하지 않고 값비싼 물건을 사거나 침실에서 당신을 불편하게 하는 무언가를 제안하고 두 사람의 관계에 어머니가 너무 자주 개입한다면, 바운더리가 필요하다. 그리고 이런 상황에 대한 스크립트도 함께 살펴볼 것이다. 그러나 연인 관계에서 발생하는 가장 일반적인 문제들은 주로 바운더리가 아니라 '소통'과 '기대치 설정'으로 시작해야 한다.

- 집안일 분담

- 돈과 지출

- 갈등해결 방법

- 사교 모임 선호도

- 프라이버시와 개인 공간

- 신체적 친밀감

- 신뢰와 신의


"이번 주에 또 설거지를 할 심적인 여유도, 기운도 남아 있지 않아."라고 바운더리를 설정할 수 있을까? 당연히 할 수 있다. 하지만 밥을 먹으려고 하는데 설거지를 하지 않아 깨끗한 수저나 접시, 칼이 없다면 어떻게 해야 할까? (만약 "별일 아닌 듯 일회용 접시를 몰래 살 거예요."라고 대답했다면 나는 마음속으로는 좋은 생각이라고 하겠지만, 그건 장기적인 해결책은 아니다.) "성관계 주기에 대한 내 바운더리는 5일을 넘기지 않는 거야."와 같은 바운더리는 실행 가능하지 않은데, 이를 지키는 건 상대방의 의견에 달려 있기 때문이다. 그리고 상대방의 바운더리가 당신의 바운더리와 충돌할 수도 있다("나는 성관계를 강요하는 것에 동의하지 않을 거야."와 같은 바운더리를 갖고 있을 수 있다).

나는 커뮤니티에 있는 사람들과 대화를 나누면서 연애와 관련된 거의 모든 문제에 대해 들어보았고, 직접 결혼과 이혼, 재혼을 겪으며 많은 경험을 하기도 했다. 진짜 힘든 문제를 적절하게 해결할 수 있는 간단한 바운더리 스크립트가 있으면 좋겠지만, 이런 상황들은 한 사람만 바운더리를 설정하는 것으로 해결할 수 없다. 그 상황에 개입된 모든 사람이 서로 명확하게 의사소통해야 하며 같은 기대치를 공유해야 한다. 어쩌면 전문 상담사의 도움을 받아야 할 때도 있다.

이번 장에서 이 문제들을 해결하기 위한 몇 가지 방법을 소개한다. 첫째, 만약 설정할 수 있는 분명하고 친절한 바운더리가 있다면 스크립트에서 보여줄 것이다. 둘째, 한 가지의 건강한 바운더리로 해결할 수 없는 문제라면 올바른 대화를 시작하기 위한 최고의 전략을 알려주거나 목표에 가까이 다가갈 수 있는 팁을 전해줄 것이다. 셋째, 더 무거운 주제(집안일의 공정한 분담, 갈등이 일어났을 때를 위한 교전 규칙, 성관계 등)를 살펴보기 위해 각 주제를 다룬 책들을 소개할 것이다. 이를 통해 당신에게 스트레스를 주거나 에너지를 고갈시키는 특정한 문제를 개선하기 위해 파트너와 함께 더 깊이 파고들 수 있을 것이다.

나는 이런 대화와 자료, 바운더리 스크립트를 가정관리, 갈등해결, 사교 활동, 프라이버시와 신뢰, 성관계와 신체적 친밀감 등 가장 자주 발생하는 다섯 가지 범주로 분류했다.

### 가정관리

이는 당신과 파트너가 가사 노동, 육아, 재정, 집안의 여러 측면을 탐색하는 방식에 대한 바운더리다. 가정을 꾸리는 일은 사업체를 운영하는 것만큼 복잡하고 어려운 일이며, 우리는 모두 매우 실제적인(때로는 눈에 띄지 않는) 가사 노동에 대해 인정받길 원한다. 앞서 얘기한 것처럼, 가사 노동에 대한 건강한 바운더리를 유지하는 건 쉽지 않은데, 그 바운더리를 지키기 위해서는 파트너의 협조가 필요하기 때문이다. 그래도 각 가사 노동 영역 내에서 설정할 수 있는 바운더리가 있으며, 파트너가 당신이 정기적으로 수행하는 가사 노동을 인정하고 두 사람 모두에게 도움이 되는 전략을 함께 만들도록 유도할 수 있다.

### 갈등해결

이는 당신과 파트너의 의견이 일치하지 않거나 논쟁을 벌이거나 어려운 대화를 나눌 때 설정하는 건강한 바운더리다. 건강한 '교전 규칙'을 정하는 것은 서로 정중하고 안전하게 논쟁하기 위한 핵심이다. 사랑하는 사람에게 어떤 말을 듣거나 어떤 대우를 받을 것인지 바운더리를 설정하는 것은 당신이 시행할 수 있는 한 가지 방법이다. 이 문제를 자세히 알아보는 데 도움이 될 자료들을 공유하겠다.

### 사교 활동

보통, 커플들은 친구나 가족들과 어울리고, 함께 좋은 시간을 보내며, 혼자만의 시간을 갖는 방식에 대한 선호도가 다르다. 커플로서 사람들과 어울리는 데 올바른 하나의 방식은 없음을 인식하는 것이 가장 첫 단계다. 중요한 건, 두 사람 모두에게 적합한 전략을 찾는 것이다. 파트너가 당신의 사교 모임으로 인해 숨이 막힐 것 같거나 에너지가 고갈되는 느낌을 받을 때 건강한 바운더리를 세우기 위한 몇 가지 대화법을 공유하겠다.

### 프라이버시와 신뢰

파트너와의 관계에서 자율성과 개인 영역, 신뢰는 꼭 필요하며, 각자가 편한 것과 편하지 않은 것이 무엇인지 결정해야 한다. 사적인 관계에 대한 자세한 정보 공유, 휴대폰이나 이메일계정 보안, 개인 공간 (개인 또는 커플로서의 공간), 파트너십에 대한 합의는 반드시 논의하고, 동의하고, 존중해야 하는 사항이다.

### 성관계와 신체적 친밀감

이 주제는 별도의 장에서 다뤄도 될 정도로 내용이 방대하기 때문에 마지막으로 남겨두었다(그리고 이 문제는 가정관리와 더불어 파트너와의 관계에서 발생하는 주요 갈등 중 하나다). 한쪽이 다른 한쪽보다 더 많은 신체적 친밀감을 원하는 경우, 한쪽이 들볶으면 남은 사람은 압박감을 느껴 도망가고, 상대방은 외로움이나 버림받은 기분을 느끼는 부정적 순환 고리로 이어진다. 안타깝지만, 이 문제는 바운더리를 정하는 것으로 해결할 수 없다. 전문 상담사의 도움을 통한 더 깊은 수준의 의사소통과 문제해결이 요구될 때가 많다. 파트너가 불편함을 느끼는 접촉을 시작한다면, 당신이 어떤 스킨십을 좋아하는지에 대한 건강한 바운더리를 설정해보자. 그렇게 함으로써 서로에게 힘을 실어주고 생산적인 관계로 나아갈 수 있다. 앞으로 바운더리를 설정하기 위한 대화와 이 주제에 관련된 자료들을 모두 살펴볼 것이다.

## 연인과의 바운더리와 준비 팁

스크립트와 자료들을 자세히 살펴보기 전에 치료 전문가나 상담사가 이런 대화에 얼마나 중요한 역할을 하는지 강조하고 싶다. 브랜든과 함께 살기로 한 계획이 교착상태에 빠졌다는 사실을 깨닫고 나서 내가 가장 먼저 한 일은 상담 치료를 다시 시작한 것이었다. 전문 상담사는 속내를 드러내도 안전한 대상이자 중립적이고 경험 많은 조언가이며 혼자서는 절대 보지 못했을 상황을 가장 잘 볼 수 있는 사람으로서 파트너와의 관계를 구해줄 구명줄이 될 수 있다. 파트너와의 의사소통과 바운더리 설정을 위해 상담을 받으러 갈 때 몇 가지 팁과 이점은 다음과 같다.

### 스스로를 위해 상담한다

커플 상담은 파트너와 더 효과적으로 소통하게 도와주는 놀라운 도구지만, 파트너가 전문가의 도움을 받겠다고 동의할 때까지 기다릴 필요는 없다. 당신의 상담 목적이 파트너와의 관계 개선이라고 해도 혼자 상담을 받는 것만으로 엄청난 이점을 얻을 수 있다.

### 변화를 주도한다

한 사람이 역학을 바꿀 수 있다. 상담을 받으면 파트너와의 관계에서 발생하는 문제에 대응하는 당신의 패턴을 발견하게 된다. 당신의 행동을 바꿈으로써 파트너십에 변화를 일으킬 수 있다. 스스로 바뀌려 노력하면 파트너에게 다른 모습을 보여줄 수 있고, 이것은 곧 상황이 달라진다는 걸 의미한다.

### 책임감을 가진다

상담을 받으러 가는 것은 파트너에게 당신이 자신의 감정에 대해 책임지려 하고 있음을 보여준다. 이를 통해 당신이 파트너에게 기대하는 행동을 본보기로 보여줄 수도 있다. 또 당신이 제 몫을 다하고 있음을 보여주는 데도 도움이 된다. 최소한 당신이 무력함을 느꼈던 상황에서 힘을 되찾도록 도와줄 것이다.

### 전문가의 조언을 듣는다

어떤 상황은 너무 심각하고 무겁게 느껴져서 당신이 무엇을 해야 할지, 심지어 무엇을 할 수 있을지 모를 때도 있다. 전문 상담사는 당신이 겪고 있는 문제들을 이미 다룬 경험이 있기 때문에 힘든 상황을 헤쳐나가기 위한 가장 효과적인 전략을 알려줄 것이다.

### 지지를 구한다

그래도 상황이 더 나아지지 않는다면 당신의 상담사는 당신이 어떤 결정을 내리더라도 지지하고, 다음 단계로 나아가기 위한 조언을 하며, 대안을 알려줄 수 있다.

직접 상담을 받으러 가는 게 가장 좋겠지만, 한정적인 예산 범위 내에서 도움을 받는 방법도 있고, 온라인 상담을 제공하는 앱이나 웹사이트도 있다. 나는 항상 사람들에게 스트레스받는 일이나 고통스러운 일을 겪기 전에 상담을 시작하라고 권한다. 그러면 문제를 맞닥뜨렸을 때 당신은 이미 상담 전문가와 신뢰가 쌓이고, 관계가 구축된 상태일 테니 말이다. 당신의 노력으로 이후에 커플 상담으로 이어지더라도 개인 상담을 따로 이어나간다면, 힘든 시기를 헤쳐나가는 데 필요한 지지를 받고 감정을 처리하는 데 도움이 될 것이다.

## 가정관리를 위한 바운더리의 말들

―――――

지금 이 책을 읽고 있는 여성들 중 자기만의 시간이 더 많았으면 하는 사람은 손을 들어보자. 집에 혼자 있을 곳이 화장실밖에 없어서 화장실에 앉아 이 책을 읽고 있는 엄마들은 말할 것도 없고, 거의 대부분의 여성이 손을 들 것이다(심지어 화장실도 보장된 장소는 아니다). 내가 매일 대화를 나누는 여성들은 피곤하지 않은 날이 없는데, 내가 받은 메시지에 따르면, 피로의 가장 큰 원인은 대부분 남편이 아내가 많은 일을 해내길 기대하면서 아내의 시간은 소중히 여기지 않는 데서 발생한다. 적어도 이성애자 커플의 경우, 가사 노동의 분담이 여전히 얼마나 불균형적인지 이야기해볼 필요가 있다.

가부장제, 성차별, 성역할에 대한 고정관념으로 인해 여성들은 빨래, 청소, 요리, 육아, 장보기, 설거지 등에 대해 지나치게 많은 책임을 떠맡고 있다. 실제로 옥스팜Oxfam과 여성정책 연구소Institute for Women's Policy Research에서 발표한 2020년 보고서[01]에 따르면, 미국 여성들은 남성들보다 이 무급 노동에 매일 2시간씩 더 할애하는데, 이것은 팬데믹 이전의 연구 결과다. 일하는 여성들의 경우도 마찬가지다. 그들도 가사 노동에 매일 1.1시간씩 더 할애한다.

여성들이 매년 401시간에서 730시간을 추가로 무급 노동한다는 의미다. 이성애자 커플 사이에서 가사 노동이라는 주제가 이렇게 자주 언급되는 건 전혀 놀랍지 않다. (한 연구 결과에 따르면, 동성애자 커플은 가사 노동을 훨씬 효율적이고 공정하게 분담하는 것으로 나타났다.[02] 전통적인 성역할을 지우면, 각 파트너가 성차별적 고정관념이 아닌 개인의 관심사나 효율성에 따라 집안일을 분담해 가족 전체에 도움이 되는 해결책을 모색할 수 있는 것 같다. 흥미로운 결과 아닌가?)

배우자나 연인과의 바운더리를 설정하는 주제로 얘기할 때마다 같은 질문을 하는 여성들의 메시지가 쇄도한다. "남편과 집안일을 공평하게 분담하려면 어떻게 해야 할까요?" "어떻게 하면 남편이 육아에 더 참여하도록 할 수 있을까요?" "남편이 집안일을 더 해야 해요. 그것도 바운더리라고 할 수 있나요?" 이성애자 커플의 아내들에게서 가장 많이 듣는 불만은 가사 노동의 불공평한 분담이다. 사실대로 말하면, 그것은 바운더리 문제가 아니라 의사소통과 기대치 설정의 문제다. (또 다른 흥미로운 사실이 있다. 이성애자 커플의 남편들도 혼자만의 시간을 더 원했는데, 아내가 잔소리를 덜 한다면 가장 도움이 될 거라고 대답했다. 물론 그 잔소리는 주로 집안일을 더 도와달라고 요청하는 것이었다. 이 파트는 정말 흥미로워질 것 같다.)

### 이브 로드스키의 《페어플레이 프로젝트》[03]

이 주제에 관한 많은 책이 출간되었지만, 지금까지 내가 가장 좋아하는 책은 이브 로드스키Eve Rodsky의 《페어플레이 프로젝트》다. 가사 노동에 대한 당신의 기대치를 조정하는 안내서로, 관리가 필요한 업무를 파악하고 한 사람이 모든 업무의 세 가지 요소인 개념, 계획, 실행을 맡아 하는 법을 소개한다. 로드스키의 철학을 우리 집의 '쓰레기 버리는 날'에 적용해보면 이런 모습이다.

- 개념: 쓰레기는 매주 월요일 밤 도로변으로 내놓아야 한다는 것을 인식한다. 이를 모른다면 '쓰레기 버리는 날'을 완수할 수 없다.

- 계획: 오늘은 월요일이고, 비워야 할 여러 개의 쓰레기통과 재활용을 위해 분해해야 하는 택배 상자들이 있다.
- 실행: 상자들을 분해하고 재활용 쓰레기통에 내놓는다. 부엌, 화장실, 서재에 있는 쓰레기통을 비우고 새로운 쓰레기봉투로 교체한다. 쓰레기 수거를 위해 재활용 쓰레기와 일반 쓰레기를 도로변에 내놓는다.

이성애자 커플일 경우, 보통 남성들은 여성들이 "내일은 쓰레기 버리는 날이야." 라고 말하면 실행의 일부분을 담당한다. 주로 쓰레기봉투를 도로변에 내놓는 일만 하는 것이다. 그러면 개념과 계획, 쓰레기봉투를 내놓기 전까지 수많은 일은 모두 여성이 도맡게 된다. 게다가 그것은 가정이 원활하게 돌아가기 위해 해야 하는 수백 가지의 업무 중 하나일 뿐이다.

로드스키의 페어플레이 체계에서는 개념부터 계획, 실행까지 한 사람이 하나의 가사 업무를 전적으로 책임진다. 이를 통해 수많은 가사 업무에 들어가는 보이지 않는 노동을 공평하게 분담할 수 있다. 또한 로드스키는 각 업무에 '최소 기준'을 만들어서 업무를 '완수했다'라고 말하는 것의 의미에 두 사람이 모두 동의해야 한다고 말한다. 그래서 당신이 "오늘 쓰레기 버리는 날이야."라고 말하면, 집에 있는 모든 쓰레기와 택배 상자를 버려야 한다는 의미로 모두가 이해한다.

이 모델은 기업의 조직관리에서 가져온 것으로, 가정을 복잡하고 역동적인 사업체처럼 대할 수 있게 도와준다. 로드스키는 페어플레이 체계로 두 가지를 성취할 수 있다고 말한다. 집안일을 관리하는 파트너(주로 여성)의 정신적 부담을 덜어주고, 가정생활에서 남성들의 가장 큰 불만인 잔소리를 줄여준다. 모두에게 득이 되는 상황이다.

이번 장에 나올 스크립트들은 당신이 집안일을 관리하는 공정한 체계를 구축함으로써 혼자만의 시간과 에너지, 역량을 지키도록 도와준다. 다만 당신의 바운더리를 지키는 일이 가족에겐 최선의 이익이 아님을 알게 될 수도 있다. 그때 페어플레이 체계가 필요하다. 로드스키의 체계와 대화, 바운더리 스크립트 사이에서 당신은 가정을 꾸리는 데 필요한 엄청난 노동력을 파악하고 인정하고 재분담하며, 당신의 시간과 노력의 가치를 인정받고 존중받기 위해 바운더리를 설정하는 당신만의 방법을 깨닫게 될 것이다.

> Q. 배우자는 설거지나 빨래 개기 같은 집안일을 도와주겠다고 말하지만, 제대로 끝낸 적이 없어요. 설거지는 하지만 뒷정리를 하지 않는다거나 빨래는 개지만 거실에 그대로 두는 식이에요. 제 기대치에 미치지 못하는 사람에게는 어떻게 얘기해야 할까요?

**초록색** "자기야, 설거지를 할 때는 그릇을 정리해 넣어놓는 것까지 하기로 했잖아."

**노란색** "빌리, 우리는 그릇이 필요해. 아이들이 이제 식탁을 차리려고 하는데 내 일은 설거지가 아니라 저녁을 요리하는 거잖아."

**빨간색** (그 자리가 아닌 조용한 순간에) "나에게 공정한 가사 노동 분담이 얼마나 필요한지 대화를 나눴잖아. 그런데 여전히 내가 당신이 맡기로 한 업무들을 자주 하고 있어. 이건 단지 설거지 문제가 아니야. 내가 느끼는 분노는 우리 관계에 건강하지 않아. 이렇게 하는 건 나에게 도움이 되지 않으니 다음 단계에 대해 상담사와 대화를 나눠볼게."

—— 페어플레이에서 추천하는 대로 최소한의 기준을 정하는 것이 첫 번째 단계지만, 궁극적으로 당신의 바운더리는 '파트너가 하기로 한 일을 함부로 낚아채지 않을 것'이다. 파트너가 공정한 몫을 해내도록 압박하거나 당신의 노력을 인정해달라고 강요할 수 없기 때문에 명쾌한 해답은 없지만, 노란색과 빨간색 단계의 바운더리는 당신이 원하는 것에 대해 책임을 지고 이를 충족하기 위해 필요한 일을 할 것임을 보여준다.

Q. 출산 후에 다시 직장으로 복귀하려 합니다. 아침에 해야 할 모든 일을 분담하기 위해서는 파트너가 지금보다 더 일찍 일어나야 해요. 이 문제를 어떻게 해결해야 할까요?

**초록색** "내가 회사로 복귀하고 나면 아침 일과를 어떻게 해야 할지, 누가 어떤 일을 맡을지에 대해 얘기를 나눠볼까?"

**노란색** "당신이 아침 6시부터 6시 30분까지 아이를 보고 있으면 그때 내가 샤워하고 출근 준비를 할게. 아니면 당신이 먼저 준비하고 6시 30분부터 7시까지 봐줘도 괜찮아. 언제가 좋겠어?"

**빨간색** "다음 주부터는 내가 출근 준비를 할 수 있게 당신이 아침 6시부터 6시 30분까지 아이를 봐야 해."

—— 초록색 단계 바운더리로 시작해 샤워부터 아침 식사, 아기를 돌봐줄 보모에게 전달할 젖병 챙기기까지 당신과 파트너가 현관문을 나서기 전까지 아침에 해야 할 모든 일을 그려본다. 누가 언제,

어떤 일을 맡을지 결정하는 과정에 파트너가 참여하게 하면 이 중요한 일에서 진정한 파트너십을 느끼고, 부모가 모두 출근할 때 신생아를 돌보기 위해 들어가는 보이지 않는 노력을 이해할 수 있다.

## 일정표에 적어놓기

예전에 나는 상담사와 대화하면서 이런 불평을 했다. "내 아침 루틴을 지키면서 아들을 늦지 않게 등교시키는 게 힘들어요. 하지만 브랜든에게 아들을 맡기는 게 미안한 기분이 들어요." 브랜든은 "내가 어떻게 도와줄까?"라고 물었지만 나는 혼자 모든 일을 해내는 것에 너무 익숙했고, 내 아들이 이제 우리의 아이고 함께 짊어질 책임이라는 사실을 받아들이지 못했다. 상담사는 "일정표에 적어놓는 건 어때요?"라고 물었고, 그때 갑자기 구름이 걷히고 천사들이 노래를 부르는 것 같았다. 이제 화요일과 목요일은 남편이 아이를 깨워서 아침을 먹이고 옷을 입혀 학교에 보내는 것까지 모든 일을 맡는다. 내가 집에 있더라도 화요일과 목요일은 내가 책임지는 날이 아니기 때문에 그 시간에 운동을 하거나 일을 일찍 시작하거나 반려견과 산책을 다녀오는 등 내가 하고 싶은 일을 한다. 이 조언은 가사 책임 분담과 관련된 조언 중에 가장 도움이 되었고, 이제 내가 다른 사람들에게 "일정표에 적어놓는 건 어때요?"라고 묻는 사람이 되었다.

Q. 파트너는 저와 상의하지 않고 큰돈이 드는 소비를 합니다. 저에게 말 한마디 없이 '재밌는'(그리고 비싼) 세컨드카를 구매했어요. 하지만 남편이 돈을 벌고 저는 집에서 아이들을 키우고 있으니 이건 자기 돈이라고 말해요. 이런 상황에서 뭐라고 얘기해야 할까요?

**초록색** "결혼은 모든 영역에서 파트너십을 맺는 거야. 아이들이나 집에 관한 결정을 내릴 때처럼 경제적인 문제도 함께 결정을 내리길 원해."

**노란색** "큰돈을 들여 무언가를 구매하기 전에는 나와 상의해주었으면 좋겠어. 당신이 그렇게 하지 않으면 나는 존중받지 못하고 무시당하는 것 같아. 그건 우리 관계에 건강하지 않아."

**빨간색** "당신이 내 기여나 노력의 가치를 인정하지 않으면 이 관계는 지속되기 힘들어."

—— 배우자가 "이건 내 돈이야"라고 얘기한다면, 그가 당신이 가정을 꾸리기 위해 하는 모든 일을 존중하고 중요히 여기지 않는다는 걸 나타낸다. 재미있는 실험을 해보자. 청소, 식사 준비와 요리, 아이를 돌보는 일, 운전하기, 반려동물 돌보기, 심부름, 개인 비서의 일 등 당신이 집에서 하는 모든 일의 가치를 계산해 외부에 외탁할 때 드는 비용을 산정해보자. 주말에 청구서를 보고 나면 남편의 관점이 바뀔지도 모른다. 그렇게 힘든 방법을 택하고 싶지 않다면, 대안은 매달 회의를 열어 남편과 함께 은행 계좌, 소비, 예산을 살펴보는 것이다. 또한 서로에게 물어보지 않고 소비할 수 있는 '최대한도'를 정하고, 그 한도를 넘는 금액의 소비를 할 때는 서로 상의한다. 기대치와 그것이 왜 중요한지 함께 공유한 다음, 한 팀으로서 문제에 접근하고 공동책임을 지는 게 핵심이다.

Q. 저와 파트너는 최근에 함께 살기 시작했는데, 제 물건들이 서서히 자취를 감추고 있어요. 제가 갖고 있던 예술품은 그의 취향이 아니고 제가 쓰던 가구

는 편하지 않대요. 공동 공간에 있는 모든 물건은 그의 거예요. 함께 집을 꾸밀 수 있을 거라 기대했는데, 지금은 집에서 제 모습을 전혀 찾아보기 힘들어요. 어떻게 해야 할까요?

**초록색** "우리의 새로운 공간을 함께 꾸미고 싶어. 두 사람 모두 집처럼 편하게 느낄 수 있게 말이야. 각자에게 중요한 물건이 무엇인지, 어디에 두면 좋을지 얘기해보자."

**노란색** "이 세 가지는 나에게 정말 특별한 거니까 어디에 두면 좋을지 찾아보자."

**빨간색** "내가 가장 좋아하는 흔들의자와 이 작품은 놔둘 거야."

── 당신이 갖고 있던 벨벳 소재의 '포커를 치는 개들' 그림이 미드 센추리 모던 스타일의 공간과 정말 어울리지 않는다면 어떻게 해야 할까? 당신이 원하는 대로 서재를 꾸밀 수 있을까? 대부분의 가구를 팔고 함께 새로운 가구를 장만해야 할까? 전적으로 객관적인 접근 방식을 취해야 할까?('누구의 커피 테이블 상태가 더 깨끗한가?') 아니면 당신에게 의미 있고 감상적인 물건을 보관할 눈에 덜 띄는 장소를 찾아야 할까?

## 갈등을 해결하기 위한 바운더리의 말들

모든 관계는 갈등을 겪는데, 이를 어떻게 해결하는지에 따라 신뢰감, 안정감, 유대감이 쌓일 수도, 깨질 수도 있다. 전문가들이 가장 먼저 권하는 것은 갈등이 일어나기 전에 '교전 규칙'을 만드는 것이다. 교전 규칙은 화가 나고 감정이 격해질 때 어떻게 행동할 것인지에 대한 방향을 잡도록 도와준다. 욕설하지 않기, 협박하지 않기, 소리 지르지 않기 등의 일반적인 규칙도 있지만 나와 남편에게 도움이 된 몇 가지 규칙은 다음과 같다.

### 상대방의 가장 큰 두려움을 이용하지 않는다

브랜든과 나는 서로에 대해 잘 안다. 우리가 불안하거나 스트레스 받을 때 머릿속에 있는 나쁜 목소리가 우리에게 어떤 말을 하는지 알고, 가장 큰 상처를 입힐 수 있는 버튼이 무엇인지도 알고 있다. 논쟁 중에 (사실 어느 때라도) 그걸 이용하는 것은 엄격히 금지되어 있다.

### 패턴을 깨는 암호를 만든다

둘 중 한 사람의 감정이 격해질 때 즉시 거리를 두고 상황을 환기하는 암호로 "우리는 한 팀이라는 걸 기억해."라고 얘기한다. 아무리 그렇게 느껴지더라도, 우리는 서로 적이 아님을 상기한다. 우리의 공동 목표는 문제를 함께 해결하는 것이다. 암호를 떠올리는 것은 에너지와 기분을 전환하는 데 효과적이다.

### 논쟁 중에는 한 가지 주제에만 집중한다

이 규칙은 지금까지 잘못했던 모든 문제를 끌어들이지 않고, 실질적인 해결책을 찾게 해준다. 2년 전 싸움을 언급하거나 "그럼 네가 이런 행동을 했을 때는 어떻고?"라는 식의 대화는 절대 도움이 되거나 생산적이지 않다. 그래서 우리는 한 번에 한 가지 주제에만 집중하고,

적절하게 해결되었다고 느낄 때까지 그렇게 하기로 결정했다.

### 타임아웃 요청을 존중한다

어느 시점에서든 둘 중 한 명이 다른 시각이 필요하거나 감정을 가라앉히기 위해 이 상황에서 벗어나고 싶다고 요청할 수 있다. 서로에게 그런 시간을 주는 건 언제나 도움이 된다. 그러나 타임아웃을 요청한 사람은 합리적인 시간 내에 다시 돌아와 대화를 이어나가야 한다. 물론 화가 난 채로 잠에 드는 경우도 있지만, 다음 날 아침 숙면을 취한 뒤 그 일에 대해 이야기하기로 합의하고 그렇게 해야 한다.

---

### 마셜 B. 로젠버그의 《비폭력 대화》[04]

이 책의 제목 때문에 겁먹지 말자. 당신과 파트너가 꼭 서로 소리를 지르거나 접시를 집어던지며 다퉈야 서로에게 해를 입히는 건 아니다. 마셜 B. 로젠버그Marshall Bertram Rosenburg가 쓴 《비폭력 대화》는 파트너의 욕구를 적극적으로 들으면서 자신의 의견을 분명하고 솔직하게 표현하는 법을 알려준다. 비폭력 대화는 논쟁을 할 때 일반적으로 하던 방식("네가 이렇게 했잖아."와 "너는 그러면 안 돼.") 대신에 협력적인 문제해결을 유도하는 연민의 대화를 실천하는 것이다. 비폭력 대화의 목적은 당신과 파트너가 서로의 감정을 이해하고 이를 충족하기 위한 분명한 요구사항을 표현하며, 공감과 연민으로 서로의 말에 귀 기울이고 함께 해결책을 찾도록 돕는 것이다.

비폭력 대화 모델에는 관찰, 느낌, 욕구, 부탁의 4단계가 있다. 내가 커뮤니티에서 자주 듣는 상황—당신이 바라는 것보다 배우자가 더 자주 외출할 때—을 예로 들어 비폭력 대화가 어떻게 진행되는지 함께 살펴보자.

- 관찰: 중립적인 언어로 판단 없이 관찰한 것만 이야기한다. "당신은 가족과 있는 것보다 친구들과 놀러가는 걸 더 좋아해."가 아니라 "당신은 오늘 6시가 아니라 8시에 집에 들어왔어."라고 말한다. 이런 변화는 당신의 파트너가 방어적인 태도를 갖지 않게 만든다.
- 느낌: 당신이 어떤 감정을 느끼는지 이야기한다. 당신이 느끼고 있는 감정이 정확히 무엇인지 파악하기 위해 감정 목록을 참고한다.
- 욕구: 이런 감정을 충족되지 않은 욕구와 연결한다. 이 모델에서는 "당신은 너무 배려심이 없어."라고 말하는 대신 "결국 혼자 저녁을 먹게 돼서(친밀감과 함께 하고 싶은 나의 욕구가 충족되지 않음) 나는 좌절하고 상처 받았어(감정)."라고 말할 수 있다.
- 부탁: 파트너에게 당신의 감정과 욕구를 해결할 수 있게 도와달라고 직접적으로 부탁한다. "퇴근 후에 술 좀 그만 마시고 와."라고 말하지 않고 "1주일에 세 번은 퇴근 후 집으로 와서 함께 저녁을 먹을 수 있어?"라고 물어본다.

듣는 사람 입장에서 비폭력 대화는 상대의 반응에 준비 태세를 갖추는 대신 경청하고, 논쟁에서 이기는 것보다는 합의를 추구하고, 당신이 매우 사랑하는 파트너에 대한 연민을 우선시한다. 이런 대화법은 꼭 상담 치료를 할 때 쓰는 말처럼 들릴 수 있어서 처음에는 거부감을 느끼는 사람도 있다. 그러나 이 구조는 소통의 새로운 틀을 제공하기 위한 출발점일 뿐이며, 연습하다 보면 "나는 ~한 기분을 느껴."라든가 "~해줄 수 있어?"라는 문장을 쓰는 게 자연스럽게 느껴질 것이다. 이런 대화의 틀은 많은 관계에 근본적인 변화를 가져올 수 있다. 뿐만 아니라 당신과 파트너가 경청하고 이해하고 소통하는 방식을 바꾸는 데도 일조할 수 있다.

나는 바운더리 스크립트에 몇 가지 일반적인 교전 규칙뿐만 아니라 비폭력 대화의 구성도 적용했다. 기본적인 의사소통 방식과 갈등에 관한 기대치를 공유하고 나면 정신 건강, 안전감, 관계에 관한 바운더리를 설정하고 지키는 게 훨씬 수월해질 것이다.

---

Q. 배우자와 다툴 때 저는 침착함을 잃지 않고 진심을 담아 얘기하는 데 꽤 능숙합니다. 그런데 상대방은 그렇지 않아서 공격적인 말투로 얘기하거나 상처 주는 말을 해요. 논쟁이 서로를 향한 공격이나 적의를 담은 싸움으로 커지게 만들지 말자는 규칙을 정하고 싶은데, 어떻게 할 수 있을까요?

초록색 "당신이 지금 욕을 해서 나는 불안한 마음이 들어. 소통할 때 나는 존중받고 안전함을 느끼고 싶어. 다시 대화를 시도해볼 수 있을까?"

노란색 "나에게 계속 그런 식으로 얘기하면 더 이상 대화를 이어 나갈 수 없어. 비폭력 대화 모델로 돌아갔으면 좋겠어. 그렇게 해 줄 수 있어?"

빨간색 "지금 나에게 얘기하는 방식은 좋지 않아. 나는 밖에 나가 있을 테니까 존중하면서 대화할 수 있을 때 알려줘."

── 화가 가라앉고 나면, 감정이 격해지거나 둘 중 한 명이 교전 규칙을 어길 때 진심이 아닌 말을 하고, 해로운 방식으로 행동할 가능성이 높아진다고 설명한다. 휴식을 취하면 마음이 진정되어 다시 최고의 모습으로 함께 해결책을 찾을 수 있다. 이렇게 설명함으로써 당신이 파트너를 버리거나 벌을 주려고 그 자리를 떠나는

게 아님을 전달한다.

Q. 파트너는 퇴근 후 집에 돌아오자마자 하루 중 가장 힘들었던 일을 쏟아냅니다. 파트너의 일이 스트레스가 많다는 걸 알지만, 저도 퇴근하고 돌아와서 쉬어야 하는데 오히려 더 스트레스를 받아요. 도와주세요.

초록색 "당신의 하루가 어땠는지 정말 듣고 싶은데, 우선 20분 정도만 쉬어도 될까?"

노란색 "잠시만 쉬어도 될까? 나도 지금 막 퇴근해서 샤워만 금방 하고 올게."

빨간색 "나는 지금 얘기를 들어줄 힘이 없어. 오늘 밤은 업무 관련 이야기는 건너뛸 수 있을까?"

── 이 바운더리가 자동으로 설정되면 더 좋지 않을까? 여유로운 주말에 함께 앉아, 퇴근 후 집에 오자마자 보내는 30분이 어떤 모습이면 좋을지 이야기해보자. "나는 현관문을 열고 들어오는 순간부터 회사에서 있었던 일을 쏟아내는 것으로 우리의 밤을 시작하고 싶지 않아. 둘 다 긴장을 풀고 휴식할 수 있게 저녁 식사가 끝나기 전까지는 업무 관련 이야기를 하지 않는다는 것을 규칙으로 정하면 어떨까?" 어쩌면 파트너는 30분 동안 책을 읽거나 짧게 운동을 하거나 저녁을 먹으면서 마음이 느긋해져, 그렇게 화풀이할 필요가 사라질지도 모른다.

Q. 배우자는 어떤 일에 동의해놓고 나중에 그 사실로 저에게 화를 냅니다. 지

난 주말에는 친구들과의 브런치 약속을 건너뛰고 마당일을 끝내자고 동의해놓고, 1시간쯤이 지나자 제가 친구들과의 즐거운 시간을 놓치게 만들었다고 버럭 화를 냈어요. "나는 당신의 마음을 읽을 수 있는 사람이 아닌 데다 이건 수동적인 공격이야."라고 어떻게 좋게 얘기할 수 있을까요?

**초록색** "나는 좌절감이 들어. 당신은 우리가 마당일을 마무리해야 한다는 것에 동의했고, 나는 당신이 한 선택에 문제가 없다고 믿었어. 브런치 모임에 참석하지 못하게 되어서 속상할 수는 있지만 나에게 화풀이는 하지 마."

**노란색** "당신이 진짜 어떤 기분인지 사실대로 말해주지 않으면 내가 도울 수 없어."

**빨간색** "우리의 의사소통이 효과적으로 이루어지지 않고 있으니 전문가의 도움을 받는 게 좋을 것 같아."

── 파트너에게 당신은 마음을 읽는 사람이 아니며, 파트너의 진짜 감정을 추측하거나 진짜 감정을 알아내길 기대하는 건 건강하지 않은 의사소통 패턴이라는 점을 상기시킨다. 당신의 마음을 분명하게 알려줌으로써 파트너에게 황금률의 본보기를 보여주자. 만약 파트너가 이후에 화를 낸다면, 개인적으로 받아들이기보다 공감을 표시한다("그래, 맞아. 브런치 약속에 참석했으면 훨씬 재밌었을 텐데.").

Q. 파트너는 제 옷차림이나 화장법을 지적하며 제 외모를 끊임없이 비판합니다. 어떤 날은 충분히 차려입지 않았다고 하고, 어떤 날은 지나치게 차려입었

다고 말해요. 안 그래도 제 스타일에 자신이 없는데, 이런 말을 들으니 더 자신감이 없어져요. 어떻게 설명해야 할까요?

**초록색** "내 바지에 구멍이 났거나 치아에 립스틱이 묻지 않은 이상 내 외모에 대해 원치 않는 조언은 하지 말아줘. 당신의 의도와 관계없이 그런 조언은 나에게 도움이 되지 않아."

**노란색** "그만해. 이건 내 자신감을 꺾으려 하거나 내 옷차림을 통제하려는 행동이야, 둘 다 좋지 않아."

**빨간색** "난 당신 의견을 물은 적 없어."

── 여기서 더 큰 문제는, 당신이 자신의 스타일과 취향에 자신감이 없다는 사실과 파트너는 그런 당신의 신체와 외모를 당당하게 통제하려고 하는 것이다(전문가와의 상담을 권한다). 나도 이런 행동을 하는 파트너를 만난 적이 있었다. 어느 날 가죽 바지를 사서 신나는 마음으로 저녁 약속에 입고 나가려 했다. 그러자 그는 "나랑 나갈 때 그 바지는 안 돼."라고 말했다. 나는 그의 눈을 똑바로 쳐다보고 말했다. "나는 입고 나갈 거야. 마음에 안 들면 너는 집에 있든가." 그 후로 우리는 다시는 그런 대화를 나누지 않았다.

Q. 말다툼을 하는 동안 파트너는 끊임없이 '항상'이나 '절대' 등의 표현을 쓰며 제 기분을 예상하고 제가 원하는 게 무엇인지 알려주려 해요. 다툴 때 건강한 방법이 아닌 것 같은데, 이 역학을 어떻게 바꿔야 할지 모르겠어요. 이것도 바운더리 문제인가요?

**초록색** "당신은 내 감정에 대해 추측하고 있어. 사실 난 지금 슬퍼. 왜냐하면 이 대화가 더 협력적인 토론이 되길 바랐거든. 당신의 감정이 어떤지 내가 안다면 더 도움이 될 거야. 나한테 알려줄 수 있겠어?"

**노란색** "당신은 여전히 나에게 감정을 부여하려 하고 우리가 효과적으로 의사소통을 하지 못하는 것 같아서 좌절감을 느껴. 계속하려면 우리는 각자의 감정에 책임을 져야 해."

**빨간색** "지금 내 얘기를 전혀 듣고 있지 않은 것 같아. 잠시 휴식을 가져야겠어. 1시간 뒤에 돌아오면 그때 다시 시도해보자."

—— 한 독자가 보낸 메시지에 "내게 감정을 지정해주지 마."라는 문장이 있었는데, 지금 여기에 쓸 정도로 내 마음에 쏙 들었다. 파트너가 특정한 표현을 쓰게 만들 수는 없지만, 그들이 '나'로 시작하는 표현을 사용하도록 할 수는 있다. 상담을 받는 것도 큰 도움이 된다. 당신은 이 관계의 절반에 대해서만 책임이 있지만, 그 한 사람이 변화를 일으킬 수 있다는 사실을 기억하자. 둘 중 한 사람만 비폭력 대화를 사용하더라도 이미 50퍼센트는 개선된 것이다.

## 항상과 절대의 덫

당신이 하지 않았거나 했을 때를 예로 들며 '항상always'이라든가 '절대never'로 시작하는 표현을 하고 싶은 유혹에 빠질 때가 있다. 그러나 그렇게 하면 원활한 의사소통의 궤도에서 벗어나게 된다. 항상이나 절대라는 표현을 좇기보다는 그 단어 뒤에 숨은 감정과 욕구가 무엇일지 생각해보자. "당신은 절대 육아를 도와주지 않아."는 "나는 어떻게 해야 할지 전혀 모르겠어. 당신의 도움이 필요해."라는 의미다. "당신은 항상 그녀 편만 들어."는 "나는 우리가 한 팀이라는 느낌이 들지 않아서 두려워."라는 의미다. 문장의 속뜻을 읽고, 과장된 표현은 무시하며 당신이 듣고 있는 문제에 초점을 맞춰 해결하자. 목표는 이기는 게 아니라 연민을 가지고 토론에 접근하고 함께 합의할 수 있는 해결책에 도달하는 것이다.

## 사교 활동의 기준을 세우는 바운더리의 말들

당신과 파트너가 각자 사교 모임을 얼마나 좋아하는지, 어떻게 사교 활동을 하는지, 어느 정도 함께하길 바라는지 등의 문제로 고심하고 있다면, 당장 YCDI 체계를 적용해보자. 내 주변에는 다른 사람들과는 거의 어울리지 않고 대부분의 시간을 함께 보내는 커플이 있다(그런 상상만으로 나는 두드러기가 돋는 것 같지만 각자 선호하는 방식이 있기 마련이다). 또 다른 커플은, 한 사람은 거의 매일 저녁 친구들이나 동료들을 만나는 한편 더 내성적인 배우자는 주로 집에 있는데, 두 사람 모두 이런 생활에 불만이 없다.

건강한 관계는 특정한 모습이어야 한다는 생각에서 벗어나자. 사람마다 사교 모임과 친구들에 관한 욕구가 다르다는 걸 인식하고, 두 사람에게 맞는 방식으로 삶을 구축해나가는 게 가장 이상적이다. 비록 아무도 그 방식을 이해하지 못하더라도 말이다. 자, 이제 다음에 나오는 사례를 살펴보자.

Q. 저는 사회 활동을 하면 활력이 생겨서 좋아합니다. 파트너는 반대예요. 사

람들과 어울리는 걸 좋아하지 않아서 집에서 시간을 보내고 싶어 하죠. 그래서 저는 파트너 없이 약속을 잡곤 하는데, 그러면 파트너가 화를 냅니다. 어떻게 하면 서로 욕구의 균형을 맞출 수 있을까요?

이것은 사실 바운더리 문제가 아니다. 초록색, 노란색, 빨간색 단계의 바운더리 대신, 서로 다른 친목 욕구와 선호도를 가진 파트너들이 시도해봐야 할 것들은 다음과 같다.

### 피드백을 요청한다

당신의 친목 활동에 대해 파트너가 이야기하고 싶어 하는 구체적인 부분이 있는가? 어쩌면 당신이 늦게까지 술을 마실 때 걱정할 수도 있고, 당신이 항상 계산서를 집어 들어서 화가 날 수도 있다. 즉, 당신이 해결할 수 있는 문제(해결할 수 없는 문제라도 최소한 파트너의 의견을 들어줄 수는 있다)일지도 모른다.

### 이해를 구한다

당신의 파트너가 당신의 친목 활동을 걱정하는 게 파트너보다 친구들을 더 좋아한다고 생각하기 때문인가? 아니면 당신이 파트너에게 싫증이 나서라고 생각하는가? 파트너의 깊은 감정, 특히 내면의 불안감에 대해 마음을 터놓고 대화해보면 도움이 될 수 있다.

### 역학을 개선하기 위한 방법을 찾는다

파트너가 당신과 친목 모임을 더 즐길 수 있는 방법을 물어본다. 어쩌면 파티에 도착하자마자 당신이 친구들을 만나러 떠나버려서 혼자 남겨지는 게 싫을 수도 있고, 저녁 식사에는 함께하되 클럽은 따라가고 싶지 않을 수도 있다. 또는 편안한 집에서 사람들과 어울리는 걸 좋아할 수도 있다. 그런 경우에는 사람들을 집으로 초대하면 모두가 행복하다.

### 융통성을 발휘한다

저녁 모임에 파트너를 초대하되 몇 시간만 있다가 먼저 떠나게 한다. 어쩌면 당신과 함께 사람들과 어울리고 싶지만, 늦게까지 머무는 게 싫을 수도 있다.

### 파트너에게 성실한 태도를 보인다

파트너에게 주중에 함께 집에서 시간을 보내고 싶은 날이 있는지 물어보거나 주말을 나눠 시간을 보내도 되는지 물어본다. 그러고 나서 금요일이나 토요일 중 하루는 반드시 집에서 상대방에게 집중하는 시간을 가진다.

### 타협에 동의한다

당신에게 정말 중요한 모임에만 파트너를 초대하겠다고 제안한다. 그리고 당신 또한 파트너가 집에 있어주길 바라는 날에는 함께 집에서 시간을 보낸다(두 사람이 이를 남용하지 않을 경우에만 효과가 있다).

만약 파트너는 진심으로 집에 머물고 싶어 하고, 당신은 정신 건강을 위해 친목 모임에 나가야 한다면 바운더리를 설정한다. "당신이 원하지 않을 때는 모임에 함께 참석해달라고 부탁하지 않을게. 당신이 좋아하지 않을 걸 알기 때문이야. 그러니까 친구들을 만나는 게 내 정신 건강에 좋다는 걸 알 때는 나에게 집에 있어달라고 부탁하지 말아줘." 만약 당신의 파트너가 분노나 좌절감을 극복할 수 없다면, 상담사와 다음 단계에 대해 의논해보자.

다음의 사례들에서는 구체적인 표현이 도움이 될 수 있어 바운더리 스크립트를 공유하지만, 바운더리를 설정하기 전에 혼자만의 시간이 당신에게 어떤 의미인지, 커플로서 당신에게 혼자만의 시간이 어떻게 도움 되는지에 대해 파트너와 대화를 나누는 게 중요하다는 걸 잊지 말자.

Q. 저는 재충전을 위해 정기적으로 혼자만의 시간을 가져야 해요. 하지만 만난 지 얼마 되지 않은 파트너에게 어떻게 이 말을 이기적이거나 차갑게 들리지 않게 얘기할 수 있을지 모르겠어요. 제가 원하지 않을 때 파트너가 자고 가려 한다면 뭐라고 얘기해야 할까요?

초록색 "오늘 밤은 혼자 있고 싶어. 내일 전화할게. 좋은 밤 보내."

노란색 "재충전하려면 조용히 나 혼자 보내는 시간이 필요한 것 같아."

빨간색 "나는 정신 건강을 위해 혼자만의 시간을 확보하는 게 중요해. 우리가 계속 데이트할 거라면 이를 우리 일상에 적용할 방법을 찾아야 해."

──── 내 경우, 1시간이나 하룻밤, 주말을 혼자 보내고 돌아오면 파트너와 더 깊이 교감하고 싶은 마음과 행복감이 더 커진다. 그리고 떨어져 있는 시간은, 남편이 내 장점이라고 생각하는, 독립심과 자율성을 지키는 데도 도움이 된다.

Q. 저는 세 아들을 둔 워킹맘입니다. 일요일 오후가 되면 끊임없는 방해와 부족한 개인 공간, 소음 때문에 머리가 핑 도는 것 같아요. 배우자를 포함한 모든 가족구성원에게 조용히 해달라고 요구해도 괜찮을까요? 농담 같지만 완전히 농담이라고는 할 수 없어요.

**초록색** "너프건은 밖으로 가지고 나가서 놀아." "비디오게임을 하는 사람들은 헤드폰을 착용해야 해." "TV 소리는 15 이상으로 키우지 마."

**노란색** (배우자와 합의한 뒤) "나는 방에서 조용히 있을 시간이 필요해. 계속 노는 건 괜찮지만, 필요한 게 있다면 아빠에게 가서 부탁하렴."

**빨간색** "우리 집은 오늘 오후 2시부터 3시까지 조용한 시간을 가질 거야. 독서를 해도 좋고, 낮잠을 자도 좋고, 헤드폰을 끼고 태블릿으로 영상을 봐도 좋아."

──── 우리는 주말에 자주 '조용한 시간'을 갖는데, 아주 황홀하다. 이 시간에 아들은 방에서 조용히 놀거나 혼자 독서를 한다. 그리고 나는 간절히 필요했던 고요함을 얻는다. 그리고 노이즈 캔슬링 헤드폰을 하나 구매하길 추천한다. 헤드폰을 쓰는 순간 바운더리가

자동적으로 설정된다.

> Q. 남자친구는 활강 스키나 오토바이, 크로스핏처럼 빠른 속도를 즐기는 취미를 갖고 있어요. 남자친구의 권유로 저도 전부 시도해봤지만, 저와는 맞지 않았어요. 전 위험도가 낮은 등산이나 독서를 선호합니다. 전 그가 좋아하는 활동이 있어서 좋은데, 남자친구는 제가 함께 참여하지 않으면 화를 내요.

**초록색** "나는 네 취미를 좋아하지 않아. 그 점을 존중해줬으면 좋겠어. 각자 관심사가 있다는 건 좋은 일이고, 나는 절대 너에게 함께 등산하자고 강요하지 않을 거야."

**노란색** "내가 스키 타는 걸 안 좋아하는 거 알잖아. 그러니까 나에게 부담 주지 마. 즐거운 시간 보내고 와."

**빨간색** "내가 거절할 때 네가 행동하는 방식은 내게 문제가 돼."

── 그와 같은 취미를 즐기지 않는 것이 왜 그렇게 싫은지 대화하는 시간을 가져본다. 어쩌면 그는 파트너의 독립성을 응원하는 건강한 관계를 맺어본 적이 없을 수도 있고, 이런 취미의 차이 때문에 너무 많은 시간을 따로 보내야 한다고 생각할 수도 있다. 당신이 다음 단계를 결정할 수 있도록 그의 분노 뒤에 숨은 이유가 무엇인지 대화를 나눠보자.

## 프라이버시를 지키기 위한 바운더리의 말들

───────

분명한 의사소통과 기대치 설정이 정말 중요한 역할을 하는 부분이다.

이메일 비밀번호를 공유하지 않거나 친구의 비밀을 털어놓지 않고 과거의 연애 파트너에 대해 얘기하지 않는 것에 관해 바운더리를 설정하는 건 상대적으로 쉽다. 무엇보다 프라이버시와 신뢰 문제에 대해 미리 대화를 나누면 바운더리가 전혀 필요 없게 되거나 누군가 선을 넘었을 때 바운더리를 설정하기가 더 수월해진다.

사람들이 프라이버시와 신뢰 문제에 관해 내게 보낸 질문과 내 경험을 종합했을 때, 가장 빈번하게 등장하는 주제는 다음과 같다.


- 파트너의 사진이나 개인정보를 친구들이나 가족, 소셜미디어에 공유하는 것
- 과거의 성 경험이나 트라우마에 관한 세부 내용과 같은 개인정보를 파트너와 공유하는 것
- 휴대폰이나 컴퓨터, 온라인 계정의 비밀번호를 공유하는 것
- 서로의 문자, 사진, 이메일, 신용카드 명세서를 살펴보는 것
- 집이나 공공장소에서 개인 공간을 존중하는 것


위의 주제에 대해 파트너와 논의하는 시간을 가져본다. 함께 찍은 사진을 허락 없이 소셜미디어에 올리거나 휴대폰을 뒤지는 것이 괜찮은지, 집에서 어느 정도의 프라이버시를 보호받길 원하는지 물어보자. 방에 들어가기 전에 노크하기, 인스타그램에 휴가 사진이나 상세 정보를 공유하기 전에 허락받기, 친구들과 외출할 때 프라이버시를 존중받을 권리 지켜주기 등에 대해 동의하는가?

다시 한번 YCDI 원칙을 떠올려보자. 다른 커플들이 모든 비밀번호

를 공유한다고 해서 당신과 파트너도 공유해야 하는 건 아니다. 대화를 나누고, 기대하는 바를 정한 다음 명확하고 친절한 바운더리로 이를 강화한다면, 모든 관계에서 마땅히 누려야 할 존중과 신뢰를 지킬 수 있다.

> Q. 제 휴대폰이 잠겨 있지 않을 때 파트너가 문자와 사진을 뒤져 보고 있는 걸 몇 번 목격했어요. 이것은 신뢰를 저버리는 행동이고, 제가 원하는 서로를 대하는 방식이 아니에요. 제가 무언가를 숨기고 있는 것처럼 보이지 않으면서—왜냐하면 정말 숨기는 게 없거든요!—어떻게 이 문제에 대해 이야기할 수 있을까요?

**초록색** "내 허락 없이 휴대폰을 마음대로 훔쳐보지 말아줘. 그건 신뢰를 저버리는 행동이고 내가 바라던 서로를 대하는 방식이 아니야."

**노란색** "서로 염탐하는 건 우리 관계에 좋지 않아. 다시는 그러지 마."

**빨간색** "신뢰나 존중이 없는 관계를 지속할 수 없어. 커플 상담 전문가와 상담 약속을 예약했어. 함께 가도 좋고, 가고 싶지 않다면 혼자라도 갈게."

── 허용되는 것과 허용되지 않는 것에 동의했다면, 연인 관계에서 프라이버시를 어떻게 다룰지는 자신에게 달려 있다. 프라이버시에 대한 합리적인 기대치에 동의했다면, 파트너는 이를 존중해야 하며, 불안정, 질투심, 불안감, 통제 등의 문제를 더 건강하고 정

직한 방법으로 해결해야 한다.

Q. 남편은 시부모님께 저희의 사생활(특히 말다툼)에 대해 지나치게 자세히 얘기해요. 그래서 우리 관계에 영향을 미칩니다. 시부모님은 비판적인 분들이고, 이미 아들의 삶에 지나치게 개입하고 있어서 우리 관계에 대해 자세한 이야기를 듣는 것이 저를 대하는 태도에 영향을 미친다고 느껴요. 이 문제를 어떻게 해결할 수 있을까요?

당신의 바운더리는 배우자가 특정한 일들을 그의 부모와 상의하지 않는 것인가? 아니면 그의 부모가 그 일들을 당신에게 언급하지 않는 것인가? 배우자와 대화를 나누기 전에 당신이 바라는 게 무엇인지 명확하게 정리한다. 나는 전자라는 가정하에 스크립트를 제시했다. 후자의 경우라면, 시부모와 직접 바운더리를 설정해야 한다.

**초록색** "분명히 말하면, 이 논쟁/논의/상황에 대해 당신의 부모님과 공유하지 않았으면 좋겠어. 당신이 부모님께 전달하는 말이 나를 대하는 태도에 영향을 미치고, 우리가 문제를 해결한 뒤에도 나를 나쁘게 보시거든. 그건 시부모님이나 당신과의 관계에 도움이 되지 않아."

**노란색** "당신이 부모님과 이 대화를 공유하지 않겠다고 동의하는 경우에만 대화를 할 거야. 이건 시부모님과 관계없는 일인데, 괜히 개입하시면 오히려 우리 관계에 해로워."

**빨간색** "당신이 내 프라이버시와 우리 결혼 생활을 존중하지 않는

것에 대해 어떻게 대응하면 좋을지 상담사와 대화를 나눠보려고
해."

── 만약 배우자가 (당연하게도) 이 문제에 대해 대화할 사람을 원
한다면, 누구에게 털어놓거나 조언을 구해도 괜찮을지 생각해보
자. 객관성을 잃지 않고 이 관계에 부적절하게 개입하지 않을 사람
들로 합의한다. 내 경우는 여동생이고, 남편은 가장 친한 친구나
상담사에게 털어놓는다.

Q. 저는 새로운 사람을 만나고 있어요. 하지만 둘 다 지금은 진지한 관계를
원하지 않아요. 그래도 상대방이 다른 사람과 데이트를 시작한다면 저에게
알려줬으면 좋겠어요. 그렇게 요구해도 괜찮을까요?

**초록색**"지금은 네가 아무도 만나고 있지 않다고 말했잖아. 만약
상황이 바뀌거나 다시 틴더<sup>Tinder</sup>(글로벌 서비스를 제공하는 친구 찾기
앱으로, 데이트 앱 기능도 한다.─편집자 주)를 시작할 거라면 나한테
알려줄래? 나도 상황이 바뀌면 알려줄게. 서로에게 솔직하면 좋
겠어."

**노란색**"한 가지 규칙만 지키면 좋겠어. 다른 사람을 만나게 되면
나에게 알려줘. 혹시 동의하지 않는다면 너를 계속 만나기 힘들
것 같아."

**빨간색**"난 너에게 딱 한 가지를 부탁했는데, 너는 나에게 솔직하
지 않았어. 이 관계는 끝이야."

── 이것은 당신이 지킬 수 없는 바운더리의 예다. 이 상황은 당신

의 의지로 해결할 수 있는 문제가 아니라 상대방의 의지가 중요하기 때문이다. 따라서 당신은 파트너가 당신의 한계를 알고 이를 존중해줄 거라고 믿어야 한다. 안타깝게도 빨간색 단계 바운더리를 적용해야 할 때는 이미 상황이 너무 늦어버렸다는 의미고, 당신이 할 수 있는 일은 파트너의 무례한 행동에 대한 조치를 취하는 것뿐이다.

Q. 제 배우자는 개인 공간에 대한 개념이 없습니다. 그녀는 화장실 문을 활짝 열어놓고 소변을 보고, 제가 샤워하고 있을 때 노크도 없이 불쑥 들어오며, 제가 화장실에 있을 때 문 앞에 서서 질문을 합니다. 그녀는 이 문제를 신중하게 생각하지 않지만, 제겐 바운더리가 필요해요.

초록색 "자기야, 나는 우리 관계에 조금 신비스러운 면이 있으면 좋겠어. 내가 샤워하고 있을 때는 먼저 노크를 하거나 샤워가 끝날 때까지 기다려주고, 당신이 화장실을 쓸 때는 문을 닫아줄 수 있어?"

노란색 "불쑥 들어오기 전에 먼저 노크해달라고 부탁했잖아. 샤워 좀 끝내게 해줘."

빨간색 "난 이제 샤워하러 들어갈게." 화장실 문을 잠금으로써 자동으로 바운더리가 생긴다.

── 성장 과정의 차이, 신체, 배우자가 보지 않았으면 하는 사적인 의식(예를 들면 왁싱하기)에 대한 생각 차이를 대화로 풀다 보면 서로 관계도 돈독해지고 상처받은 감정도 회복할 수 있다.

**초록색** "나는 과거 연애, 특히 성관계에 관한 자세한 이야기는 하고 싶지 않아. 그런 이야기를 꺼내는 이유가 있어?"

**노란색** "지금 단계에서 그게 왜 중요한 문제인지 잘 모르겠어. 그런 이야기는 하고 싶지 않아."

**빨간색** "계속 이런 질문을 받아야 한다면, 이 관계를 지속할 수 없을 것 같아."

── 초록색 단계 바운더리는 파트너가 왜 그런 질문을 했는지에 대한 대화로 이어지게 한다. 어쩌면 침대에서의 경험이 부족한 게 걱정될 수도 있고, 성 매개 감염병이 있어서 그 얘기를 꺼내기 위해 먼저 이런 질문을 던진 것일 수도 있다. 만약 이런 식으로 대화가 진전되지 않고 파트너가 당신이 불편해하는 질문을 계속할 경우, 그 사람과의 관계에 적신호가 켜진 것일 수도 있다.

## 성관계와 신체적 친밀감을 위한
## 바운더리의 말들

삶의 영역에 바운더리를 설정할 때 불편한 마음이 들기도 한다. 그중에서도 성관계와 스킨십에 관한 영역은 더욱 그렇다. 많은 사람들이 이 영역에서 바운더리를 설정하는 것을 겁낸다. 특히 트라우마 경험이 있다면 그런 경향이 더 강하다. 가부장제, 고정관념적인 성역할, 종교와 정치적 성향, 미디어 등은 여성들에게 우리의 역할이 시중을 들고, 기쁘게 해주고, 베푸는 거라는 인식을 심어주었다. 성적 또는 신체적 학대나 트라우마를 경험한 사람들은 자신의 가치가 신체나 신체를 가지고 할 수 있는 일에 있다고 느끼거나 몸에 대한 완전한 자율성이 본인에게 있다고 생각하지 않는다. 나는 수년 동안 연인과 바운더리를 설정하는 데 어려움을 겪었고, 의무감이나 압박감, 내가 거절하면 어떤 일이 일어날지에 대한 두려움 때문에 내가 원하지도 않는 일을 승낙하곤 했다.

연인과의 관계에서 내 몸에 관한 바운더리를 설정하고 지키는 데 가장 도움이 되었던 조언은, 스스로가 자신의 성적 만족에 대한 책임을 져야 한다는 것이었다. 이는 결혼과 성에 관한 상담을 하는 많은 전문가들이 공통적으로 외치는 의견이기도 하다. 파트너의 만족에 집중하면("이렇게 하면 상대방의 기분이 좋을까? 내가 흥분시키고 있는 걸까? 상대방을 만족시키고 있는 걸까?") 성공적인 결과는 오직 그들이 얻는 결과뿐이다. 게다가 파트너가 10점 만점에 10점의 만족감을 표현하지 않는다면, 당신이 무언가를 잘하지 못한 거라고 걱정한다. 자신감이 없어지거나 자존감 문제가 생기고, 섹스와 당신의 신체, 가치에 대한 불안감을 느낄 수 있다.

파트너가 당신에게 섹스 금메달을 주었다고 해도 파트너와 함께 있는 동안 당신의 만족감은 누가 책임졌는가? 물론 그게 파트너이면 좋겠지만, 그렇지 않은 경우라면 어떻게 해야 할까? (이 문제는 이성애 연애 관계에 있는 여성들이 매우 흔히 겪는 일이다.) 그리고 당신이 그 순간에 자신의 속마음을 얘기하지 않는다면, 상대방이 당신의 머리와 마음, 신체에서 일어나는 일에 대해 얼마나 책임질 수 있을까?

다시 바운더리 문제로 돌아오자. 파트너의 만족에만 집중하다 보면 당신의 바운더리가 존중받고 있는지, 그 바운더리가 어디에 있는지조차 알기 힘들다. 만약 파트너의 발기 상태가 성관계가 곧 시작될 거라는 신호고, 파트너의 절정이 성관계가 끝났다는 신호라면, 당신의 욕망이나 기분, 준비 상태, 주체성은 어디로 간 걸까? (다시 한번 말하지만, 여기서는 대부분 이성애자 커플에 대해 얘기하고 있다. 한편, 동성 간의 파트너십이 성적 욕구, 특히 레즈비언 커플의 오르가슴 성취도[05] 측면에서 더 나은 것으로 나타난다.)

자신의 성적 만족을 책임진다는 것은 파트너를 희생시키면서까지 자신을 만족시키는 게 아니다. 단지 당신의 신체와 욕망 그리고 그 순간의 감정과 다시 연결됨을 의미한다. 자신의 만족을 책임질 때 끊임없이 스스로에게 확인하며 다음과 같은 질문을 던지게 된다. "이건 기분이 좋은가?" "더 하길 바라는가? 아니면 덜 하길 바라는가?" "내가 다른 걸 원하는가? 아니면 이걸 계속하길 바라는가?" 자신의 즐거움을 직접 책임지는 습관을 기르면, 파트너에게 당신의 욕구를 더 잘 전달하고 당신이 원하는 것을 요구하며 그걸 얻기 위해 명확하고 친절한 언어를 사용할 가능성이 크다(황금률과 YCDI, 명확하고 친절한 어투의 건강한 바운더리를 하나의 아름다운 상자에 넣은 것과 같다). 이런 수준의 의사소통에서 일어나는 자기 개방, 개방적인 공유, 취약성을 드러냄으로써 보여주는 솔직함은 놀라울 정도로 섹시하며, 두 사람의 관계를 더 돈독하게 해줄 수 있다.

자신의 성적 쾌락에 초점을 둔다고 해서 성관계를 가질 때마다 엄청난 오르가슴을 느낄 수 있는 건 아니지만, 내 몸으로 무엇을 할 것인지에 대한 주도권을 되찾을 수 있다. 또 내가 원하는 걸 쉽게 알 수 있을 뿐만 아니라 필요에 따라 바운더리의 형태로 내가 바라는 걸 전달할 수 있다.

## 에밀리 나고스키의 《있는 그대로의 모습으로》[06]

성적 욕망에 대한 가장 중요한 책 중 하나로 꼽히는 《있는 그대로의 모습으로Come as you are》는 여성의 성적 욕망이 어떻게 작용하는지와 여성의 만족스러운 성생활을 위해 가장 중요한 요소들을 과학적으로 살펴본다. 내 성적 쾌감을 인정한다는 생각이 두렵거나 어디서부터 시작해야 할지 막막하다면, 이 주제에 대한 에밀리 나고스키Emily Nagoski의 책을 참고하자. 비록 이 책은 여성들에 중점을 두고 있지만, 인간관계의 권위자인 존 가트맨John Gottman이 "모든 커플이 꼭 읽어야 할 안내서"라고 말한 것처럼 남성들도 주목해야 한다.

나고스키는 책에서 욕망, 자극, 오르가슴과 같은 성적 반응에서 '어떤 일이 일어나는지'를 넘어서 그 행동의 기저를 이루는 원인을 자세히 알아본다. 이 메커니즘은 모든 인간에게 일어나는 두 가지 기능, 즉 '흥분하게 하는 것turn-ons'으로 알려진 성적 촉진 장치와 '흥분을 가라앉히는 것turn-offs'으로 알려진 성적 제동 장치를 바탕으로 한다. 이 두 기능이 어떻게 나타나는지는 사람마다 크게 다르기 때문에 자신의 촉진 장치와 제동 장치가 어떻게 작용하는지 이해하고 수용하는 것이 장기적인 성적 만족의 비결이다. 이 책이 주는 진정한 선물은 당신이 어디서 출발하든 상관없이 성 기능을 변화시키고 치유하는 길을 제공하며, "과연 나는 정상일까?"(미리 답을 말해주자면 그렇다)라는 질문에 대한 답을 찾도록 도와준다는 것이다.

---

침실(그리고 다른 친밀한 공간에서도)에서의 바운더리를 분명히 말하는 것은 자신의 욕구와 다시 가까워지고, 자신의 즐거움에 책임을 지며, 자신의 가치와 소중함을 되새기게 한다. 아래의 스크립트들을 통해 그렇게 할 수 있는 방법을 연습해보자.

Q. 파트너는 섹스에 있어 너무 쉽게 상처를 받아서 제가 침실에서 하고 싶지 않은 많은 일을 하게 됩니다. 그 순간 제가 하고 싶은 것과 하고 싶지 않은 것을 어떻게 잘 표현할 수 있을까요?

**초록색** "나는 그거 별로 안 좋아해." "나는 그걸 할 준비가 안 되었어." "난 그거 좋아하지 않아." "그건 내가 지금 시도해보고 싶지 않은 거야. 그 대신 이건 어때?(대안을 제안한다)"

**노란색** (행동을 저지하며) "안 돼. 난 그걸 하고 싶지 않아. 내 말 이해했지? 다시는 그렇게 하지 마."

**빨간색** "싫어." 지금부터는 추행이 되므로 물리적으로 거리를 둔다.

—— 나를 따라 말해보자. 나는 파트너의 감정에 아무런 책임이 없다. 당신이 어떤 성적 취향을 갖고 있는지, '싫어'가 무엇을 의미하는지(불편해, 너무 아파, 이 느낌이 좋지 않아, 안전한 것 같지 않아)에 대한 대화를 시작하고, 당신이 거절하는 것은 행위지 파트너가 아니라는 점을 분명히 한다. 만약 파트너가 침실에서 분명히 표현한 거절에 쉽게 상처받는다면, 그 사람이 직접 해결해야 할 부분이 있음을

의미한다. 그러나 당신이 원하지 않는 일을 허락한다고 해서 그 문제가 해결되지는 않는다(상대방의 감정을 책임지기를 거부하면, 그들의 '상처받은 감정'은 사실 조종하기 위한 전략이었음을 금방 깨닫게 될 것이다).

## 섹스에 대해 얘기하기

명확한 바운더리를 공유하면 두 사람 모두가 안전하고 즐거운 경험을 얻을 수 있다. 그 순간 파트너는 당신의 거절 의사를 존중하고 즉시 두 사람이 동의한 행위로 방향을 바꿔야 한다. 다음 예시는 당신에게 부담감을 주거나 당신의 바운더리를 존중하지 않는 것에 대한 구실이 될 수 없는 것들이다.

- 당신이 상대방을 정말 흥분하게 만들었다.
- 상대방이 그 행위를 멈추기에는 오르가슴에 '매우 근접'한 상태다.
- 당신이 다른 사람들과 그 행위를 한 적 있다.
- 당신이 파트너와 그 행위를 한 적 있다.
- 당신이 승낙했지만 마음이 바뀌었다.
- 당신과 파트너는 부부다.

"애널 섹스에 대해 어떻게 생각해?"라고 대화를 시작하는 게 불편하게 느껴질 수 있지만, 더 불편하고 어색한 것은 한창 뜨거워진 순간에 당신의 파트너가 그것을 정말 원하지 않는다는 걸 알게 되는 것이다. 나와 남편의 경우, 어떤 압박감도, 스트레스도 없는 느긋한 휴가 중에는 호기심과 장난기 가득한 마음으로 이런 주제에 접근할 수 있기 때문에 그때 섹스에 관한 최고의 대화를 나눈다.

**초록색** "콘돔 가져왔어? 없으면 내가 준비했어."

**노란색** "콘돔을 착용하지 않으면, 아무 일도 일어나지 않을 거야."

**빨간색** "잘 가."

—— 옷을 벗기 전에 분명히 얘기하는 게 좋다. "콘돔을 끝까지 착용하고 있을 거면 계속 이어나갈 수 있어. 알겠지?" 만약 파트너가 승낙하지 않는다면 말을 끊고 "이건 타협할 수 없는 문제야."라고 말한다. 노란색 단계의 바운더리 이후에 나오는 반발은 영구적으로 관계를 이어나갈 수 없는 요인이다. 만약 파트너가 여기서 당신의 바운더리를 존중하지 않는다면 만날 가치가 없는 사람이며, 초기에 당신의 바운더리를 공유할 때 파트너가 어떻게 대응하는지를 보면 앞으로 관계를 이어나가야 할지를 판단할 수 있다.

Q. 제 파트너는 아침에 저보다 일찍 일어나서 저를 포옹하는 걸 좋아해요. 파트너의 다정한 행동은 고맙지만, 저는 보통 자는 동안에는 방해받고 싶지 않아요. 어떻게 타협할 수 있을까요?

**초록색** (전날 밤) "당신이 내일 일찍 일어났을 때 내가 아직 자고 있다면 포옹하지 말아줘. 오늘 밤에 영화 보는 동안 함께 시간을 보내자.”

**노란색** “나는 아침에 잠에서 깨기 전에 껴안고 싶지 않아.”

**빨간색** “내가 부탁했는데도 아침에 내 몸에 계속 손대면, 손님방에서 잘 거야.”

── 물론 그 순간에도 바운더리를 설정할 수 있지만 그때는 이미 당신이 잠에서 깰 수밖에 없으므로 너무 늦을지도 모른다. 전날 밤에 파트너와 수면 습관에 대한 차이점을 이야기하고 타협점을 찾는다. 어쩌면 당신은 평일에는 충분히 휴식할 수 있게 알람이 울리기 전까지 자고 싶지만, 주말 아침에는 파트너와 포옹하는 시간을 가지는 게 괜찮을 수도 있다. 파트너도 당신이 일어난 뒤에 오래 포옹해주는 것만으로 만족할 수도 있다. 당신이 원치 않을 때 포옹을 피하는(그리고 아침 내내 분노하지 않을) 가장 좋은 방법은 전날 밤 잠들기 전에 분명하게 얘기하는 것이다.

Q. 상대방이 만지지 않았으면 하는 부위가 딱 한 군데 있는데, 바로 배예요. 앞으로 만날 파트너들에게 배는 절대 안 된다는 걸 어떻게 알려야 할까요?

**초록색** “배만 제외하면 다 괜찮아. 거긴 내가 별로 안 좋아하거든.”

**노란색** “나는 누가 내 배를 만지는 걸 좋아하지 않아. 만지지 마.”

**빨간색** 그 상황에서 벗어난다.

── 새로운 사람을 만난다면 어쩌면 몇 번은 그 내용을 상기해줘야 하거나 그 사람이 실수나 의도치 않은 접촉을 했을 경우에는 용서해야 할 수도 있다(예를 들어, 무언가를 집기 위해 손을 뻗다가 당신에게

닿는 경우). 배는 당신에게 예민한 부위라거나 트라우마와 관련이 있다거나, 너무 간지러워서 즐길 수 없다고 이유를 편하게 설명해 보자. 물론 원치 않는다면 설명을 하지 않아도 괜찮다. 이유나 설명이 없어도 합의는 존중되어야 한다.

Q. 파트너는 제가 샤워를 끝내고 출근 준비를 하는 때처럼 가장 좋지 않은 때에 성적 접촉을 시도해요. 영화에서는 섹시해 보일지 몰라도 현실에서는 그렇지 않죠. 저는 지각하면 안 되거든요. 어떻게 하면 제 파트너가 분위기를 파악하게 할 수 있을까요?

초록색 (조용한 순간에) "당신 때문이 아니라 내가 출근 전에는 시간도 부족하고 하루 일과에 대해 생각하느라 그럴 분위기를 잡을 수 없어. 토요일은 어때? 그때 내가 당신을 위해 옷을 차려입고 있을게."

노란색 (키스를 하며) "당신을 사랑하지만, 슬프게도 지금은 안 돼. 퇴근 후를 위해 에너지를 아껴두는 게 어때?

빨간색 "안 돼." 침실을 떠난다.

── 만약 '지각할지도 모르는 상황'이 두 사람을 흥분시킨다면, 늦어도 되는 다른(덜 급한) 행사 때 시도해보자. 어쩌면 당신의 파트너는 단지 아침에 더 하고 싶은 마음이 드는 건지도 모른다. 그런 경우라면, 한 번씩 조금 더 일찍 일어난다거나 토요일에 침대에서 더 오랜 시간을 보내는 건 어떨까? 또한 파트너는 하루를 시작하기 전에 당신과 교감하는 순간을 원하는 것일 수도 있다. 그렇다

면 엉덩이를 움켜쥐며 조금 더 오래 포옹해주는 것으로 당신은 지
각하지 않고도 파트너가 원하는 걸 안겨줄 수 있다.

## 나를 자유롭게 해줄 바운더리 사랑하기

연애 관계에서 당신이 설정할 수 있는 가장 중요한 바운더리 중 하나
는 자신과의 바운더리다. 성적 트라우마와 중독 문제를 갖고 있던 나
는 연애 관계에서 항상 최고의 선택을 하지는 못했다. 브랜든과 진지
하게 만나기 시작했을 때, 나는 최고의 모습을 보여주고 내 인생의 짐
을 우리 관계에 끌고 오지 않으려면 나 자신과의 바운더리를 설정해야
한다는 사실을 알았다. 브랜든과의 새로운 관계를 위해 나는 몇 가지
바운더리를 지키기로 다짐했다.

- 나는 브랜든의 개인 물건—휴대폰, 이메일, 택배—을 몰래 훔쳐
  보지 않을 것이다.
- 나는 그가 외출할 때 누구와 무엇을 했는지 자세히 물어보지 않
  을 것이다.
- 나는 소셜미디어에서 그의 이성 친구들을 검색해보지 않을 것이다.
- 육체적으로 편하지 않은 일은 절대 동의하지 않을 것이다.
- 성관계 중에 절대 일부러 쾌락을 꾸며내지 않을 것이다.
- 내가 상처받기 쉬운 상황이라고 느낄 때 도망가지 않을 것이다.

그리고 나는 다음과 같은 일을 하기로 다짐했다.

- 만약 내 회복 과정이 위태롭다고 느끼면 그에게 얘기할 것이다.
- 내가 질투심이나 불안감을 느낀다면 이유와 함께 그에게 얘기할 것이다.
- 내 정신 건강에 대해 적극적인 책임을 질 것이다.

이런 바운더리 중 많은 것이 금방 무의미해졌다. 브랜든과 내가 기본적인 신뢰를 쌓고, 과거 연애에서 일어난 일들을 털어놓고 나자 외도와 같은 일에 대한 불안감이 사라졌다. 그래도 '침대에서 좋지 않아도 일부러 좋은 척하지 않는다'(성적 트라우마의 잔재인 것 같은데, 브랜든을 만나기 전에는 자주 한 행동이다)는 바운더리와 '내 정신 건강에 대한 책임을 진다'는 바운더리는 오늘날까지 잘 유지하고 있다.

바운더리는 양방향으로 작용한다. 다른 사람들이 당신의 바운더리를 존중해주길 바라듯이, 파트너와의 관계를 위해 타인의 바운더리를 존중하는 것을 우선순위에 두어야 한다. 그렇다고 하더라도 모든 관계에서 셀프 바운더리의 힘을 간과하지 말자. 내 경우, 파트너와의 관계에서 내가 해야 할 일과 하지 않아야 할 일에 대해 엄격한 지침을 정한 것이 서로에게 세운 바운더리만큼이나 성공적인 관계를 만드는 데 중요한 역할을 했다.

**7장**

# 간단히 정리할 수 없는 관계라면

### 공동 양육자와 바운더리 설정하기

에밀리는 이혼에 관한 내 팟캐스트 에피소드를 듣고 나에게 편지를 썼다. 그녀는 최근에 이혼한 뒤 전 배우자였던 섀넌과 새로운 관계를 맺기 위해 힘든 시기를 보내고 있었다. 그들에게는 에밀리의 집과 섀넌의 집을 오가는 두 명의 어린 자녀가 있었고, 이혼은 비교적 원만하게 해결되었지만 마음속에는 여전히 상처받은 감정과 격한 감정이 남아 있었다. "어떤 때는 가장 친한 친구인 것처럼 대화를 나누다가도 숙적처럼 싸우기도 하죠. 우리는 항상 아이들을 염두에 두려고 노력하지만, 내가 하는 행동이 항상 자랑스러운 건 아니에요."

나는 아들이 겨우 한 살일 때 이혼한 뒤 전남편과 벌써 8년째 공동양육을 하고 있다. 에밀리의 이메일을 읽으니 그때의 기억이 떠올랐다. 오랜 연애가 끝나면 헤어진 사람과 각자의 길을 걸으면 되었다. 당연히 내가 원치 않으면 그들과 다시 얘기를 나눌 필요도 없었고, 잊고 새로운 사람을 만나기도 쉬웠다. 그러나 이혼을 하니 그렇게 할 수 없었다. 아이를 위해 내 삶에서 전남편의 존재를 완전히 지울 수 없었고, 가능한 한 가장 건강한 방식으로 함께할 방법을 찾아야 했다.

내 삶의 다른 영역에는 좋은 바운더리들이 있었지만, 전남편에 관해서는 바운더리가 거의 없었다. 적어도 처음에는 그랬다. 이혼하는 중에는 심란한 마음과 극심한 스트레스로 인해 우리가 여전히 부부인 것처럼 감정적인 대화를 나누거나 아니면 극단적으로 그와의 직접적인 소통을 피하고 내 변호사와만 대화를 나누게 했다. 그러나 두 가지 소통 방식 모두 도움이 되지 않았다. 원만하게 이혼하고, 우리 아이를 안전하게 지키며, 정신 건강을 보호하기 위해 필요한 바운더리를 어떻게 설정해야 할지 방법을 몰랐다.

## 전 배우자를 통제할 수는 없다

공동 양육에 관해서 사람들이 보내는 대부분의 질문은 바운더리로 해결할 수 없다. 독자들이 보낸 몇 가지 질문들을 살펴보면 다음과 같다.

- "전 배우자가 아이들에게 저에 대해 안 좋은 얘기를 해요. 어떻게 그만하게 할 수 있을까요?"
- "전처는 제가 허용하지 않는 걸 알면서 아이들에게 온갖 정크푸드를 먹입니다. 아이들의 식단에 대한 바운더리는 어떻게 설정해야 할까요?"
- "공동 양육자가 아이를 맡는 날에도 항상 늦게 나타납니다. 어떻게 해야 할까요?"
- "아들은 아빠 집에만 가면 비디오게임을 많이 해요. 하지만 우리집에서는 게임 시간을 엄격히 제한하고 있어요. 아이 아빠에게도 협조를 요청할 수 있을까요?"

• "전남편은 아이들을 할머니에게 맡겨두고 자주 외출해요. 그가 맡는 주에는 아이들과 더 많은 시간을 보내줬으면 좋겠어요. 아이들만 두고 외출할 거라면 저에게 맡기던가요."

안타깝게도 이런 상황은 바운더리를 설정하는 것으로는 해결할 수 없다. 1장에서 얘기했던 것처럼 바운더리는 다른 사람을 통제하거나 다른 사람에게 어떤 행동을 지시하기 위한 게 아니다. 바운더리는 당신을 안전하고 건강하게 지키기 위해 당신이 어떤 일을 할 것인지, 어떤 일을 하지 않을 것인지를 정하는 경계선이다. 공동 양육에 있어서 바운더리는 전 배우자가 그들의 집에서 아이에게 하는 행동을 지시하기 위해 시도하는 것이다. 그러나 현실적으로 말하면, 그것은 법원 명령이나 법적 구속력이 있는 합의 없이는 얻을 수 없는 결과다. 전 배우자가 아이들에게 당신이 건강하다고 생각하는 음식만 제공하게 하거나 아들이 아빠 집에 있을 때 게임 시간을 제한하게 만들 수는 없다. 전 배우자가 아이 앞에서 당신에 대해 좋은 얘기를 하게 만들거나 생일 파티에서 찍은 사진을 보내달라고 하거나 아이들이 문 앞에서 참을성 있게 기다리고 있을 때 제시간에 데리러 오게 만들 수 없다. 이것은 바운더리 문제가 아니다. 바운더리는 다른 사람의 행동을 통제할 수 없기 때문이다.

이런 상황에서 바운더리를 설정할 수 있다고 해도 이를 지키도록 강요하면 당신의 아이에게 피해가 갈 것이다. 전 배우자에게 "15분 이상 늦으면 아이들을 만날 수 없어."라고 얘기한다고 상상해보자. 그 바운더리를 세운다면 지각하는 전 배우자를 기다리느라 당신의 일정을 연기할 필요도 없고, 아이들에게 아빠 또는 엄마가 왜 늦는지 변명해 주지 않아도 되어서 당신의 삶은 더 수월해질 수 있다. 그러나 그 바운더리를 고수함으로써 아빠 또는 엄마와 시간을 보내고 싶어 하는 아이들의 마음은 다칠 수도 있다(게다가 그 바운더리는 법적 합의를 위반하는 것일 확률이 높다. 무슨 일이 있어도 법적 합의를 어기는 일은 피해야 한다).

물론 당신과 공동 양육자가 취침 시간부터 게임 시간, 건강한 식단, 헤어스타일, 놀이 약속까지 모든 주요 결정에 동의한다면 가장 이상적일 것이다. 그러나 법적 서류에 기록하지 않은 이상, 육아와 건강, 의사소통, 사회 모임에 대해 당신의 기준을 강요하는 건 현실적으로 불가능하다.

## 법적 조치를 취하기 전에

자녀의 건강이나 안전이 위기에 처했다고 믿을 만한 이유가 있다면 적절한 법적 경로를 통해 즉각적인 조치를 취해야 한다. 그러나 어떤 변호사도 게임 시간이나 정크푸드, 아빠 대신에 할머니와 시간을 보내야 한다는 사실 때문에 공동 양육자를 고소하는 걸 권하지 않을 것이다. 특히 이런 행동이 아이의 학교 출석, 건강 기록, 안전과 건강을 나타내는 다른 지표들에 부정적인 영향을 미치지 않는 한 말이다. 언제든지 〈주디 저스티스Judy Justice(1996~2021년에 미국에서 방송된 리얼리티 법정 쇼. 방송에서는 전 맨해튼 가정법원 판사 주디 신들린Judy Shindlin이 실제 소액 소송을 주관하고 판결한다.—편집자 주)〉에 나갈 수 있겠지만, 여기에 지원서를 보내기 전에 우선 이번 장을 끝까지 읽어보는 건 어떨까?

나는 베이비시터에게 아이를 맡길 수 있는 횟수나 부모가 아이들의 사진을 소셜미디어에 공유할 수 있는지 여부와 같은 특이한 조항이 육아 계획서(법적 구속력이 있는 서류)에 포함된 것을 본 적 있다. 만약 그런 상황을 미리 생각하고 변호사와 상의할 수 있다면 이미 한발 앞서 있는 것이다. 그러나 나에게 편지를 썼을 때의 에밀리처럼 그 시점을 넘어섰다면, 효과적으로 공동 양육을 할 수 있도록 도와줄 다른 전략들이 필요하다.

## 초점 전환하기

여기서 당신이 바운더리를 설정할 수 있는 한 가지 영역은 당신과 공동 양육자 사이의 의사소통 방법이다. 전 배우자와의 소통이 건강하고 친절하고 효과적이려면 어떤 바운더리를 설정할 수 있을까? 나는 에밀리에게 섀넌과 소통하는 방식에 초점을 전환하는 것이(그리고 섀넌이 그녀와 소통할 수 있게 허용하는 것이) 두 사람의 관계를 원활하게 만드는 데 큰 도움이 될 거라고 설명했다. 내 개인적인 경험을 바탕으로 그녀가 시도할 수 있는 몇 가지 방법을 제안했다.

### 소통 방식을 제한한다

나는 전화 통화나 직접 만나서 얘기할 때 싸움으로 이어질 확률이 훨씬 높다는 사실을 발견했다. 전남편과 나는 어떻게 하면 서로를 화나게 하는지 알고 있었고, "그렇게 말한 적 없어!"라는 말을 너무 쉽게 내뱉었다. 그래서 나는 서로 무엇에 동의했는지 기록으로 남길 수 있게 모든 의사소통은 서면으로 이뤄져야 한다는 바운더리를 정했다. 주제에 따라 직접 만나서 대화해야 한다면, 침착함을 유지하기 쉬운 공공장소에서 만나고, 대화 내용을 간략히 문자로 보내 기록을 남겼다.

### 의사소통할 주제를 제한한다

처음에 내린 가장 현명한 결정 중 하나는, 전남편과 나눌 수 있는 대화 주제를 아들과 직접 관련된 주제로만 제한한 것이다. 나는 내 사생활—일이 어떻게 되어가는지, 데이트를 하고 있는지, 내 가족들이 어떻게 지내는지—을 공유하는 것에 대해 바운더리를 세웠고, 그의 사생활에 대해서도 묻지 않기로 했다. 전남편과 함께 알고 지내던 친구들이 그의 일이나 여행에 관한 소식을 전하려고 하면 나는 그들의 말을 멈추고 "지금 그의 삶에 대해 어떤 것도 알고 싶지 않아. 서로의 사생활을 존중하기로 했어."라고 말한다. 그와 내가 얘기하는 유일한 주제는 아이에 관한 것이었기 때문에 나는 더 쉽게 극복하고 앞으로 나아갈 수 있었다.

### 기대하는 걸 명확하게 얘기한다

그가 사귀는 사람을 아들에게 소개할 것인지에 관한 바운더리를 설정할 수는 없지만 나는 분명하게(그리고 서면으로) 만약 누군가 아들의 삶에 들어올 거라면 나도 그 사람을 만나보고 싶다고 얘기했다. 나는 아들의 삶에 한 부분이 될 사람의 의미를 정의했고(전남편이 진지하게 만나는 사람이자 아들과 지속적이고 의미 있는 만남을 이어갈 사람), 적절한 시기에 나에게 알려줄 거라 믿는다 말하며 나도 그렇게 하겠다고 약속했다. 그 요청이 지켜질 것인지는 내가 통제할 수 없지만, 선의를 갖고 협력하는 것이 어떤 모습인지를 보여주는 토대를 마련했고, 친절한 행동을 함으로써 좋은 본보기가 되었다.

### 교전 규칙을 재정립한다

나와 전남편은 결혼 생활이 끝나갈 때보다 이혼 뒤에 갈등을 더 잘 다루게 되었다. 이것은 각자의 변호사가 판사가 지지하지 않을 것 같은 어떤 행동이나 말도 하지 말라고 조언했기 때문이기도 하다. 소리치지 않기, 욕하지 않기, 협박하지 않기, 아이를 인질로 잡지 않기, 못되게 굴지 않기 등의 바운더리에 합의하고 나자 대화가 더 원만하게 진행되었고, 생산적이지 않은 대화를 피하고 위의 바운더리를 지키다 보니 우리 관계에 더 큰 도움이 되었다.

## 공동 양육을 위한 셀프 바운더리

에밀리와 이런 팁들을 공유하는 과정에서, 나는 공동 양육 관계를 건강하게 유지하기 위한 방법으로 몇 가지 셀프 바운더리를 세웠다는 사실을 깨달았다. 그것은 아들을 위해 내가 원하는 방식, 우리 관계, 의사소통 방식에 관해 나에게 가장 건강하다고 판단한 경계선이다. 나 자신과 이런 바운더리를 설정하는 것은 내가 전남편의 일에는 신경 쓰지 않고 내 일에만 집중하게 도와주었고, 스트레스가 심각한 상황에서도 최선을 다할 수 있게 해주었다. 공동 양육과 관련해 내가 정한 셀프 바운더리는 다음과 같다.

### 내 한계점을 넘지 않는다

한동안 전남편의 인스타그램 피드를 확인하고 싶은 마음이 굴뚝같았다. 아마 함께 알던 친구들을 만날 때 그에 대해 물어보았다면 분명히 대답을 들을 수 있었을 것이다. 그러나 우리 사이에 거리를 두고 그 경계선을 지키는 것은 내 정신 건강과 치유에 꼭 필요했기 때문에 스스로를 위해 바운더리를 유지했다(나는 전남편이 내 근황을 살펴보는지의 여부는 생각하지 않았다. 나는 내 행동만 통제할 수 있기 때문이다). 그리고 소셜미디어에서 그를 차단하지 않았다. 그의 공개 게시물을 보지 않겠다고 다짐한 나 자신을 믿었고, 내가 올리는 공개 게시물을 그에게 숨길 필요도 없었기 때문이다. 그러나 당신에게는 상대방의 소셜미디어 계정을 차단하는 게 합리적이고 도움이 되는 단계일 수도 있다. 만약 그렇다면 차단하는 것도 좋은 방법이다.

### 아이는 분리해서 생각한다

아들이 아빠와 보낸 주말에 대해 얘기하면서 아빠 집에 놀러온 친구나 그가 계획하고 있는 여행처럼 전남편의 삶에 대한 자세한 내용을 공유한 적이 있다. 나는 아들이 이야기를 하게 두었지만, 더 자세한 내용을 묻지는 않겠다는 바운더리를 설정했다. "집에 놀러왔다는 친구가 누구야? 얼마나 자주 놀러 와?"라든가 "아빠가 언제 여행 간다고?"와 같은 질문을 하는 건 전남편의 사생활을 침범하는 것이고, 내가 정한 건강한 바운더리를 교묘하게 넘기 쉬웠다. 나는 절대 아이를 전남편과의 소통 통로로 활용하지 않겠다고 다짐했다.

### 바운더리 내에서는 관대해진다

전남편과 아들에 관한 대화만 나눈다는 바운더리를 세웠지만, 그 바운더리 내에서는 의사소통에 관대해지기로 했다. 아들이 나와 보내는 몇 주 동안 찍은 사진들이나 아들이 한 웃긴 이야기들, 중요한 사건, 아들이 좋아하게 된 새로운 음식, 아들이 좋아하는 게임 등을 자주 문자로 알려주었다. 아이의 아빠는 이 내용을 참고해 같은 방식으로 대응할 수 있기 때문에 아들과 함께 있지 않을 때도 아들과 강한 유대감을 유지할 수 있었다.

### 다정하게 대한다

나는 소셜미디어 팔로워들이 많고, 전남편과의 관계가 꽤 눈에 띄었기 때문에 가족과 친구, 대중에게도 전남편을 비난하기가 쉬웠다. 그러나 나는 처음부터 그러지 않겠다고 다짐했다. 다행스럽게도 내 곁에는 신뢰하는 여동생, 상담사, 좋은 친구가 있었고, 그들에게는 자유롭게 속마음을 털어놓을 수 있었다. 감정을 분출할 때도 있었지만, 그 사람들을 제외하면(어차피 전남편과 관계가 없는 사람들이다) 어느 누구에게도 그에 대해 안 좋은 얘기는 하지 않았다. 특히 우리가 이혼한 이유에 대해서는 절대 언급하지 않았다. 또한 전남편에 대해 부정적으로 얘기하는 습관은 아이에게 상처를 줄 수 있다. 그 이유만으로 나는 절대 전남편에 대해 좋지 않은 이야기를 하지 않겠다고 다짐했다.

### 내 반응을 제한한다

내가 친절하고 다정하게 소통하기 힘들었던 이유 중 하나는 모든 문제나 이메일에 번개처럼 빠르게 반응했기 때문이다. 전남편이 집이나 양육권, 소송 절차의 다른 측면들에 관한 문자를 보내 나를 화나게 하면 나는 즉시 반응했다. 흥분한 상태로 수많은 메시지를 주고받다가 점점 더 무례하고 위협적이며 비열해지고 결국 폭발해서 휴대폰을 던져버리곤 했다. 그러던 어느 날 나는 즉시 응답하지 않아도 된다는 걸 깨달았다. 답장하기 전에 침착함을 되찾고 상황을 더 명확하게 볼 수 있을 때까지 기다렸다. 이렇게 더 다정하게 답하게 되면서 우리의 대화는 더 생산적으로 바뀌었다.

## 모든 것에 응답할 필요는 없다

이혼 초기에 전남편과 나는 서로 친절하지 않은 문자들을 보냈다. 어쩔 땐 그가 일부러 나를 화나게 하려고 저런 얘기를 하는 게 아닌지 의심하기도 했다. 그가 가장 도발적인 문자를 보냈을 때 나는 그저 답을 하지 않는 것으로 대응했다. 나는 억지로 휴대폰을 내려놓고 문자 때문에 내 기분이 어떤지 생각할 시간을 갖고, 어떤 일이 일어날지 알아차리며, 내가(그리고 내 변호사가) 자랑스러워할 만한 방식으로 답장할 수 있을 때까지 문자를 보내지 않겠다고 다짐했다. 그러자 어떤 일이 일어났을까? 전남편은 내가 말 한마디도 하기 전에 사과의 문자를 보냈다. "내가 너무 형편없는 말을 했어. 미안해. 그 문제에 대해 다시 논의할 수 있을까?" 얼마 지나지 않아 서로에게 보내는 불친절한 문자가 서서히 줄었는데, 아마도 우리가 전송 버튼을 누르기 전에 스스로 "이게 내가 원하는 방식인가?"라고 물었기 때문일 것이다. 때때로 가장 좋은 응답은 어떤 응답도 하지 않는 것이다. 그러므로 자신의 일에 집중하고 부정적인 에너지에 먹이를 주지 않는 게 가장 효과적인 행동일 수 있다.

## 품위를 지킨다

이것은 나 자신과 세운 가장 중요한 바운더리였다. 이혼이 진행되는 동안(무려 1년이 넘게 걸렸다) 전남편과 나는 꽤 적대적인 대화를 나눴다. 나는 이 시기에 〈슈츠Suits〉라는 드라마를 몰아 봤는데, 그 드라마의 에너지와 내 에너지가 일치하는 것 같다고 느꼈다. 많은 배신과 조작, 다른 누군가를 희생시키며 이기려는 상황의 연속이었다. 나는 불에는 불로 맞서고, 협박은 협박으로 맞서며, 모든 전투에서 이기고 싶었다. 그러다가 문득 그에게 복수하고 이기려고 하는 마음이 내 기분을 망치고 있다는 걸 깨달았다. 나는 스트레스를 받아 불안했고 내가 가는 곳마다 그가 따라다니는 것 같았다. 새로운 삶을 시작할 때 끌어들이고 싶은 에너지가 아니었다. 그래서 전문 상담사와 상담을 시작했고, 전남편이 어떻게 행동하든 내 정신 건강을 위해 온전한 상태를 유지하고 친절하기로 결심했다(만약 내가 그렇게 할 수 없었다면 변호사들을 통해 연락했을 것이다). 미셸 오바마Michelle Obama가 남긴 유명한 말로 이를 아름답게 요약할 수 있다. "그들은 저급하게 가도 우리는 품위 있게 갑시다."

나 자신과 세운 이 바운더리들은 극심한 스트레스를 받는 기간 동안 정신 건강을 지키기 위해 한 가장 중요한 일이었다. 그리고 행동을 바꾸자 우리의 관계 자체가 개선됨을 깨달았다. 내 바뀐 행동이 전남편의 행동을 바꾸었는지, 아니면 자기반성과 진실성을 향한 다짐이 그의 행동과 의사소통을 보는 방식을 바꾸었는지는 모르겠다. 중요한 사실은 어느 쪽이든 한 사람이 변하는 것만으로도 정말 관계를 개선할 수 있다는 점이다.

## 도움을 청하는 용기

에밀리는 그녀의 공동 양육자가 협조적이고 아이들에게 최선을 다한다는 사실이 행운이라고 인정했다. 그리고 함께 얘기한 많은 바운더리를 실행하기로 했다. 몇 달 뒤 에밀리는 섀넌과 자신이 정한 바운더리 덕분에 그들의 대화가 놀라울 정도로 원활해졌다는 소식을 전해주었다.

만약 에밀리만큼 운이 좋지 않거나 공동 양육 상황(두 사람 모두 아이를 위해 함께 노력하기로 약속한 상황)이 어렵게 느껴진다면, 병행 양육parallel parenting을 검토해보자. 병행 양육은 이혼한 부부가 소통은 엄격히 제한한 채 일정이나 요청, 합의에 대해 사무적으로 문서화하는 것이다. 병행 양육은 갈등이 심한 이혼 중에 효과적으로 협력할 수 있는 도구를 제공하고, 당신과 전 배우자가 아직 겪고 있을 갈등으로부터 아이들을 보호한다. 무엇보다 오늘의 당신과 미래에 더 협력적인 양육 방식 사이를 잇는 가교 역할을 한다.

또한 각 부모가 소통하고, 일정을 공유하며, 비용을 기록하도록 도와주는 아워 패밀리 위저드Our Family Wizard, 코페어런틀리Coparently, 투하우스2Houses 등과 같은 공동 양육 앱들도 다양하다. 이런 앱들은 직접적인 연락이나 대면해야 할 필요성을 최소화하고, 전 배우자와의 관계를 완화해준다. 어려운 대화를 나눠야 할 때는 전문 상담사나 가족 중재인이 개입하는 것도 도움이 될 수 있다.

마지막으로, 새로운 공동 양육이나 병행 양육 조건을 설정하거나 일반적인 교전 규칙에 합의하는 데 중재나 양육 조정이 도움이 될지 변호사와 상의해보자.

## 공동 양육 역시 당신이 원하는 대로

앞서 언급한 '당신은 원하는 방식대로 할 수 있다'는 원칙이 여기서도 적용된다. 공동 양육에 정답은 없다. 어떤 모습이어야 한다는 기대치를 낮추고 다른 사람들과 자신의 상황을 비교하지 않는 것이 당신의 가족에게 가장 잘 맞는 공동 양육 체계를 확립하는 데 도움이 된다. 게다가 두 사람이 발전함에 따라 공동 양육 관계도 변화할 가능성이 크다. 예전에는 생일 파티를 따로 열었지만(그래서 우리 아들은 두 번의 생일 파티를 했다), 몇 년 전부터 우리는 서로를(그리고 각자의 파트너들도) 파티에 초대하기 시작했는데, 우리가 모두 한자리에 모인 것을 아들이 얼마나 좋아하는지 보고 난 뒤 매년 다 함께 모이게 되었다. 품위와 융통성, 성장을 염두에 두고 두 사람이 동의하는 한, 당신만의 길을 계획할 수 있음을 기억하자. 그리고 아이에게 무엇이 가장 좋은지를 당신의 북극성으로 삼는다.

# 공동 양육자와 바운더리를 세우기 위한 말들

당신이 원하는 모든 바운더리를 설정할 수는 없을지도 모른다. 하지만 의사소통, 프라이버시, 정신 건강에 대한 건강한 경계선을 유지하기 위해 당신의 공동 양육자에게 사용할 수 있는 스크립트와 그 바운더리를 지키지 않았을 때 시행할 수 있는 몇 가지 조치가 분명히 존재한다.

Q. 전 배우자는 우리가 아이들에 대한 대화를 나눌 때, 제 일이나 주말 계획에 대한 사적인 내용을 캐묻곤 합니다. 저는 그런 세부 정보를 공유하고 싶지

않고, 상대방이 물어보는 것도 사생활 침해처럼 느껴져요. 어떻게 정중하게 묻지 말라고 얘기할 수 있을까요?

**초록색** "그 질문에 대해선 대답하고 싶지 않아. 아이들이 영화관에서 즐거운 시간을 보냈다니 너무 다행이다. 아이들 사진 보내줘서 고마워."

**노란색** "나는 사적인 계획을 공유하는 게 불편해. 묻지 않으면 좋겠어."

**빨간색** "나는 지금 아이들에 관한 이야기만 하고 싶어."

── 만약 문자나 이메일을 통해 질문을 받았거나 이미 초록색 단계의 바운더리를 표현했다면, 사적인 질문에는 대답하지 말고 아이들과 연관된 질문에만 대답해도 좋다. 그러나 아무런 설명 없이 그저 질문을 회피하는 건 명확하지도, 친절하지도 않으므로 먼저 바운더리를 설정하는 게 좋다.

Q. 공동 양육자가 커피 한잔하며 '아이들에 대한 이야기'를 나누자고 초대했는데, 제가 그곳에 도착하자 그는 제가 그에게 돈을 빚진 것 같다는 이야기를 꺼냈어요. 이런 문제에 대해 바운더리를 설정하고 싶은데 어디서부터 시작해야 할지 모르겠어요.

두 가지 바운더리 스크립트를 소개하겠다. 하나는 대화가 당신이 불편하게 생각하는 주제로 흘러가는 순간에 쓸 수 있는 스크립트다.

**초록색** (그 순간에) "그만해. 우리는 그 이야기를 하러 만난 게 아니 잖아. 아들에 대해 하고 싶은 얘기는 다 했어? 그러면 나는 이제 그만 가볼게."

**노란색** "나는 여기서 당신과 그 문제에 대한 얘기는 하지 않을 거야. 할 말이 있으면 변호사를 통해서 전달해줘."

**빨간색** 커피숍을 떠난다.

다른 하나는 그런 일이 일어나고 난 뒤 다시 반복되지 않도록 소통하는 방법에 대한 바운더리 스크립트다.

**초록색** (그 대화가 일어난 뒤 서면으로) "지금부터는 아들과 연관된 연락은 이메일이나 문자로만 해줘. 우리가 어떤 이야기를 나눴는지, 무엇에 동의했는지 기록으로 남기고 싶어."

**노란색** "나는 당신과 직접 만나서 대화하지 않을 거야. 이메일이나 문자메시지, 음성메시지로 보내줘."

**빨간색** "당신 생각을 적어서 보내주면 응답할게."

—— 이 경우, 협조적인 태도를 유지하라. 단지 이것은 당신이 불쾌한 방식으로 놀라지 않도록, 그리고 필요할 때 대화를 다시 찾아보기 쉽게 하기 위한 방법이다. 또한 이 방법은 당신의 공동 양육 관계에 문제가 없는 경우에도 매우 유용하다.

Q. 전 배우자는 급하지도 않은 문제를 논의하려고 늦은 밤에 전화를 합니다. 제가 무엇을 하고 있는지 확인하기 위한 그녀의 방법인 것 같아요. 전화를 받지 않았더니 여러 차례 계속 전화를 하거나 화가 난 채로 음성메시지를 남깁

니다. 도움이 필요해요.

**초록색** "급한 문제가 아니면 밤 8시 이후에는 전화하지 말아줘. 할 말이 생각났는데 잊어버리고 싶지 않다면, 문자나 이메일로 보내 줘. 그럼 내가 아침에 답장할게."

**노란색** (전화를 받으며) "이건 급한 문제 같지 않은데. 내가 내일 다시 연락할게."

**빨간색** (서면으로) "저녁 7시 이후에는 전화를 받지도, 음성메시지를 확인하지도 않을 거야. 급한 문제가 생기면 문자로 보내. 내가 응답하지 않으면 내 동생이나 어머니에게 전화해."

—— 이런 경우에 커뮤니케이션 앱이 유용하다. 진짜 응급 상황이 일어났을 때 통화하는 것을 제외하면 밤낮 상관없이 앱을 통해 정보나 일정, 요청 사항 등을 공유할 수 있다. 모든 연락은 앱을 통해서 한다는 바운더리를 설정하면, 연락한 기록을 남기고 체계적으로 관리할 수 있으며, 프라이버시를 보호받을 수 있다.

Q. 제가 새로운 연애를 시작하면서 전 배우자가 제 사생활에 대해 자세히 알고 싶어 해요. 아이들이 제 새로운 파트너를 만난 적 있는지, 관계를 더 진지하게 발전시킬 계획이 있는지 등이요. 아이들을 위해 협조하고 싶지만 지나치게 공유하고 싶지는 않다면 어떻게 해야 할까요?

**초록색** "아이들을 소개할 만큼 새로 만나는 사람과 중요한 관계로 발전하면 당신에게 알려줄게. 원한다면 당신도 만나봐도 좋아.

그때까지는 사생활에 대해 자세히 얘기하지 않을 거야."

**노란색** "아이들 때문에 당신에게 알려줘야 할 일이 생기면 그때 알려준다고 했잖아. 우리는 아직 그런 단계가 아니야."

**빨간색** "내 연애에 대해 그만 물어봐. 당신에게 알려줄 일이 생기면 그때 알려줄게."

── 당신이 대우받고 싶은 대로 이 상황을 해결해나간다. 만약 당신의 파트너에게 새로운 연애 상대가 생겼다면 당신은 언제쯤 그 사실을 알고 싶은가? 내 원칙은 '내 아들의 삶에 지속적으로 개입할 사람이라면 나도 소개받아야 한다'는 것이었다. 그 변환점을 결정하는 것은 전남편에게 맡겼다.

Q. 전 배우자는 아이를 데려다줄 때 일정이나 휴일 시간 등 양육 계획에서 변경하고 싶은 사항을 얘기합니다. 아직 딸이 어리긴 하지만, 우리 말투에서 감정은 읽을 수 있기 때문에 딸을 옆에 두고 이런 얘기를 나누고 싶지 않아요. "지금은 이런 얘기를 할 때가 아니야."라는 말을 어떻게 해야 할까요?

**초록색** (만나기 전 서면으로) "아이를 데려다주거나 데리고 갈 때 양육권이나 공동 양육 문제에 대해 이야기하지 않겠다는 규칙을 정하자. 케이티가 우리의 대화를 다 알아듣기 때문에 이런 대화로 아이에게 스트레스를 주고 싶지 않아. 의논하고 싶은 문제가 있다면 아이가 잠들고 난 뒤에 전화로 해."

**노란색** (그 순간에) "알겠어. 그 얘기는 나중에 하자. 오늘 밤이나 이번 주말에 문자로 해줘. 케이티, 아빠에게 잘 가라고 인사하자!"

**빨간색** "지금은 때가 아니야. 케이티에게 인사하고, 우리는 나중에 얘기하자."

── 필요에 따라, 중립적인 장소에서 만나는 것도 좋은 방법이다. 아이를 데려다주거나 데리고 가는 상황에서 전 배우자가 부적절한 대화를 시작하려 한다면, 당신이 이 바운더리를 설정하기 쉽도록 현관문 앞에서 만난다. 그리고 적절한 때에 그가 얘기하고 싶어 하던 문제를 논의한다.

Q. 전남편은 여전히 노크도 없이 제 집에 들어오거나 허락 없이 아이들 방이 있는 2층으로 올라갑니다. 이제 이곳은 더 이상 그의 집이 아니라고 경고했지만, 행동은 바뀌지 않아요. 싸우지 않고 그에게 얘기할 수 있는 방법이 있을까요?

**초록색** (방문하기 전 서면으로) "집 앞에 도착하면 내가 문을 열어줄 때까지 기다리고, 아이들이 들어오라고 해도 나에게 먼저 물어보기 전에는 집 안을 돌아다니지 말아줘. 내 공간에 대한 바운더리를 유지하는 게 중요해."

**노란색** 문을 잠가놓고 전남편이 노크를 할 수밖에 없게 만든다. 만약 아이들 방에 들어가게 해줄 거라면 당신도 그와 함께 머문다.

**빨간색** 나갈 준비를 끝낸 아이들과 집 앞에서 그를 만난다.

── 만약 전남편이 집 안(현관을 제외하고)으로 들어오는 게 싫다면 이를 서면으로 알리고, 아이들에게도 "얘들아, 이곳은 이제 엄마

의 집이니까 나는 여기서 기다릴게"라고 말해달라고 부탁한다. 만약 전남편이 아이들의 장난감이나 그림 등을 보는 건 괜찮다면, 당신의 프라이버시를 위해 다른 방문들을 닫고 "애들아, 딱 1분 만이야. 그 후엔 아빠도 가야 할 시간이야."라고 말하며 전남편이 머물 수 있는 시간을 정해둔다.

## 나를 자유롭게 해줄 바운더리 사랑하기

나는 별거를 시작하고 얼마 되지 않았을 때 슬픔과 스트레스를 겪으며 진정한 깨달음을 얻었던 순간을 기억한다. 아들을 위층에서 재우고 홀로 거실에 앉아 있던 어느 날 밤, 나는 법정에서 재산과 양육권 문제를 해결하고 나면 삶이 어떤 모습일지 생각했다. 그러다가 문득 한 가지 생각이 떠올랐다. "이 일만 끝나면 내가 원하는 건 무엇이든 가질 수 있어."

쉽지 않은 한 해가 기다리고 있겠지만, 내 삶이 새로운 단계로 나아가고 있다는 걸 깨달았다. 다시는 건강하지 않고, 만족스럽지 않은 관계를 받아들일 필요가 없었다. 나는 내 시간으로 하고 싶은 어떤 일이든 할 수 있었다. 친구들과 자주 만날 수도, 덜 만날 수도 있었고, 과거의 취미를 다시 시작할 수 있었으며, 내가 원한다면 매일 밤마다 대자로 뻗어 잘 수도 있었다. 더 희망적인 사실은 앞으로 관계를 맺을 때마다 건강한 바운더리를 실천할 수 있다는 점이었다. 내 욕구를 분명하고 친절하게 전달하고, 허용할 수 없는 행동이나 관계에 한계점을 설정할 수 있으며, 내 바운더리가 존중받지 못하면 그 관계보다 나 자신을 선택하고 앞으로 나아갈 수 있었다.

"시간이 모든 상처를 치유한다."라고들 하는데, 내가 이혼했을 때보다 이를 더 절실하게 깨달았던 적은 없다. 시간이 흐르고 수많은 상담 치료를 받고 새로운 삶에 집중하다 보니, 공동 양육을 하며 나와 전남편이 겪게 될 거라고 생각했던 많은 문제는 일어나지 않았거나 금방 해결되었다. 그 시기는 내 인생에서 가장 스트레스가 심했던 시기이자 가장 희망적인 시기이기도 했다. 기존의 상처를 치유하고 새로운 상처가 생기지 않게 해주는 것이 무엇이라고 생각하는가? 그건 바로 튼튼하고 건강한 바운더리다(이 시점에는 모든 독자가 정답을 외쳤을 거라고 믿는다).

8장

# 식탁에서의 전쟁

## 음식과 바운더리 설정하기

브레나는 친구들과 정기적으로 만나는 브런치 모임에 대한 바운더리를 설정하고 싶어 했다. 그들이 가장 좋아하는 브런치 카페는 한 장의 커다란 접시만큼 큰 다양한 팬케이크로 유명했다. 브레나는 보통 친구들과 식사 후에 디저트로 이 팬케이크를 한두 장 주문해서 나눠 먹곤 했다. 그러다 홀 30 프로그램을 시작한 뒤로 지나친 설탕이나 글루텐, 탄수화물 섭취가 오후 내내 두통과 피로, 짜증을 유발한다는 사실을 알게 되었다. 다음번 브런치를 먹으러 갈 때 그녀는 평소와 다르게 팬케이크를 먹지 않으려 했다. 하지만 눈치를 주는 친구들 때문에 결국 자신의 몫을 먹고 말았다.

"도와주세요." 그녀는 나에게 도움을 요청했다. "제가 팬케이크를 거절하자 친구들이 얼마나 비난하고 눈치를 주던지 믿을 수 없어요. 브런치 모임에 계속 참석하고 싶지만, 팬케이크를 먹고 싶지 않다고 하면 그냥 좀 내버려두면 좋겠어요."

앞서 언급한 것처럼, 나는 홀 30 프로그램을 통해 사람들이 술, 설탕, 가끔 먹는 맛있는 브런치에 대한 바운더리를 설정할 수 있게 돕는 일을 하고 있다. 내가 브레나에게 팬케이크 문제에 대해 더 자세히 알려달라고 하자, 그녀는 홀 30 프로그램을 하고 있을 때는 친구들이 그녀가 거절해도 별다른 반응을 보이지 않았다고 말했다. 외부에서 정한 규칙이 있었고, 프로그램이 끝나는 기한이 정해져 있다는 사실이 바운더리의 안전망 역할을 했다. 친구들이 어느 정도 반발하더라도 그녀는 언제나 "규칙은 규칙이야. 그리고 30일 동안은 무조건 지켜야 해."라고 얘기할 수 있었다.

지난 몇 년 동안 이 일을 하면서, 나는 진짜 어려움은 30일간의 프로그램이 끝난 335일 중에 일어난다는 걸 알게 되었다. 친구들은 와인을 마시고, 피자를 먹고, 팬케이크를 사랑하는 친구를 되찾을 생각에 들떠 있지만, 만약 더 이상 와인이나 피자, 팬케이크가 당신에게 도움이 되지 않는다는 걸 깨달았다면 어떡해야 할까? 친구들로부터의 압력, 비난, 적개심, 방해 시도 등이 '푸드 파이트food fight'란 용어에 새로운 의미를 부여할지도 모른다. 10여 년 넘게 사람들이 각자에게 맞춘 지속 가능한 식단을 만들도록 도우면서 나는 다음과 같은 냉혹한 현실을 깨닫게 되었다. 즉, 당신과 가장 가까운 사람들이 음식과 술에 관한 당신의 바운더리를 존중하지 않을 가능성이 가장 크다는 사실이다. 브레나의 친구들을 살펴보자. "제 친구들은 제가 그 프로그램을 완수할 수 있게 용기를 북돋아줬어요." 그녀가 말했다. "제가 기운이 없고 잠을 잘 못자서 얼마나 힘들어했는지 알고 있었고, 더부룩한 느낌을 얼마나 싫어했는지도 알고 있었어요. 하지만 홀 30 프로그램이 끝나자마자 '팬케이크 하나 먹는다고 안 죽어.' '우린 예전의 브레나를 원해.'라고 얘기하더라고요. 이해가 안 돼요."

나는 친구들이 왜 그랬는지 정확히 안다. 당신도 그 이유를 알게 되길 바란다. 왜냐하면 이번 장에 나오는 바운더리 지침은 홀 30 프로그램을 하거나 글루텐프리 식단을 하는 사람에게만 해당하는 문제가 아니기 때문이다. 이것은 식품 기호나 건강에 대한 목표, 의학적인 필요성, 식품 민감성, 음식이나 술에 대한 개인 가치관 등을 가진 모든 사람을 위한 문제다. 음식과 술, 내 몸과의 평화로운 관계를 위해 노력하고 바운더리로 모든 관계를 개선할 수 있음을 아는 사람을 위한 것이다. 한마디로 우리 모두에게 해당하는 문제다.

이런 분야의 바운더리들은 주로 음식, 술, 식탁에서의 대화라는 세 가지 범주로 나뉜다. 세 가지 범주 모두 공통된 특징을 지니고 있지만—같은 종류의 정서적 애착, 식문화와 미디어 그리고 가족들로부터의 영향, 이런 주제들과 관련해 발생하는 방어적인 태도—그것들은 각기 다른 유발 요인과 문제들을 갖고 있다.

### 음식

브레나처럼 우리는 종종 음식에 대한 선택이나 선호도를 알려야 하는 상황에 놓인다. 과도한 식욕을 자극하거나 에너지를 떨어뜨리고, 피부를 망가뜨리거나 소화를 방해하고, 다른 원치 않는 증상을 유발하는 음식을 먹는 것에 대해 바운더리를 설정하고 싶을 수 있다. 다른 사람들이 우리가 먹는 음식을 "건강하지 않다." "역겹다." "이상하다."라고 부르는 것에 대해 바운더리를 설정해야 할 때도 있다. 또는 특별한 이유가 없어도 거절하고 싶을 때도 있다. 비록 그 음식이 피자나 아이스크림처럼 미국인들이 보물처럼 여기는 음식이라도(나는 이 두 가지 음식 모두 크게 좋아하지 않는다. 그렇다고 나에게 따로 메시지는 보내지 말길). 당신이 특정한 음식을 좋아하지 않는다면 그냥 거절하는 것도 괜찮다. 음식에 대해 건강한 바운더리를 설정하는 모든 방법을 알고 나면, 이렇게 간단한 실천만으로 당신의 건강과 자신감이 얼마나 향상될 수 있는지 깨닫게 될 것이다.

### 술

음식과 마찬가지로 술도 우리가 먹고 마시는 것이지만, 술은 마시는 사람들에게 미치는 중독성과 술을 강요하는 사회적 문화 때문에 음식과 분리해서 살펴봐야 한다. 술은 우리 문화에서 마시지 않는 이유를 해명해야 한다고 느끼는 유일한 약물이다. 또한 우리가 대학생이 되었든, 초보 엄마가 되었든, 신입사원이 되었든, 인생의 어느 단계에서나 음주에 대한 사회적 압력이 극심하다. 당신이 술을 마시지 않는 게 술을 마시고 싶지 않기 때문이든, 당신이 건강하다고 생각하는 정도로 섭취량을 제한하기 위해서든, 이번 장의 스크립트들에 나오는 문장들은 모든 사회적 상황에서 '아니오'를 외칠 수 있게 도와줄 것이다.

### 식탁에서의 대화

이 상황은 음식의 선택과는 별로 관계가 없다. 예를 들면, 이것은 우리가 어떤 종류의 음식을, 얼마나 먹기로 선택하는지, 체중 감량이 얼마나 간절한지, 우리 몸이나 다른 사람들의 몸에 대해 어떻게 얘기하는지 등에 관한 것이다. 식탁에서의 대화는 신체와 체중에 대해 우리가 갖고 있는 판단, 강한 정서적 애착, 불안감, 두려움이라는 특징 때문에 독특한 범주라고 볼 수 있다. 이런 대화는 식탁에 둘러앉아서, 휴게실에서 점심을 준비하며, 파티에서 접시를 들고 서 있는 동안 일어난다. 다른 사람들이 우리가 무엇을 얼마나 먹는지, 우리와 음식과의 관계가 어떤지 등을 관찰할 수 있는 공간이자 사람들이 자신의 선택과 신체에 대해 매우 취약하고 불안하고 방어적으로 느끼는 공간이다.

이런 상황이 어느 한 음식이나 음료에 국한된 것은 아니지만, 이런 대화는 당신의 정신 건강에 해를 끼치거나 악영향을 주고 문제를 일으킬 수 있다. 당신의 접시나 잔에 든 내용물뿐만 아니라 식사를 하는 중에 나누는 대화에 대해서 바운더리를 설정하는 법을 배운다면, 훨씬 평화롭고 풍요롭고 안전하며 건강한 식사 시간이 될 것이다.

### 친구들과 음식

어쩌면 브레나의 팬케이크 이야기가 왜 친구들이나 이웃들과의 바운더리를 설정하는 파트에서 소개되지 않았는지 궁금한 사람도 있을 것이다. 물론 중복되는 부분도 있지만, 내 경험상 바운더리에서 음식과 술은 고유한 범주로 분류해야 한다. 만약 새로운 친구들과 스키를 타러 가는데, 당신이 "난 스키를 안 타."라고 얘기한다면 당신의 거절에 눈치를 주고 놀리는 사람은 아무도 없을 것이다. 그러나 당신이 "난 술을 안 마셔."라든가 "난 글루텐을 먹지 않아."라고 말하면, 매우 다른 반응이 나올 것이다. 먹고 마시는 것은 다른 활동과는 다른 방식으로 사람들을 방어적으로 만들 가능성이 있기 때문에 음식과 술을 따로 다루려 한다.

# 음식의 언어

어떤 바운더리를 설정하는 것도 쉽지는 않지만, 신체에 대한 바운더리를 설정하는 것은 그것만의 고통과 어려움이 있다. 모든 사람이 음식을 먹는 건 맞지만, 어떤 음식이 건강하고 맛있으며 소비하기에 적절한지에 대해서는 다양한 의견이 있다. 따라서 우리는 먹고 마시는 것에 대한 공통된 언어를 갖기 힘들다. 식사, 음주, 몸과 우리의 관계는 가족들과 부모가 보여준 모습에서 발달한다. 과연 그 관계들이 항상 건강한 방식으로 형성되었을까? 만약 어머니가 항상 다이어트 중이었거나 접시를 깨끗이 비울 때까지 디저트를 먹을 수 없다고 교육받았거나 설탕이나 붉은 고기 같은 특정 식품이 악마 취급을 받았다면, 이러한 경험은 오늘날 당신의 식습관과 음식을 바라보는 관점에 영향을 미칠 수밖에 없다.

또한 음식과의 관계는 특정한 음식은 좋고 특정한 음식은 나쁘다고 평가하며, 내 접시에 담긴 음식에 따라 내가 좋은 사람인지 나쁜 사람인지 판단하는(또는 노골적으로 얘기하는) 다이어트 문화에 크게 영향을 받는다. 이런 다이어트 문화를 통해 사람들은 자신의 가치가 체중계에 달려 있으며, 식단을 바꾸고 특정 식품군을 포기하고, 간식을 먹지 않는 유일한 이유는 체중을 감량하기 위해서라고 믿게 되었다. 충분한 음식을 먹는 걸 식탐이 많거나 상스러운 행동으로 여기고, 음식 섭취를 제한하는 것은 건강하고 감탄할 만한 일로 칭찬받는 걸 경험해봤을 것이다. 어렸을 때 나는 여자 친척들이 "너 너무 말라 보여."라는 말을 궁극적인 칭찬으로 받아들이는 것을 보았다. 이런 영향은 내면 깊이 자리 잡아 오늘날 우리가 먹는 음식뿐만 아니라 식사 자리에서 일어나는 다른 사람들과의 대화 방식과 행동 방식에도 영향을 미친다.

음식과 술은 사교 활동의 중심이기도 하다(한 달 동안 금주를 시도해보고, 음주를 중심으로 하는 모임이나 행사가 몇 군데나 되는지 손가락으로 세어보자. 양손으로 부족할 것이다). 음식과의 관계는 매우 개인적이고 우리의 가치와 결합되어 있는 경우가 많아서, 내 식단에 변화를 주는 것이 사회적 환경에서 다른 사람들에게는 엄청나게 위협적으로 느껴질 수 있다. 아무리 조용히 실행하더라도 말이다.

마지막으로 습관은 바꾸기 힘들다. 그리고 습관에 정서적으로 얽매여 있을수록 그 패턴을 깨는 데 더 오래 걸린다. 음식과의 관계는 오늘날 현대 음식에 사용되는 재료들의 과대 수익성, 그것들이 우리에게 홍보되는 방식, 우리가 얼마나 스트레스 해소와 위로, 자기 사랑을 위해 음식과 술에 의존하고 있는지와 깊이 연관되어 있다. 우리는 불안감이나 지루함을 완화하고, 주의를 딴 데로 돌리고 무감각하게 만들며, 스스로 진정시키기 위해 설탕이나 탄수화물, 술을 활용하게 되었다. 그래서 이런 요소를 제거하려는 행동을 할 경우에 제지당하거나 비난받는 것이다.

다행인 것은 당신의 식습관과 신체에 대해 건강한 바운더리를 설정함으로써 정신 건강과 마음가짐을 지키고 당신의 주변 문화를 바꿀 수 있는 사실이다. 아무도 다른 사람들의 몸에 대해 얘기하지 않고, 내가 먹는 음식으로 나를 평가하지 않으며, 우리가 원하는 대로 먹고 마실 수 있는 세상을 상상해보자. 그 세상과 지금 당신이 살고 있는 세상의 차이는 바운더리의 유무다.

## 현재 상황 분석하기

음식은 정치나 종교와 더불어 분열을 일으킬 수 있다는 점에서 매우 민감한 주제다. 내 선택만으로도 다른 사람의 기분이 나빠지게 만들 수 있다. 단순히 간식이나 술을 거절하거나 와인 대신 물을 요청하는 것만으로 상대방은 우리의 선택이 그들의 행동에 호의적이지 않다고 느낄 수 있다. 따라서 브레나의 "난 팬케이크 안 먹을래."는 그녀의 의도와 관계없이 팬케이크를 먹겠다는 친구들의 선택을 되돌아보게 하고, 죄책감과 수치심, 질투심, 방어심, 분노를 일으킬 수 있다.

게다가 당신의 친구들이나 가족, 동료들에게는 그런 불편함을 느끼며 그것이 무슨 의미일지 고민하는 것보다 당신에게 눈총을 보내거나 놀리고, 죄책감을 돌려주고, 노골적으로 심술궂은 말을 함으로써 그 불편함을 당신에게 떠넘기는 게 더 쉽다. 당신이 바운더리를 포기하게 만들면 그들의 기분이 나아질 거라고 생각하는데, 실제로 그렇게 되는 경우가 많다. 브레나가 팬케이크를 한입 먹고 나면, 브런치 모임은 다시 평소대로 행복한 분위기를 되찾고 누구도 비난받지 않고 함께 즐길 수 있다. 그러나 이런 행동은 브레나의 친구들이 계속 눈치 주고 꼬드기고 괴롭히는 행동을 이어가게 만들 뿐이다. 브레나는 불안정한 바운더리 때문에 원치도 않는 팬케이크를 계속 먹고 브런치 모임이 끝난 뒤에 불쾌한 기분을 느낀다.

당신이 무언가 먹는 것(또는 먹지 않는 것)을 어렵게 만든다고 해서 브레나의 친구들이나 당신의 친구들이 나쁜 사람들은 아니다. 사실 이런 반응의 중심에는 큰 두려움과 불안감이 자리 잡고 있다. 음식과 음료는 사회적 교류에서 빠질 수 없고, 동료들이나 친구들, 가족과의 관계에서 중요한 역할을 한다. 함께 음식과 음료를 즐기는 게 문화로 자리 잡은 경우, 누군가가 이를 바꾸려고 할 때 혼란스럽고 두렵다고 느낄 수 있다. 친구들은 당신이 그들에게 흥미를 잃거나 그들의 선택이 스스로에게 좋지 않은 영향을 끼칠지도 모른다는 생각에 걱정할 수 있다. "난 팬케이크 안 먹을래."라는 단순한 말이 한 시대의 종말—여자 친구들의 일요일 브런치—을 의미할 수도 있으며, 그것이 바뀌면 함께 시간을 보내는 방식과 우정에도 영향을 줄 수 있다. 만약 당신이 더 건강한 브런치 장소를 찾고 싶어 한다면 어떻게 될까? 당신이 브런치 모임에 운동복을 입은 채 빛나고 생기 있는 모습으로 나타난다면? 당신이 날씬하고 아름다운 새 친구들을 사귀어 일요일마다 그들과 요가를 하고 케일 스무디를 마시기로 한다면? 친구들은 당신이 더 이상 팬케이크를 나눠 먹지 않으면 서로를 연결해주던 유대감이 사라질까 봐 걱정하는 것이다.

## '팬케이크' 바운더리

건강을 위해 모든 음식이나 음료에 바운더리가 필요할 수 있지만, 바운더리를 설정하기 가장 힘든 몇 가지 종류가 있다.

- 사탕이나 탄산음료, 초콜릿처럼 설탕이 들어간 식품
- 빵, 팬케이크, 베이글, 머핀, 케이크, 도넛처럼 탄수화물이 많은 제빵과 제과류

- 나초, 프렌치프라이, 어니언링처럼 짭짤하고 기름기 많은 식품
- 파스타, 바브카<sup>babka</sup>(폴란드와 우크라이나의 유대인들이 즐겨 먹는 달콤한 빵—편집자 주), 엔칠라다<sup>enchilada</sup>(토르티야 사이에 고기, 해산물, 치즈 등을 넣어 구운 멕시코 요리—편집자 주)처럼 문화적으로 중요한 음식
- 술

사회에서 조장하는 '길티 플레저<sup>guilty pleasures</sup>'는 가장 큰 바운더리 딜레마를 야기하는데, 현대 사회가 이런 음식과 음료를 미화하는 방식 때문이다(당신이 콩이나 허브티를 마시지 않겠다고 할 때 격분하는 사람은 아무도 없을 것이다).

마케팅과 미디어의 영향 덕분에 아이스크림과 초콜릿, 케이크, 나초, 와인, 맥주는 이제 다른 사람들과 어울리고, 스트레스와 불안을 완화하는 데 없어서는 안 될 위치에 놓였다. 드라마 시리즈 〈팍스 앤 레크리에이션<sup>Parks and Recreation</sup>〉에서 도나와 톰이 말하는 '네가 좋은 걸 해(Treat yourself well)' 문화와 동의어가 된 것이다. 맥도날드 햄버거부터 고급 로제 와인까지 우리가 얼마나 이것을 누릴 자격이 있는지에 대해 그들이 들려주는 이야기를 듣고 나면, 이를 거절하는 건 스스로에게 벌을 주는 행위처럼 느껴진다. 2017년 음식, 음료, 레스토랑 기업들은 134억 달러를 미국 내 광고에 지출했으며,[01] 이 광고의 80퍼센트 이상은 패스트푸드, 설탕이 들어간 음료, 캔디, 건강하지 않은 간식을 홍보하는 광고였다. 술 광고에만 연간 10~20억 달러를 지출하며[02] 육아나 브런치, 축구 경기까지 술과 함께하면 더 즐거워진다고 우리를 설득한다. 아이스크림 없는 이별과 와인 없는 육아를 상상할 수 있을까?

이런 연관성은 우리 문화에 깊이 자리 잡고 있다. 이제 사람들은 이런 음식과 음료가 건강에 좋은 것만은 아니지만 이를 즐겨야 할 이유가 있고(생일이나 업무 미팅, 주말 등), 우리 모두가 먹고 마시므로 괜찮다고 생각한다. 진짜 그런 건 아니겠지만, 휴게실에 있는 모든 사람이 도넛을 먹고 있으면 나도 편한 마음으로 도넛을 하나 집어 먹을 수 있고, 식사 자리에 있는 모든 사람이 와인 한 병을 더 주문하기로 동의한다면 죄책감 없이 세 번째 잔을 마실 수 있다.

영양학 전문가들에 따르면, 식습관은 사회적으로 전염되며[03] 사람들이 음식을 선택하는 것은 그들의 정체성과 깊은 관련이 있다. 심지어 소셜미디어도 당신의 선택에 영향을 미친다.[04] 자신이 어울리는 사람들이 정크푸드를 먹는 것에 찬성한다면 정크푸드를 훨씬 자주 섭취한다. 마음속 깊은 곳에서 우리는 그저 어딘가에 소속되길 바라며, 모두가 펌킨 피칸 파이 팬케이크를 먹기로 동의하는 것은 친구들 사이의 소속감을 강화하는 하나의 방법이다.

그걸로는 초콜릿과 와인에 대한 바운더리를 설정하기 힘든 이유를 설명하기에 충분하지 않다는 듯, 우리는 이런 음식에 강한 정서적, 도덕적 애착을 갖고 있다. 그래서 특정한 음식을 거절하거나 소비할 때 우리는 좋은 사람이 되기도, 나쁜 사람이 되기도 한다(다이어트 문화 덕분이다). 우리가 도넛을 먹거나 와인을 한 잔 더 마시는 것은 '나쁘다'고 하거나 '범죄'라고 말하곤 한다. 이런 음식은 일반적으로 나쁘다는 인식을 갖고 있으며 이런 음식을 먹는 우리에게도 같은 도덕성을 적용해 판단한다.

우리가 술을 거절하는 이유도 한 가지로 정해져 있다. "괜찮아요.

전 오늘 밤 얌전히 있을 거거든요." 그리고 명시적으로 그렇게 얘기하지 않는다고 해도, 이런 연관성은 우리 사회정신에 여전히 깊이 새겨져 있다. 이런 연관성 때문에 우리가 음식을 거절할 때 그곳에 있는 다른 사람들을 방어적으로 만드는 것이다. 당신이 그 팬케이크를 거절함으로써 좋은 사람이 된다면, 손에 포크를 쥐고 팬케이크를 먹을 준비가 된 친구들은 어떤 사람이 되는 걸까?

## 정당화, 변명, 과도한 설명 하지 않기

브레나는 특정한 음식물에 대한 과민 반응이나 건강 문제 때문에 팬케이크를 먹지 않는 것은 아니지만, 친구들에게 바운더리에 관한 대화를 하면서 그것을 핑계로 대고 싶었다. "그냥 친구들에게 글루텐 과민증 같은 게 생겼다고 말해야 할까요?" 메시지를 주고받다가 그녀가 물었다. 그건 절대 안 된다. 이것은 명확하지도, 친절하지도 않은 기만적인 태도다. 또한 정직한 바운더리를 설정하지 않기 위해 이유를 지어내는 것은 바운더리 설정 근육을 강화해주지 않는다(진짜 알레르기나 과민 반응을 가진 사람들의 요구가 식당에서 심각하게 받아들여져야 하는데, 너무 많은 사람들이 심각한 반응을 갖고 있는 척한다면 그 경고의 심각성이 떨어질 것이다).

당신에게 음식물 과민 반응이나 건강상 문제가 있다면, 음식과 음료에 관한 바운더리를 설정할 때 분명히 알려줘야 한다. "나는 글루텐에 민감해."라든가 "유제품을 먹으면 피부가 뒤집어져."라고 얘기하면 사람들의 눈총을 받지 않고 당신이 설정하는 바운더리에 초점을 맞출 수 있다.

그러나 이 방법에 너무 의지하지 않도록 주의해야 한다. 왜냐하면, 당신의 바운더리를 존중하기 위해 개인적인 건강 정보를 마구 알려주어선 안 되기 때문이다. 만약 가까운 친구나 가족이라면, 그런 정보를 알려주는 게 타당하다. 그러나 업무를 위한 식사 자리나 자선 행사, 개인정보를 공개하고 싶지 않은 다른 장소라면 어떨까? 그러므로 어떤 변명이나 이유를 대지 않고 당신에게 도움 되지 않는 무언가를 자신감 있게 거절하는 방법을 배우는 게 좋다. 또한 당신이 사람들에게 요구하는 것만으로도 그들이 당신의 선택을 존중해줄 거라고 기대할 수 있어야 한다.

게다가 당신의 바운더리에 대한 이유나 변명을 제시하면, 상대방은 당신에게 도움 되는 조언을 하거나 당신의 의견에 반박하는 걸 정당하다고 느낄 수 있다. "글루텐을 먹으면 피부가 뒤집어져."라는 이유를 댈 때 상대방은 "메뉴에 글루텐프리 팬케이크도 있어.""글루텐 과민반응은 진짜 실재하는 게 아니라는 기사도 있잖아.""두 입 정도 먹는다고 피부가 뒤집어지지는 않을 거야."와 같은 발언을 할 수 있다. 당신은 그들이 설득력 없고 의심쩍으며 터무니없다고 생각할 만한 이야기를 했기 때문에 더 많은 논쟁과 마주하게 된다.

또한 만약 어떤 글루텐은 당신의 건강에 좋지만 단지 팬케이크가 좋지 않을 뿐이라면 어떨까? "나는 탈이 날까 봐 글루텐은 섭취하지 않아."라고 얘기하고 다닌다면 팬케이크는 거부하지만 엄마가 만든 초콜릿 칩 쿠키는 먹을 수 있는 이유를 설명하기 더 힘들어진다. 물론 당신은 당신이 원하는 게 무엇이든, 원하거나 원하지 않을 때 언제든지 '예'와 '아니오'를 말할 수 있다.

이러한 모든 이유로, 우리는 지금부터 개인정보나 변명에 의존하지 않는 바운더리 언어를 연습해볼 것이다.

## 음식에 관한 바운더리는 단지 음식에 관한 게 아니다

바운더리 스크립트에 대해 알아보기 전에 한 가지 더 말하고 싶은 게 있다. 브레나의 브런치 상황에서 팬케이크가 단지 팬케이크가 아닌 것처럼, 음식 관련 바운더리가 항상 음식이나 음료에 관한 것만은 아니다. 음식과 관련해 문제가 되는 대화나 행동도 많은데, 이때도 바운더리가 필요하다고 느낄 수 있다. 음식을 먹을 때 다이어트, 칼로리 계산, 체중이나 치수, 신체에 대한 이야기가 많이 등장하기 때문이다.

음식은 외모 문제에 대한 촉매제 역할을 하거나 장애 또는 중독 행동을 유발하고, 조종의 수단(특히 여성들을 대상으로)이 되기도 한다. 많은 홀 30 프로그램 참여자들이 경험한 것처럼, 케이크 한 조각이나 와인 한 잔에 대처함으로써 먼저 바운더리 근육을 풀고, 체중 감량 식단이나 몸에 대한 언급을 하지 못하도록 요청함으로써 바운더리 근육을 강화할 수 있다.

### 악순환의 고리를 깨는 것은 당신으로부터 시작된다

"이 파이를 먹으면 곧장 허벅지로 갈 거야." "지금 먹은 음식의 칼로리를 태우려면 엄청 오래 걸리겠지." "와인을 마시기 위해 먹을 수 있는 칼로리를 남겨놔야해." 명절에 이모들과 사촌들이 이런 얘기를 하는 걸 수백 번도 더 들었다. 그들의 부모로부터 내려온 이 이야기의 숨은 메시지는 어린 나에게도 깊이 새겨졌다. 칼로리는 나쁜 것이고, 날씬한 몸을 유지하는 것이 목표며, 음식은 적이고 출렁이는 모든 신체 부위는 용납할 수 없다는 거다. 이제 나는 나를 위해 그리고 어린 세대를 위해 이 독이 되는 악순환을 끊으려 한다.

---

다이어트 문화의 악순환을 끊기 위해 당신이 할 수 있는 것들은 다음과 같다.

**음식을 먹으며 음식에 대한 얘기를 하지 않는다**

이것은 당신의 정신 건강과 친구들의 건강을 위해 설정할 수 있는 가장 간단하고 영향력 있는 바운더리 중 하나다.

**다른 사람들이 어떤 음식을 선택하든 그것에 대해 언급하지 않는다**

또한 다른 사람의 접시에 담긴 음식의 양이나 식욕에 대한 당신의 생각도 언급하지 않는다.

**어떤 음식이나 음료에도 도덕성이나 판단을 덧붙이지 않는다**

본인이나 다른 사람의 접시에 있는 음식을 '좋다', '나쁘다', '건강하다', '정크푸드다'라고 언급하지 않는다.

**당신의 몸이나 다른 사람의 몸에 대해 얘기하지 않는다**

부정적이거나 비하하는 발언이라면 특히 그렇지만, 당신이 칭찬이라고 생각하는 발언도 하지 않는다("너 살 빠진 것 같아."). 칭찬할 다른 점을 찾아보자.

### 다이어트 문화를 강화하지 않는다

음식을 먹으면 "전부 허벅지로 간다."라는 말을 하거나 디저트를 건너뛰는 누군가에게 "잘했다."라고 말하거나 헬스장에서 "지금 먹은 아침 식사를 다 태울 거야."라고 말하지 않는다.

### 솔선수범한다

대화 주제가 자극적이거나 해로운 내용으로 바뀌면, 분명하고 친절한 바운더리를 적극적으로 설정한다.

### 아이들과 청소년 앞에서는 각별히 주의한다

그들은 가장 주변 영향을 받기 쉽고, 다이어트 문화로 피해받기 쉬운 존재들이다.

건강한 바운더리는 다른 사람들에게 할 수 있는 일과 할 수 없는 일을 정해주는 게 아니다. 바운더리는 항상 당신의 한계선, 그리고 궁극적으로 그 한계선을 지키기 위해 당신이 취해야 할 행동에 초점을 둔다. 브레나는 친구들에게 팬케이크를 시키지 말라고 말하지 않았다. 대신, 팬케이크를 먹지 않겠다는 자신의 결정을 존중해달라고 요청했다. 식탁에서 바운더리를 설정할 때도 마찬가지다. 그 자리에 있는 사람들에게 와인을 더 마시지 말라고 하거나 체중 감량에 대해 얘기하지 말라고 말하는 것이 아니라 와인을 마시지 않거나 그 대화에 참여하지 않겠다는 당신의 결정을 존중해달라고 요청하는 것이다.

브레나에게 이 내용을 상기시키고 새로운 바운더리 스크립트를 알려주자 그녀는 다음 브런치 모임에서 새로운 방법을 시도했다. 음식을 주문하기 전에 브레나는 이렇게 말했다. "나 할 말이 있어. 지난번에 만났을 때 내가 팬케이크를 먹고 싶지 않다고 말했다가 상황이 시끄러워졌잖아. 오늘은 그러지 말았으면 해. 팬케이크를 먹고 싶으면 주문해. 하지만 나는 그냥 패스할게. 알겠지? 심각한 일이 되지 않았으면 좋겠어. 왜냐하면 진짜 별일 아니니까."

처음에는 약간 어색했지만 금세 아무렇지 않아졌으며, 이번에는 팬케이크를 주문할 때 아무도 눈치를 주지 않았다. 그들은 그냥 팬케이크 한 장을 주문하고 먹고 싶은 사람들끼리 나눠 먹었다. 몇 달 뒤, 브레나에게 다시 연락을 취했을 때 그녀는 이 작은 변화로 친구들과의 모임이 훨씬 즐거워졌다고 말했다. 단지 친구들을 행복하게 만들기 위해 하고 싶지 않은 일을 하는 것에 더 이상 스트레스를 받지 않고, 친구들도 누가 어떤 음식을 먹는지 신경 쓰지 않는 것 같다고 말했다(신경을 쓰더라도 그것에 대해 언급하지 않을 만큼 예의 있게 행동했다).

## 음식에 관한 바운더리와 준비 팁

스크립트를 살펴보기 전에 음식과 음료, 신체와의 관계에 어려움을 겪는 사람들을 10년 넘게 도우면서 얻은 몇 가지 검증된 팁을 공유하려 한다.

### 최악의 상황을 머릿속으로 계속 그려보지 않는다

종종 우리는 일어나지도 않은 일로 사람들과 싸우기 직전까지 머릿속으로 계속 잠재적 갈등을 쌓아둔다. 그러기보다는 당신에게 가장 좋은 것이 뭔지 알고 있다는 자신감을 갖고, 사람들이 그 에너지를 감지하고 적절하게 수용할 거라고 믿으며 가볍고 쉽게 해결할 수 있다는 태도로 이 상황에 접근하자.

### 심각한 일로 여기지 않는다

당신이 바운더리에 대해 유난을 떨수록 모든 사람이 이를 더 심각한 일처럼 느낄 것이다. "항상 팬케이크를 먹었지만, 홀 30 프로그램을 한 뒤로는 팬케이크를 먹고 싶지 않아. 좀 이상한 건 아는데, 어쨌든 너는 팬케이크를 먹어도 돼. 이건 너에 관한 문제가 아니야. 나도 여전히 팬케이크를 좋아하긴 해…."라고 말하는 대신 "아니야. 오늘은 괜찮아. 고마워."라고 말하자. 구구절절한 설명 없이 담백한 거절이 쉽게 받아들여지는 경우는 생각보다 많다.

### 과학적 연구 결과를 인용하지 않는다

바운더리를 전달하는 순간에는 알코올 마케팅이 어떻게 여성의 삶을 망가뜨리는지에 관한 최근 기사를 인용하지 마라. 아무리 그 연구 결과가 당신의 선택에 중요한 역할을 했더라도 말이다. 당신의 바운더리를 명확하고 단순하게 유지하고, 상대방이 당신이 어떻게 그런 선택을 하게 되었는지 궁금해한다면, 이후에 더 가벼운 분위기에서 다시 얘기해도 늦지 않다.

### 비판적인 태도를 보이지 않는다

명확하고 친절한 바운더리에는 주관적인 판단이 들어가지 않지만, 바운더리를 전달하면서 우쭐해하는 표정을 지으면 그렇게 보일 수 있다. 당신이 마치 레몬을 입에 물고 있는 듯한 표정으로 친구들의 잔을 노려보며 "나는 절대 저것에 손대지 않을 거야."라고 말한다면 친구들이 반발할 가능성이 크다. 바운더리는 다른 사람들이 선택한 행동에 관한 것이 아니라 당신이 어떤 일을 할지 선택하는 것과 그 선택에 대해 당신이 설정한 한계선에 관한 것임을 기억하자. 각자의 일에만 신경 쓰는 게 좋다.

### 주제를 바꾼다

앞서 '주제 전환하기'를 전략으로 활용한 예를 여러 차례 봤겠지만, 이번 장에서는 특히 중요한 역할을 한다. 바운더리를 설정하고 난 뒤 주제 전환하기는 친구가 이어가려는 그 대화를 당신은 하지 않을 것임을 분명히 밝히는 데 효과적이다. 또한 자연스럽게 다른 주제로 전환하면 상대방의 방어적인 태도나 당신의 얘기에 이의를 제기하고 싶은 마음이 누그러질 수 있다. 스크립트에서 확인할 수 있듯이, 그들의 일이나 당신의 최근 휴가, 날씨, 아델의 새 앨범(대개 안전한 주제다)처럼 논쟁의 여지가 거의 없는 주제를 고른다.

음식과 술에 관한 바운더리를 설정하면 더 위협적인 상황에 대비해 당신의 바운더리 근육을 강화할 수 있다. 또 이를 계속 연습하면 궁극적으로는 자신감도 얻을 수 있다. 게다가 바운더리를 유지하는 것은 음식과 음료가 있는 상황에서 더 쉬울 수 있는데, 음식에 관한 선택은 언제나 당신에게 달려 있기 때문이다. 발을 헛디뎌 크리스피크림 상자에 얼굴을 파묻으며 넘어지지 않는 이상 말이다.

나는 실제로 책에 제시한 모든 변명을 다 들어보았다.

## 음식과 바운더리를 세우기 위한 말들

특정 식품이나 식품군에 대한 바운더리를 세우고 지키면, 육체적이나 정신적으로 자존감이 높아진다. 또 내가 가장 좋은 선택을 할 가치가 있는 사람임을 확인하며, 건강한 습관을 가진 건강한 사람이라는 마음가짐을 강화하고, 몸이 보내는 신호를 신뢰하는 법을 배우게 된다. 이 과정에서 마주할 수 있는 어려움은 친구들의 압력이나 사회적 압력에 맞서 싸우는 것, 사회규범에 맞서 싸우는 것, 영리하고 교활한 마케팅, 당신에게 위로를 주는 음식이나 음료에 대한 정서적 애착 등이 있다. 그저 "아니, 괜찮아."라고 거절하는 것도 도움이 되지만, 아무도 반박할 수 없게 만드는 여러 문장이 있다. 함께 살펴보자.

> Q. 저는 지금 설탕 섭취량을 제한하고 있는데, 그 덕분에 기분이 훨씬 좋아요. 하지만 이제 곧 엄마의 85번째 생신인데, 분명히 케이크를 먹으라고 하실 거예요(게다가 제가 좋아하는 케이크도 아니거든요). 어떻게 설명해야 할까요?

**초록색** "전 괜찮아요."

**노란색** "오늘 케이크를 먹고 싶지 않아요. 고마워요."

**빨간색** "이제 그만 물어보셔도 돼요. 전 케이크 안 먹어요." 대화 주제를 전환하거나 그곳을 떠난다.

── 케이크 대신에 휴게실의 도넛, 북 클럽에서 마시는 와인, 당신이 그 순간 먹고 싶지 않은 다른 음식이나 음료로 바꿔 말할 수도 있다. 기억해야 할 건 당신은 설명할 필요가 없다는 점이다. 그냥 거절해도 된다! 그러나 상대방이 압력을 가한다면, "파티를 즐기기 위해 케이크를 꼭 먹어야 하는 건 아니야."라든가 "케이크를 먹으면 몸이 안 좋아. 그리고 그건 나에게 중요한 문제야."라고 덧붙이며 당신이 무엇을 먹든 간에 그 자리에 있는 다른 사람들만큼 행복한 시간을 보낼 수 있음을 강조한다. 손에 다른 음식이 있는 접시나 탄산수가 든 잔을 쥐고 있다면 한결 편하게 거절할 수도 있다.

## 그냥 싫다고 말하기

이번 장에서는 "싫어."가 하나의 완전한 문장임을 배울 것이다(물론 "괜찮아요, 고맙습니다."라고 말하면 더 좋을 것이다). 또한 "오늘 밤은 별로 그럴 기분이 아니야."라든가 "그냥 원하지 않아."와 같은 문장이 반복되는 걸 볼 수 있을 것이다. 다른 사람들은 왜 당신이 와인 한 잔/케이크 한 조각/피자 한 조각을 먹고 싶어 하지 않는지 이해하기 힘들 수 있다. 그렇지만 그들은 "왜 나는 누군가가 무엇을 먹고, 먹지 않는 것 때문에 화가 날까?"라고 자문해봐야 한다. 가장 중요한 사실은 당신이 그저 케이크를 먹고 싶지 않다고 하면, 아무도 당신의 미각과 논쟁할 수 없다는 것이다.

Q. 배우자의 부모님은 제가 글루텐을 섭취하지 못하는 걸 알면서도 저녁 식사에 항상 파스타를 내놓습니다. 우리가 방문할 때마다 저는 예의를 갖추기 위해 조금은 먹어요. 그러고 나서 대가를 치르죠.

**초록색** (당신의 배우자 부모님께) "초대해주셔서 고마워요. 파스타를 만드실 거면 글루텐프리 제품으로 사주실래요? 조던이 좋아하는 브랜드를 알려드릴 수 있어요."

**노란색** (당신의 배우자가) "저희도 가고 싶지만, 조던도 먹을 수 있게 글루텐이 없는 식사일 때만 갈 수 있어요. 저희가 만드는 걸 도와드릴까요?"

**빨간색** (당신의 배우자가) "괜찮아요. 저희는 안 갈래요. 조던이 글루텐을 먹을 수 없다는 걸 알면서 다른 음식을 준비해주지 않으시잖아요. 대신 저희 집으로 오시는 건 언제든 환영이에요."

—— 만약 배우자가 부모님과 이런 대화를 나누고 싶어 하지 않는다면, 당신이 직접 해도 좋다. 빨간색 바운더리는 당신의 바운더리가 존중되지 않을 때 취해야 하는 조치다. 저녁 식사 자리까지 갔다가 당신이나 배우자가 먹을 수 없다는 걸 발견하는 것보다 당신의 부모나 배우자의 부모가 필요한 조치를 취할 때까지 그들의 집에서 저녁 식사를 할 수 없다는 점을 분명히 밝히는 게 낫다.

Q. 제 가족은 접시에 있는 음식을 깨끗이 비우는 걸 중요하게 여겨요. 너무 배가 부르거나 속이 불편해서 다 먹지 못하면, 엄마는 굶주리는 가난한 아이들 이야기를 하거나 장 보는 데 얼마나 많은 돈을 썼는지에 대해 이야기하며

초록색 "엄마, 저는 조금만 주세요. 지금 얼마나 먹을 수 있을지 모르겠고, 모자라면 언제든 더 먹을 수 있으니까요."

노란색 "저도 음식 낭비하는 건 싫지만 속이 불편할 때까지 억지로 먹고 싶지도 않아요. 남은 음식은 냉장고에 넣어놓거나 집에 가져가서 룸메이트와 나눠 먹을게요."

빨간색 "엄마, 전 다 먹었어요." 접시를 치우고 남은 음식은 넣어둔다.

—— 엄마의 반응은 음식이 부족했던 과거의 경험에서 비롯한 것일 수도 있다. 엄마의 의도가 단순히 음식을 낭비하지 않기 위한 것이라면 다음에는 당신이 직접 음식을 담거나 엄마에게 조금만 담아달라고 말해보자.

Q. 저는 육류를 먹지 않아서 가족과 어려움을 겪고 있어요. 저희 가족은 도미니카 출신인데, 도미니카 문화에서는 모든 축하 식사와 행사의 중심에 네 가지 방식으로 요리하는 돼지고기 음식이 빠지지 않아요. 이 안에서 해산물 채식주의자인 저는 살아남기 힘들어요. 저에게 하는 말들을 보통은 그냥 듣고 넘기지만, 저는 앞으로도 육류를 거의 먹지 않을 거라서 이 문제를 직접적으로 해결할 방법을 알고 싶어요.

초록색 "고마워요. 하지만 전 더 이상 돼지고기를 먹지 않아요. 저기 있는 콩 요리 좀 주세요."

**노란색** "괜찮아요. 전 요즘 돼지고기를 잘 안 먹는데, 다른 음식은 다 맛있게 먹을 수 있어요."

**빨간색** "아뇨, 전 밥이랑 콩, 가지를 먹을래요." 다른 사람들과 대화를 나누거나 잠시 밖에 나갔다 오거나 아이들이 앉은 식탁으로 자리를 옮긴다.

── 이 질문을 보낸 사람에게 위의 대응이 적절했는지 물어보았는데, 완벽했다고 대답해주었다. 이 상황에서 노골적인 빨간색 바운더리는 없는데, 건강을 위한 당신의 선택을 지키는 동시에 문화유산을 지키는 것도 중요하기 때문이다. 만약 해산물 요리나 채식 전통 요리가 있다면, 모임에 이런 음식을 준비하거나 요청하고 가족들에게 맛있게 먹는 모습을 보여주자.

Q. 스물두 살인 제 딸은 최근에 채식주의자가 되었습니다. 딸이 저녁을 먹으러 집에 방문할 때 저는 식물성 단백질로 음식을 만들어주지만, 다른 가족들은 여전히 스테이크나 닭 요리를 먹어요. 딸은 가족들이 육류를 먹는 것에 대해 끊임없이 비난합니다. 저는 딸의 선택을 지지하고 그녀가 열정적인 것도 알지만, 이런 식으로 사람들의 선택에 영향을 주려고 하면 안 된다고 생각해요. 어떻게 말하면 좋을까요?

**초록색** "내가 너의 선택을 존중하듯이 너도 다른 사람들의 선택을 존중해주길 바라. 가족들의 메뉴 선정에 동의할 필요는 없지만 그것을 대화의 주제로 삼지는 말자."

**노란색** "저녁을 먹는 동안 우리가 먹는 음식에 대해서는 얘기하지 않으면 좋겠구나." 주제를 전환한다.

**빨간색** "네가 우리가 먹는 음식을 비판하지 않는다면 저녁 식사에 참석하는 건 언제나 환영해. 만약 그렇게 하기 힘들 것 같으면 저녁 식사가 끝난 뒤에 들러도 좋아."

—— 만약 채식주의자인 친구나 친척이 그들의 선택이나 배움에 대해 얘기하고 싶어 한다면 식사 시간이 아닐 때여야 하며, 당신에게 들을 의향이 있어야 한다. 만약 이런 대화를 나누고 싶지 않다면 이렇게 말해보자. "너에게 맞는 방식을 찾았다니 정말 기쁘다. 나에게는 육류를 먹는 게 잘 맞아. 더 이상 이 문제를 논의하지 않을 거야."

## 음식을 먹으며 음식에 대한 얘기하지 않기

내가 음식에 관해 정한 가장 중요한 바운더리 중 하나는 '음식을 먹으며 음식에 대한 이야기하지 않기'다. 우리가 먹기로 선택한 음식이나 음료, 먹는 양, 그 음식에 대한 생각을 주제로 하는 대화는 문제의 음식이나 음료가 당신 앞에 있을 때, 그리고 누군가는 그것을 먹고 당신은 먹고 있지 않을 때(또는 그 반대 상황) 항상 분위기를 더 무겁게 만든다. 누군가가 맛있게 먹고 있는 바로 그 음식이나 음료, 행동에 대해 얘기하는 건 비판받는 듯한 기분이 들어 즉시 상대방을 방어적으로 만들고, 그들의 선택에 수치심을 느끼게 만들 수 있다. "저는 음식을 먹을 때 그 음식에 대해 얘기하지 않는다는 규칙이 있어요. 셰프에 대한 칭찬을 제외하면요. 식사 자리가 아닐 때는 얼마든지 음식에 대한 대화를 나눠도 좋아요."라고 말하는 것으로 충분하다. 이것은 이해한다는 웃음이나 끄덕임을 유발할 수 있는 간결하고 함축적인 발언이다. 즐거운 식사 자리가 심한 언쟁의 장으로 바뀔 수 있는 상황에서 우아하게 빠져나가는 방법이기도 하다.

---

초록색 "엄마, 저를 걱정해주시는 건 알지만 유제품이나 글루텐을 먹으면 컨디션이 좋지 않아요. 먹지 않을 때 제 건강이 가장 좋기 때문에 안 먹는 거예요. 엄마가 저를 지지해주면 좋겠어요."

노란색 "전 제가 먹는 음식에 주의를 기울이고 있고, 제 정신이나 신체는 어느 때보다도 건강해요. 그런 말을 삼가주세요. 전혀 도움이 되지 않는 데다가 엄마는 제 주치의도 아니잖아요."

빨간색 "엄마, 전 제가 건강을 위해 옳은 결정을 했다고 믿어요. 그 사실을 존중해주실 수 없다면 이제 저녁 식사에 참석하지 못할 것 같아요."

── 식사 시간이 아닐 때 "엄마, 제 라이프스타일이 바뀌어서 우리 사이의 유대감이나 함께 보내는 시간에 변화가 생긴 것 같아요?"라고 물어보자. 어쩌면 엄마는 당신이 더 이상 엄마가 만든 쿠키를 먹지 않아서 슬프거나 평가받는 듯한 기분을 느낄 수 있다. 이런 대화를 시작하면서 서로 더 가까워질 수도 있고, 글루텐프리 식단에 대한 대화를 시작할 수도 있으며, 스크래블 게임을 하며 유

대감을 형성할 수도 있다.

## 술과 바운더리를 설정하기 위한 말들

어떤 사람들에게 술에 대한 바운더리는 필수다. 내가 회복기를 거치는 동안 약물에 대한 바운더리를 설정해야 했던 것처럼, 많은 사람들에게 술은 자극적이고 위험한 물질이다. 따라서 안전하고 건강하기 위해 반드시 술에 대한 확고한 바운더리를 설정해야 한다. 어떤 사람들에게 술에 관한 바운더리는 몸과 소통하고 건강에 대한 목표를 존중하며, "맥주 없이는 즐거운 시간을 보낼 수 없어."라든가 "엄마는 아이들을 재우고 나면 와인 한잔이 필요해." 같은 고정관념에 맞서기 위한 것이다.

술에 관한 바운더리를 세우고 나면 멋진 사람이 된 것 같은 기분이 들 것이다. 당신은 자신의 입장을 고수하고 자신의 방식대로 밀고 나가며 다른 사람에게 모범을 보이고 있다. 계약을 성사시키고, 행사를 기념하고, 스트레스를 해소하기 위해 술을 마셔야 하는 건 아니다. 여기서 자신의 입장을 잘 지킬수록 삶의 다른 영역에서도 자신을 지키는 게 더 쉬워질 것이다.

Q. 저는 이십 대 초반이고 친구들과 외출하는 걸 좋아하지만, 술은 마시지 않아요. 친구들은 저를 지지해주지만, 술집에서 술을 한잔 사려고 하는 사람들이나 '딱 맥주 한 잔만' 마시자고 하는 사람들이 문제예요. 그들에게는 어떻게 대응해야 할까요?

**초록색** "전 물이면 충분해요."

**노란색** "아뇨. 전 지금 술 안 마셔요."

**빨간색** "제가 세 번 연속으로 거절했잖아요. 제 의사를 분명하게 표현한 것 같은데요." 그 자리를 떠난다.

—— 만약 당신이 금주하는 상황이고 "전 술을 안 마셔요."라든가 "전 지금 알코올중독에서 회복 중이에요."라고 편하게 말할 수 있다면 그렇게 얘기하자. 상대방의 눈을 마주치고 얘기하면 더 효과적이다. 이러한 행동은 사회환경에서 술을 마시지 않는 것을 정상화하는 데 도움이 되고, 미래에 다른 사람이 누군가에게 술을 강요하는 것을 막을 수 있으며, 이 대화를 목격한 누군가가 그들의 건강한 바운더리를 지킬 수 있게 용기를 준다.

## '지금은'의 힘

2018년 9월, 나는 술을 잠시 끊기로 결심했다. 평소에 술을 자주 마시지도 않고 과음을 한 적도 없었지만, 술을 전혀 마시지 않으면 내 삶이 더 나아지지 않을까 하는 생각이 들었다. 그래서 술을 무기한으로 끊기로 했고, 사람들이 나에게 술을 권할 때면 "전 지금은 술을 안 마셔요."라고 답했다. 처음에는 영원히 술을 안 마신다는 게 너무 제한적인 것처럼 느껴져서 나를 위해 '지금은'이라는 단어를 붙였다. 그러나 나는 즉시 그 짧은 단어의 예상치 못한 힘을 발견했다. 그 단어는 상대방이 보일 수 있는 방어적인 태도를 누그러뜨렸다. '지금은'이라는 말이 붙음으로써 예전에는 술을 마셨고, 앞으로 다시 마실 수도 있다는 걸 암시한다. 단순히 "전 술 안 마셔요."라고 말하는 것보다 덜 비판적으로 들리기도 한다. '지금은'이라는 단어는 내가 신중하게 내린 결정이라는 의미도 내포하기 때문에 그 말을 들은 사람들이 반발하거나 더 강요하는 일도 줄어든다. 나에게 이유를 묻는 사람들도 줄어들었는데, 이 점도 매우 흥미로웠다. 금주 기간에 내가 "아뇨, 괜찮아요."라고 말할 때는 사람들이 항상 이유를 물었기 때문이다. 이 방법을 한번 시도해보라. 이 단어가 어떻게 우아하게 거절할 수 있는 길을 열어주는지 확인해보길 바란다(4년이 지난 지금, 나는 여전히 '지금은' 술을 마시지 않는다).

---

Q. 저는 술을 많이 마시는 사람이 아니에요. 한 번도 그런 적이 없었죠. 새로 만난 남자친구는 외출을 하거나 친구들을 만날 때 제가 그의 '운전기사'라고 놀리거나 제가 술을 마시지 않는다고 말하며 사람들의 이목을 집중시켜요. 술을 거절하는 건 불편하지 않지만, 그의 행동이 불편해요!

**초록색** (집에서) "자기야, 오늘 밤에는 운전기사 농담은 하지 마. 내가 술을 마시지 않는 걸로 사람들의 관심을 끌지 않으면 더 편할 것 같아."

**노란색** (저녁 식사 자리에서 따로 불러내서) "내가 술을 안 마신다는 말 좀 그만할 수 없어? 나는 물을 마시는 게 아무렇지도 않은데, 네가 큰일처럼 만들고 있잖아."

**빨간색** (그 자리에서) "벤, 그만 해. 아니면 나중에 집에서 만나." 다른 사람과 대화를 나누러 떠난다.

── 그 순간에 술에 관한 바운더리를 설정하는 것의 문제점은 동행자가 계속 술을 마실수록 당신의 바운더리를 존중해주기 힘들어진다는 것이다. 초록색이나 노란색 단계의 바운더리로 상황이 마

무리되면 좋겠지만, "너는 택시 타고 집으로 와. 내일 아침에 다시 얘기하자."라고 말하는 상황으로 이어질 수도 있다.

Q. 저는 동료들과 맥주를 한 잔만 마시려고 하지만, 항상 한 잔 더 마시라고 강요하거나 그냥 제 손에 한 잔을 더 쥐여주는 사람도 있어요. 술집에 가면 탄산수와 라임을 주문한 다음 보드카 소다를 마시는 척해야 할까요?

**초록색** "아뇨, 괜찮아요. 전 한 잔이면 충분해요."

**노란색** "괜히 돈 낭비하지 마세요. 전 더 안 마셔요."

**빨간색** (당신에게 한 잔을 더 건네주면) "전 이걸로 충분하다고 말씀드렸잖아요." 테이블 위에 올려둔다.

—— 당신이 들고 있는 물을 보드카로 속이지 말자. 첫째, 그건 명확하지도 친절하지도 않다. 둘째, 가식처럼 느껴지기 때문에 당신의 자신감이 떨어질 것이다. 셋째, 그렇게 숨기는 것은 바운더리 근육을 강화해주지 않는다. 손에 음료를 들고 있는 게 더 편하다면, 잔 안에 든 게 무엇인지 분명히 얘기하자. "오늘 밤에는 탄산수로 충분해요."

## 설명은 필요 없다

왜 술을 더 마시고 싶지 않은지 설명하는 것에 대해 다시 한번 생각해보자. 아무리 그 이유가 사실이라고 해도 말이다. "나는 오늘 더 못 마셔. 내일 운동하러 가야 해."라든가 "더 못 마셔. 내일 아침에 마당일을 좀 해야 해서."라고 말하는 것은 당신이 오늘 밤 술을 마실 수 있도록 다른 사람들에게 당신의 문제를 해결해달라고 말하는 것처럼 느껴질 수 있다. 대화 상대가 "내일 헬스장에 같이 가줄게. 그러면 오늘 밤 같이 술을 마실 수 있잖아."라든가 "내일 마당일을 도와줄게. 함께 하면 빨리 끝낼 수 있으니까 오늘 밤 늦게까지 마실 수 있어."라고 얘기할 수도 있다. 명확하게 거절하는 것이 훨씬 효과적이며, 다른 영역에서 바운더리를 설정할 때 자신의 의견을 고수하는 훌륭한 연습이 될 것이다.

---

Q. 저는 친구들과 조용히 술 한잔하는 걸 좋아하지만, 친구들은 여전히 대학 시절로 돌아간 것처럼 파티를 좋아합니다. 솔직히 말하면, 저는 더 이상 파티가 즐겁지 않아요. 그래도 친구들과 어울리고 싶다면, 어떻게 해야 할까요?

**초록색** "몇 시간 동안은 있을 수 있지만 아마 일찍 나가봐야 할 것 같아." 당신이 떠나고 싶을 때 언제든 자리를 뜬다.

**노란색** "오늘 밤에 다 같이 만날 생각하니까 너무 설렌다. 하지만 모두 테이블 위로 올라가서 춤을 추기 시작하면 난 빠질게."

**빨간색** "오늘 밤 다 같이 술을 한잔하는 거야? 아니면 알코올중독자처럼 마셔대는 거야? 만약 후자라면 난 다음번에 참석할게."

── 한마디로, "네가 너무 취하기 시작해서 내가 말없이 뒷문으로 빠져나가야 하는 경우가 아니라면 난 참석할게."라고 부드럽게, 그리고 매우 분명하게 바운더리를 지키지 못할 경우에 일어날 상황을 미리 공유한다. 여기서 핵심은 바운더리를 미리 알려주는 것이다. 당신이 술집에 가기 전에, 친구들이 당신을 떠나지 못하게 강요하기 전에, 친구들이 테이블 위에서 춤을 추기 전에 당신이 편하

게 할 수 있는 행동을 알려주고 당신이 정한 바운더리 안에서 즐거운 시간을 보내자.

Q. 제가 술을 거절할 때마다 항상 누군가는 저에게 이유를 묻습니다. 이유를 편하게 얘기할 때도 있지만, 그러고 싶지 않을 때도 있어요. 이유를 알려주고 싶지 않을 때 어떻게 친절하게 대답할 수 있을까요?

초록색 "그냥 술을 마시고 싶지 않아서요."

노란색 "그냥 개인적인 결정이에요." 주제를 전환한다.

빨간색 "그 질문에 대답하지 않을 거예요. 그러니까 그런 질문은 하지 마세요." 주제를 전환한다.

—— 만약 당신이 중독에서 회복 중이라면 편하게 그 이유를 공유할 수도 있고 그렇지 않을 수도 있다. 사람들이 묻는 이유는 당신을 배려하기 위해서일 때도 있고, 주제넘게 캐묻고 싶어서일 때도 있다. 더 자세한 이야기를 공유하는 게 편하지 않다면, 위의 바운더리 중 하나를 사용해보자. 대답해도 괜찮은 경우라면, "저는 중독에서 회복 중이에요. 하지만 모든 사람이 이런 얘기를 공유하고 싶은 건 아닐 거예요. 그러니까 다음에 누군가가 술을 마시고 싶지 않다고 하면 이유를 묻지 않고 그냥 받아들이는 게 가장 좋을 것 같아요."라고 말한다.

## 간단명료하게

아무도 논쟁할 수 없는 한 가지가 있다면, 그건 개인의 취향이다(물론 누군가가 시도할 수는 있겠지만 그게 진실인지 알아내기 위해 당신의 머릿속으로 들어갈 수는 없다). 누군가 당신이 그렇게 좋아하지 않는 음식이나 음료를 먹으라고 강요할 때 쓸 수 있는 간단한 문장들을 준비해보았다.

- "전 사양합니다."
- "전 괜찮아요, 고맙습니다."
- "이걸로 충분해요."
- "전 괜찮아요. 지금 배가 안 고파요."
- "맛있어 보이지만 오늘 밤은 먹지 않을래요."
- "전 도넛/아이스크림/케이크를 좋아하지 않아요."
- "저 혼자일 수도 있겠지만, 전 아이스크림을 그렇게 좋아하지 않아요."
- "마카롱은 제 취향이 아니에요."
- "전 지금 설탕/술/글루텐을 먹지 않아요."
- "전 잠시 빵/술/유제품 섭취를 제한하고 있어요."
- "글루텐/술/유제품은 저에게 잘 맞지 않아요."
- "전 맥주/피자를 좋아하지 않아서요. 고맙습니다."
- "그냥 오늘 밤에는 그렇게 먹고 싶지 않네요."
- "전 술을 안 마셔요."

## 식탁에서의 대화와 바운더리를 세우기 위한 말들

이 책의 처음에 나온 찰리의 이야기를 떠올려보면 알 수 있듯이, 가끔은 우리가 사랑하는 사람들조차도 우리 몸에 대해 자신감을 앗아가는 말을 할 때가 있다. 그러므로 술과 마찬가지로 식단의 종류, 체중, 신체에 관한 이야기에 바운더리를 설정하는 일도 때로는 필수적이다. 섭식장애를 겪은 경험이 있다면 다이어트에 대한 대화는 당신의 회복에 매우 해로운 영향을 미친다. 섭식장애나 신체상의 문제를 겪어본 적이 없는 사람이라도(그러나 그런 사람이 어디 있겠는가?) 체중이나 음식 선택에 대한 얘기를 꺼내는 것은 건강하지 않다. 특히 그 대화가 식사 중에 일어나는 거라면 더 그렇다. 칼로리를 계산해야 하고, 치수는 작을수록 좋으며, 우리의 가치가 체중과 결부되어 있다는 사실을 이미 충분히 상기하고 있으므로 저녁을 먹는 동안에 또 같은 이야기를 들을 필요는 없다.

이렇게 잠재적인 자극이 될 수 있는 대화는 누군가 의식적으로 꺼내지 않아도 시작될 수 있는데, 특히 여성들의 사회적 역학에 깊이 자리 잡고 있다. 당신의 경계선을 분명하게 전달함으로써 음식과 신체와의 건강한 관계를 유지할 수 있다. 뿐만 아니라 다른 사람들이 얼마나 칼로리, 체중 감량, 신체에 대해 집중하고 있는지 일깨워줄 수 있다. 실제로 당신의 바운더리는 음식과 건강에 대해 얘기하는 다른 방법을 제시할 수 있다.

Q. 제 친척들은 언제나 제 몸에 대한 칭찬을 아끼지 않아요. 특히 체중이 빠졌을 때는 더 그렇죠. 제 앞에서 체중이 몇 킬로그램이나 빠졌을지 추측하고 '그 체중을 유지하기 위해' 내가 먹는 음식에 대해 얘기합니다. 저는 이런 대화가 불편하고 종종 화도 나요. '다이어트 문화'라는 것을 들어본 적도 없는

**초록색** "좋은 뜻으로 하는 말인 줄은 알지만, 제 체중에 대해서는 얘기하지 않았으면 좋겠어요. 이 스웨터는 마음에 들지 않으세요?" "제가 승진했다는 소식 들으셨어요?" "얼마 전에 5킬로미터 마라톤을 완주했어요!" (친척들에게 다른 칭찬할 소식을 알려준다.)

**노란색** "제 앞에서 몸이나 체중에 대해서 얘기하지 말아주세요. 그런 말을 듣는 게 불편하거든요." 주제를 전환한다.

**빨간색** "제 몸에 대한 말은 삼가달라고 부탁드렸잖아요. 제 말을 존중해주지 않으면 전 나가볼게요." 부엌에서 나가거나 그 자리를 떠난다.

──  체중 감량이나 다이어트 문화에 너무 익숙한 사람들에게는 "너 날씬해 보여."라는 말이 궁극적인 칭찬이기 때문에 당신이 왜 그런 식으로 받아들이는지 이해하지 못할 수도 있다. 만약 그들이 "아니야. 그건 칭찬이야!"라고 말한다면 당신은 그들이 어떤 의미로 말했든 당신의 몸에 관한 어떤 얘기도 듣고 싶지 않다고 설명한다. 그리고 당신의 관점이나 개인적인 경험을 더 공유하고 싶다면 식사를 마친 뒤 한다. 이때 사람들이 당신의 바운더리를 존중하기 위해서 반드시 당신의 바운더리를 이해할 필요는 없다는 사실을 기억하자.

Q. 저는 추수감사절이 두려워요. 엄마와 이모들은 1년 내내 다이어트 중인데, 제가 접시에 건강하고 균형 잡힌 음식을 담으면, 그들은 저를 위한다는

핑계로 제가 무엇을 얼마나 먹는지에 대해 늘 참견합니다. 그럴 때마다 제 연휴는 엉망이 돼요. 어떻게 말해야 할까요?

**초록색** "오늘 제 접시에 있는 음식에 대해 얘기하고 싶지 않아요. 제 식사에 매우 만족하거든요." 주제를 전환한다.

**노란색** "제가 먹는 음식에 대해 참견하지 말아주세요. 아니면 다른 곳에 가서 식사를 끝낼 거예요."

**빨간색** "제가 먹는 음식에 대해 신경을 끌 수 없다면 이제 저는 친구들이랑 추수감사절을 보낼 거예요. 이렇게 보내는 명절은 전혀 즐겁지 않거든요."

—— 명절은 여러 이유로 그런 문제가 아니라도 충분히 힘들다. 다이어트, 신체, 음식에 관련된 대화 때문에 감사하는 마음이 사라진다면, 식사 후에 잠시 집에 들를 수도 있고 프렌즈기빙Friendsgiving(추수감사절에 멀리 있는 가족들 대신 가까운 친구들과 함께 보내는 것을 말한다.—편집자 주)을 개최하거나 봉사활동을 하고 야외로 나가서 기념하는 방법도 시도해볼 수 있다.

Q. 제 룸메이트는 건강에 신경을 정말 많이 써요. 제가 요리를 하거나 배달음식을 먹을 때마다 도와준다는 구실로 제 음식에 대해 꼭 한마디씩 합니다. 제가 먹는 샐러드는 지방 때문에 사실 건강하지 않다거나 흰쌀밥 때문에 혈당이 치솟을 거라고 말하죠. 제가 조언을 구하지도 않았는데, 룸메이트가 제가 먹는 음식을 감시하고 비판하는 것에 지쳤어요. 어떻게 얘기를 꺼내야 할까요?

**초록색** "나는 내가 선택한 음식에 만족해. 내 식사에 대해 얘기하고 싶지 않아." 주제를 전환한다.

**노란색** "잠시 하던 말을 멈춰줄래? 난 그냥 조용히 밥을 먹고 싶어. 고마워."

**빨간색** "블레이크, 내가 어떤 음식을 먹는지는 네가 신경 쓸 일이 아니야. 그리고 너한테 조언을 구하지 않았으니까 제발 그만해."

─── 또 다른 빨간색 바운더리로 "너는 날 도와준다고 생각하겠지만 음식에 대해 원치 않는 의견을 제시하는 게 날 판단하는 것처럼 느껴지고 우리 관계에 부담을 주고 있어."라고 얘기할 수도 있다. 분명히 룸메이트는 당신에게만 그런 말을 하는 게 아닐 것이다. 따라서 당신이 목소리를 냄으로써 다른 친구들에게도 도움이 될 것이다.

> Q. 제가 점심을 싸 올 때마다 직장 동료들은 제 '이상한 다이어트 음식'에 대해 유난을 떨거나 제가 그들이 마시는 다이어트 마운틴 듀를 비판할 거라고 생각해요. 전 그냥 평화롭게 점심을 먹고 싶은데, 어떻게 얘기해야 할까요?

**초록색** "왜 이 대화의 주제는 항상 내 점심 메뉴에 관한 거야? 너희들 때문에 차라리 차에서 밥을 먹는 게 낫겠어."

**노란색** "제발 우리, 점심에 관한 얘기는 그만하고 평화롭게 밥을 먹지 않을래?"

**빨간색** "난 내 자리에서 점심을 먹을게. 내 점심 메뉴에 대해 어떤 말도 하지 않을 때 함께 먹고 싶어."

—— 이런 행동은 종종 다른 사람들의 방어적인 태도나 그들의 행동에 대한 죄책감에서 비롯되지만, 무엇이 당신을 변화시켰는지 궁금해하는 것일 수도 있다. 당신은 음식을 먹으며 음식에 대한 이야기를 하지 않는다는 바운더리를 설정할 수 있지만, 다음과 같이 제안할 수도 있다. "만약 내 점심 메뉴가 왜 바뀌었는지 궁금해서 그러는 거라면 오늘 오후에 자세히 얘기해줄게."

Q. 엄마와 다른 가족들은 제 아이들이 음식을 더 달라고 하거나 디저트에 손을 뻗을 때마다 음식이나 체중에 대해 얘기해요. 저는 아이들이 음식이나 자기 몸과 건강한 관계를 맺으며 성장하길 바라고, 건강하지 않은 다이어트 대화에 노출되지 않길 바라요. 엄마에게 어떻게 설명해야 할까요?

초록색 (식사 전에) "아이들 앞에서 다이어트나 체중에 대한 이야기는 하지 말아주세요. 그리고 아이들이 선택하는 음식에 대해서도요. 저희는 음식과 도덕성을 연결 짓지 않고 다이어트 문화가 스며들지 않도록 열심히 노력하고 있거든요."

노란색 (그 순간에) "할머니, 잭과 엘리는 진짜 배고픔인지 아닌지 구분할 수 있을 뿐만 아니라 자기 몸에 대해서도 가장 잘 알고 있다는 걸 잊지 마세요. 얘들아, 음식을 더 먹고 싶으면 가서 먹어."

빨간색 (그 순간에) "이건 음식이나 몸에 대해 얘기하는 건강한 방법이 아니에요. 대화 주제를 바꾸든지 아니면 저는 아이들과 함께 잠시 산책을 다녀올게요."

—— 식사 자리가 아닌 곳에서 당신의 바운더리를 더 구체화해야

할 수도 있다. "몸이나 체중에 관해 부정적으로 얘기하는 것은 아이들의 정신 건강에도 부정적인 영향을 미쳐요. 엄마가 그렇게 하고 있다는 걸 깨닫지 못할 수도 있으니까 다음에 그런 일이 생기면 제가 그 자리에서 알려드릴게요."라고 말해보자.

## 나를 자유롭게 해줄 바운더리 사랑하기

2019년 여름, 홀 30에서는 교육 워크숍, 신체 활동, 친목 도모를 할 수 있는 연례 코치 회담을 계획하고 있었다. 나는 당시에 1년 동안 "지금은 술을 마시지 않아요."라고 말하는 실험을 하며 기대하지 못했던 많은 이점을 깨닫고 있었다. 사교적인 자리에서 그 순간에 더 집중함으로써 유대감이 커졌고, 내가 고민하지 않아도 되는 결정이라는 걸 알기에 큰 행사를 앞두고 불안감도 줄어들었다.

나는 임원진에게 이번 회담을 술이 없는 행사로 진행하면 어떨까 하는 무모하고 엉뚱한 제안을 담아 이메일을 보냈다. 유대감과 공동체 의식이 강해지는 이 시기에 코치들이 이로 인한 수많은 이점—질 높은 수면, 에너지 증가, 불안감 감소—을 누릴 수 있을 것으로 생각했다. 게다가 회담 장소인 파크 시티는 고도가 높은 곳에 있어서 이곳으로 올라오는 누군가는 와인을 마시기도 전에 만신창이가 될 수도 있었다. 물론 위험 부담은 있었지만, 사람들에게 건강한 시간을 제공한다는 아이디어가 마음에 들었다.

팀원들이 내 제안을 마음에 들어 했기에 나는 코치들에게 다음과 같은 이메일을 보냈다. "공동체를 이루고, 사교 모임을 위한 안전한 공간을 제공하며, 사람들이 진정한 유대감을 형성할 수 있도록 올해 코치 회담은 술이 없는 행사로 진행하려 합니다. 이번 주 행사에 참석하는 모든 사람이 서로 열린 마음으로 솔직하고 정직하게 소통할 수 있길 바랍니다. 특별히 준비한 허브와 시트러스를 우려 만든 목테일(mocktail, 알코올이 없는 칵테일—옮긴이)을 마시며 여러분의 성취와 우리 공동체를 위해 축배를 듭시다." (행사장에 제대로 된 목테일 바도 만들었다!)

나는 얼마나 많은 코치들이 화를 내거나 실망할지 궁금해하며 초조하게 답장을 기다렸다. 그러나 내 제안에 실망한 사람은 한 명도 없었다. 단 한 명도. 새로운 제안을 흔쾌히 받아들이는 사람부터 깊은 감사를 표현하는 사람까지 다양한 답장을 받았다. 나는 행사에서 코치들과의 대화를 통해 많은 사람들이 술을 마시고 싶지 않지만, 다른 사람들이 모두 마시기에 어쩔 수 없이 마신다는 걸 알게 되었다. 바운더리를 설정하는 것은 어렵고 사회적 압력이 존재하는 데다가 아직 자신감 있게 거절하는 법을 알지 못하기 때문이다.

나는 술을 마시지 말라거나 쿠키를 먹지 말라거나 바지 사이즈에 대해 얘기하지 말라는 게 아니다. 건강한 바운더리로 어떤 이점을 누릴 수 있을지 생각해보고 건강한 바운더리를 분명하고 친절하게 설정하는 데 시간을 투자한다면, 이 모든 것과의 관계가 더 건강하고 평화로워질 것이다. 여기서 쌓은 자신감이 삶의 모든 영역으로 이어져 당신에게 맞는 바운더리를 찾고 자신감 있게 그 바운더리를 지키게 해줄 것이다.

THE BOOK OF BOUNDARIES

## 9장

# 그 질문, 넣어두시길

민감한 주제에 관한 바운더리 설정하기

지난여름, 헤더라는 여성이 메시지로 긴급하게 바운더리와 관련된 도움을 요청했다. "지난주에 아버지가 갑자기 돌아가셨어요." 그녀는 이렇게 썼다. "아버지는 사람들과 어울리는 걸 좋아하셔서 정기적으로 연락을 주고받는 친구들이 많으셨어요. 아버지가 돌아가시고 나니 모든 친구분이 제게 전화와 문자를 주며 안부를 묻고, 조의를 표하거나 아버지와의 추억을 들려주세요. 전 아직 엄청난 충격에서 벗어나지 못했고 혼자만의 시간이 필요해요. 하지만 친구분들의 진심 어린 메시지에 응답을 해야 할 것만 같아요. 이 상황에 바운더리를 세우고 싶어요. 도와주세요. 보통은 온라인으로 낯선 사람에게 도움을 청하지 않지만, 지금은 감정적으로 너무 지쳐서 아버지 친구분들에게 제발 멈추라는 말 외에는 떠오르지가 않아요."

헤더뿐만 아니라 모든 사람은 자신이 겪는 슬픔에 관한 바운더리를 설정할 수 있고, 설정해야 한다. 그리고 건강 상태나 이혼, 연애 상황, 성생활, 가족계획, 정체성, 종교적 신념, 트라우마를 비롯한, 다른 사람들이 우리에게 자신의 의견을 강요하려고 하는 모든 문제에 대해서도 마찬가지다. 이번 장에서는 민감한 주제들에 대해 바운더리를 세우는 법을 알아볼 것이다. 러시아의 마트료시카 인형처럼, 민감한 문제 안에는 또 다른 문제가 숨어 있다.

민감한 문제들은 가족들이나 친구들, 이웃들, 동료들 사이에서 일어나지만 별도의 장에서 따로 다룰 필요가 있다. 그것의 민감한 본질 때문만이 아니라 이런 바운더리 침해는 '어디서나' 일어날 수 있기 때문이다. 슈퍼에서 함께 줄을 서 있는 여성이 당신의 머리카락을 만지려고 손을 뻗을 때, 아이의 연극 공연에서 만난 다른 학부모가 "둘째 낳을 생각은 없으세요?"라고 물을 때, 비행기 옆자리에 앉은 남성이 당신의 친절에 감사를 표한 다음, 숨죽이고 "누군가를 죽여본 적도 있으신 거죠?"라고 물을 때 바로 바운더리가 침해되는 것이다.

이런 질문을 하는 몇몇 사람들—우리의 가장 민감한 버튼을 건드려 매우 불편하게 만드는 독특한 능력을 가진 사람들—은 정말 악의 없이 묻기도 한다. 그러나 가부장제, 여성 혐오, 백인 우월주의, 다른 종류의 탄압으로부터 받은 영향이나 학습된 행동을 드러내며 의도적이고 수동적으로 공격하는 사람도 있다. 때로는 원한다면 언제든 자신의 선택을 당신에게 강요할 수 있다는 듯 대놓고 공격적으로 행동하는 사람도 있다.

이번 장에 나오는 빨간색 단계의 바운더리는 그런 사람들을 위한 것이다.

## 악의가 없는 것만은 아닌 질문들

대화 상대가 누구든 관계없이 언제나 편하게 나눌 수 있는 대화 주제가 있다. 날씨를 예로 들어보자. 날씨에 대한 이야기는 논란의 여지가 적고, 모두가 공통적으로 경험하는 것이며(엉뚱한 곳에서 지구온난화 이야기를 꺼내지 않는 이상), 일반적으로 문제 되지 않는 주제다. 이와 달리, 우리의 일상에 너무 흔히 등장하는 질문이라 문제가 되지 않는 것처럼 느껴질 수도 있지만, 사실은 그렇지 않은 주제들도 있다.

예를 들면, "자녀가 있으세요?"라는 질문이 대표적이다. 이것은 친목 모임, 업무 관련 행사, 심지어 면접에서도 서로에 대해 알아가기 위해 흔히 하는 질문이다. 많은 경우, 이 질문에 대한 대답은 '예' 아니면 '아니오'로 끝나고 대화는 계속 진행된다.

그러나 어떤 사람들에게는 불임, 유산, 건강 문제, 관계 문제, 재정적인 제약 때문에 이 질문이 부담스럽고 고통스럽게 다가올 수 있다. 최근에 세 번째 유산을 겪은 사람에게 "그래서 두 분은 언제 아이를 가지실 거예요?"라고 묻는다고 상상해보자. 당신이 대화하고 있는 상대가 정서적이나 신체적 고통을 겪고 있다는 걸 알았다면 절대 그런 질문은 하지 않았을 것이다. 그러나 당신은 그 사실을 절대 알 수 없다. "도대체 결혼은 언제 할 거야?" "살 빠졌니?" "왜 아직도 솔로야?" 등 이런 종류의 질문은 수도 없이 많다. 그리고 모든 질문은 눈에 보이지 않아도 큰 자극이 될 수 있다.

이제 당신이 어떤 생각을 하는지 맞혀보겠다. "멀리사, 그렇게 보면 잠재적인 자극이 되지 않는 게 없을 거예요." 당신의 말이 맞다. 누군가에게 오랜 연인에 대해 물었는데 최근에 헤어졌다는 사실을 알게 될 수도 있고, 이웃과 강아지 공원에서 만나기로 했는데 그들이 기르던 강아지가 지난주에 세상을 떠났다는 걸 알게 될 수도 있으며, 당신이 아이스크림을 정말 좋아한다고 얘기했다가 누군가의 친한 친구가 아이스크림콘과 연관된 사고로 세상을 떠났다는 사실을 알게 될 수도 있다. 당신은 상대방의 마음을 읽을 수 없기에 민감한 모든 주제를 피하는 건 불가능하다. 그래서 노력이 필요하다. 피하는 것이 좋은 일반적인 영역의 질문은 다음과 같다.

### 자녀

아이들이 있어요? 아이를 갖고 싶으세요? 아이를 가질 수 있어요? 몇 명의 아이들을 원하세요? 아이를 더 낳으실 건가요?

### 연애 상태

왜 아직 싱글이세요? 남자친구가 있으세요?(여러 단계의 가정이 포함되어 있는 질문이다) 두 분은 언제 결혼하세요? 나이 차이가 얼마나 나세요?

### 건강이나 능력

살 빠지셨어요? 치료법을 시도해보셨어요? 무슨 일이 있으셨어요? 어떤 장애를 갖고 계세요? 여전히 ○○○을 할 수 있으신가요?

### 회복

술/약물/도박이 그립진 않아요? 가장 힘들었을 때는 어땠어요? 거친 시절의 이야기 좀 들려주세요. 그때로 돌아갈 수 있을 것 같나요?

민감한 주제에 대한 질문은 의도치 않게 해를 끼칠 수 있고, 요청하지 않은 이야기들은 다른 사람들을 화나게 하거나 자극할 수도 있다. 나는 최근에 내가 애지중지하던 오토바이를 팔려고 한다는 글을 소셜 미디어에 올렸다. 나이가 들수록 오토바이를 탈 때 따르는 위험이 신경 쓰였지만, 이를 완전히 포기할 준비가 되었는지 확신이 들지 않았다. 그 뒤로 끔찍한 오토바이 사고에 대한 원치 않은 글을 얼마나 많이 받았는지 모른다. "이 사람은 죽었다." "내 오빠는 한쪽 다리를 잃었다." "내 친구는 다시 걸을 수 없다." 미안하지만 나는 사람들의 공포 이야기를 듣고 싶었던 게 아니다. 지금까진 내가 오토바이를 타는 게 그렇게 긴장되지 않았는데, 지금은 두려움과 불안감으로 정신을 차릴 수 없을 지경이다. 이것은 전혀 도움이 되지 않는다.

## 친절하자

이 장의 핵심은 두 가지다. 첫째, 어려운 시기나 상황을 겪고 있는 사람들이 스스로를 안전하고 건강하게 지키기 위해 바운더리를 어디에, 어떻게 설정해야 하는지 배울 수 있다. 둘째, 사례들을 통해 당신이 말하거나 묻는 것들이 생각보다 더 심각한 문제를 일으킬 수 있음을 알려주고 싶다. 더 잘 알수록 더 나아질 수 있다. 이번 장을 읽고 난 뒤 주제넘은 질문이나 이야기들을 하기 전에 신중히 생각할 수 있길 바란다. 우리는 사람들이 어떤 어려움을 겪고 있을지 알지 못한다. 안 그래도 힘든 시기를 보내고 있는 사람들에게 스트레스를 더 얹어주는 건 당신도 원치 않을 것이다. 그 대화 상대가 전혀 모르는 낯선 사람이라고 해도 말이다.

## 링 이론

헤더는 아버지의 친구들이 슬픔을 겪는 동안 위로를 건네고 싶었지만 그럴 여력이 없었다. 그녀가 겪는 슬픔만으로 벅차서 누군가의 감정을 돌볼 준비가 되지 않았다. 사람들의 연락에 답장하는 일은 남편에게 맡겼고, 남편이 사람들에게 그녀는 지금 상실감을 받아들일 시간이 필요하다고 알렸지만, 1주일쯤 지나자 다시 메시지가 쏟아지기 시작했다. "사람들은 제가 충분한 시간을 가졌다고 생각하는 것 같아요." 그녀가 말했다. "저는 그들이 슬픔을 겪고 있고 유대감을 원한다는 걸 이해하지만, 지금은 이런 메시지들이 거슬리고 부담스럽게 느껴져요."

링 이론The Ring Theory은 2013년 심리학자 수전 실크Susan Silk와 친구인 배리 골드먼Barry Goldman이 처음 고안한 이론이다. 이 이론은 사람들이 위기의 상황에 무엇을 해야 하는지 이해하도록 도와준다. 작은 원을 그리고 그 주변으로 여러 개의 동심원을 그린다. 만약 당신에게 일어난 위기라면, 가장 중앙에 있는 원에 당신의 이름을 적는다. 위기의 중심에서 멀수록 바깥 원에 이름을 적는다.

아버지의 죽음에 헤더와 그녀의 어머니, 형제자매들이 가장 밀접한 영향을 받기 때문에 가장 중앙의 원에 있다. 다른 가족들(헤더의 남편, 이모, 삼촌 등)과 아버지의 친한 친구들은 다음 동심원에 있다. 다른 친구들과 동료들은 그다음 동심원에 있고, 지인들은 가장 바깥 원에 둘 수 있다.

실크와 골드먼의 링 이론에 따르면, 슬픔(또는 불평, 분노, 좌절, 실크가 '푸념하기'라고 부르는 것)은 원의 중심에서 바깥으로 흘러나가고, 오직 위로만이 바깥 원에 있는 사람들로부터 원의 중심에 있는 사람들 쪽으로 들어온다. 그렇다면 헤더는 그녀의 슬픔을 처리하기 위해 어떤 행동이나 말을 할 수 있을까? 그녀는 바깥 원에 있는 사람들의 위로를 받아들이거나 그녀의 분노나 좌절감을 그들과 공유하거나 더 작은 원에 있는 사람으로서 필요하다면 모든 사람의 연락을 차단할 수도 있다. 헤더보다 바깥 원에 위치한 사람들은 그녀에게 그들의 감정을 처리하도록 도와달라고 기대하거나 요구해선 안 된다. 그들은 원치 않는 추억을 나누거나 조언을 하거나 절망을 표현하거나 어떤 식으로든 원의 중심에 가까이 있는 사람들보다 자신을 더 중심에 두어선 안 된다. 그들은 자신보다 바깥 원에 있는 사람들에게만 그런 감정을 표현할 수 있다.

슬픔은 바깥으로 흐르고, 위로는 안으로 흐른다.

이것은 단지 깊은 슬픔에만 적용되는 게 아니다. 이 이론은 죽음, 트라우마, 질병, 부상, 유산, 이혼 등 이번 장의 바운더리 스크립트에 나오는 모든 주제에 적용될 수 있다. 만약 당신의 언니가 암에 걸렸다면, 당신(언니의 자녀들, 배우자, 부모님)이 원의 중심에 있고, 따라서 언니의 친구들이나 동료들을 위로해줄 책임이 전혀 없다. 만약 당신이 이혼을 겪고 있다면, 부모는 당신에게 그들이 얼마나 충격을 받았는지에 대해 쏟아낼 수 없다. 그리고 내가 헤더에게 얘기한 것처럼, 지금이나 앞으로나 그녀의 원보다 바깥 원에 있는 사람들에게 위로를 하거나 문자에 답하거나 이야기를 들어줄 의무가 없다.

링 이론으로 헤더는 마음이 훨씬 편해졌다. 또 감정을 처리하는 데 필요한 혼자만의 시간과 공간을 지키기 위해 바운더리를 설정할 자신감을 얻었다. 이것은 내가 링 이론을 소개하는 두 번째 이유와 연결된다. 위기 상황에서 당신의 역할을 이해하면, 당신을 안전하고 건강하게 지키기 위해 필요한 바운더리를 더 편하게 설정할 수 있다. 뿐만 아니라 당신이 바깥 원에 있을 때 원의 중심에 있는 누군가가 바운더리를 설정하는 것을 더 잘 이해할 수 있게 된다. 11장에서 살펴보겠지만, 바운더리 설정이 편해질 때 얻는 가장 큰 이점 중 하나는 다른 사람이 당신에게 바운더리를 설정할 때 이를 더 잘 인식하고, 그 바운더리를 더 우아하게 존중할 수 있는 도구와 시각을 갖게 된다는 점이다.

## 바운더리가 가르쳐주는 것들

내가 이번 장에 소개하는 거의 모든 바운더리 대화는 바운더리를 설정하는 사람이 대화 상대에게 왜 그들의 질문이나 발언, 충고가 의도와 관계없이 해로운지 가르쳐줄 기회가 된다. 특정한 질문이나 발언이 왜 그들이 의도한 것보다 더 고통스럽고, 자극이 되며, 주제넘게 들릴 수 있는지 설명하는 것은 그들의 질문이나 행동을 완화하는 데 도움이 된다. 또한 무언가가 해로운 이유를 설명하는 것은 사람들이 앞으로 다른 사람들을 불편하게 만들지 않도록 행동을 바꾸는 데 도움이 되기도 한다. 이런 추가적인 조치를 취해야 하는 이유를 알아보자.

만약 당신의 상황에 대해 마음이 편안한 상태라면—회복 중인 내 경우처럼—당신은 잠재적으로 자극이 될 만한 질문을 받고도, 자신감 있게 그 질문이 왜 문제가 될 수 있는지 설명할 수 있을 것이다. 사람들이 나에게 "마약 하던 때가 그립지 않으세요?"라고 물으면, 나는 "회복 중인 사람에게 이런 질문을 하는 건 예의에 어긋나요. 특히 회복한 지 얼마 되지 않았고 아직 안정되지 않은 사람들에게는 큰 자극이 될 수 있거든요. 질문에 대한 답을 하려면 그때를 다시 회상해야 하는데, 그게 얼마나 고통스러운 일이 될 수 있는지 잘 아실 거라 생각해요."라고 편하게 대답한다. 또는 "전 이런 질문에 답하는 데 문제가 없어요. 제가 회복 중이라는 사실을 공개적으로 밝혔으니까요. 하지만…"이라고 얘기하면서 다른 사람이 원치 않는 질문을 하지 않아야 하는 이유를 말한다.

이렇게 하면 나 자신을 위한 바운더리를 세우는 동시에("회복 중인 나에게 그런 질문을 하는 것은 예의가 아니다.") 상대방이 다른 사람들에게 같은 실수를 저지르지 않게 도울 수 있다. 누군가 그 질문이 잠재적으로 해로울 수 있다고 지적하는 것만으로, 앞으로 같은 질문을 하기 전에 한 번 더 생각하게 만들 수 있기 때문이다.

그렇긴 하지만, 당신이 바운더리를 설정할 때 반드시 책임감이나 의무감을 갖고 상대방에게 무언가를 가르쳐줘야 하는 건 아니다. 그들의 행동이 왜 당신에게 상처가 되는지 그 순간에 설명하고 싶지 않은 여러 이유가 있을 수 있다. 헤더처럼 아직 그 일이 일어난 지 얼마 되지 않아 고통스럽기 때문에 당신이 할 수 있는 말은 "하지 마세요."가 전부일지도 모른다. 보통 실례를 저지른 사람은 당황스러워하는데, 그때 더 무언가를 가르치려고 하면(특히 공개적인 장소에서) 방어적인 태도나 분노를 일으킬 수 있다. 어쩌면 당신은 장애인이거나 트랜스젠더,

흑인으로서 자기 자신과 커뮤니티를 대변하는 데 지쳤을지도 모른다. 상대방이 당신의 가르침을 좋게 받아들이지 않을 것 같다고 느낀다면, 아무 말도 하지 않고 바운더리만 설정하고 자리를 떠난다.

바운더리를 설정하는 이유는 우리 자신을 안전하고 건강하게 지키기 위해서다. 그 순간에 가장 효과적인 방법이 무엇인지는 당신만이 알 수 있다. 다른 사람들에게 민감한 주제에 관한 바운더리를 존중하는 것이 왜 중요한지 설명할 때 도움이 될 만한 말을 제안하긴 했지만, 항상 그렇듯이 언제나 그 순간에 당신이 옳다고 생각하는 대로 행동하면 된다.

## 영향 vs. 의도

민감한 주제에 대해 얘기할 때는 의도보다 영향을 중심에 두는 게 중요하다. 누군가 미묘한 차별이 포함된 말(편견이나 함축적 의미가 담긴 말)을 했든, 좋은 뜻이지만 무신경한 질문("두 사람은 언제 아이를 가질 생각이세요?")을 했든, 해로운 추측을 했든, 이런 바운더리의 핵심은 그 말을 한 사람의 '의도'에 얽매이는 것이 아니라 그 행동의 '영향'을 지적하는 것에 있다. 이렇게 생각해보자. 내가 모르고 차로 당신을 들이받았는데, 나는 당신을 들이받을 의도가 없었다. 그래도 난 당신의 차를 들이받았고, 그 행동은 당신의 건강과 안전, 소유물에 명백하고 확실한 영향을 미쳤다. 당신이 민감한 상황에서 바운더리를 설정할 때 많은 사람들은 자신의 의도를 강조하며("난 그럴 의도가 아니었어.") 넘어가 주길 기대할 것이다. 상대방의 좋은 의도는 당연히 이해할 수 있지만, 그들의 말이나 행동이 끼친 영향은 해로웠고, 필요에 따라 어떻게 해로웠는지 명시할 때 바운더리는 가장 의미가 있다.

나는 상담을 통해 민감한 주제에 대한 바운더리는 세 가지 범주로 나뉜다는 사실을 발견했다. 바로 정신과 신체 건강을 지키기 위한 바운더리, 공공장소에서의 만남에서 설정해야 하는 바운더리, 인생의 다양한 단계에서 설정하고 지켜야 할 바운더리다.

### 정신과 신체 건강

정신 건강을 지키고 프라이버시를 보호하며, 대화가 고통이나 불안, 불쾌한 기억을 유발하는 방향으로 흘러가지 않도록 하기 위해 필요한 바운더리다. 이 부분에서 중독과 회복, 질병이나 부상, 성정체성, 트라우마와 관련된 바운더리를 찾을 수 있다.

### 공공장소에서의 만남

주로 다른 사람들에게 둘러싸인 공공장소에 있을 때 설정하는 바운더리다. 이런 상황에서는 당신이나 그 자리에 있는 다른 사람들에게 불쾌감을 줄 수 있는 질문이나 발언에 대해 바운더리를 설정한다. 대부분의 바운더리는 어떤 사람과의 관계를 돈독하게 하기 위해 설정하지만, 공공장소에서의 바운더리는 다시 보지 않을 사람들과 설정할 때가 많다. 그래도 여전히 중요한 역할을 하는 바운더리다. 파티에서 낯선 사람이 무심코 인종차별적인 발언을 내뱉을 때, 가게 점원이 당신에게 개인적인 불편한 질문을 할 때, 친구의 결혼식에서 당신의 몸을 더듬으려는 사람을 만났을 때 이 바운더리를 설정한다. 이런 종류의 바운더리를 설정하는 이유는 그 사람들과의 관계를 소중히 여기기 때문이 아니라 당신과 당신에게 옳은 가치를 지키기 위해서다.

### 삶의 단계

민감한 삶의 단계에 관한 바운더리가 여기에 포함된다. 사람들이 '악의 없이' 던지지만, 꽤 고통스러울 수 있는 질문들이다. 내가 이 부분에서 소개하는 스크립트에는 연애 상태와 진행 상황, 교육과 진로, 임신과 가족계획, 죽음과 이혼 등의 주제가 포함된다.

## 민감한 주제에 관한 바운더리와 준비 팁

스크립트를 살펴보기 전에 나는 당신의 삶에서 가장 힘든 시기에 바운더리를 설정하고 지키는 데 도움이 될 만한 몇 가지 조언을 들려주고 싶다.

### 먼저 자신을 보호한다

당신이 다른 사람들의 감정에 마음을 쓴다는 걸 안다. 그리고 그 연민의 마음은 존중받아야 한다. 그러나 어느 누구의 감정도 당신의 건강과 안전을 희생할 만한 가치는 없다. 이제 그 어느 때보다도 분명하고 친절한 바운더리가 필요하다. 당신은 충분히 벅찬 상태인데, 사람들이 그것을 이해하지 못하거나 당신이 설정한 바운더리를 존중하지 못한다면, 그건 정말 당신의 문제가 아니다.

### 바운더리를 자동화한다

당신이 무례한 질문이나 관심을 받게 될 거란 사실을 안다면, 최대한 바운더리를 자동화한다. 임신부라면 배를 보호하듯 팔을 배에 올려두고 "만지지 마세요."라는 분위기를 내뿜거나 임신부 배지를 꽂고 있는다. 바운더리를 자동화하는 방법에는 다른 사람들이 당신을 위해 바운더리를 전달하는 것도 포함된다. 당신의 배우자가 그의 가족에게 미리 "우리에게 아이를 가질 거냐는 질문은 하지 말아주세요. 지금은 그 문제에 대해 더 깊이 얘기하고 싶지 않아요."라고 말할 수도 있다. 가장 친한 친구에게 당신의 휴대폰을 건네면서 메시지에 대신 답장을 해달라고 부탁할 수도 있다. 그러면 당신은 쏟아지는 메시지를 모두 읽어볼 필요가 없다.

### 효과적인 바운더리 대리인이 된다

만약 당신의 언니가 암에 걸렸거나 남편이 삶이 바뀔 만한 사고를 당했거나 가장 친한 친구가 성별을 전환하고 있다면, 그들이 어떤 정보를 누구와 공유하는 게 편한지 대화를 나눠본다. 그렇게 하면 당신은 다른 의견을 갖고 있더라도 그들이 설정하고 싶은 바운더리(또는 그들의 대리인으로서 당신이 설정하는 바운더리)를 유지할 수 있게 해준다. 효과적인 지지자가 되어줌으로써 당신이 사랑하는 사람의 짐을 덜어주고 그들을 안전하고 건강하게 지킬 수 있다.

### 현명하게 알린다

바운더리를 설정할 때 상대방에게 옳은 행동이 무엇인지 알려주기로 선택했다면 전후 상황을 고려해야 한다. 만약 상사와 바운더리를 설정한다면, 바운더리("전 그 문제에 대해서 얘기하고 싶지 않아요.")와 그 사람의 실수를 언급하는 순간을 분리한다. 이때는 동료들이 없는 자리에서 상사와 따로 얘기하는 게 좋다. 만약 누군가의 편을 들어주기 위해 목소리를 내고 싶다면, 피해를 입은 사람이 충분히 안전함을 느껴야 한다. 당신이 얘기를 함으로써 상황을 더 악화해서는 안 된다는 말이다. 확신이 들지 않을 때는 그저 당신의 바운더리를 말하고 주제를 바꾸거나 자리를 떠난다.

### 연습하고, 또 연습한다

내 중독 문제와 회복 과정을 처음 공개적으로 얘기했을 때, 사람들이 내가 약물에 중독되었던 시절에 대해 무례한 질문을 해서 당황했던 기억이 난다. 나는 화를 내면서도 나도 모르게 그들의 질문에 답하고 있었다(그리고 너무 많은 얘기를 한 나 자신에게 화가 났다). 나는 상담사와 어떻게 차분한 방식으로 내 이야기를 나눌 수 있을지, 내가 공유하고 싶은 것과 그렇지 않은 것에 대한 바운더리를 어떻게 설정할 것인지 의논했다. 만약 당신이 이런 상황에 처하게 될 것임을 알고 있다면, 직접 몇 가지 스크립트를 적어보고(물론 내가 소개하는 스크립트를 사용해도 좋다) 이렇게 답하는 것이 편하게 느껴질 때까지 소리 내 연습한다.

### 상대방이 기분 나빠할 것에 대비한다

상대방이 좋은 의도로 한 질문이 사실은 해로운 질문이었다는 걸 알고 나면, 그들은 자신의 불편해진 마음을 당신—상처 입은 쪽—이 위로해주길 기대할 수도 있다. 그러나 당신은 그럴 필요가 없다. 그들의 불편한 마음을 해결해주려고 하는 건 그들의 성장에 방해가 될 뿐이며, 중요한 인생 교훈을 앗아가는 일이다.

괜찮지 않을 때 "괜찮아."라고 말하거나 충격을 일축하기 위해 "네가 어떤 의미로 한 말인지 알아."라고 얘기하며 그들이 한 행동에 상처받지 않은 척하는 것은 분명하지도, 친절하지도 않다. 아무리 좋은 의도로 한 행동이나 말이어도 다른 사람에게 상처를 줄 수 있다. 당신은 이를 인정하고, 그들의 사과를 받고, 앞으로 나아가야 한다.

> 사람들이 타인에게 상처 주는 행동을 했을 때 마음이 불편해지는 것은 괜찮다.

궁극적으로 헤더는 아버지의 죽음 때문에 연락한 모든 사람에게 같은 답장을 보내기로 했다. "연락해주셔서 고맙습니다. 전 잘 지내고 있지만, 제 감정을 처리하기 위해 시간이 필요할 것 같아요. 언제가 될진 모르지만, 제가 대화할 준비가 되면 연락드릴게요. 이해해주시고 제가 답장을 드릴 때까지 기다려주셔서 고맙습니다." 이렇게 메시지를 작성하고 나니 마음이 놓였고, 그 메시지를 받은 누군가가 답장을 보내와도 또다시 답장을 해야 할 필요성이 느껴지지 않았다. 헤더는 바깥 원에 있는 사람들과 감정을 공유해야 한다는 부담감 없이 그녀의 감정을 들여다보기 위해 필요한 영역을 누릴 수 있었다.

다음에 나오는 바운더리의 말들이 당신만의 힘든 시기나 어려운 상황을 품위 있고, 한결 수월하게 헤쳐나가는 데 도움이 되길 바란다.

# 몸과 마음의 건강을 지키기 위한 바운더리의 말들

---

정신과 신체 건강에 관한 바운더리를 설정하는 것은 자극받을 위험을 줄이고, 프라이버시를 지키며, 정체성에 대해 의심받을 위험을 줄인 채 문제를 해결해나갈 수 있도록 도와준다. 여기에서 편안한 정도를 결정하는 것은 당신의 몫이다. 어느 정도 관여할 의향이 있는가? 가까운 관계가 되기 위해 무엇을 기꺼이 공유하고, 당신의 바운더리가 존중되지 않을 때 어느 시점에서 그에 따른 조치를 시행할 것인가?

가능하면 전문 상담사와 함께 도움이 될 만한 구체적인 바운더리를 설정해보자. 전문가의 도움을 받으면 스스로 인지하지 못했던 자극적이고 소모적인 상황을 발견할 수 있다.

Q. 저는 만성질환을 앓고 있어요. 그래서 이런 치료법이나 이런 식단을 시도해보라거나 치유를 위해 '긍정적인 생각'을 해보라는 등 원치 않는 조언을 끊임없이 받습니다. 사람들은 좋은 의도로 하는 말이지만, 제겐 더 스트레스가 될 뿐이에요. 다음에 또 이런 일이 일어난다면 어떻게 말하면 좋을까요?

초록색 "담당 주치의가 좋은 치료 계획을 세워놨어. 그래서 주치의가 해주는 조언 외에는 따를 수 없지만 마음만은 고맙게 받을게."

노란색 "고맙지만 나는 지금 담당 주치의가 아닌 사람에게는 조언을 구하지 않고 있어."

빨간색 "내 건강 상태에 대해 원치 않는 의견을 계속 공유하는 건 무신경한 행동이야. 다시는 네 제안을 듣고 싶지 않아."

— 초록색과 노란색 단계의 바운더리에는 감사하는 마음이 담겨 있다. 사람들이 당신에게 조언하는 것은 당신을 돌보고자 하는 마음, 사랑하는 사람이 아파하는 걸 봐야 하는 좌절감, 당신이 진심으로 낫길 바라는 마음에 기인하기 때문이다. 빨간색 단계의 바운더리는 당신의 의도를 눈치채지 못하는 사람들에게 적용하는 스크립트다. 여기에는 어떤 걸 하면 병이 나을 거라고 암시함으로써 당신을 조종하려 하거나 연민을 표현하는 척하면서 다단계 영양제나에센셜 오일을 팔려는 사람들도 포함된다.

Q. 제 언니는 암 치료를 받고 있어요. 친구들이나 가족들은 항상 자세한 내용을 궁금해해요. "언니는 어떻게 지내?" "의사들이 뭐라고 해?" "머리카락이 빠졌어?" 그들은 좋은 의도로 묻는 거겠지만, 전 언니가 알려주고 싶어 하는 내용 이상은 얘기하지 않을 거예요. 아직 치료 초기라 언니는 아무 얘기도 하지 않길 바랍니다. 주변 사람들에게 어떻게 부드럽게 설명할 수 있을까요?

초록색 "물어봐주셔서 고마워요. 언니는 최선을 다해 치료를 받고 있지만, 지금 전할 만한 새로운 소식은 없어요. 언니에게 안부를 전할게요."

노란색 "언니는 최선을 다해 잘 지내고 있어요. 언니가 아직은 치료 상황을 자세히 알리고 싶어 하지 않아요. 그래도 물어봐주셔서 고마워요."

**빨간색** "지금은 더 자세한 내용을 알려드릴 수 없어요. 언니의 프라이버시를 지켜주셔서 고마워요."

── 앞으로 "언니는 어떻게 지내?"라는 질문을 많이 받게 될 것이다. 따라서 당신이 언니의 바운더리 대리인이 되어주면 어떨까? 우선 언니와 대화를 나누고, 사람들이 질문할 때 어떻게 대답했으면 좋겠는지 물어본다. "언니는 최선을 다하고 있어요."처럼 긍정적이고 일반적인 대답을 원하는가? 아니면 "항암 치료를 받는 게 힘들어요."처럼 그녀의 현재 상황에 대해 더 구체적이고 사실적인 대답을 원하는가? 그녀는 누구와 어느 정도의 정보를 공유하고 싶어 하는가? 빨간색 단계 바운더리는 언니가 원하는 것보다 더 많은 정보를 알 권리가 있다고 생각하는 사람들에게 필요한 말이다.

Q. 저는 최근에 충격적인 일을 겪었고, 친구들은 제게 힘이 되어주려고 애쓰고 있어요. 하지만 제가 얘기를 시작하면 친구들은 본인이 겪은 충격적인 일들에 대해 얘기하며 공감하려 노력합니다. 제 기분을 낫게 해주려고 그러는 건 알지만, 저는 제 이야기를 제대로 들어주지 않는 듯한 기분이 들어요. 친구들이 제 말을 들어주는 방식에 대해서도 바운더리를 설정할 수 있나요?

**초록색** (대화를 시작하기 전) "나는 그냥 네가 내 얘기를 들어주었으면 좋겠어. 어떤 얘기도 하지 않아도 괜찮아. 나에게 그냥 괜찮아질 거라고 얘기해주면 좋겠어."

**노란색** (대화 도중) "네 얘기는 나중에 해주면 안 돼? 네가 그렇게 하면 무시당하는 기분이 들거든. 난 그냥 내 얘기를 들어줄 사람에게 전부 털어놓고 싶어."

**빨간색** (대화 도중) "네 경험을 중간에 얘기하지 않고 그냥 내 얘기를 들어주는 건 힘들어 보여. 그건 나에게 도움이 되지 않으니 다음에 다시 얘기하자."

―― 만약 이 스크립트를 통해 당신이 다른 사람들을 이런 방식으로 방해한 적 있다는 사실을 깨달았다면, 너무 자책하지 말고 앞으로 대응 방식에 반영해보자. 당신이 겪은 비슷한 경험을 들려주면서 상대에게 공감하고 있음을 보여줄 수도 있지만("이것 봐. 나도 같은 일을 겪었어!") 자칫하면 그 대화의 중심에 당신을 두는 결과를 초래할 수 있다. 이런 상황에서 공감을 건네는 가장 좋은 방법은 적극적으로 친구의 얘기를 들어주고 친구가 한 말을 되새긴 뒤 그를 도와주기 위해 무엇을 할 수 있을지 물어보는 것이다.

Q. 저는 젊고 건강해 보이는 여성이지만 다발성 경화증을 앓고 있습니다. 가끔 보행 보조기를 사용할 때도 있는데, 제가 장애인 구역에 주차하거나 보행 보조기를 사용할 때 낯선 사람들로부터 "당신은 장애인처럼 보이지 않는데요."라든가 "당신에게 무슨 일이 일어난 거예요?"와 같은 선을 넘는 질문을 받습니다. 제가 어떤 병을 진단받았든지 그건 그들이 신경 쓸 일이 아닌데, 제가 뭐라고 얘기해야 할까요?

**초록색** "전 장애가 있어요. 하지만 어떤 장애는 다른 장애만큼 겉으로 드러나지 않는 경우도 있죠. 마음대로 추측하지 않는 게 좋지 않을까요?"

**노란색** "전 장애가 있지만, 개인 병력에 대해서 자세히 얘기하고 싶진 않아요."

**빨간색** "전 당신에게 제가 장애가 있다는 걸 입증해 보이고 싶지 않아요."

── 초록색 단계의 바운더리에는 교육이 포함되어 있지만, 노란색과 빨간색 단계에서는 그렇지 않다는 걸 발견했을 것이다. 소외된 그룹의 한 사람으로서 당신이 항상 다른 사람의 오류를 바로잡는 역할을 할 필요는 없다. "그렇게 안 보여도 전 장애인이 맞아요."라고 얘기한 뒤 다른 누군가(예를 들면, 친구)가 당신의 편이 되어 장애를 가진 사람들이 모두 같은 모습을 하고 있는 건 아니며 누군가의 삶의 경험에 의문을 제기하는 것은 무례하다고 대신 설명하는 방법도 있다.

Q. 군인인 제 남편은 해외 파병을 여러 차례 다녀왔습니다. 사람들은 (낯선 사람들까지) "당신도 사람들을 죽여야 했겠죠?"라든가 "그곳에 있는 건 정말 어떤 기분이에요?"와 같은 질문을 합니다. 특히 그는 '외상 후 스트레스 장애'를 겪고 있는 터라, 이런 질문들은 더 부적절해요. 그는 질문을 받을 때마다 말문이 막히고 가끔은 (당연하게도) 순간적으로 화를 냈다가 마음이 안 좋아지기도 합니다. 이런 상황에서 남편은 뭐라고 얘기해야 할까요?

**초록색** "그때의 기억을 떠올리게 하는 질문은 하지 말아주세요. 지금은 가족들과 함께 집으로 돌아와 행복하고, 그 사실에만 집중하고 싶어요."

**노란색** "얼마나 많은 군인이 '외상 후 스트레스 장애'를 안고 집으로 돌아오는지 아세요? 정말 많아요. 아마 대부분이 그렇겠죠. 그런 질문은 하지 마세요."

**빨간색** "방금 그 질문은 못 들은 걸로 할게요."

— 소방관, 경찰관, 응급 구조대원, 코로나19의 최전선에서 근무하는 의료진—위험하고 생명을 위협하는 일에 밀접하게 관여하는 모든 사람—은 마치 파티에서 농담을 하듯 트라우마에 대한 이야기를 들려달라는 요청을 많이 받는다고 한다. 군대나 소방 및 안전, 의료 분야의 구성원들이 하는 용감하고 사회에 꼭 필요한 일을 오락거리로 취급하는 것은 적절하지 않다. 다시 되새기고 싶지 않은 경험이나 이야기를 들려달라고 요청받은 적이 있다면, 위에서 소개한 바운더리 대응법을 연습해두자. 그 순간에 냉정함을 유지할 수 있을 것이다. 물론 화를 낸다고 해도 충분히 이해할 수 있지만 말이다.

## 낯선 사람과 바운더리를 세우기 위한 말들

다양한 사회환경에서 잘 모르는 사람이나 다시는 만나지 않을 사람들과 바운더리를 설정하는 것은 친구들이나 가족과 바운더리를 설정하는 것과는 다르다. 가까운 사람들과 바운더리를 설정하는 이유는 그 사람과의 건강한 관계를 유지하기 위해서다. 그러나 여기서 나오는 바운더리 스크립트는 나 자신을 안전하고 건강하게 지킨다는 한 가지 목적만을 위한 것이다.

초록색 단계의 바운더리도 다른 장에 비해 더 단호하게 느껴질 수 있지만, 그것은 의도적인 것이다. 바운더리를 설정할 기회는 한 번뿐이고, 낯선 사람의 기분이 상하는 것은 당신의 정신 건강이나 신체적 안전보다 중요하지 않다.

Q. 가끔 사람들—동료, 지인, 행사에서 만나는 사람들—은 제가 대답하고 싶지 않은 개인적인 질문을 합니다. 예를 들면 이런 질문이죠. "이 일로 돈을 얼마나 벌 수 있어요?" "몇 살 때 순결을 잃었어요?" 믿기지 않겠지만 네트워킹 행사에서 직접 들은 말입니다. 이런 질문에 어떻게 정중하게 대답해야 할지 모르겠어요. 도와주세요.

**초록색** "그 질문에는 대답하지 않겠지만…"이라고 뜸을 들인 뒤 "당신의 경력이나 어디서 일하는지에 따라 달라져요."라고 대꾸한다. 또는 "순결은 어차피 사회적 산물이죠."처럼 구체적이지 않은 대답을 덧붙인다.

**노란색** "우와, 전 그 질문엔 대답하지 않을 거예요."

**빨간색** "그건 누구도 상관할 바가 아니라고 생각해요."

—— 사람들은 나에게 개인적인 질문을 자주 하는데, 보통 초록색 단계의 바운더리로 대응한다. 예를 들어, 내가 전남편과 왜 이혼했는지 묻는다면 이렇게 얘기할 것이다. "그 질문에 대해서는 대답하지 않을 거예요. 인간관계는 힘들고 때로는 잘 안 풀릴 때도 있잖아요." 다행인 점은 이런 질문에 답을 할 것인지는 100퍼센트 당신에게 달려 있기 때문에 바운더리를 지키는 게 쉽다는 것이다.

## "개인적인 질문을 해도 될까요?"

나는 이렇게 시작하는 질문을 정말 싫어한다. 내 커뮤니티에서 들은 바에 따르면, 모두들 마찬가지인 것 같다. 만약 친절하기 위해 '예'라고 답한다면, 대답하기 불편할 수 있는 질문을 허용하는 것이다. 당신이 그런 질문을 듣는 것에 동의했기 때문에 대답해야 한다는 부담감도 생긴다. 이런 질문을 받을 때마다 나는 이렇게 대답한다. "네, 물어보세요. 만약 대답하기 불편한 질문이면 제가 말씀드릴게요." 개인적인 질문은 "자연분만 하셨어요?"부터 "당신도 저처럼 키가 크시네요. 바지를 어디서 구입하세요?"까지 그 어떤 것도 될 수 있기 때문에 당신이 대답할지 결정하기 전에 상대방의 질문을 먼저 들어봐야 한다. 반드시 대답하지 않을 수도 있다는 사실을 미리 분명히 밝힌다. 당신의 바운더리를 짐작하는 것은 다른 사람의 일이 아님을 기억하자. 나에게 맞는 바운더리를 설정하고 지키는 것은 내 책임이기 때문에 나는 어떤 질문을 한다고 해서 상대방을 탓하지 않는다.

---

Q. 결혼식에 참석해야 하는데, 혼주 가족분들이 포옹을 굉장히 좋아한다고 들었어요. 전 낯선 사람들과 하는 포옹을 좋아하지 않는데 말이죠. 어떻게 하면 어색하지 않게 거절할 수 있을까요?

**초록색** 당신이 악수를 선호한다는 사실을 보여주기 위해 사람들에게 손을 뻗으며 다가간다.

**노란색** 만약 누군가가 포옹하려고 다가오면, 양손을 올리고 뒤로 물러나며 "아, 전 포옹을 좋아하지 않아요. 만나서 반가워요."라고 말한다.

**빨간색** 물리적으로 거리를 두고 "포옹하지 마세요."라고 말한다. 그리고 적절한 거리에서 자신을 소개한다.

── 소셜미디어에서 팔로우하는 신경 발달 장애 커뮤니티에서도 이런 논의가 자주 일어난다고 한다. 그래서 나는 항상 사람들을 처음 만날 때마다 이렇게 묻곤 한다. "만나서 반가워요! 포옹이나 악수, 그냥 인사 중에 어떤 걸 선호하세요?" 만약 신체 접촉을 거부하는 게 무례하다고 비난하는 사람이 있다면, 상대방이 구체적으로 접촉하지 않길 요청했는데도 접촉하는 게 무례한 행동이라고 정중하게 지적한다.

Q. 저는 부모님과 사이가 멀어졌어요. 모임에서 가족 얘기가 나오면 저는 부모님과 더 이상 연락하지 않는다고 솔직하게 말합니다. 그러면 '가족이 전부'라고 하거나 부모님이 돌아가시고 나면 후회할 거라는 얘기를 들어요. 전 가족과의 관계에 대해 거짓말을 하고 싶지 않지만, 원치 않는 조언을 듣고 싶지도 않아요. 어떻게 해야 할까요?

**초록색** "당신이 가족과 가깝게 지낸다니 기쁘네요. 제 가족 얘기는 더 이상 하고 싶지 않아요."

**노란색** "정중히 말씀드리면, 그렇지 않아요. 전 후회하지 않을 거예요. 그러니 다른 얘기로 넘어가죠."

**빨간색** "당신은 제 가족에 대해 잘 모르니까 그런 의견은 받아들이지 않겠습니다."

— 이런 답변을 할 때 가족사를 자세히 설명하지 않아도 괜찮지만, 내가 아는 한 친구는 다음과 같이 대답하곤 했다. "그럼 어린 시절 내내 엄마가 나를 때렸다고 해도 내가 더 노력하지 않은 것을 후회할 거라고 생각하시나요?" 이런 방식으로 바운더리를 설정하는 것은 충격을 줄 수 있지만, 항상 효과적인 것도, 친절한 것도 아니다. 그러나 여러 차례 바운더리가 존중되지 않는다면, 이처럼 강력한 발언을 해야만 만족스러운 결과를 얻을 수도 있다.

Q. 저는 매장에서 근무하고 있어요. 어느 날 한 고객이 제가 임신부인지 물어보는 거예요. 전 임신하지 않았고, 뒤에 줄을 서 있던 다른 사람들 앞에서 완전히 당황했어요. 고객은 사과했지만 저는 어떤 말을 해야 할지 몰랐습니다.

이것은 바운더리를 설정해야 하는 상황은 아니다. 그 고객이 당신에게 다시 같은 질문을 하지 않을 것이고, 그 고객을 다시 만나게 될 가능성도 거의 없기 때문이다. 그러나 그 순간에 "괜찮아요."라고 말하는 대신에 이렇게 얘기해보자. 이런 경우, 누군가가 그렇게 질문하는 것은 정말 괜찮은 일이 '아니기' 때문이다.

- "지금 하신 질문은 못 들은 걸로 할게요."
- "지금 그런 질문을 하시다니 믿을 수 없네요."
- "그런 가정을 하는 건 절대 괜찮지 않아요."
- "전 임신하지 않았어요. 다시는 이런 질문을 하지 않았으면 좋겠어요."

- "아뇨. 하지만 지금 저를 매우 불편하게 만드셨어요."
- "누군가의 다리 사이로 아기가 나오는 걸 보지 않는 이상 절대 그런 질문을 해서는 안 돼요."

지금쯤이면 사람들이 절대 해선 안 되는 몇 가지 발언이 있다는 걸 알게 되었을 것이다. 상대방이 임신했는지 물어보지 않는다. 살이 빠졌는지 물어보지 않는다. 누군가의 성별을 추측하지 않는다. 그러나 이런 상황은 계속 일어날 것이고, 나는 그때마다 당신이 분명하고 친절하게 대응하는 말을 해주길 바란다(이렇게 건설적인 피드백을 해주는 것은 아주 친절한 행동이다. 당신 덕분에 또 다른 누군가는 그런 질문을 받지 않을 수 있기 때문이다).

Q. 가끔 일상에서 소극적으로 인종차별, 동성애 혐오, 장애인 차별 발언을 하는 사람들을 목격할 때가 있어요(보통 "나는 인종차별을 하려는 건 아니지만⋯."이라는 문장으로 시작하죠). 저는 그 사람에게 이의를 제기하고 싶지만, 어떻게 해야 그런 발언을 한 사람을 화나게 하거나 곤란하게 만들지 않으면서 얘기할 수 있을지 모르겠어요.

초록색 "사실 그건 문제 있는 발언이에요. 그냥 다른 얘기로 넘어가는 게 최선인 것 같아요." 주제를 전환한다.

노란색 "잠시만요. 방금 한 말은 위험하니 계속 말을 이어가지 않는 게 최선인 것 같아요."

빨간색 (상대방이 제대로 대응하지 않는 경우) "전 자리를 떠날게요. 왜

냐하면 전 당신이 인종차별적 발언을 하는 게 전혀 문제없다고 얘기하는 걸 더 듣고 싶지 않거든요."

─── 만약 상대방이 원한다면, 그 얘기가 왜 문제가 될 수 있는지 알려준다. 이런 상황에서 일어날 수 있는 가장 좋은 시나리오다. 그러나 상대방이 스스로 한 말에 대해 전혀 신경 쓰지 않는다면, 그런 발언을 그대로 방치하지 않는다는 당신의 바운더리를 분명히 한다. 그리고 그 발언에 가담하는 사람이 되기 전에 그 상황에서 벗어난다.

## 주변인 개입[01]

만약 누군가가 인종이나 피부색, 성별, 성정체성, 종교, 사이즈, 능력 수준 때문에 괴롭힘을 당하는 모습을 목격한다면, 당신은(특권을 가진 사람이라고 가정하자) 어떻게 할 것인가? 그들의 편에서 지지를 보내야 한다. 그리고 그 사람의 편이 되어주려면 행동으로 옮겨야 한다. 비영리단체인 라이트 투 비Right to Be에서는 괴롭힘을 멈추는 방법을 가르치는 '주변인 개입' 교육을 제공한다. 라이트 투 비가 말하는 '5D'는 다음과 같다.

- 주의 분산Distraction: 괴롭힘을 당하는 사람에게만 관심을 기울이면서 주의를 분산시키고 그 상황을 방해한다. 그들에게 길을 물어보거나, 괴롭힘을 당하는 사람과 괴롭히는 사람 사이를 무심코 걸어가거나, 그들에게 아는 척을 하거나, 그들이 서 있는 곳 근처에 '실수로' 물을 떨어뜨리는 등의 행동을 한다.
- 위임Delegation: 당신이 그 사람이 괜찮은지 확인할 수 있도록 제3자(당신의 동행자, 도움을 주고자 하는 타인, 주변 직원 등)에게 주의를 분산해달라고 요청한다.

- 기록Document: 만약 누군가가 그 사람을 도와주고 있고 당신도 안전하다고 느끼면, 그 장면을 영상이나 사진으로 기록한다. 그리고 괴롭힘을 당한 사람에게 당신이 남긴 기록을 어떻게 하면 좋을지 물어본다. 당사자의 허락 없이는 어떤 영상이나 사진도 공유하지 않는다.

- 지연Delay: 만약 그 순간에 행동할 수 없다면 그 일이 일어난 뒤 괴롭힘을 당한 사람에게 도움의 손길을 내민다. 그 사람과 함께 잠시 걷거나 앉아 있어도 될지 물어보고, 사건을 신고하길 원한다면 함께 남아 있어주거나 그 상황의 목격자가 되어준다.

- 직접 대응Direct: 만약 적절한 상황이라면(당신과 괴롭힘을 당한 사람이 신체적으로 안전하고 상황이 더 악화될 것 같지 않으며, 괴롭힘을 당한 사람이 도움을 원하는 상황이라면), 괴롭히는 사람에게 직접적으로 얘기한다. "그만 괴롭히세요." "가만히 내버려두세요." "그건 인종차별이니 여기서 나가주세요." 짧게 얘기하고 즉시 피해를 입은 사람을 돕는 데 집중한다.

주변인 개입에 대한 조언은 직장이나 식료품점, 버스 정류장 등 다양한 상황에서 괴롭힘을 목격할 때 적용할 수 있다. 라이트 투 비의 주변인 개입 교육 자료를 더 보고 싶다면, righttobe.org에 접속해보자.

---

Q. 가끔 누군가가 성차별적, 인종차별적, 기타 모욕적인 발언을 농담처럼 하는 걸 우연히 듣게 될 때가 있습니다. 그 상황에 제가 반응을 보이면, 그들은 마치 모욕적인 발언을 지적한 게 잘못이라는 듯 "그냥 농담일 뿐이야."라고 말해요. 저는 농담이라는 미명하에 그런 발언을 아무렇지 않게 하는 걸 견디기

**초록색** "나는 그 농담이 이해가 안 되는데. 도대체 어느 부분이 웃긴 거야?"

**노란색** "난 전혀 웃기지 않은데. 너도 그 이유를 알 거라고 생각해."

**빨간색** "그건 웃긴 게 아니라 성차별이야. 난 먼저 나가볼게."

—— 사람들은 미묘한 차별적 발언을 농담이라고 얘기하길 좋아하지만, 그 영향은 의도와 상관없이 해롭기 때문에 이를 지적하는 게 옳다. 만약 그 사람이 정말 당신을 웃게 만들려고 한 말이라면, "그런데 그건 웃기지 않아."라고 얘기하는 것만으로 충분하다.

## 나의 선택을 지키기 위한 바운더리의 말들

이 주제는 수년간 내가 가장 많이 받아온 바운더리 관련 질문이기 때문에 다른 주제보다 더 할 얘기가 많다. 우리는 인생의 모든 단계에서 낯선 사람, 지인, 심지어 사랑하는 사람들로부터 언제, 왜, 어떻게 특정 단계로 나아갈 것인지에 대한 질문을 받곤 한다. 다른 사람들은 언제나 내가 삶의 어느 지점에 있는지 개인적인 부분까지 상세히 알고 싶어 한다. 그러나 스스로도 같은 질문으로 고민하는 중이라면 더욱 누구에게도 대답해야 할 의무는 없다.

그것이 왜 해롭고 주제넘은 질문인지 설명할 만큼 안전한 상황에 있다면, 여기서 상대방의 오류를 바로 잡아줄 기회를 많이 발견할 것이다. 아니면 그냥 이 주제에 대해 이야기하고 싶지 않다는 바운더리를 설정하고 자리를 떠날 수도 있다.

> Q. 저와 남자친구는 1년 동안 밴을 타고 전국을 여행하기 위해 회사를 그만두었어요. 여행 경비를 충분히 모았고, 후원자를 만난다면 여행 기간을 더 연장할 계획도 있습니다. 가족은 제 결정에 대해 많은 의견을 내지만, 긍정적인 이야기는 하나도 없어요. 어떻게 하면 가족들에게 참견하지 말아달라고 (좋게) 얘기할 수 있을까요?

**초록색** "이해가 되지 않으시겠지만, 우리는 인생의 다음 단계를 매우 기대하고 있어요. 엄마, 아빠가 저를 지지해주는 것 외에는 아무것도 바라지 않아요. 저만큼 신나진 않더라도 최소한 부정적인 의견은 혼자만 간직해주세요."

**노란색** "잠시만요. 저희는 부모님의 의견을 바라는 게 아니에요. 여행을 떠나기 전에 부정적인 의견은 듣고 싶지 않아요."

**빨간색** "제 삶의 선택에 실망했다는 얘기 말고 다른 대화를 할 수 있을 때 문자 주세요. 그때까지는 대화를 하지 않는 게 좋겠어요."

—— 이것이 '내 결정을 존중해주기 위해 내 결정을 이해할 필요는 없어'의 완벽한 예다. 그리고 이 말이 앞선 사례에만 적용되는 것은 아니다. 어떤 직업을 가질지, 누구와 결혼할지, 어디서 살지 등에 대한 선택을 할 때 가족의 의견을 반영하거나 비판을 수용해야 할 필요는 없다. 당신은 가족에게 돈이나 조언, 거짓 열정을 요구하고 있지 않다. 당신의 매우 합리적인 바운더리는 단지 '네가 나

를 정말 화나게 하거나 실망시키게 내버려두지 않겠다'는 것일 뿐이다.

> Q. 저와 파트너는 2년째 사귀고 있는데, 과거 연애의 트라우마 때문에 그는 결혼하기를 망설입니다. 저도 서두르지 않고 그와 이 관계를 이어가고 싶지만, 주변 사람들의 압박이 상황을 악화시키고 있어요. 누군가 "언제 청혼할 거야?"라고 물을 때마다 그는 불안과 불편함을 느끼고 저도 당황스러워요. 어떻게 해야 할까요?

**초록색** "우리는 그 질문을 좋아하지 않아. 좋은 소식이 있을 때 우리가 알려줄게." 주제를 전환한다.

**노란색** "솔직히 우리는 사람들이 그만 물어보면 좋겠어. 그런 압박을 받고 싶지 않아."

**빨간색** "마지막 요청이야. 다시는 묻지 말아줘." 다른 주제로 넘어간다.

── 가족이나 친구들과 따로 얘기할 기회가 있다면 상황을 어느 정도 자세히 설명할 수는 있지만, 자신을 위해 파트너를 곤경에 빠뜨리지는 말자. "내가 행복하길 바라서 그러는 걸 알아. 하지만 난 지금 정말 행복해. 우리에게 계속 부담감을 주는 건 도움이 되지 않고, 너와 시간을 보내는 게 불안해져. 우리 관계를 위해 제발 그만 얘기해."

> Q. 우리는 아이를 간절히 바라고 있지만, 두 번의 유산을 경험했고 불임 치료

도 효과를 보지 못하고 있어요. "두 사람은 언제 아이를 가질 거예요?"라는 질문을 받으면 눈물이 터질 것 같아요. 사람들은 좋은 뜻으로 하는 말이지만, 그게 얼마나 듣기 힘든 질문인지 이해하지 못해요. 이런 질문에 (눈물을 터뜨리는 것 말고) 어떻게 반응해야 할까요?

**초록색** "우리가 아이를 얼마나 간절히 바라고 있는지 몰라요. 아이에 관한 얘기는 하고 싶지 않아요."라든가 "좋은 뜻으로 하신 말인 건 알지만 아이에 관한 얘기는 하고 싶지 않아요."라고 말하며 주제를 전환한다.

**노란색** "사실 아이는 우리에게 민감한 주제예요. 다시 묻지 말아주세요."라든가 "우린 아이에 대해 얘기하는 게 편하지 않아요."라고 말하며 주제를 전환한다.

**빨간색** "그런 질문은 정말 고통스러울 수 있다는 걸 아셨으면 좋겠어요. 사람들이 어떤 일을 겪고 있는지 전혀 모르실 거예요. 만약 아셨다면 그런 질문은 하지 않으셨겠죠. 이 문제에 대해 더 얘기하고 싶지 않아요." 또는 "사람들에게 물어보면 안 되는 질문이에요. 실례하겠습니다."

—— 당신의 상황을 알려주고 싶지 않거나 선을 넘는 또 다른 질문 ("왜? 무슨 일인데?")을 받고 싶지 않은 경우에 대비해 여러 버전의 말을 준비했다. 사람들이 이어서 또 다른 질문을 한다면 "내가 말했던 것처럼 이제 이 얘기는 더 하고 싶지 않아."라고 대답하자.

**Q. 배우자와 저는 아이를 갖지 않기로 결정했어요. 저희는 사람들에게 이런**

**초록색** "걱정해줘서 고맙지만, 이 결정에 대해 다른 사람의 의견을 구하고 싶지 않아." 주제를 전환한다.

**노란색** "잠시 하던 얘기를 멈춰줄래? 우리는 네 의견을 구하는 게 아니야. 이건 우리 결정이야."

**빨간색** "그만 얘기해줘." 자리를 뜨거나 주제를 전환한다.

── 아이를 갖지 않기로 한 결정에 의문을 제기하는 사람과의 관계에 따라 유머로 대응할 수도 있다. "다음 달 마우이에 있는 성인 전용 리조트에 가서 네가 한 말을 기억할게." 또는 "네가 아이들 대학 등록금이 너무 비싸다고 불평하기 시작할 때 이 대화를 상기시켜줄 거야." 나는 이것이 비꼬는 말이라고 생각하지 않지만, 내가 대부분의 사람들보다 비꼬는 말에 더 관대한 기준을 갖고 있는 건 사실이다.

**초록색** "멈춰줘! 의도는 고맙지만 난 지금 육아 조언을 구하는 게 아니야.”

**노란색** “오, 그만! 육아 조언이나 출산 이야기는 이제 그만 듣고
싶어. 의사 선생님이나 파트너 외의 의견은 듣고 싶지 않아.”

**빨간색** “멈춰. 난 네 얘기를 듣지 않을 거야.” 자리를 떠난다.

—— 내가 임신했을 때도 사람들이 출산과 관련된 공포스러운 이
야기만 해주고 싶어 하는 것 같았다. “내 친구가 얼마 전에 아기를
낳았는데, 계획대로 아주 순조롭게 잘됐어.”라고 말하는 사람은 아
무도 없었다. 그보다는 “이걸 조심해.” “이것에 대비해.” “이럴 위
험이 있다는 걸 알고 있어.”라는 말이 더 많았다. (도대체 왜?!) 아마
도 같은 이야기를 반복해야 할 수도 있겠지만, 당신의 정신 건강을
지키는 게 가장 중요하다.

Q. 최근에 저와 배우자는 신앙심을 잃었는데, 이 사건은 우리 가족과 친구들,
공동체에 큰 파장을 일으켰어요. “왜 떠났어?”라든가 “그럼 이제 무엇을 믿
는 거야?”라는 질문 공세를 받고 있습니다. 첫 번째 질문에 대한 답은 알고
있지만, 그건 정말 아무도 상관할 일이 아니라고 생각해요. 그리고 두 번째
질문에 대한 답은 우리도 아직 고민하는 중입니다. 게다가 위의 질문에 대답
을 하면 사람들은 우리의 생각을 바꾸려고 설득할 거예요. 그들에게 “그건 당
신이 상관할 문제가 아니에요.”라고 얘기해도 될까요?

**초록색** “그건 저희(그리고 신) 사이의 문제예요. 그 점을 존중해주
길 부탁드려요.”

**노란색** “그 문제에 대해 얘기하고 싶지 않고, 저희를 설득할 필요

도 없어요. 이 주제는 다시 꺼내지 않으면 좋겠어요."

**빨간색** "우리에게 당신의 믿음을 계속 강요하려 한다면, 저희는 먼저 자리를 뜰 거예요. / 전화를 끊을 거예요. / 이메일을 확인하지 않을 거예요."

── "미안하지만 그건 당신이 상관할 문제가 아니에요."라고 얘기할 수도 있다. 사람들을 다시 무리로 돌아오게 하기 위해 왜 괴롭히거나 비난하는 게 효과적인 방법이라고 생각하는지 이해할 수 없다. 나는 많은 친구들과 신앙의 위기에 대한 대화를 나눴기에 당신이 이런 결정을 고민하는 동안 죽을 만큼 힘든 시기를 보냈을 것임을 안다. 이 믿음의 단계가 당신에게 어떤 의미인지 알아내는 동안 외부 의견으로부터 당신을 보호하기 위해 모든 조치를 취하자.

Q. 저는 지금 이혼을 진행 중인데, 부모님은 이혼하는 게 얼마나 큰 실수인지, 이혼이 우리 아이들의 삶을 얼마나 망쳐놓을지 등의 얘기를 거침없이 쏟아냅니다(안 그래도 아이들 걱정으로 머리가 터질 것 같은데 말이죠). 어차피 부모님은 도와주지 않으실 테니 그냥 이 문제에 참견만 하지 않으시면 좋겠어요. 도와주세요.

**초록색** "저와 아이들이 걱정된다는 걸 알고 있지만, 이건 제 결정이에요. 전 부모님의 조언이 아니라 지지가 필요해요."

**노란색** "부모님의 의견은 도움이 되지도 않고, 바라지도 않아요. 이렇게 힘든 시기에 저에게 힘을 실어줄 수 없다면 더 이상 부모님과 이 문제에 대해 얘기하고 싶지 않아요."

**빨간색** "이건 지금 제가 상의하고 싶은 주제가 아니에요." 주제를 바꾸거나 전화를 끊거나 필요에 따라 자리를 뜬다.

— 주의해야 할 점은 아이들을 위한 바운더리를 설정해야 할 수도 있다는 것이다. 할머니, 할아버지가 아무리 좋은 뜻으로 하는 얘기여도 "엄마와 아빠가 이혼하지 않으면 정말 좋겠구나."라는 발언은 아이들에게 매우 해로울 수 있다. 당신의 가족에게 적합한 바운더리를 설정하자.

Q. 엄마의 건강이 급속도로 나빠지고 있습니다. 저는 엄마의 주 보호자예요. 남편과 저는 다음 단계에 대해 논의하고 있지만, 모두가 엄마를 간병하기 위해 우리가 해야 할 일(그리고 해선 안 되는 일)에 대한 의견을 제시해요. 안 그래도 매우 힘든 시기인데 외부인이 내 결정에 죄책감을 느끼게 만드는 건 정말 원하지 않아요.

**초록색** "이건 쉽게 대답할 수 없는 어려운 결정이야. 엄마의 주치의나 내 남편의 의견이 아니라면 조언을 듣고 싶지 않아."

**노란색** "미안하지만 엄마를 돌보는 문제에 대해 다른 사람의 의견은 듣고 싶지 않아."

**빨간색** "이 문제에 대한 네 의견은 듣지 않을 거야." 자리를 떠난다.

— 이 바운더리는 힘든 시기에 당신의 건강을 지키기 위한 기본적인 장치다. 지금 당신의 영역과 에너지를 보호하는 일에 죄책감을 갖지 말자. 아주 가까운 사람들 외에는 엄마의 건강이나 돌봄에 관한 문제를 논의하지 않음으로써 이 바운더리를 자연스럽게 지킬

수 있다. 그냥 다음과 같이 얘기하자. "엄마는 기대만큼 잘 지내고 있어요. 엄마 안부를 물어봐주셔서 고마워요. 엄마에게도 소식 전해드릴게요."

## 나를 자유롭게 해줄 바운더리 사랑하기

---

뇌진탕을 겪고 난 뒤 나는 3년 동안 후유증을 앓았다(여전히 엄청난 스트레스를 받거나 힘든 여행을 하거나 과로하고 나면 갑작스럽게 재발을 하기도 한다). 나도 내가 직접 경험하기 전까지는 머리 부상에 대해 아무것도 몰랐다. 그래서 머리 부상을 당한 사람들과 뇌진탕으로 고생하고 있는 가족을 둔 사람들을 돕기 위해 소셜미디어에 내 경험을 공유하고 있다.

그 정보를 공유하자 사람들은 하나같이 "어쩌다 그런 일이 일어났어요?"라고 물었다. 한동안 나는 사실대로 얘기했다. 아들과 놀이 센터에서 레이저 총을 갖고 놀고 있었는데, 게임을 하는 중에 다른 사람의 총에 머리를 맞았던 건지 어쩌다 보니 콘크리트 기둥에 머리를 부딪쳤다. 정확히 어떻게 된 일인지는 기억나지 않는다. 그러나 내가 이 사실을 공개한 뒤 사람들이 좋은 뜻으로 한 반응이, 내 정신 건강에는 좋은 영향을 미치지 않는다는 걸 알게 되었다.

"휴, 그럼 그렇게 심각한 일은 아니었네요!"(사실 심각한 일이었다. 석 달이 지난 뒤에도 여전히 여행이나 등산, 강연을 할 수 없었다.) "아직도 증상들을 겪고 있다고요?"(그렇다. 그러나 이제 내가 거짓말을 하거나 과장하거나 호들갑을 떤다고 당신이 생각하는 게 아닐지 궁금하다.) "카레이서나 미식축구 선수들은 어떨지 상상해보세요."(그들의 부상이 훨씬 더 심각하고 고통스럽겠지만, 나도 아직 고통에 시달리고 있으니 비교하지 않으면 안 될까?)

　사람들은 좋은 뜻으로 남긴 얘기였지만 나는 여전히 부상과 그것이 내 삶에 미치는 영향을 받아들이는 중이었고, 상담 후에 나는 이 문제에 대해 바운더리가 필요하다는 걸 깨달았다. 그래서 나는 사람들에게 "사고가 있었어."라고 얘기하며 '초록색 전 단계' 전략을 썼다. 내가 무엇을 공유하고, 무엇을 공유하지 않을지 명확하게 정해놓지 않았기에 진정한 바운더리를 세운 건 아니었지만, 추가 질문을 허용하지 않고 내가 알려주고 싶은 내용만 공유한다는 점에서 바운더리에 한 걸음 다가간 셈이었다. 게다가 자세한 설명은 하지 않았으므로 사고가 그렇게 심각해 보이지 않는다거나 왜 증상이 아직도 있는지에 대한 질문은 사라졌다.

　가장 민감한 주제들의 경우, 초록색 전 단계 대응은 당신이 대화를 나눌 때 어느 정도의 한계선을 정해놓음으로써 실제 바운더리를 설정할 때까지 유용한 다리 역할을 한다. 예를 들면, "사랑하는 사람이 어떻게 세상을 떠났어요?"라는 질문에 "갑자기 일어난 일이라서 우리도 모두 아직 충격에 빠져 있어요."라거나 "작별 인사를 할 시간을 가질 수 있어서 다행이었어요. 그는 편안하게 세상을 떠났어요."처럼 초록색 전 단계 바운더리로 대답할 수 있다("그게 아니라, 그가 어떤 이유로 세상을 떠났냐고요."라고 되물을 만큼 눈치 없는 사람은 없을 것이다).

　바운더리 문제에 있어서 '최소한의 노력으로 최대 효과'를 누리는 방법을 실천한다면, 잘 짜인 반쪽짜리 대답으로 당신의 에너지 소모를 줄일 수 있다. 그리고 가장 힘든 시기에 이 방법으로 효과를 얻고 당신의 스트레스를 덜어줄 수 있다면 난 전적으로 찬성한다.

10장

# 나로부터 나를 지키는 법

자기 자신과의 바운더리 설정하기

2020년 10월은 혼돈의 시기였다. 미국은 논쟁 가득한 선거를 맞이하고 있었고, 코로나19가 급속히 번지고 있었으며, 나는 뉴스를 장악한 사회정의 활동에 깊이 빠져 있었다. 당시에 나는 소셜미디어와 건강한 관계를 유지하는 게 힘들었다. 세상은 서로 다투고, 잘못된 정보를 공유하고, 아프고 죽어가는 사람들로 가득 찬 것 같았다. 매일 밤 나는 어떤 일들로 격분하고, 남편에게 이게 얼마나 불공평하고 불균형적인 일인지 토로하며 잘 준비를 하곤 했다. 눈물이 날 정도로 격한 감정에 휩싸인 지 사흘째 되던 밤, 남편은 이렇게 말했다. "자기야, 트위터를 그만하는 게 좋겠어."

나는 바로 반박했다. "트위터를 안 하면 요즘 어떤 일이 일어나고 있는지 내가 어떻게 알겠어? 난 계속 관여해야 할 의무가 있어." 그는 차분하게 대답했다. "밤 10시에 얼마나 새로운 소식이 필요해?" 그의 말이 맞았다. 잠들기 전 '마지막으로' 소셜미디어를 확인하는 내 습관은 나를 불안정하고 분노하고 불안하게 만들었고, 이것은 남편과의 관계, 정신 건강, 수면의 질에 영향을 미쳤다. 나는 즉시 나 자신과의 바운더리를 설정했다. '잠들기 1시간 전에는 소셜미디어 확인하지 않기'.

바운더리는 건강한 관계를 형성하고 유지하고 보호하도록 돕기 위해 만들어진 것이다. 바운더리가 보호하는 그 관계가 자기 자신과의 관계일 때도 있다. 나는 이것을 셀프 바운더리라고 부른다. 셀프 바운더리는 자기 자신과 정하는 것이므로 그 바운더리를 존중하는 것은 오직 단 한 사람에게 달려 있다. 이것은 축복이자 저주가 될 수 있다. 만약 스스로에게 최선이라고 판단한다면 건강한 바운더리를 지키는 게 쉬워지지만, 모든 사람이 내적 기대에 같은 방식으로 반응하는 건 아니기 때문이다.

## 그레첸 루빈의 《네 가지 성향》[01]

그레첸 루빈Gretchen Rubin은 자신의 저서 《네 가지 성향The Four Tendencies》에서 사람들이 내적 기대와 외적 기대에 어떻게 반응하는지 결정하는 체계에 대해 설명한다. 그녀는 우리의 반응 본능을 준수형Upholder, 의문형Questioner, 강제형Obliger, 저항형Rebel으로 나눈다. quiz.gretchenrubin.com에 있는 무료 검사를 통해 당신은 어떤 성향을 갖고 있는지 확인해보라. 이를 통해, 셀프 바운더리를 설정하고 지킬 때 당신에게 가장 효과적인 통찰과 전략을 알아낼 수 있다.

- 준수형: 준수형에 속하는 사람들은 내적 기대에 놀라울 정도로 잘 반응한다. 나는 준수형이기 때문에 당신이 나에게 어떤 행동을 하라고 얘기하면(30일 동안 식단 실험을 시작하라고 한다면) 그냥 쉽게 실행할 수 있다. 그리고 내가 무언가를 하려고 한다면(잠들기 전에 트위터 확인하지 않기) 그것도 쉽게 실행할 수 있다.
- 의문형: 만약 당신이 의문형이라면, 스스로 납득할 수 있을 때(외적 기대가 당신의 내적 기대와 일치할 때) 외적 기대에 잘 반응할 것이다. 당신은 질문을 많이 하

며, 어떤 일에 대한 확신이 있어야 그 일을 하기로 결심하는 스타일이다. 그러나 한번 결심하고 나면 잘 실행해낸다.

- 강제형: 만약 당신이 강제형이라면, 내적 기대에 잘 반응하지 않을 것이다. 달성하고자 하는 목표가 당신이 원하는 것이라도 이를 지속하기 위해서는 외부의 책임이 필요하다. '타인의 기분을 맞춰주는 사람들'이 강제형의 일반적인 성향이다.

- 저항형: 만약 당신이 저항형이라면, 내적 기대나 외적 기대에 잘 반응하지 않을 것이다. 누군가 당신에게 어떤 일을 요구하거나 지시하면 당신은 반항한다. 당신은 자기 자신이 지시하는 것도 원하지 않는다. 외부에서 강요하는 기대만큼이나 내부에서 강요하는 기대에도 강하게 저항할 것이다.

어떤 성향이 다른 성향보다 더 낫다고 할 수는 없다. 그러나 자신의 성향을 파악하고 나면 새로운 습관을 들이고 나쁜 습관을 버리며 자기 자신과 효과적인 바운더리를 설정하는 데 적합한 언어와 접근 방식을 찾을 수 있다.

---

모든 사람이 내적 기대에 다르게 반응한다는 사실을 이해하면 어떤 사람들, 특히 외적 기대에 의존하는 사람들에게는 셀프 바운더리를 설정하는 것이 진정한 도전이 된다는 점도 이해할 수 있다. 그것은 자신의 바운더리를 어겼을 때 일어나는 일과 연관이 있다. 한번 생각해보자. 어떤 일이 일어날까? 당신이 다른 사람들과 바운더리를 설정했다면 쉽게 알 수 있다. 집 안 흡연에 대한 바운더리를 설정했는데, 조 삼촌이 집 안에서 담배를 피운다면 당신은 담배를 끄게 하거나 밖에서 피우도록 요구할 것이고, 삼촌은 당신의 말을 따른다. 하지만 스스로

집 안에서 담배를 피우지 않겠다는 바운더리를 설정했는데, 비가 오는 날 바운더리를 어기고 실내에서 담배를 피웠다면 당신에게 밖으로 나가라고 할 사람이 아무도 없다. 스스로가 세운 바운더리를 위반했을 때는 그 중요성과 명백함, 연관성이 덜하게 느껴진다.

어쩌면 당신은 "실내에서 담배를 피울 때마다 병에 20달러씩 넣을 거야."와 같은 규칙을 만들 수도 있다. 그러나 당신은 그보다 더 똑똑하지 않은가? 20달러의 벌금은 당신이 통제하려고 하는 행동과 완전히 무관하다는 걸 안다. 그래서 그게 더 처벌처럼 느껴진다. 스스로를 처벌하기 좋아하는 사람은 아무도 없다. 게다가 누가 이를 강제할 수 있겠는가? 바운더리를 어겼을 때 발생하는 결과가 가볍거나 협상의 여지가 있고 자신과 무관하다고 느껴지면, 행동을 바꾸거나 조정하는 게 더 어려워진다. 특히 즉각적으로 만족감을 주는 일일 때는 더 그렇다.

그러나 셀프 바운더리가 필요한 이유가 있다. 자기 자신과 바운더리를 설정하는 것은 순식간에 일어날 수 있고, 다른 사람의 협조가 필요하지 않다. 게다가 삶을 훨씬 더 행복하고 건강하고 생산적으로 만들어준다. 이제 자신과의 바운더리를 설정하고 유지하기 위한 몇 가지 전략을 생각해보자.

## 문제점 찾기

셀프 바운더리의 필요성을 가장 빨리 파악하는 방법은 문제점을 찾는 것이다. 하루 중 가장 스트레스를 많이 받는 부분은 어디인가? 예민하게 반응할 때는 언제인가? 불안감을 일으키고 기분이 좋지 않게 만드는 상황은 언제인가? 며칠 동안 잠들기 전 둠 스크롤링<sup>doom-scrolling</sup>(암울한 뉴스를 강박적으로 찾아보는 행위를 뜻하는 신조어—편집자 주)을 하던 나에게 남편이 일깨워준 것처럼, 가끔은 당신과 가장 가까운 사람이 그런 점을 알려줄 수 있다. 이것은 당신에게 '도움을 주기 위한' 행동이다. '도움을 주기 위한'에 방점을 찍은 이유는 처음에는 상대방이 관찰한 것을 듣고, 방어적인 태도가 되거나 화가 날 수 있기 때문이다. 상대방의 얘기를 들었을 때 방어적인 태도가 나온다면 당신 쪽을 가리키는 화살표와 함께 '바운더리'라고 적힌 네온사인이 깜빡이고 있음을 떠올려라.

하루를 보내며 그런 순간에 주의를 기울여보자. 스스로에게 물어볼 수 있는 질문은 다음과 같다.

- 하루 중 가장 스트레스를 많이 받는 특정한 부분이 있는가?
- 가장 불안감을 유발하는 소셜미디어가 있는가?
- 꼭 하고 싶고 나에게 도움이 될 걸 알지만, 계속 미루고 있는 습관이 있는가?
- 내게 도움이 안 되는 걸 알지만 어떻게 끊어야 하는지 몰라서 계속하고 있는 습관이 있는가?
- 한계선을 설정한다면 내가 이룰 수 있는 목표가 있는가?

이번 장에서는 '스트레스를 받는 상황' 그리고 '습관과 목표'라는 두 가지 넓은 범주로 바운더리를 구분할 것이다. 사실 언급한 두 범주 사이에도 수많은 공통부분을 찾을 수 있다. 습관과 목표에 관련된 바운더리를 설정하면 스트레스를 낮추는 데 도움이 되고, 그 반대의 경우도 마찬가지다. 또한 다른 사람들과 설정한 바운더리들(예를 들어, '혼자만의 시간 갖기'나 '술을 마셔야 한다는 압력에 굴복하지 않기')도 상기시켜주는데, 이는 셀프 바운더리를 설정함으로써 더 강화할 수 있다.

## BJ 포그의 《습관의 디테일》[02]

셀프 바운더리 설정하기는 건강한 습관을 새로 만들거나 도움 되지 않는 습관을 없애기 위한 첫 단계. 모든 습관의 변화가 셀프 바운더리로 시작하는 건 아니다. 가끔 우리는 별다른 계기 없이 러닝을 시작하거나 치실을 사용하기로 결심한다. 그러나 내가 자기 전 트위터 사용을 금지한 것처럼 셀프 바운더리를 설정하고 나면, 이를 유지하기 위한 일종의 전략이 필요하다. 이때 스탠퍼드대학의 행동 과학자이자 박사인 BJ 포그[Brian Jeffrey Fogg]가 쓴 《습관의 디테일》이 큰 도움이 된다. 이 책은 셀프 바운더리를 자동화하는 짧고 간단한 전략, 당신의 노력을 뒷받침하는 환경적 변화, 셀프 바운더리에서 건강한 습관으로 이끌어줄 생각 훈련 등에 관한 내용을 담고 있다. 《습관의 디테일》과 포그의 20년간의 연구 결과에서 얻은 팁을 이번 장에서 확인해보자.

### 스트레스를 받는 상황

스트레스를 완화하고 불필요한 갈등을 피하며 건강을 개선하기 위해 자기 자신과 설정하는 바운더리에 대해 알아보자. 여기에는 당신이 의사소통을 하는 방식, 소셜미디어와 상호작용하는 방법, 돈이나 시간을 쓰는 방법, 정신 건강을 위한 자기 관리 행동 등이 포함된다. 어떤 스트레스 상황에 바운더리를 설정할 때 다른 사람들이 포함되기도 하지만(그들과 바운더리에 대해 소통하는 것도 적절할 수 있다), 당신의 행동에 집중하는 것만으로도 스트레스 수치에 강력한 영향을 미칠 수 있다.

### 습관과 목표

시작하고 싶거나 유지하고 싶은 건강한 행동이나 당신에게 도움 되지 않거나 목표를 방해하는 행동에 관해 스스로 설정하는 바운더리다. 예를 들면, 운동 루틴, 소비 습관, 음주 습관, 커리어와 관련된 바운더리 등을 포함하며, '10킬로미터 달리기'나 '연말까지 집 구입하기'처럼 큰 목표와 연결되는 경우가 많다.

다시 내 트위터 습관으로 돌아가 보자. 첫 번째 질문인 "하루 중 가장 스트레스를 받는 특정한 부분이 있는가?"를 나에게 적용한다면 '잠들기 전 1시간 동안 가장 기분이 좋지 않다'고 대답할 것이다. 그렇다면 "그때 내가 다른 어떤 행동을 할 수 있을까?"라는 질문이 자연스럽게 따라올 것이고, 이에 대한 답이 머릿속에 떠오를 것이다. 다음 날 저녁 나는 휴대폰 대신 책을 손에 쥐고, 차분하고 평화롭게 잠들 수 있었다. 남편이 "내 말이 맞았지?"라며 춤을 춘 것만 제외하면 완벽히 기분 좋은 저녁이었다(감사한 마음에 남편이 춤을 추게 내버려두었다).

## 한계선 찾기

셀프 바운더리에 관해서는 어느 때보다 YCDI 방침이 많이 적용된다.

이 바운더리로 효과를 봐야 하는 사람은 당신뿐이기 때문에 당신에게 딱 맞는 바운더리를 설정할 수 있고, 또 그렇게 해야 한다. 만약 당신도 잠들기 전 둠 스크롤링을 한다면, 휴대폰에서 트위터 앱을 삭제하는 것도 한 방법이다. 또 침실에 휴대폰을 두되 잠들기 전 편안한 명상 음악을 듣거나 뉴스 기사를 더 효과적으로 받아들이는 데 도움이 되는 상담을 시도해봐도 좋다. 내게 가장 도움이 되었던 방법은 낮에는 뉴스를 확인하지만 저녁이 되면 뉴스 시청을 제한하는 것이었다(또한 나는 매주 상담도 받았다. 내가 상담받기를 얼마나 좋아하는지 말했던가?).

핵심은 창의적으로 생각해 특정한 문제점을 제거하는 데 가장 효과적인 바운더리를 파악하고, 이를 지지하기 위해 해야 할 일과 하지 않아야 할 일에 대해 분명하고 친절한 경계를 설정하는 일이다. 꼭 다른 사람이 효과를 본 해결책일 필요는 없다. 그러나 이 방법이 시작하기에 부담이 적고 쉬울 수 있다. 당신에게 가장 적합한 해결책을 찾을 때까지 여러 방법을 탐색해보자.

## 셀프 바운더리도 자동화하기

셀프 바운더리를 자동화하는 가장 좋은 방법은 최대한 짧고 간단하게 유지하는 것이다. 어렵고 복잡하게 만들수록 실행 가능성이 낮아진다는 습관 연구 결과가 있다. 따라서 바운더리를 쉽게 지킬 수 있는 한 가지 방법이 있는지 골똘히 생각해보자(그 반대의 경우도 마찬가지다). 트위터에 집착한 내 경우에는 방에 휴대폰이 없으면 무의식적으로 휴대폰을 들여다볼 수 없었기에 그것이 가장 빠르고 간단한 방법이었다. 만약 저녁 모임에 참석할 때만 와인을 마시기로 결정한다면, 집에서는 절대 술을 마시지 않는다는 바운더리를 설정한다. 전 애인의 소셜미디어를 계속 확인하지 않으려 노력 중이라면, 인스타그램의 늪에 빠지지 않기 위해 모든 소셜미디어에서 상대방을 차단해둔다. 셀프 바운더리를 설정할 때 가장 간단하고 짧은 길을 선택하면 당신만의 한계선을 무시하기가 더 어려워져서 쉽게 바운더리를 지킬 수 있다.

## 결과를 생생하게 그려보기

어쩌면 이것이 셀프 바운더리의 가장 중요한 측면일지 모른다. 바운더리를 지키지 않았을 때의 결과로 자기 자신을 설득하기는 건 쉽지 않다. 만약 내가 자러 가기 전 휴대폰을 집어 들고 화장실에서 몰래 둠스크롤링을 한다면 어떤 일이 벌어질까? 언뜻 보기에는 '아무 일도' 일어나지 않을 것이다. 남편에게 이 사실을 숨길 수도 있고, 휴대폰이 전기 충격으로 나를 처벌하지도 못 할 것이다. 현실적으로 매일 밤 내가 바운더리를 어기더라도 아무런 일도 일어나지 않는다.

그러나 바운더리를 어긴 결과는 분명히 발생한다. 미래의 당신에 대해 더 생각해보고, 장·단기적으로 이런 행동이 당신의 삶에 어떤 영향을 미칠지 고민해보면 알 수 있다.

내가 정한 바운더리('저녁에는 휴대폰을 보지 않을 거야')를 지키지 않는다면 나는 매일 밤마다 불안과 분노, 좌절감을 느끼게 된다. 남편에게 싸움을 걸거나 스트레스가 가득한 상태로 그를 끌어들이려 할지도 모른다. 잠드는 데 더 어려움을 겪고 숙면을 취하기가 힘들어진다. 결국 이런 악순환이 내 발목을 잡는다. 잠들기 전은 가장 신경이 날카로워지고 싸움이 일어나는 시간처럼 느껴지고, 나는 수면 시간이 부족하고 충분히 휴식하지 못해서 다음 날 하루 종일 예민하고 스트레스를 받는다. 이런 기간이 길어지면 결국 정서적인 벽에 부딪혀 다시 나 자신을 중심에 두기 위해 소셜미디어 디톡스를 해야 하는 상황에까지 이른다.

내가 바운더리를 지키지 않았을 때 얻는 결과는 '이런 것들'이다. 미래의 내가 누릴 에너지가 고갈되고, 정신 건강과 인간관계, 직장 생활에 부담을 주며, 나를 위한 간단한 바운더리 하나도 지키지 못한다는 좌절감이 든다.

이런 식으로 나열해보면, 바운더리를 어겼을 때 발생하는 결과를 쉽게 확인할 수 있기 때문에 '딱 한 번만'이라는 마음으로 휴대폰을 보는 걸 정당화하기가 훨씬 힘들어진다. 여기에 공유하는 바운더리의 말들을 통해 자기 자신과 세우는 바운더리가 건강과 행복에 왜 그토록 중요한지를 생각하며 잠재적인 결과를 그려보자.

### 바운더리를 지키면 자유를 얻는다

바운더리의 궁극적인 이점을 기억하자. '당신을 자유롭게 해줄 경계선을 정하라'. 이게 바로 셀프 바운더리가 우리에게 주는 이점이다. 스트레스, 불안, 분노로부터의 자유. 행복, 건강, 평화, 안정감을 느낄 자유. 셀프 바운더리를 설정하는 것은 자유로 가는 또 다른 길이다. 내 경우, 평화로워야 하는 시간에 휴대폰에 묶여 있는 기분으로부터 해방감을 느꼈다. 셀프 바운더리를 정하는 데 어려움을 겪고 있다면 "무엇으로부터 자유(또는 무언가를 할 자유)가 필요하며, 그 자유를 얻거나 유지하기 위해 설정할 수 있는 보호책은 무엇인가?"라고 스스로에게 물어보자.

# 자기 자신과 세우는 바운더리와 준비 팁

셀프 바운더리를 세우는 일이 간단하거나 분명하게 느껴지지 않을 수도 있다. 셀프 바운더리를 고민하고 틀을 잡고 실행하는 데는 연습이 필요하다. 부모님이나 친구들, 파트너들로부터 건강한 바운더리에 대한 효과적인 모델을 배우지 못했다면, 당신이 가진 바운더리에 대한 생각으로 인해 어려움을 겪을 수도 있다. 다른 바운더리 훈련과 마찬가지로 이것도 훈련이다. 다른 사람들과 더 편안하게 바운더리를 설정할 수 있게 되면 자신과 세우는 바운더리 기회를 더 쉽게 포착할 수 있다.

### 셀프 바운더리에 대한 장벽을 인정한다

셀프 바운더리 설정을 힘들게 만드는 다양한 요인이 있다. 특히 스트레스와 정신 건강 문제가 그렇다. 나는 계절성 우울증을 앓고 있을 때 자신과의 약속을 지키기가 너무 힘들었다. 그리고 극심한 스트레스를 받을 때는 신체가 감각을 마비시키거나 정신이 산만해지고 단 음식이나 술, 틱톡 영상 중독과 같은 대처 기제가 작동한다. 건강하지 않은 행동인 것은 알지만 거부하기 힘들다. ADHD, 자폐증, 후천적 뇌 손상 같은 신경 발달 장애는 집중력, 시간 관리, 유혹과 보상, 셀프 바운더리를 다루는 방식에 영향을 미친다. 이 상황에서는 전문 상담사의 도움을 받는 게 가장 좋다. 전문 상담사는 이런 요인이 당신의 행동에 어떻게 영향을 미치는지 알려주고, 자기 자신에게 친절함과 연민을 베풀 수 있게 도와준다. 이 과정을 통해 당신은 특정한 상황과 목표에 알맞은 바운더리를 찾을 수 있다.

### 내면의 반항아를 재구성한다

(특히 당신의 성향이 저항형이라면) 셀프 바운더리가 원래 그것의 의도처럼 힘을 부여하고 자유로움을 주는 대신, 구속적이고 가혹하게 느껴질 수 있다. 셀프 바운더리를 설정할 때 제약받는 기분이 든다면, 바운더리를 지키지 않았을 때 발생하는 결과를 떠올렸던 방식으로 돌아가자. 수요일에 와인을 마시지 않는 것은 벌을 주는 게 아니라 자기 관리의 행위다. 편안하고 느긋한 저녁을 보내고, 숙면을 취하며, 활기차고 긍정적인 기분과 맑은 정신으로 눈을 뜰 수 있게 현재의 당신이 미래의 당신에게 주는 선물이다. 바운더리를 설정하면 당신이 수요일 밤에 술을 마셨을 때 따라올 심각한 제약으로부터 자유로워진다. 바운더리는 해로운 사회 체계나 기대에 대한 도전 행위임을 상기하는 것도 도움이 된다. 만약 미디어나 사회, 문화, 마케팅 활동이 모두 당신에게 도움이 되지 않는 행동을 하게 밀어붙이고 있다면, 셀프 바운더리는 당신의 편에 서서 '아니오'를 외치기 위한 급진적인 자기 관리의 행동이 될 것이다.

### 도움을 청한다

당신이 강제형이라면, 변화를 일으키기 위해 외부 책임에 크게 의존할 것이다. 그러나 셀프 바운더리는 자신과의 사이에 일어나는 일이기 때문에 이를 지키는 게 유난히 더 힘들다. 셀프 바운더리를 지키는 게 힘들다면, 당신의 성향을 활용해 외부에 도움을 청한다. 나는 도움이 필요할 때 남편에게 이렇게 말한다. "나는 자기 전에 휴대폰을 확인하지 않을 거야. 내가 휴대폰을 쓰는 걸 본다면 휴대폰을 내려놓을 때 기분이 얼마나 좋아질지 상기시켜줘." 당신의 바운더리가 다른 사람들과 아무 관련이 없더라도 친구나 가족, 상담사와 셀프 바운더리를 공유해 당신을 응원하고 감시하는 역할을 맡긴다. 또한 셀프 바운더리를 소셜미디어에 공유해서 같은 목표를 가진 사람들과 연결될 수도 있다. 그리고 친구들에게 저녁 식사 모임에 와인을 가져오지 말라고 부탁하는 것처럼, 다른 사람들과 작은 바운더리를 설정함으로써 셀프 바운더리를 지키는 데 도움을 받을 수도 있다.

### 시도하고, 또 시도한다

특히 어린 시절에 트라우마를 겪었다면, 자기 자신을 믿을 수 없고 약속을 지킬 가치가 없는 사람으로 여기기 쉽다. 트라우마는 여전히 당신이 진짜 원하는 것이나 필요한 것을 알아내는 데 혼란을 준다. 만약 당신도 같은 상황에 있다면 셀프 바운더리는 그런 생각에 이의를 제기하고, 당신의 경험을 신뢰할 수 있도록 도와준다는 사실을 기억하자. 뿐만 아니라 셀프 바운더리는 당신이 유익한 한계선을 설정하고 탐험할 가치가 있는 사람임을 일깨워줄 것이다. 그렇지만 자기 파괴적인 패턴을 끊는 것은 여전히 힘들 수 있으므로, 좀 더 자신에게 관대해지자. 셀프 바운더리를 설정했지만 이를 지키는 데 어려움을 겪는다면, 친구나 상담사와 대화를 나누거나, 일기를 쓰면서 도움을 얻을 수 있다. 바운더리는 훈련이 필요한 것이라서 항상 첫 시도에 당신에게 딱 맞는 바운더리를 찾을 수는 없다. 이번 장에 나오는 도구를 활용하면서 그 과정에 충실해보자. 그리고 그 여정에서 자기 자신에게 친절한 태도를 끝까지 잃지 말자. 여기까지 왔다면 당신은 이미 훌륭히 잘 해내고 있는 것이다.

## 스트레스 상황과 셀프 바운더리의 말들

이번 스크립트에서는 앞서 한 것처럼 초록색, 노란색, 빨간색 단계의 바운더리로 분류하지 않고, 몇 가지 바운더리의 예와 바운더리를 지켰을 때 얻는 자유 그리고 바운더리를 지키지 않았을 때의 결과를 보여줄 것이다(항상 짧고 간단한 바운더리를 가장 먼저 소개하겠다). 또 필요에 따라 YCDI 원칙을 적용해야 한다는 사실도 잊지 말자.

자기 자신과 대화하는 것이기 때문에 바운더리 언어가 강화되어야 할 이유는 없다. 솔직히 말해서 그건 벌처럼 느껴질 것이다. 그 대신 당신이 바운더리를 지키지 않는 경우, 해당 바운더리와 관련된 문제점과 해결책 그리고 바운더리를 지키지 않았을 때 발생하는 결과와 그 바운더리가 가져다줄 자유를 다시 생각해보고 당신에게 딱 맞는 바운더리를 찾을 때까지 필요에 따라 조정한다.

Q. 저는 매일 밤 소파에 드러누워 넷플릭스를 훑어보고 있어요. 넷플릭스를 보느라 너무 늦게 잠이 들거나 해야 할 일을 하지 못할 때도 있어요. 저는 어떤 바운더리를 설정해야 할까요?

**바운더리** 주말을 제외하고 저녁 식사 후 TV를 보지 않는다.
**바운더리** 1시간 동안 알람을 맞추고 알람이 꺼지면 TV도 끈다.
**바운더리** 평일 저녁에는 드라마 한 편만 본다.

**바운더리** 평일 저녁에는 9시에 꺼지도록 TV 타이머를 설정한다.

**바운더리를 지켰을 때 얻는 자유**

- 부정적인 혼잣말에서 자유로워진다("나는 너무 게을러. 내가 한 거라곤 또 TV를 본 것밖에 없어.")
- 잠들기 전 자유 시간이 더 많아진다.
- 더 숙면할 수 있다.
- 더 준비되고 활기차게 하루를 시작할 수 있다.

**바운더리를 지키지 않았을 때의 결과**

- 아침을 조급하게 시작한다(밤에 해야 할 일들을 모두 끝내지 못한다).
- 스트레스받은 상태로 잠이 든다.
- 잠을 충분히 자지 못한다.
- 피곤하고 예민한 상태로 아침을 맞이한다.

── 여러 전략을 시도해볼 수 있지만, 중요한 점은 스스로에게 더 생산적이고 즐겁게 일을 할 여유를 주는 것이다. 내가 즐겨하는 방법은 해야 할 일과 보상을 하나로 합하는 것이다. 따라서 또 다른 선택 사항은 '내가 청소하거나 빨래를 갤 때만 넷플릭스를 본다'가 될 수 있다. 나는 이 방법으로 〈연애 실험: 블라인드 러브〉 시즌 1을 모두 시청했다. 내 옷장은 어느 때보다 깔끔해졌고, 이 프로그램을 보는 데 전혀 죄책감을 느끼지 않았다(부끄러움은 느낄 수 있어도 죄책감은 없었다). 이 방법의 이점은 TV를 훨씬 적게 본다는 것인데, 청소나 빨래를 하는 데 1시간을 넘긴 적이 거의 없기 때문이다.

Q. 하루를 덜 불안하게 시작할 수 있도록 모닝 루틴을 만들고 싶어요. 그런데 어떻게 해야 모닝 루틴을 지속할 수 있을지 모르겠어요. 어떻게 하면 모닝 루틴을 정착시킬 수 있을까요?

**바운더리** 루틴을 끝내기 전에는 휴대폰을 사용하지 않는다.

**바운더리** 루틴을 위해 매일 아침 15분 일찍 일어난다.

**바운더리** 매일 밤 아침 명상을 위해 일기장과 펜을 준비해둔다.

**바운더리** 루틴을 실행하기 위해 평일에는 기상 알람을 끄지 않는다.

**바운더리를 지켰을 때 얻는 자유**

- 주도적이지 않은 방식으로 하루를 시작할 때 느끼는 불안감으로부터 자유로워진다.
- 그날 아침 내가 마음에 드는 자기 관리 활동을 자유롭게 선택할 수 있다.

**바운더리를 지키지 않았을 때의 결과**

- 주도적이지 않고 불안한 마음으로 하루를 시작한다.
- 기분이 좋아지는 자기 관리 활동을 하지 못한다.
- 내가 해내지 못했다는 사실에 실망할 가능성이 크다.

── 나는 휴대폰 바운더리만으로 이 문제를 해결할 수 있을 거라고 생각한다. 그럼에도 이 문제를 해결하는 첫 단계는 "무엇이 내 루틴을 방해하고 있는가?"라고 자신에게 물어보는 것이다. 어쩌면 "아침 6시 45분 전에는 내 방에 들어오지 말아줘. 그때까지 일기를 쓰고 있을 거야."라고 말하는 것처럼 가족들과 작은 바운더리를 설정해야 할 수도 있다. 그러나 셀프 바운더리가 필요하다면 그

것이 소셜미디어 때문인지, 늦잠 자는 습관 때문인지, 준비 부족 때문인지 고민해보고 그에 맞는 바운더리를 설정하자.

> Q. 월요일 아침은 언제나 스트레스가 많아요. 읽지 않은 이메일과 이른 아침부터 받는 슬랙 메시지, '나는 벌써 뒤처졌어'라는 느낌 때문에 결국 이런 답답한 마음을 회피하고자 소셜미디어만 1시간 동안 들여다보고 있어요. 저를 위한 팁을 알려주실 수 있나요?

**바운더리** 평일 낮 12시까지는 개인적인 소셜미디어를 확인하지 않는다.

**바운더리** 매주 금요일 퇴근하기 전 10분 동안은 월요일 오전을 위해 해야 할 일 목록을 작성한다.

**바운더리** 다른 사람들이 도착하기 전에 적응할 수 있도록 월요일은 1시간 일찍 출근한다.

**바운더리** 월요일 아침에는 이메일 확인을 위해 1시간 정도를 따로 확보해둔다.

**바운더리를 지켰을 때 얻는 자유**

- 월요일 아침에 느끼는 불안감에서 자유로워진다.
- 소셜미디어를 들여다보느라 집중력이 떨어지고 만족스럽지 못한 시간에서 벗어난다.
- 업무에 집중할 수 있어 생산성이 향상되고, 따라서 내 우선순위를 설정하고 관리할 자유를 얻는다.

**바운더리를 지키지 않았을 때의 결과**

- 불안하고 주도권을 잃은 채 한 주를 시작한다.
- 더 효과적으로 준비하지 못한 자신에게 화가 난다.
- 나는 직장에서 덜 생산적인 것 같은 느낌을 받는다.
- 우선순위에 효과적으로 대응하지 못하고 따라서 업무 성과가 저하된다.

── 이 바운더리 중 어느 것을 설정하든 당신은 한 주를 더 활기차게 시작할 수 있다. 그리고 이 바운더리를 모두 적용한다면 더 확실한 효과를 얻을 수 있을 것이다. 우선, 가장 큰 영향을 미칠 것 같은 한 가지의 바운더리로 시작해보자. 한 가지 바운더리가 습관으로 자리 잡고 나면, 그 위에 다른 바운더리를 적용하기가 훨씬 수월해진다. 그러면 더 많은 능력과 자유를 손에 쥘 수 있다.

Q. 저는 와인을 줄이고 싶어요. 매일 퇴근 후 와인 한 병을 따는 게 습관이 되었는데, 통제할 수 없다는 느낌 때문에 저녁이 되면 스트레스를 받아요. 제게 알코올 문제가 생긴 건 아닌지 걱정됩니다. 술이 수면과 동기부여, 생산성에 영향을 미치고 있어요. 어떤 바운더리를 설정해야 할까요?

**바운더리** 한 달간 어떤 술도 절대 마시지 않는다.

**바운더리** 집에는 어떤 술도 두지 않으며, 외출할 때만 술을 마신다.

**바운더리** 1주일에 와인 한 병만 구매하고, 한 병을 다 마시면 더 마시지 않는다.

**바운더리** 평일이 아닌 주말에만 술을 마신다.

**바운더리를 지켰을 때 얻는 자유**

- 술이 내 삶에 미치는 많은 부정적인 영향(수면 부족, 동기부여 감소, 생산성 저하)으로부터 자유로워진다.
- 자신에게 사랑을 표하고, 휴식을 취하며, 긴장을 풀고, 사교적으로 지낼 수 있는 다른 방법을 자유롭게 탐색할 수 있다.
- 내게 도움이 되지 않는 습관의 노예가 되는 기분에서 자유로워진다.
- 몸을 회복하고 성취감을 주는 활동을 할 시간이 더 많아진다.

**바운더리를 지키지 않았을 때의 결과**

- 1주일 내내 피곤하고 생산성이 떨어지며 두통이 생긴다.
- 내 삶에서 술이 차지하는 비중 때문에 계속 불안해진다.
- 내 습관이 부끄럽거나 창피하게 느껴져 가까운 사람들에게 내 행동을 숨기기 시작하고, 이는 내 정신 건강에 해롭다.

── 습관 연구에 따르면, 규칙이 단순하고 명쾌할수록 뇌가 따르기 쉽다. 따라서 한 달간 술을 끊는다는 첫 번째 바운더리가 가장 효과적이다. 또 술을 끊으면 스트레스나 불안, 외로움에 대처하는 다른 대응 기제를 찾게 되므로, 일기 쓰기, 걷기, 찬물 샤워처럼 더 건강한 방법을 시도해볼 수 있다(내가 가장 좋아하는 방법은 찬물로 샤워하기다. 찬물 샤워가 어떻게 내 기분과 에너지, 정신 건강에 즉각적인 변화를 주는지에 대해 얘기하는 팟캐스트도 있다).

소개한 바운더리를 적용하면서 사랑하는 사람들이나 온라인 그룹, 상담사에게 도움을 요청하자. 꼭 술 문제가 있어야 상담을 받을 수 있는 건 아니다. 친구들이나 가족들에게 "나에게 술을 마시라고 권하지 말아줘.”라거나 “내일 저녁 먹으러 올 때 와인은 가져오지 말아줘.”라고 얘기하며 작은 바운더리를 설정하는 것도 잊지 말자.

Q. 제 침실은 항상 엉망이에요. 특히 잠들기 전에는 어수선한 방 때문에 스트레스를 받아요. 하지만 방을 청소할 시간도 없고 주말에는 집 안에 있기보다는 나가서 즐기고 싶어요. 이런 상황에는 어떤 방법을 써야 할까요?

**바운더리** 매일 밤 잠들기 전 10분 동안 침실을 정돈한다.

**바운더리** 침실에 있는 모든 물건에 ‘원 터치’ 원칙을 실천한다(팁을 참고하자).

**바운더리** 일요일 저녁 1시간 동안 TV를 보면서 침실을 청소한다.

**바운더리** 방이 정돈될 때까지 한 주에 서랍 하나 또는 옷장 한 칸을 치운다.

**바운더리를 지켰을 때 얻는 자유**

- 지저분한 방에서 자야 하는 스트레스로부터 자유로워진다.
- 내 소지품의 위치와 그것의 청결 상태를 쉽게 알 수 있다.
- 내 방을 편하게 돌아다닐 수 있다.
- 하던 일을 멈추고 청소해야 한다는 부담감에서 벗어난다.
- 평화롭고 차분한 공간에서 아침을 맞이할 수 있다.

**바운더리를 지키지 않았을 때의 결과**

- 매일 밤 스트레스를 받고 불안한 마음으로 잠든다.
- 내가 입고 싶은 옷이 정확히 어디에 있는지 알기 힘들다.
- 옷들이 더러워지거나 구겨지거나 분실될 수 있다.

- 나만의 공간에서 평온함을 느끼지 못한다.

—— 만약 〈애나 만들기〉를 보면서 의자에 걸쳐둔 옷가지를 치우는 게 당신에게는 재밌지 않다면(나는 보상과 집안일을 섞는 걸 좋아한다), 밤마다 몇 분씩만 치워보자. 그 몇 분이 쌓여 큰 차이를 낸다. 항목별로 곤도 마리에의 정리 방법을 따르거나(접어서 보관하는 옷 먼저, 옷걸이에 걸어 보관하는 옷은 나중에), 침대 옆 탁자나 의자처럼 한 구역을 선택하거나 방의 한쪽부터 시작해 다른 쪽으로 이동하면서 치워도 좋다. 당신에게 가장 적합할 것 같은 방법을 선택하자.

## 원 터치 원칙

'원 터치' 원칙은 생산성 컨설턴트이자 클리어 콘셉트Clear Concept의 창업자인 앤 고메즈Ann Gomez가 만든 것이다. 원 터치는 원래 경영진이 이메일과 서류 작업, 문자, 음성 메일을 잘 관리하게 도와주는 비즈니스 업무 도구로 고안되었지만, 가정 내에 적용할 때도 매우 효과적이다. 본질적으로 당신이 무언가에 손을 대면 그것은 바로 원래 있던 자리로 돌아가야 한다. 운동 가방에서 티셔츠를 꺼냈다면 나중에 치우기 위해 의자에 던져둘 수 없다. 반드시 접어두거나 걸어놓거나 빨래 바구니에 넣어야 한다. 이 원칙을 당신에게도 적용해보자. 놀이방을 청소할 때 아이의 침실로 가져가야 할 물건이 열 개가 있다면 잠시 쌓아두었다가 한 번에 가지고 가는 건 괜찮지만, 다음 날까지 그냥 거기에 쌓아두는 것은 안 된다. 그 순간에는 일이 더 많아지는 것처럼 느껴지더라도 길게 보면 시간을 절약할 수 있고, '언젠가' 정리하기 위해 바닥에 물건을 쌓아두지 않게 된다. clearconceptinc.ca에 접속하면 고메즈의 원 터치 원칙에 대해 더 자세히 알아볼 수 있다.

## 목표 달성을 위한 셀프 바운더리의 말들

이 부분에서는 당신이 비전 보드에 그린 모든 것을 미래의 당신이 성취할 수 있게 돕는 바운더리를 설정할 것이다. 특히 바운더리를 지키지 않았을 때 발생하는 결과에 집중하는 것이 중요하다. 그러나 잘 와닿지 않을 수 있는데, 그 결과가 현재가 아닌 미래에 나타나기 때문이다. 유혹과 보상 앞에서 당신이 돈을 써버리거나 운동을 건너뛰고, 또다른 프로젝트를 수락했을 때 진짜 어떤 일이 일어나는지(또는 앞으로 어떤 일이 일어날지)를 보지 못하기 쉽다. 따라서 '왜'라는 질문을 가까이하고 바운더리를 자동화하거나 가능한 한 단순 명쾌하게 유지하도록 최선을 다한다.

Q. 저는 빚을 갚기 위해 열심히 일하는 중이에요. 그런데 대형 할인점이나 온라인쇼핑몰에서 쇼핑할 때는 항상 필요한 것보다 더 많은 물건을 사버립니다. 돈을 쓰는 습관에 대한 바운더리를 세우고 싶어요. 도와주실 수 있나요?

**바운더리** 한 달간 꼭 필요한 생활용품과 식료품만 산다.
**바운더리** 쇼핑 목록을 작성하고, 그 목록에 있는 물건만 산다.
**바운더리** 매주 예산을 검토하고 예산에서 벗어나지 않는다.
**바운더리** 매주 재무설계사에게 내 지출 내역을 보고한다.
**바운더리를 지켰을 때 얻는 자유**

- 더 빨리 빚에서 자유로워진다.
- 빚으로 인한 불안이나 걱정에서 자유로워진다.

- 차나 집처럼 더 큰 목표를 위해 저금할 수 있다.
- 신용 점수가 좋아질 것이므로, 옵션이 더 많아진다.
- 예상치 못한 지출에 대한 스트레스로부터 자유로워진다.

**바운더리를 지키지 않았을 때의 결과**

- 훨씬 오랫동안 빚을 청산하지 못한다.
- 필요하지 않은 물건들로 집이 지저분해진다.
- 카드 명세서를 볼 때마다 스트레스를 받고 불안해진다.
- 장기적인 목표를 성취하지 못한다.

—— 바운더리를 자동화하자! YNAB<sup>You Need a Budget</sup>나 굿버짓 Goodbudget 같은 앱을 다운받는다. 이 앱들은 단순히 소비 내역을 기록하기보다는 더 똑똑한 재무계획을 세우도록 도와준다. 게다가 하나의 소비 범주가 한도에 가까워지면 경고 알림을 울리기 때문에 외부의 도움을 받을 수 있다.

Q. 얼마 전에 헬스장에 등록했는데, 운동을 다녀오면 기분이 아주 좋아서 꾸준히 다니고 싶습니다. 하지만 마음속으로는 계속 '오늘만' 하고 빠져야 할 변명거리를 찾고 있어요. 어떻게 하면 나 자신과의 약속을 지킬 수 있을까요?

**바운더리** 한 달간 하루도 빠짐없이 헬스장에 간다.

**바운더리** 1주일에 다섯 번은 아침마다 헬스장에 가서 5분이라도 운동을 한다.

**바운더리** 아침에 헬스장을 가기 위해 45분 일찍 일어난다.

**바운더리** 헬스장에서 하는 정규 수업에 등록하고 한 번도 빠지지 않는다.

**바운더리를 지켰을 때 얻는 자유**

- 운동을 빠졌을 때 느끼는 죄책감에서 자유로워진다.
- 기분 좋은 방식으로 내 몸을 움직일 수 있다.
- 운동이 끝난 뒤 내가 자랑스럽고 대단하게 느껴진다.
- 내 몸 자체를 더 좋아하게 된다.

**바운더리를 지키지 않았을 때의 결과**

- 운동을 빠지는 것에 대해 계속 죄책감을 느낀다.
- 계속 기운이 없고, 피곤하고, 몸이 쑤시고, 몸이 약해지는 느낌이 든다.
- 운동하러 갔어야 한다는 생각에서 벗어나지 못하고, 약속을 지키지 못한 것에 좌절감을 느낀다.
- 헬스장 회원권에 돈을 낭비하고 있다는 사실에 화가 난다.

―― 나는 운동하러 가는 습관을 들이기 위해 많은 잔꾀를 부렸다. 그중 하나는 전날 밤 운동복을 펼쳐놓고 아침에 눈 뜨자마자 그대로 입고 나가는 것이었다.

Q. 최근에 사업을 시작해서 매출 목표를 달성하기 위해 애쓰고 있지만, 번아 웃에 가까워지고 있어요. 너무 바빠서 감당할 수 없다는 걸 알면서도 목표를 달성하고 싶은 마음에 신규 고객을 받게 됩니다. 고객을 만족시키기 위해 너 무 과로하면 오히려 역효과가 나는 것 같아요. 저는 어떤 바운더리를 세워야 할까요?

**바운더리** 이번 달에는 신규 고객을 받지 않는다.

**바운더리** 앞으로 6개월 동안 매달 두 명의 신규 고객만 받는다.

**바운더리** 하루에 네 개 이상의 약속은 잡지 않는다.

**바운더리** 하루에 8시간 이상 일하지 않으며, 일요일에는 절대 일하지 않는다.

**바운더리를 지켰을 때 얻는 자유**

- 각 고객과 더 많은 시간을 보낼 수 있다.
- 재충전하고 휴식할 시간이 더 많아진다.
- 마감일을 놓치거나 야근하면서 얻는 스트레스에서 자유로워진다.
- 현실적인 업무량와 비교해 내 목표를 평가할 수 있다.
- 나를 돌보며 내가 원하는 방식으로 자유롭게 사업을 구성할 수 있다.

**바운더리를 지키지 않았을 때의 결과**

- 과로가 누적된다.
- 마감일을 놓치거나 마음에 들지 않는 결과물로 스트레스를 받는다.
- 성취감 없이 찝찝한 느낌으로 하루를 마무리한다.
- 목표를 달성하지도, 자신을 잘 돌보지도 못해서 실패했다는 느낌이 든다.
- 몸과 마음의 건강이 나빠져서 사업 자체가 성공하지 못할 수도 있다.

——— 이것은 잠재고객과도 설정해야 하는 바운더리다. 이번 달에

는 신규 고객을 받지 않겠다고 다짐한 뒤 이를 잠재고객에게 분명하고 친절하게 얘기해야 한다. "이번 달은 제 업무량이 다 찼습니다. 4월부터 함께 시작할 수 있을까요?" 여기서 셀프 바운더리는 앞으로의 관계를 위해 고객과도 바운더리가 필요하다는 것을 인식하는 첫 번째 단계다.

Q. 저는 중독에서 회복 중이며, 앞으로도 이 상태를 유지하고 싶어요. 친구들이나 가족과는 적절한 바운더리를 설정했지만 제 자신과의 바운더리는 아직 세우지 못했습니다. 중독에서 회복 중일 때 셀프 바운더리를 세우는 팁이 있을까요?

**바운더리** 어떤 상황에서도 술을 마시거나 약물을 사용하지 않는다.
**바운더리** 1년 동안 1주일에 세 번씩 상담모임에 참석하거나 상담을 받으러 간다.
**바운더리** 모르는 사람들이 있는 모임에 참석하지 않는다.
**바운더리** 사교적인 자리에서 불편함을 느끼면, 즉시 그 자리를 떠난다.

**바운더리를 지켰을 때 얻는 자유**

- 앞으로 계속 술과 약물로부터 자유로워진다.
- 성취감과 희망, 활력을 주는 일을 통해 내 삶이 확장된다.
- 건강한 습관을 실천한다.
- 마음이 맞고, 서로를 지지하는 사람들을 만나게 된다.
- 가족 및 친구들과 좋은 관계를 회복한다.

- 오랜 상처를 치유하기 위해 상담을 받을 수 있다.
- 새로운 일과 새로운 파트너를 찾고 새 삶을 시작할 자유를 얻는다.

**바운더리를 지키지 않았을 때의 결과**

- 또다시 술이나 마약에 빠져서 내 삶 전체가 상상할 수 없을 정도로 빠르게 무너진다.

—— 첫 번째 셀프 바운더리는 너무 당연한 얘기라 자주 간과되기도 한다. 그러나 이 약속을 지키지 못한다면 자신이 설정한 다른 바운더리를 지키는 건 더 힘들어진다. 내가 경험해봤기 때문에 단호하게 말할 수 있다. 내가 회복하는 동안 설정했던 셀프 바운더리를 전부 나열하면 책 한 장을 다 채울 수도 있지만, 가장 중요하고 도움이 되었던 바운더리는 앞에 소개한 것들이다. 더 많은 바운더리들을 겹겹이 쌓을수록 당신과 중독 사이의 거리는 더 멀어질 것이다. 행운을 빈다.

## 나를 자유롭게 해줄 바운더리 사랑하기

습관 연구는 당신이 스스로 설정한 바운더리를 지키도록 도와준다. 따라서 셀프 바운더리와 습관 사이의 교차점을 탐구하는 것은 내가 가장 좋아하는 주제 중 하나다. 침실을 깔끔하게 유지하고 싶든, 와인을 덜 마시고 싶든, 운동을 더 규칙적으로 다니고 싶든, 습관 과학의 도구와 기술을 사용하면 우리가 세운 바운더리로 습관을 정착시킬 수 있다. 거의 모든 셀프 바운더리에 적용할 수 있는 세 가지 팁은 다음과 같다.

### 목표를 드러낸다

습관은 일관성을 바탕으로 형성되고 일관성은 반복된 행동으로 생겨난다. 이것은 실제 운동량이 얼마인지, 몇 장의 셔츠를 걸었는지, 넷플릭스를 끄고 나서 무엇을 했는지에 관한 게 아니다. 중요한 건 당신이 운동하러 갔다는 사실, 정리 정돈을 하기 위해 침실로 갔다는 사실, TV를 껐다는 사실이다. 결심한 행동을 계속 하다 보면 운동을 가고, 모든 빨래를 개고, 다음 날 점심을 준비하는 모든 일이 훨씬 더 자연스럽고 수월하게 느껴진다. 일관성을 추구하자.

### 동기부여에 의존하지 않는다

새로운 습관을 시작할 때는 흥분과 의욕이 넘친다. 그러나 항상 의욕이 충만할 수는 없기 때문에 동기부여가 사라지면 길을 잃은 것처럼 느껴진다. 그래서 다시 둠 스크롤링을 하고, 와인을 마시며, 알림을 꺼버리는 행동으로 돌아가는 것이다. 동기부여가 행동보다 중요한 게 아니라 행동이 동기부여보다 우선시되어야 한다. 움직이는 것은 계속 움직이려고 한다는 진실을 믿으며 무엇이라도 그냥 하는 것이다. '계속하는 것'이 중요한 이유다. 행동을 시작하고, 일관성을 유지하며, 습관이 저절로 몸에 배는 것을 지켜보자.

### 완벽하지 않아도 연습한다

내년에 당신은 '일을 맡을 수 있는 상황인지 확인하기 전에 고객에게 일을 맡겠다고 얘기하지 말자.'라고 생각했다가 프로젝트 소식에 흥분해서 즉시 맡겠다고 수락할지도 모른다. 중요한 건 매번 완벽하게 바운더리를 지키는 게 아니라 성실하게 바운더리를 지키는 것이다. 완벽함을 추구하다 보면 "오늘 망쳤으니 모든 게 끝났어."라고 말하는 극단적이고 건강하지 않은 마음가짐을 갖게 될 수 있다. 그 대신 이렇게 말하자. "혹시 내일 최종 답변을 드려도 될까요?" "어제는 제가 고객님의 프로젝트에 흥분했지만 계약을 체결하기 전에 범위나 스케줄을 다시 확인해보도록 하겠습니다." 잊어버리거나 스트레스에 굴복하거나 생각하지 않고 행동한다고 해도 괜찮다. 스스로에게 부정적인 생각을 가질 필요 없이 다음 기회가 왔을 때 자신을 위해 다시 결심한 행동을 실행하면 된다.

마지막으로 셀프 바운더리는 바운더리가 당신에게 허용하는 자유만큼만 효과적인 것이므로 바운더리가 생각했던 방식으로 작용하지 않는다면 언제든 변경하자. 어쩌면 매일 방을 치우는 데 10분까지 쓸 필요도 없을지 모른다. 대신 어느 정도의 깔끔함을 유지하기 위해 2주에 한 번 청소 서비스를 받는 비용을 따로 마련하는 게 나을 수도 있다. 바운더리를 바꾸는 것을 부끄러워할 필요 없다. 셀프 바운더리는 현재의 당신이 미래의 당신에게 주는 선물이고, 그 선물이 미래의 당신이 필요로 하는 게 아니라면 환불하고 더 나은 선물을 주면 된다.

# 3부
## 바운더리의 힘

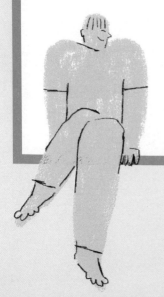

: 다정한 선 긋기가 관계를 살린다

**11장**

# 서운하다는 사람들에게 대처하는 법

## 나와 타인을 위해 바운더리 유지하기

1월 초, 셰릴이라는 여성이 바운더리를 잘 받아들이지 못하겠다고 도움을 요청하는 메시지를 보내왔다. 셰릴의 아들 제이슨은 크리스마스를 어떻게 보내고 싶은지에 대해 바운더리를 세웠다. 셰릴은 다음과 같이 상황을 설명했다. "우리 가족은 연말에 자주 모여서 함께 시간을 보내요. 크리스마스이브에 모여서 크리스마스 아침에 함께 선물을 열어보고, 크리스마스 저녁에는 다른 가족들도 초대해서 함께 식사를 해요. 그리고 다음 날 아침에 다시 모여 커피와 브런치를 먹죠. 하지만 올해는 아들과 그의 파트너가 얼마 전 태어난 아이와 함께 연휴를 보내겠다고 결정했어요." 아들은 셰릴에게 크리스마스이브에 부모님 집을 방문하고, 크리스마스 아침 선물을 열어볼 때까지는 거기에 머무르겠지만, 남은 연휴는 세 가족끼리 보내겠다고 말했다.

셰릴은 이를 잘 받아들이지 못했다. "저는 아들이 정한 바운더리를 꽤 개인적으로 받아들였어요. 아들이 제가 손자 보는 걸 허락하지 않는 것처럼 느꼈고, 그래서 저는 그건 이기적이라는 식으로 얘기해버렸어요." 엄마의 압력에도 불구하고 제이슨은 이제 자신의 아이가 태어났으니 자기 가족만의 전통을 만드는 게 중요하다고 설명하며 침착하게 그의 바운더리를 지켰다. 제이슨은 나중에 다시 대화하자고 부드럽게 얘기한 뒤 전화를 끊었다. 셰릴은 말했다. "우리는 전화를 안 좋게 끊었고, 저는 아침 내내 그 일에 대해 화를 냈어요."

바운더리에 대한 필요성을 인식하고 바운더리를 확립하기 위한 올바른 문장을 찾는다 해도, 아직 가장 힘든 부분이 남아 있다. 바운더리를 지키려 할 때 누군가 이를 조종하려 하거나 반발하거나 분노를 표하는 것을 겪다 보면 당신의 결심이 약해질 수 있다. 특히 처음 바운더리를 설정하는 사람은 더 그렇다. 바운더리를 유지하는 법을 배우려면 그 상황만의 스크립트가 필요하며, 제이슨의 경우처럼 사람들이 당신이 설정한 바운더리를 좋아하지 않거나 이해하지 못할 거라는 사실을 받아들여야 한다. 이번 장은 이런 상황에 대비하고, 신중하게 세운 바운더리를 효과적으로 지킬 수 있는 전략에 대해 살펴볼 것이다.

## 누군가 나의 바운더리에 반발할 때

당신이 바운더리를 설정할 때 상대방이 즉시 이를 이해하고 존중해준다면 가장 이상적이다. 사실 그런 일이 꽤 자주 일어나기도 하는데, 그래서 바운더리를 설정할 때는 긍정적인 마음가짐으로 접근해야 한다. 2장에서 언급한 것처럼 상대방이 당신의 바운더리를 존중하고 싶어 하지만 단지 바운더리가 어디에 있는지, 어떻게 존중해야 하는지를 잘 몰라서 그런 것일 뿐이라고 가정하는 게 좋다.

그러나 상대방이 당신의 바운더리에 좋지 않은 반응을 보일 수도 있기 때문에 그런 상황에 대한 대비가 필요하다. 이것은 싸울 준비를 하거나 적대적이거나 방어적이거나 반항적인 모드로 전환하라는 의미가 아니다. 이런 태도는 친절함이 느껴지지 않으며 당신이 피하고 싶은 바로 그런 반응을 유발할 가능성이 크다. 이번 장에서는 "너는 너무 예민하게 굴어."라는 가스라이팅부터 "우리는 그냥 너를 도우려는 거야."라고 말하는 수동적 공격 그리고 "너는 얼마나 더 이기적으로 행동해야 하겠니?"라는 노골적인 공격까지 여러 부정적인 반응에 대응하는 법을 알려주려 한다.

바운더리를 마주했을 때 보이는 가장 일반적인 반응은 방어다. 아들이 크리스마스에 그들만의 전통을 만들고 싶어 한다는 걸 전혀 몰랐던 셰릴이 느꼈던 것처럼, 방어는 당혹감, 죄책감, 실망감, 상처받은 감정, 충격 등을 숨기기 위한 반응이다.

방어적으로 반응하는 사람은, 당신의 바운더리를 당신을 위해 설정한 건강한 경계선이라고 생각하기보다는 자기 자신에 대한 비판으로 받아들인다. 셰릴은 아들의 말을 "우리는 갓 태어난 아이와 새로운 명절 전통을 시작하게 되어 신나요."라고 받아들이기보다 "우리는 크리스마스를 어머니와 보내고 싶지 않아요."라고 이해했을지도 모른다. 또는 휴식 시간에 성차별적 농담을 한 동료를 지적했을 때처럼, 당신의 바운더리 요청이 그들의 행동이 얼마나 무신경하거나 무례했는지 직간접적으로 강조할 수 있기 때문에 특히 그룹 환경에 있는 경우 매우 불편하게 받아들일 수 있다. 사람들은 방어적으로 반응하며 이 상황을 당신의 탓으로 돌림으로써 부정적인 감정을 해소하거나 회피하려 한다.

## 패턴을 다시 형성하는 건 당신으로부터 시작된다

바운더리에 대한 많은 부정적인 반응은 건강한 바운더리가 작용하는 걸 보지 못했기 때문에 일어난다. 가족들이나 친구, 동료가 설정한 바운더리를 본 적이 없고, 바운더리 설정이 건강한 습관이라는 사실을 분명하게 배운 적이 없다면, 누군가의 바운더리를 마주했을 때 거슬리거나 가혹하게 느껴질 수도 있다. 셰릴은 우리가 제이슨의 연말 계획에 대해 얘기할 때 이를 인정했다. 그녀는 이렇게 말했다. "제 아이들이 어릴 때 저는 시댁 식구들이나 친정 식구들과 이런 바운더리를 절대 설정할 수 없었는데, 제이슨은 그렇게 할 수 있다는 사실이 화가 났어요." 바운더리를 설정하는 것에 대해 죄책감을 느끼게 만드는 바로 그 요소들은 우리가 바운더리를 받아들이는 것도 힘들게 만든다. 한계를 설정하고 이를 주장하는 것이 오만하거나 무례하거나 탐욕스러운 거라고 배웠다면, 우리에게 바운더리를 설정하려는 사람들에게도 그런 부정적인 꼬리표를 달 수밖에 없다. 핵심은 우리가 설정하는 바운더리를 건강한 자기 관리의 행위로 재구성하는 것이다. 그렇게 하면 다른 사람들의 바운더리도 같은 시각으로 바라볼 수 있다. 지금까지 소개한 많은 팁과 마찬가지로, 주변에 있는 친절한 전문 상담사가 당신이 패턴을 재구성하도록 도와줄 것이다.

방어는 잠재의식적인 반응일 때가 많지만, 다른 반응들은 훨씬 더 의도적이다. 어떤 사람들은 자신의 행동에 대한 책임을 회피하기 위해 당신이 설정하려는 바운더리가 이기적이고, 불합리하며, 무례하다고 설득한다. 그들은 자신의 행동이 문제가 아니라, 당신의 바운더리가 불필요하고 지나치게 극적이며 가혹하기 때문이라고 주장한다. 만약 당신이 불합리한 요구를 하고 있는 거라고 당신을 설득할 수 있다면 그들은 당신에게 사과하지 않아도 되기 때문이다. 그리고 당신의 건강한 경계선을 존중해달라고 요청하는 게 잘못된 행동임을 믿게 하기 위해 오랫동안 가스라이팅을 시도한다.

사람들은 애초에 그럴 권리가 없었음에도 불구하고 당신이 무언가를 빼앗아간다고 느끼면 화를 내기도 한다. 그렇게 생각하는 사람들은 방어, 적대감, 비난, 조종 등 모든 전략을 동원해 당신의 기분을 망가뜨린다. 이러한 상황에 놓인 당신은 불편한 바운더리를 전부 포기하게 되고, 그렇게 되면 삶은 다시 원래대로 돌아가기 때문이다. 당신이 누군가에게 당신의 경계선을 넘도록 허용하고, 당신을 이용하는 것에 익숙해졌을 때 흔히 일어나는 일이다.

> 당신의 바운더리에 이렇게 심각한 반응을 보인다는 건 당신이 원래 그들의 것이 아니었던 특권을 해제하고 있음을 의미한다.

그리고 누군가가 당신의 분명하고 친절한 바운더리에 어떻게 반응하는지는 그 관계가 회복될 수 있을지 판단하기 위해 당신이 알아야 할 모든 것을 알려준다.

그렇긴 해도 너무 성급하게 판단하지는 말자. 당신이 그들에게 세 가지 작은 호의를 베풀 의향이 있는 한, 사람들은 더 나은 반응을 보여줄 수 있다.

## 거리감을 수용할 수 있도록 도울 것

만약 당신이 바운더리를 설정했는데, 잘 진행되지 않는다고 해도 너무 섣부르게 결론을 내지 말자. 사람들은 흥분한 상태에서 잘 대응하지 못하는 경우가 많다. 당신이 정한 바운더리가 잘 받아들여지지 않을 때 가장 좋은 방법은 세 가지 작은 호의를 베푸는 것이다.

### 상대에게 시간을 주라

상대방에게 당신의 바운더리를 받아들일 시간과 여유를 주자. 특히 상대방이 상처받거나 당황하고, 죄책감을 느끼고, 방어 모드에 갇혀 있는 순간에 당신의 바운더리를 이해하거나 따라달라고 강요하는 것은 비생산적이다. 제이슨은 엄마에게 그의 바운더리를 알리고 그의 가족만의 크리스마스 전통을 시작하고 싶은 마음을 설명한 다음 다정하게 전화를 끊었다. 그럼으로써 셰릴에게 자신의 감정을 처리할 시간을 주고, 그 순간에 느낀 상처나 분노를 제이슨에게 쏟아내 관계를 악화할 가능성을 제거했다. 이것은 직장이나 가족 모임처럼 여러 사람이 모인 상황에서 바운더리를 표현할 때 특히 중요하다. 당신의 경계선을 공유하고 한 걸음 물러나서 그들에게 감정을 처리할 시간과 체면을 지킬 기회를 준다.

### 일관되게 친절하라

바운더리에 대해 상대방이 보인 첫 반응이 끝까지 유지되는 건 아니다. 바운더리를 세웠을 때 상대방이 표출하는 상처나 분노, 좌절감은 자연스러운 반응이다. 그러나 그들에게 시간을 주면 마음가짐이 달라질 가능성이 크다. 상대방의 순간적인 반응으로 판단하지 말고, 그들의 분노나 짜증에 휩쓸리지 말자. 당신의 바운더리에 대한 초기 반응이 이상적이지 않더라도 인내심을 갖고 상대방과 대화할 적절한 순간을 기다리자. 당신은 그들의 혼란스럽고 상처받은 마음에 공감할 수 있는가? 바운더리는 당신뿐만 아니라 바운더리를 받아들이는 상대방을 포함한 모두를 위한 훈련이다. 당신은 자신의 바운더리를 지키면서 이를 받아들이는 상대방의 감정도 인정할 수 있어야 한다.

### 충분히 공유하라

만약 당신의 바운더리를 받아들이는 사람의 태도가 변화했다면, 그 사람과의 관계를 더 돈독히 하고 그들의 반응을 완화하기 위해 당신의 바운더리에 대해 더 자세히 공유해보자. 이것은 바운더리를 설정하는 과정에서 그것을 정당화하거나 지나치게 설명하는 행위와는 다르다. 이제 상대방은 (마지못해서든 아니든) 당신의 바운더리를 존중하기로 동의한 상황이다. 원활한 의사소통을 위해 이 바운더리가 당신에게 어떤 의미인지, 상대방이 이를 존중해줘서 얼마나 고마운지에 대해 자유롭게 얘기한다. 제이슨은 어린 시절 가장 행복했던 크리스마스 추억이 부모님과 오붓하게 보낸 시간이었으며, 자신의 아들과도 그런 추억을 만들기를 얼마나 기대하고 있는지 엄마에게 얘기할 수 있다. 또한 갓 태어난 손자와 명절에 충분한 시간을 보낼 수 있을 거라고 엄마를 안심시킬 수도 있다.

상대방에게 바운더리를 받아들일 시간을 주고 나서 그들이 다시 돌아와 사과하고 그 문제에 대한 건강한 대화를 시작한다면, 당신은 하려고 한 일을 모두 완수한 셈이다. 건강한 바운더리를 설정했고, 그 사람과의 관계를 지켰으며, 마음속 이야기를 나누고 예의와 공감의 마음으로 경청함으로써 그 사람과의 관계가 더 깊어졌다.

## 그래도 상대가 거부한다면

그러나 만약 그들이 더 완강히 나오고 계속 반발하며 당신을 조종하려 하거나 바운더리를 존중하길 거부한다면 어떻게 해야 할까? 여기 인생을 바꿀 만한 바운더리의 마법이 있다. 그들의 분노, 방어, 조종 전략은 당신의 문제가 아니다. 이를 기억하자.

> 다른 사람들이 당신의 바운더리에 반응하는 방식은 당신이 신경 쓸 일이 아니다.

당신을 안전하고 건강하게 지키기 위한 바운더리를 찾았고, 그 사람과의 관계를 개선하기 위해 바운더리를 설정했다. 뿐만 아니라 친절하고 분명하게 표현했다. 당신은 자신의 욕구를 충족할 자격이 있고, 자신을 대하는 방식을 요구할 가치가 있는 사람이기 때문에 죄책감을 가질 필요가 없다고 스스로 다짐했다. 그리고 상대방에게 당신의 바운더리를 받아들일 시간과 여유를 주었다. 만약 그들이 당신의 바운더리를 존중하길 거부한다면, 그에 따른 조치를 실행으로 옮김으로써 당신의 바운더리를 설정할 때다. 그리고 떠나라. 당신의 일은 끝났다.

당신의 말을 어떻게 받아들이고, 어떻게 반응할지는 그들의 몫이다. 당신의 요청을 받아들이고 어떻게 대응할지 결정하는 것은 그들의 일이다. 자기 인식을 연습하고 당신의 요청을 개인적인 일로 받아들 것인지 아닌지는 그들이 결정할 일이다. 분노나 방어, 상처가 아닌 공감의 자세와 협력의 정신으로 반응하는 것은 그들의 일이다. 당신의 바운더리에 동의하든, 그렇지 않든 당신의 바운더리가 존중받을 가치가 있다고 결정하는 것은 그들의 몫이다. 당신이 상대방을 위해 이런 일들을 대신해줄 수 없고 당신의 바운더리 또한 포기할 수 없다. 그것은 당신뿐만 아니라 그들과의 관계에도 해가 될 것이기 때문이다. 그렇다면 무엇이 남았는가? 당신은 자신의 바운더리에 대해 책임을 지고, 분명하고 친절한 언어로 소통하는 일에 집중하라. 상대방이 이에 어떻게 대응하는지는 당신의 문제도, 당신이 신경 쓸 일도 아니다.

만약 누군가가 당신의 바운더리에 심드렁한 반응을 보인다면 바운더리를 포기하지 않고 공감을 표시하며 다음의 말들을 건네보자.

- "이런 얘기를 듣기 힘들다는 건 알지만, 내가 아무 말 하지 않고 참으면 너무 화날 것 같아. 내가 이렇게 얘기하는 게 우리 관계에 더 좋다고 생각해."
- "이런 상황은 나도 불편하지만 이제 원활히 소통하며 내 욕구를 더 분명하게 표현하기로 결심했어."
- "네가 실망한 건 알겠어. 하지만 이것이 나에게 최선이라는 걸 존중해주길 바라."
- "네가 화가 난 건 이해해. 내 얘기를 받아들일 시간을 줄게. 나중

에 다시 대화하자."

- "날 도와주려는 마음은 고마워. 지금 나를 도와주는 가장 좋은 방법은 내 결정을 존중해주는 거야."
- "우리의 대화를 이런 식으로 받아들이기로 선택하다니 정말 유감이야."

내가 가장 좋아하는 말은 마지막 표현이다. 바운더리에 대해 사과하지는 않지만, 그들이 이것을 벌이나 나쁜 행동으로 여기는 것을 안타까워한다("미안한데, 안 미안해."라고 말하는 것보다는 분명히 더 친절하다).

제이슨이 크리스마스에 대한 바운더리를 엄마에게 처음 얘기한 다음 날, 그들은 다시 대화를 했다. 셰릴은 전날보다 훨씬 나은 대화를 나누었다고 얘기했다. "'이기적'이라고 한 말이 계속 머릿속을 떠나지 않았고, 정말 마음이 안 좋았어요. 전 그게 저와 관련 없는 것임을 알았고, 제 감정과 불안감을 그에게 투영할 수 없다는 걸 깨달았어요. 그건 중요한 교훈이었죠. 만약 당신이 바운더리에 대해 해준 조언이 아니었다면 있는 그대로 바라보지 못했을 거예요."

규칙적으로 건강한 바운더리를 세울 때의 또 다른 장점은, 누군가가 당신에게 바운더리를 설정할 때 당신은 훨씬 좋은 파트너가 될 거라는 점이다.

## 품위 있게 바운더리 받아들이기

바운더리 우먼으로 불리기 때문에 누군가가 내게 바운더리를 설정할 때 내가 완벽한 대화 상대가 될 거라고 생각할 것이다. 그러나 항상 그런 건 아니다. 나도 방어적인 태도를 보이고, 바운더리를 개인적으로 받아들이며, 누군가의 바운더리 앞에서 예의 없는 행동을 하기도 한다. 내 동생에게 물어보면 알 수 있다.

나는 아들이 두 살이 되던 해부터 매년 2월이 되면 샌디에이고에 있는 동생 켈리 집에 방문하고 있다. 우리에겐 정해진 루틴이 있다. 금요일 정오에 도착해서 다음 날 토요일 이른 오후에 바닷가에 가서 조개껍데기를 찾고, 파도를 타며 놀기도 하고, 모래성을 쌓는다. 그리고 일요일 오후에 켈리의 집을 떠난다. 그러나 처음부터 이 루틴이 순조로웠던 건 아니다. 우리가 처음 켈리의 집에 방문했을 때 나는 토요일 아침에 일찍 일어나서 바로 바닷가로 갈 거라고 생각했다. 여동생은 출근하기 전 헬스장을 가기 위해 평일에는 일찍 일어나는 사람이었고, 안 그래도 일찍 일어나는 아들은 시차로 인해 새벽 5시에 일어날 것임이 분명했기 때문이다.

그러나 우리가 금요일에 도착했을 때 동생은 이렇게 말했다. "회사에서 너무 바쁜 한 주를 보내서 난 완전히 지쳤어. 내일 아침에는 최대한 푹 자고 싶어. 내가 일어나자마자 바닷가 갈 준비를 하자." 안 그래도 함께 보낼 시간이 얼마 없는데 늦게까지 잔다고 해서 실망했지만 나는 동생의 말에 동의했다. "푹 잔다고 해도 얼마나 늦게 일어나겠어?"라고 생각하면서 말이다.

내 예상을 비웃기라도 하듯 동생은 아침이 훌쩍 지난 오전 11시에 일어났다. 어린 아들이 일어나서 치킨 소시지와 블루베리를 먹고 바닷가를 가자고 요구한 지 6시간이 지난 뒤였다.

나는 화가 났다. '두 살짜리 아이를 혼자 돌보고 있다는 걸 알면서 어떻게 동생은 내 시간을 더 존중해주지 않을 수 있지? 게다가 우리는 손님인데, 우리끼리 아침 시간을 보내도록 내버려두었잖아?' 엄마는 이것보단 우리를 더 잘 키웠다. 무엇보다도 나는 상처받았다. 동생은 우리와 최대한 많은 시간을 보내고 싶지 않았던 걸까? 우리는 고작 주말만 보내고 떠나야 하는데. 우리와 시간을 보내는 것보다 누워 있길 원한다는 듯이, 나는 동생이 늦잠 자는 걸 개인적으로 받아들였다.

본질적으로 나는 내가 누군가와 바운더리를 설정할 때 그 사람이 해줬으면 하는 것과 정반대의 행동을 했다. 부끄러운 일이었다. 그러나 불편한 것들이 초기 방어적인 반응을 유발하는 건 자연스러운 일이고, 사람들이 당신에게 바운더리를 설정할 때 당신의 머릿속에도 이와 같은 이중 잣대가 있다는 것을 발견할 수 있다. 아마 당신은 다음과 같은 감정을 느낄 것이다.

- 당신의 바운더리는 타당하지만 그들의 바운더리는 불합리하게 느껴진다.
- 당신의 바운더리는 당신의 욕구에 초점을 두고 있지만, 그들의 바운더리는 개인적이거나 비판적으로 느껴진다.
- 당신의 바운더리는 궁극적으로 관계를 개선하기 위한 것이지만, 그들의 바운더리는 이기적으로 느껴진다.
- 당신의 바운더리는 신중하게 고려한 것이지만, 그들의 바운더리는 충동적이거나 갑작스럽게 느껴진다.

바운더리를 처음 설정할 때 이런 이중 잣대를 적용하게 되는 건 일반적이고 자연스러운 일이다. 이때 바운더리에 관한 두 가지 특징을 발견할 수 있다. 첫째, 당신이 다른 사람들과 더 많은 바운더리를 설정할수록 다른 사람들도 그들의 삶에서 바운더리를 설정할 힘을 얻는다(당신은 변화를 주도하는 사람이다!). 당신이 바운더리를 더 많이 세울수록 당신도 상대방의 바운더리를 받아들여야 하는 입장이 되는 경우가 잦아질 것이다. 이건 좋은 현상이다. 삶의 모든 영역에 있는 관계가 더 정직하고 건강한 방향으로 가고 있다는 의미이기 때문이다. 둘째, 건강한 바운더리의 필요성을 분명히 인식하고 전달하며 건강한 자신의 경계선을 지켜나갈수록 다른 사람들이 그렇게 할 때 더 쉽게 알아차릴 수 있다. 당신이 바운더리를 적용하는 것에 익숙해질수록 다른 사람들의 바운더리에 상처받거나 화를 내지 않고 공감과 협력의 마음으로 대할 수 있다.

나는 불만스러웠지만, 동생의 요청을 존중했다. 동생이 일찍 일어나도록 일부러 시끄럽게 하면서 은근한 공격을 하거나 아침 10시에 방에 불쑥 들어가 "이 정도면 충분히 오래 잤잖아."라고 말하지도 않았다. 내 감정을 처리하는 시간을 가지며, 나는 동생의 '이기적인' 행동이 그녀의 바운더리일지도 모른다는 생각이 들었다. 최근에 동생은 일 때문에 매우 바빴고 야근이 잦았다. 유난히 바쁜 시기를 보내고 있었지만, 그래도 동생은 우리가 정말 보고 싶었기 때문에 꼭 와주길 바랐다. 그녀는 내가 중요하지 않다거나 나를 신경 쓰지 않는다고 말한 게 아니라 "주말을 상쾌하고 재충전된 기분으로 보내고 싶은데, 하룻밤만 푹 자고 나면 언니랑 좋은 시간을 보낼 수 있을 거야."라고 말하는 것이었다.

나는 많은 바운더리를 실천해봤기 때문에 동생이 이기적이거나 냉담하게 구는 것이 아니라, 우리가 방문하는 동안 그리고 궁극적으로는 우리의 관계를 위해 필요한 것을 알려주고 있음을 깨달았다. 그러나 다른 사람들의 바운더리에 대한 동기를 파악하는 게 항상 쉬운 일은 아니다.

## 그들의 바운더리는 그들의 일

누군가 우리에게 건강한 바운더리를 설정할 때 우리는 방어적인 태도를 보이거나 좌절하거나 분노할 수 있다. 또 머릿속으로 그 바운더리가 실제로 무엇을 의미하는지 이야기를 만들어내기도 한다. 다음의 예를 살펴보자.

**상대방이 설정한 바운더리** "나는 실내에서 흡연을 허용하지 않아."
**상대방의 건강한 한계선** 흡연은 내 건강과 호흡에 영향을 미치고 집에 나쁜 냄새가 나게 하기 때문이다.
**당신이 받아들이는 방식** 상대방은 내가 담배를 피우기 더 힘들게 만들어서 담배를 끊게 하려고 한다.

**상대방이 설정한 바운더리** "오늘 밤에는 그런 대화를 할 여유가 없어."
**상대방의 건강한 한계선** 나는 오늘 힘든 하루를 보내서 도움이 되는 방식으로 이 주제를 처리할 수 없기 때문에 대화할 수 없다.

**당신이 받아들이는 방식** 내가 이 얘기를 꺼낸 것에 화가 났기 때문에 대화를 거부함으로써 나에게 화가 났다는 걸 알려주려는 것이다.

**상대방이 설정한 바운더리** "내일은 잘 수 있는 만큼 오래 자고 싶어."
**상대방의 건강한 한계선** 너무 피곤해서 충분히 잠을 자고 나야 남은 일정 동안 활기차고 행복하게 지낼 수 있기 때문이다.
**당신이 받아들이는 방식** 나는 여기까지 비행기를 타고 왔는데, 나와 시간을 보내기보다 잠을 자고 싶어 한다.

바운더리가 익숙하지 않다면, 누군가가 당신에게 바운더리를 설정할 때 자동적으로 나오는 이런 반응을 주의하자. 관계의 황금률에 따라 나는 다른 사람의 최선을 가정한다. 만약 어떤 얘기가 바운더리처럼 들린다면, 나는 그것이 건강한 바운더리라고 가정하기 때문에 개인적으로 받아들이지 않고 우리 관계를 위해 이를 존중하기로 선택할 것이다. 열 번 중 아홉 번은 그렇게 가정할 때 최고의 결과를 내고, 관계가 더 돈독해지며, 더 열린 대화를 나누게 된다. 그러나 그들이 왜 당신에게 바운더리를 설정하는지 이유가 궁금하다면 다음의 문장을 기억하자.

그들의 요청 뒤에 있는 동기는 내가 신경 쓸 일이 아니다.

당신의 유일한 책임은 다른 사람들과의 건강한 관계를 위해 그들의 필요를 존중하는 것이다. 그들의 바운더리가 당신의 정직성, 가치, 건강, 안전을 침해하지 않는 한 상대방의 요구를 존중하길 바란다. 이를 판단하는 게 항상 쉽지만은 않지만 좋은 파트너가 되려고 노력하며 더 상대방을 존중하는 자신을 발견할 수도 있다.

그러나 상대방이 그들의 바운더리를 방패 삼아 당신을 조종하거나 회피하고, 벌을 주는 경우가 있는데, 이를 알아볼 수 있는 몇 가지 위험신호가 있다. 이런 위험신호를 발견하면 그 사람과의 관계가 어떻게 진행되는지, 특히 패턴으로 자리 잡고 있는 건 아닌지 주의를 기울여야 한다.

### 후속 대화 없이 회피한다

"이 문제에 대해 생각해볼 시간이 필요하니까 다음 주에 연락할게." 라고 말하는 것과 어떤 경고도 없이 침묵으로 일관하고, 당신의 대화 요청에 응답하지 않는 것은 다른 문제다.

### 그들과 상관없는 규칙을 강요한다

만약 내 동생이 "나는 내일 정오까지 잘 예정이지만, 내가 일어날 때까지 아무 데도 가지 마."라고 말했다면, 그것은 내 아침 시간을 통제하는 것일 뿐이다.

### 당신의 바운더리에 대한 보복으로 바운더리를 적용한다

누군가가 당신에게 바운더리를 설정하는 유일한 때가 그 사람의 나쁜 행동을 지적했거나 그 사람과 바운더리를 설정하려고 시도한 직후라면, 그것은 책임을 전가하거나 책임지는 것을 꺼리는 행동이다.

### 명확하지 않고 은밀하다

만약 누군가의 바운더리에 당신의 뒤통수를 치거나 당신의 험담을 하거나 배려나 도움을 가장한 다른 해로운 행동이 포함되어 있다면, 그것은 위험신호다.

### 당신이 그들의 감정을 책임지게 만든다

만약 누군가의 바운더리가 그들의 정서적 안정을 지키기 위해 당신이 해야 하거나 하지 않아야 하는 행동만 포함하고 있다면, 그것은 건강한 바운더리가 아니라 행동을 통제하려는 것이다.

항상 그렇듯이, 당신은 당신의 행동과 대응 방식에 대한 선택에 책임을 져야 한다. 건강한 바운더리인지 아닌지 모호한 요청을 받았을 때 당신의 정직성을 유지하고 건강한 관계를 지킬 수 있는 방법은 다음과 같다.

### 관계의 황금률을 따른다

앞서 설명한 관계의 황금률을 기억하는가? 바운더리에 관해서도 같은 규칙이 적용된다. 만약 누군가가 당신에게 바운더리를 설정한다면, 그것이 건강한 바운더리며 진실을 얘기하고 있다고 여기고 그들을 같은 태도로 대한다. "오늘 밤에 휴식이 더 필요하다고 들었어. 알려줘서 고마워. 내일 아침에 푹 쉴 수 있도록 조용히 있을게." 상대방이 비꼬는 태도로 얘기했다면, 당신도 화를 내거나 비꼬는 태도를 보일 거라고 예상할 것이다. 그러나 예의 바르고 친절한 태도는 좋은 의미에서 상대방을 무장해제할 수 있다. 아마도 상대방은 이렇게 말할 것이다. "그렇게 해준다니 정말 고마워." "고마워. 그럼 나도 아침 10시에는 일어나도록 알람을 맞춰놓을게. 그게 낫겠지?" 어느 쪽이든 상대방의 말을 선의로 해석하는 것이 당신에게 좋다. 그들의 바운더리를 존중함으로써 당신이 이 관계에 얼마나 진심을 다하는지 보여줄 수 있다.

### 당신의 솔직한 마음도 얘기한다

당신에게 필요한 게 무엇인지 생각해보고 이를 분명하고 친절하게 얘기한다. 만약 당신이 아침 일찍 바닷가에 가길 진심으로 바란다면 이렇게 얘기하자. "좋아. 쉬어야 하는 만큼 푹 자. 그럼 우리는 먼저 바닷가에 가 있을게. 우리는 너무 일찍 일어날 것 같아서 말이야. 일어나면 문자 줘." 이렇게 말하는 것이 마지못해 동의한 뒤 기분 나쁘게 아침을 보내는 것보다 훨씬 나은 전략이다.

### 관계의 황금률을 강화한다

만약 상대방의 요청이 건강한 바운더리가 아니라 분노의 표현이었다는 게 밝혀지면, 그 일에 대해 이야기한다. "네가 화났다는 걸 들었어. 우리가 대화를 나눌 수 있게 내가 어젯밤에 알았더라면 좋았을 텐데. 네가 나에게 알려주지 않으면 네게 필요한 것을 존중해주기 힘들어. 다음에는 더 솔직하게 대화를 나누면 좋겠어."

### 패턴을 찾는다

만약 상대방이 위험신호 행동을 반복적으로 보인다면, 솔직한 대화를 시작해야 할 때다. 당신이 관찰한 것과 이 행동 패턴 때문에 어떤 기분이 드는지 설명하고, 상대방이 자기 자신을 관찰하고 행동을 수정할 기회를 준다.

### 책임을 진다

결국 당신의 감정과 행동에 대한 책임은 당신에게 있다. 만약 상대방이 당신이 수용할 수 없는 방식으로 계속 행동한다면, 상대방에게 이 관계를 존중할 의사가 없다는 뜻이다. 따라서 당신은 이를 받아들이고 자신을 돌보기 위해 앞으로 이 관계를 어떻게 이어나갈지에 대해 바운더리를 설정한다. 당신이 무엇을 선택하든, 바운더리라는 이름으로 서로에게 벌을 주거나 통제하려는 행동을 지속하는 게 아니라, 당신의 건강을 위한 최선의 행동을 해야 한다.

## 실망해도 괜찮다

그날 아침 마침내 동생이 일어났을 때, 나는 내가 느낀 감정을 전달하는 동시에 그녀의 요청을 건강한 바운더리로 존중하기로 마음먹었다. 그녀가 방에서 나왔을 때 나는 먼저 동생이 잘 잤는지, 컨디션은 괜찮아졌는지 물어보았다. "응, 잘 잤어!" 그녀가 소리쳤다. "이번 주 들어서 가장 잘 잤어. 조용히 해줘서 고마워." 나는 그날 아침 아들과 무엇을 했는지, 바닷가에 가서 아들이 얼마나 신났는지 얘기했다. 그런 다음 이렇게 말했다. "처음에는 우리가 일찍 하루를 시작하지 못해서 아쉬웠어. 우리는 내일이면 떠나니까 말이야. 하지만 네가 얼마나 휴식을 필요로 하는지 알았고, 우리는 아직 바닷가에서 보낼 시간이 많잖아." 그녀가 웃으며 말했다. "새벽부터 일어나 있었지? 이제 켈리 이모가 놀아줄 준비가 됐어! 바닷가에서 저 꼬마가 녹초가 될 때까지 데리고 놀 거야. 엄마는 잠시 쉬고 있어." 그 순간 나는 좌절감이나 실망감에 굴복하지 않고, 그녀를 이기적이라고 비난하거나 화를 내지 않았다는 사실에 몹시 기뻤다. 우리는 오후 내내 바닷가에서 시간을 보냈고, 동생이 아들과 함께 적당한 돌멩이를 찾으러 떠난 동안 나는 마음껏 휴식을 취했다.

누군가가 당신에게 바운더리를 설정한다면 실망스럽거나 슬픈 기분이 들 것이다. 당신은 이런 자신의 감정을 표현해야 한다. 당신의 감정을 인정하는 동시에 상대방의 바운더리에 존중을 표현하는 일도 가능하다. 물론 올바른 방법을 사용해 이를 전달해야 한다. 셰릴의 연말 시나리오로 돌아가 그녀의 입장이 되어보자. 당신은 사흘 간의 크리스마스 휴가에 아들과 그의 파트너, 어린 손주를 집으로 초대했다. 그러나 그들만의 가족 전통을 만들고 싶어 하는 아들은 사흘 내내 당신과 시간을 보내지 못한다고 말한다. 당신은 어떻게 대응할 수 있을까?

**옵션 1** "그건 예상 못 했네. 너무 실망했어. 갓 태어난 손주와 시간을 보내게 해줄 거라고 생각했거든. 하지만 아예 못 보는 것보다는 크리스마스 아침에라도 함께 보내는 게 낫지."

당신은 아들의 바운더리를 지켜주고 있지만, 마음 편하게 수용하기보다는 아들이 죄책감을 느끼게 한다. 실망감을 먼저 표현한 뒤에 "~

라고 생각했어."라고 말하는 방식에는 수동적 공격성이 담겨 있다. 당신은 크리스마스 아침에 방문하겠다는 아들의 제안을 어쩔 수 없이 따르고 있다. 물론 그의 바운더리를 존중하며 당신의 감정 또한 표현하지만 이것이 가장 친절한 방식은 아니다. 어쩌면 아들은 엄마가 계획을 바꾸도록 강요하는 거라고 느낄지도 모른다.

옵션 2 "이해해. 올해는 너희 셋이 맞이하는 첫 크리스마스잖아! 너희 모두와 연휴 내내 함께 보낸 시간이 그립겠지만, 너희들과 함께하는 크리스마스 아침은 더 특별할 거야."

이 대답에서는 바운더리를 먼저 인정하고 존중한다. "나는 네 바운더리를 들었고, 그것을 존중해."라고 먼저 얘기했기 때문에 아들이 계획을 바꾸길 강요하는 게 아니다. 그런 다음, 당신의 감정을 표현하고 그 감정에 대한 책임을 지고 있다. 아들에게 당신의 감정을 쏟아내는 대신 아들의 가족과 함께 보내는 시간이 특별하다는 걸 인정하고, 이를 최대한 활용하기로 한다. 이 틀을 적용하면 당신은 바운더리와 아들과의 관계 모두를 더 직접적으로 존중할 수 있다.

자신의 감정을 건강하게 표현하고 상대방의 바운더리를 존중하려면, 다음의 문장을 꼭 기억해두자.

먼저, 바운더리를 존중한다. 그런 다음 당신의 감정을 표현하고 감정에 대한 책임을 진다.

바로 이것이 내가 동생이 일어났을 때 한 행동이었다. 동생이 잘 잤는지, 컨디션이 어떤지 물어본 뒤, 우리가 함께 시간을 보내지 못한 슬픔을 표현했고, 우리에게 남은 시간을 최대한 활용함으로써 내 감정에 대한 책임을 졌다.

## 다른 사람의 바운더리에 대응하는 말들

앞서 함께 살펴보았던 바운더리로 돌아가서 만약 당신이 그 바운더리에 대응해야 한다면 어떻게 할 수 있을지 생각해보자.

> Q. 출산 후에 다시 직장으로 복귀하려 합니다. 아침에 해야 할 모든 일을 분담하기 위해서는 파트너(당신이라 가정하자)가 지금보다 더 일찍 일어나야 해요. 이 문제를 어떻게 해결해야 할까요?

**상대방이 설정한 바운더리** "다음 주는 내가 출근 준비를 할 수 있도록 당신이 6시부터 6시30분까지 아기를 봐줘야 해."

**당신의 반응** "알겠어. 확실히 하기 위해 15분 일찍 알람을 맞춰 놓을게. 이런 변화로 약간 스트레스를 받고 있으니까 새로운 상황에 적응할 때까지 회사에 회의 일정을 더 가볍게 잡아야 할 것 같다고 얘기해둘게. 당신은 기분이 어때?"

── 우선, 파트너에게 당신의 몫을 제대로 맡아서 하겠다고 안심시킨다. 그런 다음 당신의 감정을 공유한다. 파트너의 기분을 물어보는 것도 좋은 방법이다. "토요일에 따로 시간을 내서 아이를 돌

볼 때 적용할 최소한의 기준을 세우고, 내가 잊고 있는 일을 체크해보는 시간을 갖자. 복직하는 첫 주니까 최대한 당신이 스트레스를 받지 않았으면 좋겠어."라고 덧붙여도 좋다.

> Q. 파트너(당신이라 가정하자)는 퇴근 후 집에 돌아오자마자 하루 중 가장 힘들었던 일을 쏟아냅니다. 파트너의 일이 스트레스가 많다는 걸 알지만, 저도 퇴근하고 돌아와서 쉬어야 하는데 오히려 더 스트레스를 받아요. 도와주세요.

**상대방이 설정한 바운더리** "나도 오늘은 여유가 없어서 얘기를 들어줄 수 없을 것 같아. 오늘 밤은 업무 관련 이야기를 쉬어도 될까?"
**당신의 반응** "물론이지. 오늘 밤은 당신 기분이 좋아지는 일을 하는 게 어때? 나는 정말 힘들어서 누군가에게 이야기를 털어놓아야 할 것 같아. 동생에게 연락해보려 해. 당신과는 나중에 다시 얘기해."
— 먼저 상대방의 감정을 인정한 뒤 당신의 감정을 공유하는 게 좋다. 정말 누군가와 대화를 해야겠다면, 할 수 있는 사람을 찾아보자. 꼭 당신의 파트너와 얘기를 나누고 싶다면 하루 정도 기다린 다음, "오늘은 기분이 나아졌지만 요즘 어떤 일이 있었는지 당신에게 얘기해주고 싶어. 대화할 수 있을 때 알려줘."라고 얘기한다.

> Q. 시댁 식구들(당신이라 가정하자)은 언제나 우리 가족 휴가에 마음대로 따라오십니다. 다음 여행을 계획 중이지만 이번에는 그런 일이 생기지 않았으면 좋겠어요. "시댁 식구들은 초대받지 못했어요"라고 어떻게 정중하게 얘기할

수 있을까요?

**상대방이 설정한 바운더리** "이번 여행에는 함께 가실 수 없어요. 아이
들과 좋은 시간을 보내길 기대하고 있고, 아이들에게 이번에는
우리 네 가족만의 시간을 보낼 거라고 약속했거든요."

**당신의 반응** "충분히 이해해. 너희 가족들끼리 멋진 추억을 만들 거
라고 생각해. 휴가 떠나기 전에 아이들과 페이스타임을 할 수 있
을까?"

—— 다른 여행을 계획하거나 다음에 만날 약속을 잡도록 부담 주
지 않고 그들의 바운더리를 명확하게 존중하고 있다. 그들과 함께
여행을 계획하고 싶다면, 다른 때 얘기를 꺼내봐도 좋다. 그러나
"만약 너무 많은 가족들과 여행을 하는 게 힘들다면, 언제든 얘기
해줘. 그럼 더 이상 물어보지 않을게."라고 사전에 거절할 수 있는
여지를 주자.

바운더리를 설정하는 사람에게 그들이 어떤 기분을 느끼는지, 어떤
일을 겪고 있는지, 이 관계를 개선하기 위해 당신이 할 수 있는 일은
무엇인지 물어보는 것처럼, 바운더리를 존중하는 동시에 상황을 명확
히 하기 위한 질문을 하고 싶을 때도 같은 전략을 적용한다. 먼저 바운
더리를 존중한다는 것을 분명하게 밝힌 다음, 관계를 개선하고 상황을
잘 이해할 수 있도록 더 많은 정보를 공유해줄 수 있는지 물어본다. 민
감한 주제에 관한 몇 가지 바운더리를 예로 들어보자.

Q. 저는 만성질환을 앓고 있어요. 그래서 이런 치료법이나 이런 식단을 시도해보라거나 치유를 위해 '긍정적인 생각'을 해보라는 등 원치 않는 조언을 끊임없이 받습니다. 사람들(당신이라 가정하자)은 좋은 의도로 하는 말이지만, 제겐 더 스트레스가 될 뿐이에요. 다음에 또 이런 일이 일어난다면 어떻게 말하면 좋을까요?

**상대방이 설정한 바운더리** "고맙지만, 나는 지금 담당 주치의 외에는 조언을 구하고 싶지 않아."

**당신의 반응** "이해해. 원치 않는 조언을 해서 미안해. 다시는 그런 일 없을 거야. 언젠가 네가 괜찮다면, 내가 어떻게 도와줄 수 있는지 얘기해주면 좋겠어. 먹을 음식을 준비해올 수도 있고, 심부름을 다녀와줄 수도 있고, 토요일에 아이들을 데리고 영화를 보고 올 수도 있고, 그냥 네 얘기를 들어줄 수도 있어. 혹시 네가 필요한 게 있다면 난 언제든 여기 있어."

── 이 답변에서는 훌륭하게 실수를 인정하고 상대방의 얘기를 이해했음을 전달하며 상대방을 안심시켜주었다. 어떻게 도와줄 수 있을지 물어보는 것도 멋진 표현이지만, 더 멋진 일은 당신이 도와줄 수 있는 몇 가지 구체적인 일을 제안하는 것이다.

또 다른 사려 깊은 전략은 그 순간에 바운더리를 지키고, 두 사람이 모두 차분하고 편안해졌을 때까지 후속 질문을 미뤄두는 것이다. 그때가 되면 상대방도 좀 더 마음을 열고 대화할 수도 있다. 바운더리를 수용한 뒤 바로 다른 주제로 전환하면, 당신이 그들의 바운더리에 동의

한다는 걸 분명하게 밝히는 것이기 때문에 바운더리를 설정한 사람은 안심할 수 있다. 만약 상대방이 방어적이거나 겁을 먹었거나 화가 난 것 같다면, 명확한 질문은 다음 기회로 미루고 "힘이 되어줄 방법에 대해 몇 가지 물어보고 싶은데, 너에게 그럴 여유가 생기면 언제든지 알려줘."라고 대화를 시작하자.

## 선제타격

바운더리를 설정하는 데 익숙해지면, 다른 사람들이 당신에게 바운더리를 설정하지 않아도 되도록 당신이 먼저 그들의 수용 능력, 시간, 필요 사항을 물어보자.

- "나 오늘 회사에서 힘든 하루를 보냈어. 5분 정도 대화할 여유가 있어?"
- "아이들과 긴 주말을 보냈는데, 오늘 밤에는 당신만의 조용한 시간을 보내고 싶지 않아?"
- "다음 기사에 네 인용문을 넣고 싶어. 늦어도 금요일까지 필요한데, 혹시 너무 바쁘거나 원하지 않으면 나한테 알려줘."
- "나는 1주일 동안 머물 예정이지만, 우리가 각자 시간을 보낼 수 있게 사흘 동안은 친구들과 시간을 보낼게. 괜찮을까?"
- "안녕하세요. 이번 주 토요일에 파티를 열 예정이에요. 만약 소음이 너무 커지면 이 번호로 전화해주세요. 밤 10시 이후로는 조용히 할게요."
- "만나 뵙게 되어서 정말 반가워요! 포옹할까요? 아니면 악수를 할까요?"

나와 동생은 특히 이 부분에 능숙해졌다. 그녀는 나에게 "나 털어놓고 싶은 얘기가 있어. 언니는 아무것도 하지 않아도 괜찮아. 그냥 내 얘기를 들어주고 이 상황이 터무니없다는 것에 한 번씩 동의만 해주면 돼. 혹시 시간 괜찮아?"라고 문자를 보낸다. 이런 세심함은 바운더리 실천의 자연스러운 연장선처럼 느껴질 것이고, 상대방에게 미리 물어보는 습관은 친구들 사이에서도 빠르게 퍼질 수 있다.

---

여기에 아주 잘 적용할 수 있는 또 다른 황금률(아마도 이것이 가장 중요한 황금률일지도 모른다)이 있다.

내가 대접받고 싶은 방식으로 다른 사람들을 대하자.

"내가 상대방 입장이라면 이 대화가 어떻게 진행되면 좋을까?" 다른 사람의 바운더리에 어떻게 반응해야 할지 고민된다면 이처럼 생각해보자. 상대방이 당신을 믿어주고 바운더리를 존중해주며 당신에게 죄책감을 심어주거나 마음을 바꾸라고 부담 주지 않고 자신의 감정을 표현해주길 바라는가? 분명히 그럴 거라고 생각한다. 그러니 숨을 깊이 들이쉬고 이 교훈을 떠올리며 선의를 베풀어보자.

## 나를 자유롭게 해줄 바운더리 사랑하기

나는 최근 커뮤니티에서 바운더리를 주제로 다음과 같은 질문을 던졌다. "당신이 바운더리를 설정하고 유지하는 것에 더 익숙해지고 나서, 다른 사람이 당신에게 바운더리를 설정할 때 당신의 반응은 어떻게 바뀌었나요?" 설문 결과는 압도적으로 긍정적이었고, 놀라울 정도로 비슷했다.

- "완전히 다르게 대응하게 되었어요! 상대방을 몰아붙이거나 방어적으로 반응하는 대신 상대방이 하는 얘기를 듣고 따라줘요."

- "이제 내 바운더리를 설정하는 데 자신감이 생겨서 상대방이 저에게 바운더리를 설정할 때 더 빨리 알아차리고 상대방의 바운더리를 더 존중하게 되었어요."

- "다른 사람들의 바운더리를 개인적으로 받아들이지 않게 도와줬어요. 이제 그것은 저에 관한 게 아니라 그들의 욕구와 그들에 관한 문제임을 받아들이게 되었어요."

- "이제 제 바운더리나 다른 사람의 바운더리나 모든 바운더리가 이기적이지 않다는 걸 알아요."

- "누군가 제게 바운더리를 설정했다는 것을 알고 나서 그 관계를 더 소중히 여기게 되었어요. 그들이 지지를 받거나 보살핌을 받는 기분을 느끼기 위해 어떤 것이 필요한지 정확히 알려주는 거니까요."

- "다른 사람들이 제게 바운더리를 설정하면 마음이 놓여요. 제가 실수로 선을 넘어가면 그들은 그 선이 어디 있는지, 그들이 필요로 하는 게 무엇인지 제게 얘기해줄 것을 알기 때문이에요."

- "이제 누군가가 제게 바운더리를 설정하는 게 좋아요. 상대방과의 관계에 안전지대를 만들어주고 그 사람이 저를 자신의 삶에 계속 두고 싶어 한다는 걸 알 수 있기 때문이죠."

- "저는 '조언이 필요해? 아니면 그냥 얘기를 들어줄 사람이 필요해?'라고 먼저 묻게 되었어요. 상대방이 원치 않는 조언을 하지 않으려고 노력하는데, 그래서 다른 사람들이 저와 바운더리를 설

정해야 할 필요성이 많이 줄어들었어요."
- "이제 누군가가 바운더리를 설정했다는 걸 들으면 축하해줘요. 그게 제게 설정한 바운더리여도요!"

바운더리를 설정하고 유지하는 연습은 연못의 조약돌처럼 삶의 모든 영역으로 긍정적인 잔물결을 일으킨다. 당신의 바운더리를 분명하고 친절한 방식으로 설정하면, 그 바운더리를 지키고, 다른 사람들의 바운더리를 존중하며, 당신의 욕구를 인식하고 다른 사람들에게 이를 존중해달라고 요청하는 데 자신감이 생긴다. 이는 모든 인간관계를 개선하고 에너지와 시간, 건강을 되찾게 도와준다. 또한 당신에게 들었던 분명하고 친절한 표현을 본받아 다른 사람들도 자신만의 바운더리를 설정하고 지킬 수 있다는 것을 깨닫게 된다. 그들의 인간관계도 더 좋아지고, 모두 같은 이점을 누린다. 결과적으로 당신과 어울리는 모든 사람은 바운더리를 침범하지 않게 되거나 적어도 누군가가 바운더리를 설정할 때 이를 잘 알아차릴 수 있게 되는 것이다. 이렇게 하면 바운더리를 더 빠르게 존중할 수 있고 바운더리를 개인적으로 받아들이거나 방어적인 태도를 보일 가능성이 줄어든다. 모두가 건강한 경계선을 설정하고, 다른 사람의 건강한 경계선을 존중하며, 바운더리가 주는 자유를 즐길 수 있을 것이다.

나는 당신이 자랑스럽다.

12장

# 바운더리의 마법

이 책에서 내 이야기를 많이 했으니 또 다른 내 이야기로 마무리를 짓는 게 좋겠다. 지난주에 있었던 일을 공유하고 싶은데, 흥미롭거나 특이한 일이라서가 아니라 지극히 평범하지만 그 안에 마법이 숨어 있어서다.

아들과 함께 보내는 한 주는 월요일 방과 후에 시작된다. 직장에서도 꽤 바쁜 한 주를 보내게 될 걸 알기에 그날 밤 나는 평소보다 더 일찍 잠자리에 들었다. 최근 〈탑 셰프Top Chef〉에 푹 빠져서 '레스토랑 전쟁' 편에서 무슨 일이 일어나는지 보고 싶은 마음이 굴뚝같았지만, 내일 하루를 시작하기 전에 운동을 하고 싶어서 월요일에는 아들을 8시에 재우자마자 나도 잠자리에 든다. 나는 이렇게 일찍 자는 걸 '아기처럼 일찍 자기'라고 부르는데, 당신도 한번 시도해보길 바란다. 정말 기분 좋은 경험이다.

화요일 아침, 나는 헬스장에 가서 활기찬 기분으로 하루를 시작했다. 그날 오후, 친구이자 동료가 이메일로 그녀의 새로운 프로젝트를 내 인스타그램 계정에 공유해줄 수 있는지 물었다. 나는 몇 년 전부터 들어온 이 프로젝트가 마침내 실현되는 것을 보게 되어 무척 기쁘며 당연히 돕겠다는 메시지를 보냈다. 나는 소셜미디어에 펀딩을 공유하지 않는다고 설명했지만, 그녀의 일을 소개하기 위해 함께 인스타그램 라이브를 하기로 했고, 나도 개인적으로 프로젝트를 위한 펀딩에 참여했다. 우리는 내가 편안하게 준비할 시간을 갖기 위해 다음 주에 라이브를 하기로 결정했다.

수요일에는 한 명문 대학교의 '식품, 건강, 테크놀로지' 수업에서 초청 강연을 맡아달라는 뜻밖의 제안을 받았다(그곳은 스탠퍼드대학교였다). 나는 강사와 아는 사이였고 나에게 초청 강연을 제안한 것이 기뻤지만, 이미 빠듯한 업무 일정 때문에 제시간에 강의와 파워포인트 자료를 준비할 수 없었다. 나는 그녀의 제안을 수락하고 싶지만 업무 스케줄이 꽉 찼다고 설명하며, 강의를 내 일정에 맞출 수 있는 몇 가지 방법을 제안했다. 우리는 학생들이 미리 제출한 질문들을 활용해 자유로운 형식의 토론으로 진행하기로 했으며 슬라이드는 준비하지 않아도 되었다. 이것은 이전에 다른 강의에서 성공적으로 진행해봤던 방식이었다(링크드인 경력란에 '스탠퍼드대학교 교수'를 추가하고 싶은 마음을 겨우 억눌렀을 정도로 강의는 성공적으로 끝났다).

목요일에는 내가 몇 년 동안 이용하고 있는 네일 숍 원장님으로부터 문자를 받았다. 예상치 못하게 스케줄이 앞당겨졌는데, 12시 예약을 30분만 당길 수 있는지 묻는 내용이었다. 그녀는 내가 업무 시간을 자유롭게 쓸 수 있다는 걸 알았고, 나도 보통 이런 요청에 응하는 편이었다. 하지만 네일 숍에 일찍 방문하면 점심을 먹을 수 없었다. 게다가 하필이면 그날 온라인 수업이 연달아 있었다. 그래서 나는 일찍 갈 수는 없지만 시간이 지체되지 않도록 색상을 미리 정하고 12시 정각에 도착하겠다고 빠르게 답장했다.

그 주말에 아들은 첫 암벽 등반 대회에 참가했다. 우리는 아들을 응원하러 갔는데, 휴식 시간에 나는 인스타그램에 예정된 광고 콘텐츠를 공유하기 위해 잠시 밖으로 나갔다. 1시간 뒤 나는 광고주로부터 콘텐츠의 반응이 어떤지 묻는 문자를 받았다. 나는 즉시 "이번 주말은 가족들과 시간을 보내고 있습니다. 월요일에 연락드릴게요."라고 대답했다. 그는 "네, 좋은 주말 보내세요."라는 짧은 인사를 건넸고, 나는 다시 돌아와 4시간을 기다린 끝에 4분간 암벽 등반을 봤다.

일요일 아침, 전남편이 우리 집에서 지낼 때 아들의 일상생활에 대해 대화를 나누고 싶다는 문자를 보냈다. 솔직히 말하면, 우리가 이런 대화를 나누는 게 적절한지 확신이 들지 않았다. 우리는 서로의 집에서 일어나는 일을 세세하게 통제하지 않는데, 그런 대화를 나누면 통제가 될 것 같았기 때문이다. 몇 시간 동안 생각해본 뒤 나는 이렇게 답장했다. "나는 좋은 공동 양육자가 되고 싶고, 당신이 어떤 걱정을 하는지 알겠어. 하지만 서로의 집에서 일어나는 사소한 일까지 신경 쓰지 않기로 한 걸 잊지 말아줘. 당신이 하고 싶은 얘기를 이메일로 보내주면 내가 천천히 고민해볼게." 나에겐 이것이 합리적인 타협점처럼 느껴졌다.

일요일 저녁, 나는 무의식적으로 이메일과 인스타그램 메시지를 확인하며 스트레스를 받고 있음을 깨닫고, 아들과의 마지막 밤을 즐기기 위해 휴대폰을 내려놓기로 결정했다. 우리는 반려견 헨리와 산책을 하고, 페퍼로니를 추가한 글루텐프리 피자를 먹고, 스타워즈 영화를 보며 한 주를 기분 좋게 마무리했다.

다음 날 월요일 아침, 나는 아들을 학교에 데려다주었다. 이번 한 주 동안은 엄마로서의 역할을 잠시 내려놓을 수 있기 때문에 집에 가서 일도 하고 잠도 자고 글도 쓰고 당연히 〈탑 셰프〉도 봤다.

## 바운더리가 있는 삶

매우 평범한 한 주를 보내며 내가 세운 바운더리를 모두 발견했는가? 분명히 그랬을 것이다. 적어도 대부분은 발견했을 것이다(보너스로 내 셀프 바운더리를 발견한 사람도 있을 것이다). 우선, 이런 바운더리가 없다면 내 한 주가 어떻게 흘러갔을지 살펴보자.

- 나는 남편과 〈탑 셰프〉를 늦게까지 시청하고 너무 피곤해서 일찍 일어나지 못하고 운동도 하러 가지 못한다. 한 주의 시작이 순조 롭지 않아 매우 예민해진다.

- 친구의 부탁을 거절하고 싶지 않아서 사흘 동안 부탁을 무시하고 있지만, 만약 그녀의 프로젝트를 공유한다면 다른 사람들의 요청 도 쇄도할 것을 알고 있다. 친구는 나에게 다시 이메일을 보내고 나는 죄책감에 그녀의 부탁을 마지못해 들어주지만, 마음속으로 이런 상황에 처하게 한 친구에게 화를 낸다. 나는 프로젝트가 어 떻게 진행되고 있는지 확인해보지 않을 것이지만 그래서 마음이 불편하다.

- 나는 스탠퍼드대학교의 제안을 수락하고("원하는 게 무엇이든 제가 해드릴 수 있어요!") 이미 꽉 찬 스케줄에 강의와 파워포인트 슬라

이드까지 준비하느라 더 바쁘게 보낸다. 그러다가 번아웃이 오고 수면 시간이 줄어들어 더 예민해진다. 강의는 그런대로 잘 마무리했지만, 더 잘할 수 있었다는 걸 안다.

- 네일 숍 원장님의 스케줄에 맞추기 위해 점심을 거른 다음, 나 자신과 그녀에게 화가 난 상태로 남은 하루를 보낸다. 스케줄이 꽉 차 있는 날인 데다가 배까지 고파서 더 예민하다. 나 자신에게 왜 이러는 걸까?

- 토요일에 광고주의 질문에 바로 응답하지 않으면 앞으로 나와 일을 하지 않을 것이기 때문에 인스타그램 통계를 분석하느라 아들이 등반하는 모습을 보지 못한다(그런 회사가 내가 함께 일하고 싶은 회사인지 나 자신에게 물어보지도 않는다). 나는 형편없는 엄마가 된 기분을 느끼고 항상 일이 개인 시간에 영향을 끼치는 것에 화가 난다.

- 나는 전남편의 요청에 대해 하루 종일 고민한다. 너무 피곤하고 짜증이 나서 짜증 난 말투로 답장을 보내고, 그 문자를 받은 전남편도 혼란스럽고 짜증이 난다. 그날 밤 누군가에게 이번 주는 얼마나 피곤하고 지치고 짜증이 나는지에 대해 쏟아낸다. 피자는 차갑게 식은 채로 배달된다.

- 나는 이메일을 확인하고 인스타그램을 들여다보고 넷플릭스를 보느라 늦게까지 깨어 있다. 그리고 너무 피곤해서 (또) 헬스장을 빠지고 한 주를 시작한다.

한편 분명하고 친절한 바운더리를 적용한 덕분에 실제로 나의 1주

일이 어떻게 흘러갔는지 함께 살펴보자.

- 나 자신과 '일찍 잠자리에 드는 시간'을 설정함으로써 운동을 하 겠다는 다짐을 지킬 수 있었고, 충분한 수면을 취함으로써 건강 을 유지하고, 한 주를 능동적이고 활기차게 시작할 수 있었다.

- 내가 설정한 소셜미디어에 관한 바운더리를 침해하지 않는 선에 서 친구의 프로젝트를 지원했기에 그녀가 성공할 수 있게 도와주 었고, 우리의 관계는 더 돈독해졌다.

- 다른 프로젝트를 망치거나 지나치게 무리하지 않고 스탠퍼드대 학교에서 초청 강의를 끝냈다. 내가 요청을 처리한 방식 덕분에 그 강사는 나를 신뢰하게 되었다. 이는 앞으로 함께 일할 수 있는 좋은 징조다.

- 다른 사람의 스케줄에 맞추기 위해 그 시간을 포기해야 한다는 부담감을 느끼는 대신 나를 위해 점심을 먹기로 선택함으로써 활 력을 잃지 않고 남은 하루에 집중할 수 있었다. 또 스스로를 돌볼 가치가 있는 사람임을 다시 확인했다.

- 나는 현재에 머물며 토요일에 업무 관련 대화에 얽매이지 않고 아들의 경기를 즐겁게 지켜볼 수 있었다. 바운더리를 설정하는 데는 10초밖에 걸리지 않았고, 나는 월요일 아침이 될 때까지 그 문제에 대해 다시 생각하지 않았다. 내 바운더리에 광고주가 보 인 반응은 그들이 함께 일하기 좋은 브랜드라는 사실을 재확인하 게 해주었다.

- 전남편의 요청에 대한 내 감정을 알기 전까지는 답장하지 않기로

바운더리를 설정했다. 이로써 가능한 한 가장 건강한 방식으로 공동 양육을 할 수 있었고, 이후에 내 진실성에 부합하면서도 아들에게 최선의 이익을 지지하는 방식으로 답장할 수 있었다.

- 휴대폰 사용이 가족들과 보내는 저녁 시간의 질을 떨어뜨린다는 사실을 인식하고, 휴대폰을 치워두겠다는 셀프 바운더리를 설정했다. 이렇게 함으로써 느긋한 휴식 시간을 갖고 다시 일찍 잠자리에 들 수 있었다.

당신도 이 이야기의 주인공이 될 수 있다. 당신도 이 이야기의 주인공이 될 것이다. 바운더리에 대해 배운 모든 걸 실제 생활에 적용하기 시작한다면 말이다. 모두 한 번에 적용할 필요는 없다. 한 번에 완벽하게 할 필요도 없다. 바로 뛰어들 준비가 된 사람들에게는 찬사를 보내지만, 꼭 가장 어려운 바운더리부터 시작할 필요도 없다. 경계선의 필요성을 인식하고 심호흡을 한 뒤, 자기 자신의 영역을 지키기 위해 연습한 분명하고 친절한 말들을 활용하기만 하면 된다.

나는 수년 동안 수천 명의 사람들이 그렇게 하는 것을 도왔고, 바운더리를 실천한 뒤 삶이 예상치 못한 방식으로 바뀌었다는 얘기를 들었다. 삶의 한 영역에서 바운더리를 성공적으로 설정하고 나면 다른 분야에서도 바운더리를 설정할 수 있다는 자신감을 얻는다. 인간관계가 개선되는 경험을 하면, 바운더리는 이기적인 게 아니라 그들과 당신을 위해 사랑으로 설계한 친절한 행위임을 다시금 깨닫게 된다. 자신과 자신의 욕구에 더 밀접하게 연결되어 있다고 느끼며 하루를 보내다 보면, 자신을 가장 우선시할 가치가 있는 사람이라고 믿기 시작한다. 그리고 자신감과 에너지, 품위가 있는 모습으로 모든 곳에 나타날 때 당신의 삶에서 더 나은 방향으로 변화하지 않을 것은 아무것도 없다.

당신이 바운더리를 통해 스스로를 더 나은 방향으로 변화시켰기 때문이다.

**1장**

**01** Brené Brown, *Dare to Lead: Brave Work. Tough Conversations. Whole Hearts.* (New York: Random House, 2018).

**3장**

**01** Joshua A. Luna, "The Toxic Effects of Branding Your Workplace a 'Family,' " Harvard Business Review, October 27, 2021. hbr.org/2021/10/the-toxic-effects-of-branding-your-workplace-a-family.

**6장**

**01** Cynthia Hess, Tanima Ahmed, M. Phil, and Jeff Hayes, "Providing Unpaid Household and Care Work in the United States: Uncovering Inequality," Institute for Women's Policy Research, January 2020. iwpr.org/wp-content/uploads/2020/01/IWPR-Providing-Unpaid-Household-and-Care-Work-in-the-United-States-Uncovering-Inequality.pdf.

**02** Reina Gattuso, "Why LGBTQ Couples Split Household Tasks More Equally," BBC, March 10, 2021. www.bbc.com/worklife/article/20210309-why-lgbtq-couples-split-household-tasks-more-equally.

**03** Eve Rodsky, *Fair Play: A Game-Changing Solution for When You Have Too Much to Do (And More Life to Live)* (London: Quercus Books, 2019).

**04** Marshall B. Rosenberg, *Non-violent Communication: A Language of Life* (Encinitas, Calif.: Puddle-Dancer Press, 2015).

**05** David A. Frederick, H. Kate St. John, Justin R. Garcia, Elisabeth A. Lloyd, "Differences in Orgasm Frequency Among Gay, Lesbian, Bisexual, and Heterosexual Men and Women in a U.S. National Sample," Archives of Sexual Behavior 47, no. 1 (2018): 273–88.

**06** Emily Nagoski, *Come As You Are: The Surprising New Science that Will Transform Your Sex Life* (New York: Simon & Schuster, 2015).

## 8장

**01** Jennifer L. Harris, Willie Frazier III, Shiriki Kumanyika, and Amelie G. Ramirez, "Increasing Disparities in Unhealthy Food Advertising Targeted to Hispanic and Black Youth," UConn Rudd Center for Food Policy and Health, January 2019, uconnruddcenter.org/wp-content/uploads/sites/2909/2020/09/TargetedMarketingReport2019.pdf.

**02** "Advertising Spending of the Distilled Spirits Industry in the United States in 2019, by Medium," Statista, November 2, 2021. statista.com/statistics/259642/advertising-spending-of-the-distilled-spirit-industry-in-the-us-by-medium/; "Advertising Spending of Selected Beer Manufacturers in the United States in 2020," Statista, November 8, 2021. statista.com/statistics/264998/ad-spend-of-selected-beer-manufacturers-in-the-us/.

**03** Eric Robinson, Jason Thomas, Paul Aveyard, and Suzanne Higgs, "What Everyone Else Is Eating: A Systematic Review and Meta-Analysis of the Effect of Informational Eating Norms on Eating Behavior," Journal of the Academy of Nutrition and Dietetics, 114, no. 3 (2014): 414–29.

**04** Lily K. Hawkins, Claire Farrow, and Jason M. Thomas, "Do Perceived Norms of Social Media Users' Eating Habits and Preferences Predict Our Own Food Consumption and BMI?" Appetite, 149 (2020): 104611.

## 9장

**01** Right to Be, "The 5Ds of Bystander Intervention." righttobe.org/guides/bystander-intervention-training/.

10장

**01** Gretchen Rubin, *The Four Tendencies: The Indispensable Personality Profiles That Reveal How to Make Your Life Better (And Other People's Lives Better, Too)* (New York: Harmony Books, 2017).

**02** BJ Fogg, PhD, *Tiny Habits: The Small Changes That Change Everything* (New York: Houghton Mifflin Harcourt, 2019).

# 적당한 거리를 두고 싶어

**초판 1쇄 발행** · 2023년 10월 31일

**지은이** · 멀리사 어번
**옮긴이** · 이현주
**발행인** · 이종원
**발행처** · (주)도서출판 길벗
**브랜드** · 더퀘스트
**주소** · 서울시 마포구 월드컵로 10길 56(서교동)
**대표전화** · 02)332-0931 | **팩스** · 02)322-0586
**출판사 등록일** · 1990년 12월 24일
**홈페이지** · www.gilbut.co.kr | **이메일** · gilbut@gilbut.co.kr

**책임편집** · 김정희(jhkim48@gilbut.co.kr), 유예진, 송은경, 오수영
**마케팅** · 정경원, 김진영, 최명주
**제작** · 이준호, 손일순, 이진혁, 김우식 | **영업관리** · 김명자, 심선숙 | **독자지원** · 윤정아, 최희창

**교정교열** · 김기남 | **디자인** · aleph design
**CTP 출력 및 인쇄** · 금강인쇄 | **제본** · 신정제본

**ISBN 979-11-407-0662-4 03190**
(길벗 도서번호 090225)

정가 19,500원

---

**독자의 1초를 아껴주는 길벗출판사**

**㈜도서출판 길벗** | IT교육서, IT단행본, 경제경영서, 어학&실용서, 인문교양서, 자녀교육서 www.gilbut.co.kr
**길벗스쿨** | 국어학습, 수학학습, 어린이교양, 주니어 어학학습, 학습단행본 www.gilbutschool.co.kr